Frank Meier, Ralf H. Schneider (Hg.)

Erinnerungsorte –
Erinnerungsbrüche

Mittelalterliche Orte, die Geschichte mach(t)en

Jan Thorbecke Verlag

VERLAGSGRUPPE PATMOS

PATMOS
ESCHBACH
GRÜNEWALD
THORBECKE
SCHWABEN

Die Verlagsgruppe
mit Sinn für das Leben

Für Mathias Herweg, den geistigen Vater dieses Bandes, der über einen langen Zeitraum und über Zäsuren hinweg das Projekt ständig wohlwollend begleitete.

Für die Schwabenverlag AG ist Nachhaltigkeit ein wichtiger Maßstab ihres Handelns. Wir achten daher auf den Einsatz umweltschonender Ressourcen und Materialien. Dieses Buch wurde auf FSC®-zertifiziertem Papier gedruckt. FSC (Forest Stewardship Council®) ist eine nicht staatliche, gemeinnützige Organisation, die sich für eine ökologische und sozial verantwortliche Nutzung der Wälder unserer Erde einsetzt.

Bibliografische Information der Deutschen Nationalbibliothek Die Deutsche Nationalbibliothek verzeichnet diese Publikation in der Deutschen Nationalbibliografie; detaillierte bibliografische Daten sind im Internet über http://dnb.d-nb.de abrufbar.

Alle Rechte vorbehalten
© 2013 Jan Thorbecke Verlag der Schwabenverlag AG, Ostfildern

Umschlaggestaltung: Finken & Bumiller, Stuttgart
Umschlagabbildungen: akg-images/akg/Bildarchiv Monheim
Druck: GGP Media GmbH, Pößneck
Hergestellt in Deutschland
ISBN 978-3-7995-0230-6 (Print)

Frank Meier, Ralf H. Schneider (Hg.)

Erinnerungsorte –
Erinnerungsbrüche

Mittelalterliche Orte, die Geschichte mach(t)en

Jan Thorbecke Verlag

VERLAGSGRUPPE PATMOS

**PATMOS
ESCHBACH
GRÜNEWALD
THORBECKE
SCHWABEN**

Die Verlagsgruppe
mit Sinn für das Leben

Für Mathias Herweg, den geistigen Vater dieses Bandes, der über einen langen Zeitraum und über Zäsuren hinweg das Projekt ständig wohlwollend begleitete.

Für die Schwabenverlag AG ist Nachhaltigkeit ein wichtiger Maßstab ihres Handelns. Wir achten daher auf den Einsatz umweltschonender Ressourcen und Materialien. Dieses Buch wurde auf FSC®-zertifiziertem Papier gedruckt. FSC (Forest Stewardship Council®) ist eine nicht staatliche, gemeinnützige Organisation, die sich für eine ökologische und sozial verantwortliche Nutzung der Wälder unserer Erde einsetzt.

Bibliografische Information der Deutschen Nationalbibliothek Die Deutsche Nationalbibliothek verzeichnet diese Publikation in der Deutschen Nationalbibliografie; detaillierte bibliografische Daten sind im Internet über http://dnb.d-nb.de abrufbar.

Alle Rechte vorbehalten
© 2013 Jan Thorbecke Verlag der Schwabenverlag AG, Ostfildern

Umschlaggestaltung: Finken & Bumiller, Stuttgart
Umschlagabbildungen: akg-images/akg/Bildarchiv Monheim
Druck: GGP Media GmbH, Pößneck
Hergestellt in Deutschland
ISBN 978-3-7995-0230-6 (Print)

Inhalt

Vorwort 5
Matthias Becher

Einleitung 7
Frank Meier, Ralf H. Schneider

I. Zwischen Wanderschaft und Zentralismus: Klöster und Reformen 27

Das Papsttum im Exil: Viterbo, Anagni und Avignon 29
Annika Wengeler

Streit um den Ostertermin und Beute der Normannen: Iona, Lindisfarne, Whitby 42
Michael Richter (†)

Klosterreform und Weltordnung: Montecassino, Aniane, Cluny 50
Annika Wengeler

II. Kirche und Reich: Gebrochene Erinnerungen der Macht 69

Saint-Denis und Speyer – ewige Kirchen oder gebrochene Tradition? 71
Frank Meier

Orte des Investiturstreits: Sutri, Worms, Canossa 91
Frank Meier

III. Reichsmystik und Freiheitsträume: Burgen, Pfalzen und Reichsstädte 109

Aller Anfang ist klein: Der Hohenstaufen und die Habsburg 111
Katharina Zierlein

Historie und Reichsmystik: Kyffhäuser und Trifels 124
Christian Schneider

Aufstieg und Niedergang hochmittelalterlicher Pfalzen: Goslar und Gelnhausen 140
Rainer Leng

Die Stadt Konstanz – Kontinuität, Wandel und Erinnerung 163
Frank Meier

IV. Zwischen Freiheitstraum und Untergang: Schlachten und Verträge 177

Glück und Unglück der Sachsen: Marklo an der Weser und Verden an der Aller 179
Matthias Becher

Roncesvalles und St-Guilhem-le-Désert – Orte der Erinnerung an Glück und Ende zweier Helden 193
Annelie Kreft

Lechfeld und Marchfeld: Über alles wächst mal Gras...... 205
Simon Maria Hassemer

Der Weingartener Vertrag vom 17./22. April 1525: Ein verblasster Erinnerungsort 219
Hans Ulrich Rudolf

V. Mediävale Mythen und ihre »realphantastischen« Landmarken 237

Das Priesterkönigreich des Johannes 239
Tilo Renz

Tintagel, Glastonbury und Brocéliande: Gespinste aus Fiktion und Realität als »Rezept« zur Überwindung von Erinnerungsbrüchen 257
Ralf H. Schneider

Imaginärer Schreckensort im »fernen Osten«: Der Magnetberg 274
Mathias Herweg

Endnoten 284

Vorwort

Matthias Becher

Immer wieder ist ein angeblich von Johann Gustav Droysen stammendes Diktum zu lesen und zu hören: Geschichte spiele sich in Raum und Zeit ab. Tatsächlich sagte der berühmte Gelehrte in seiner Vorlesung zur Historik: »(…) daß der wunderliche Epitomator, der Menschengeist, die Erscheinungen dem Raum nach als Natur, die der Zeit nach als Geschichte zusammenfasst, nicht weil sie an sich und objektiv so sind und so sich scheiden, sondern um sie fassen und denken zu können« (Die Erhebung der Geschichte zum Rang einer Wissenschaft, in: Historische Zeitschrift 9, 1863, S. 8). Droysen ordnete also die Geschichte nicht beiden Erscheinungen zu, sondern lediglich der Zeit, während er den Raum als Natur auffasste. Diese Scheidung hat – und das war auch Droysen bewusst – etwas Künstliches. Seit der Konstituierung der modernen Geschichtswissenschaft im 19. Jahrhundert wurde auch der Raum als etwas historisch Gewordenes aufgefasst, ging es ihr doch unter anderem darum, sich ständig wandelnde Grenzen zu beschreiben und mehr noch: Grenzen überhaupt zu problematisieren. Einen etwas leichteren Zugang scheint der einzelne Ort zu bieten. Auch bei ihm verändern sich die Grenzen, und doch bleibt seine Position in der Landschaft nahezu unverändert. Geschichtliche Erinnerung macht sich daher besonders an Orten fest. Gerade das Mittelalter ist durch solche Erinnerungsorte geprägt. Nicht alle von ihnen haben die Zeiten überdauert. Manche sind zerstört, andere in der Bedeutungslosigkeit versunken. Für alle jedoch gilt: Sie haben ihre Gestalt nachhaltig verändert. Kein im Mittelalter bedeutsamer Ort, kein im Mittelalter begonnenes Bauwerk ist in seiner mittelalterlichen Gestalt erhalten, und an vielen entscheidenden Orten der mittelalterlichen Geschichte ist überhaupt nichts Mittelalterliches mehr geblieben Aber die Erinnerung kann fortgeführt oder wieder lebendig werden, auch wenn sie verschüttet wurde. Doch darum muss man sich intensiv bemühen, am besten in einer interdisziplinären Zusammenarbeit. Durch ein Zusammenwirken der geistes- und kulturwissenschaftlichen Disziplinen, der Archäologie, der Kunstgeschichte, der Geschichts- und der Literaturwissenschaften können Zentren mittelalterlicher Erinnerungskultur ergründet werden – und diesem Anliegen ist der vorliegende Band gewidmet.

Einleitung

Frank Meier, Ralf H. Schneider

Ich trage einen Bestand historischer Erinnerungen in mir, den ich durch Unterhaltungen oder Lektüre bereichern kann.[1]
Maurice Halbwachs

... über Disziplinen hinaus ...

Der *cultural turn* hat in den letzten Jahrzehnten zu einer engeren Verzahnung der traditionell geschiedenen geistes- und kulturwissenschaftlichen Disziplinen der Archäologie, Kunstgeschichte, Geschichts- und Literaturwissenschaften geführt. Fragen des kulturellen Gedächtnisses und seiner Ausprägungen nachgehend, eint diese in jüngerer Zeit ein ausgeprägtes Interesse an europäischen, nationalen oder regionalen Erinnerungstopographien.[2]

Bernd Schneidmüller beschäftigte sich mit europäischen Erinnerungsorten im Mittelalter und verglich insbesondere Frankreich und Deutschland miteinander.[3] Johannes Fried und Olaf Rader unterschieden in ihrem Werk zu mittelalterlichen Erinnerungsorten Gedächtniseinträge, die bereits für mittelalterliche Menschen eine wichtige Rolle spielten, Memorialphänomene, die erst in der Moderne bedeutend wurden, und historische Forschungsthemen, die als an das Mittelalter formulierte Fragen das Selbstverständnis der Fragenden fördern. Schauplätze, Bauten, Bedrohungen, Personen, Pergamente, Ideen und Institutionen werden in dem Band den drei Kategorien zugeordnet.[4] Pim den Boer, Heinz Duchardt, Georg Kreis und Wolfgang Schmale gaben ein dreibändiges Werk zu europäischen Erinnerungsorten heraus. Behandelt werden von der Antike bis in die Gegenwart Mythen in Kunst und Literatur, das gemeinsame Erbe und

Konzept, Grundfreiheiten, der europäische Raum, Kriegserfahrungen und Kriegssehnsucht sowie der Wirtschaftsraum Europa (Europas Wirtschaftsbegriff), während konkrete geographische Orte eher unterbelichtet sind.[5]

Unter Erinnern, lat. *memorare* (Substantiv: *memoria*) versteht man das Trennen vom Wichtigen und Unwichtigen in der Form des Vergessens oder des Verdrängens, welches sich zwar auf individuellem Wege vollzieht, jedoch in Zusammenhang mit der sozialen Umwelt steht.[6] Erinnerungen werden zum Gedächtnis. Aleida Assmann unterscheidet zwischen einem »Funktionsgedächtnis« als einer kollektiven, selektiv aktualisierenden Erinnerung mit orientierender Kraft, die Werte vermittelt, aus denen sich ein Identitätsprofil und Handlungsnormen ergeben, und einem »Speichergedächtnis«, das grundsätzlich alles Vergangene umfasst, aber seinen vitalen Bezug zur Gegenwart verloren hat, wobei die beiden »Modi der Erinnerung« stets aufeinander bezogen seien.[7]

Diesem kulturhistorischen Ansatz sieht sich auch das vorliegende Sammelwerk verpflichtet, das – von Literaturwissenschaftlern und Historikern getragen und in entsprechend multiperspektivischer Anlage – ausgewählte mittelalterliche Erinnerungsorte vornehmlich des deutschsprachigen und mittel- sowie südeuropäischen Raumes vorstellt. Die Erschließung der Erinnerungsorte, die über längere Zeit nicht tradiert wurden, muss, wie das Feld der Erinnerungsforschung als solches, über mehrere Zugänge erfolgen. Der in diesem Band vollzogene Schulterschluss führt diese Fachdisziplinen zusammen, um entsprechend den zu überbrückenden Erinnerungsbrüchen neue Zugänge zu schaffen. Dabei wird gefragt, welche Faktoren für Aufstieg und Untergang mittelalterlicher Erinnerungsorte im Laufe der Geschichte ursächlich waren.

Pierre Nora hat in seinem berühmten Werk »Lieux de mémoire« den Weg gewiesen, indem er den Versuch einer umfassenden Geschichtsschreibung unternahm, »die sich weniger für die determinierenden Faktoren als für ihre Auswirkungen interessiert; weniger für die memorierten und kommemorientierten Handlungen als vielmehr für die Spuren dieser Handlungen und für das Geschehen an sich; weniger für die Ereignisse als dafür, wie sie im Nachhinein konstruiert werden, wie sie in Vergessenheit geraten und wieder an Bedeutung gewinnen; weniger für die Vergangenheit, so wie sie sich zugetragen hat, als für die Wiederverwendung, ihren Missbrauch, ihren Einfluss auf die aufeinander folgenden Gegenwarten; weniger für die Tradition an sich als für die Art und Weise, wie diese sich konstituiert hat und übermittelt wurde. Kurz, es würde sich um eine Geschichte handeln, die weder eine Wiedererweckung, noch eine Rekonstitution, keine Rekonstruktion und keine Repräsentation darstellt, sondern ein ›Sich-Erinnern‹. Diese würde sich nicht für die von der Erinnerung gespeicherten Inhalte, sondern für die Erinnerung als Mittel zur Situierung der Vergangenheit in der Gegenwart interessieren«.[8] Nora geht es um den »Zwischenraum zwischen Geschichte und Gedächtnis«, den Raum zwischen lebendiger Tradition und der Geschichtswissenschaft als kritischer Auseinandersetzung mit dem nicht mehr selbstverständlich Erinnerten.[9] Nach Aleida Assmann werden bei Nora die Erinnerungsimpulse selbst zum Gegenstand der Geschichtsschreibung.[10]

Die französische Konzeption nationaler *Lieux de mémoire* im Sinne der offiziellen französischen Geschichtsschreibung, der *histoire*, deren Hauptaufgabe es ist, das Werden der *Grande Nation* zu beschreiben, wenn nicht zu glorifizieren, sollte für das föderalistische Deutschland freilich nicht unbesehen übernommen werden. Denn während Frankreich bereits im Mittelalter dank der integrationsschaffenden Kraft des Königtums den Weg zur Nation beschritt, vollzog sich im Reich der Übergang zum Nationalstaat wesentlich langsamer. Für den Historiker Bernd Schneidmüller sind daher »die meisten Beispiele [...] nicht umsonst aus der französischen Geschichte entwickelt worden: die Erfahrbarkeit der Institution Monarchie in der Königsgrablege von St.-Denis oder in der Weihehandlung von Reims, die Projektion der Nation auf den Monarchen oder auf monarchisch-ständische Ritualhandlungen, die Verknüpfung des historischen Bewusstseins vom Vorrang bei Gott und den Menschen mit den Heiligen und ihrer Präsenz in den Grabeskirchen von St.-Denis, St.-Rémi in Reims oder St.-Martin in Tours, die Materialisierung kollektiven Bewusstseins in Symbolhandlungen wie der Verehrung des Himmelsöls in der ›sainte ampoulle‹ von Reims oder wie der Einholung der Oriflamme von St.-Denis«.[11]

Dieses im Zentralstaat Frankreich unumstrittene Ensemble nationaler Erinnerungsorte suchen wir im föderalistischen Deutschland vergebens. Historiker haben daher versucht, das französische Konzept der *Lieux de mémoire* auf Deutschland anzupassen. Etienne François veränderte den Entwurf Noras konzeptionell, indem er den »Ort« nicht mehr als abgeschlossene Realität sah, sondern als Ort »in einem Raum« (in realer, sozialer, politischer, kultureller oder imaginärer Hinsicht), wobei er dessen symbolische Komponente in den Mittelpunkt stellte. Nach François handele es sich »um langlebige, Generationen überdauernde Kristallisationspunkte kollektiver Erinnerung und Identität, die in gesellschaftliche, kulturelle und politische Üblichkeiten eingebunden sind und die sich in dem Maße verändern, in dem sich die Weise ihrer Wahrnehmung, Aneignung, Anwendung und Übertragung verändert.«[12]

Die wissenschaftlichen Diskurse im Umfeld des kollektiven Gedächtnisses und kultureller Erinnerung durchziehen die verschiedensten Disziplinen bereits seit vielen Jahren und basieren auf der Erkenntnis, »nach der ein Phänomen erst abhanden gekommen sein muss, um voll ins Bewußtsein zu gelangen.«[13] Ihren Anfang fanden sie aus soziologischer und kulturwissenschaftlicher Sicht bereits in den 1920er Jahren mit dem französischen Soziologen Maurice Halbwachs und dem deutschen Kunsthistoriker und Kulturwissenschaftler Aby Warburg. Geschichts- und literaturwissenschaftliche Strömungen, vor allem die Verarbeitung der Weltkriegsgeschehnisse[14] prägten den wissenschaftlichen und gesellschaftlichen Diskurs in den Dekaden nach dem Zweiten Weltkrieg.

In den letzten Jahrzehnten entstand so eine regelrechte »Erinnerungskultur«, in der es darum geht, sich aus gegenwärtiger Perspektive öffentlicher wie privater Natur Vergangenheitspartikel zu vergegenwärtigen und Vergangenheit bewusst zu erinnern.[15] Neben dem Konzept der Erinnerungskultur trat das von der Geschichtsdidaktik entwickelte Arbeitsfeld der »Geschichtskultur«, die sich mit der »praktisch wirksamen Artikulation von Geschichtsbewusstsein in der Gesellschaft« beschäftigt (Jörn Rüsen). Geschichtskultur bezeichnet nach Jörn Rüsen Institutionen und Organisationsformen, wie Denkmäler, Museen oder Jubiläen, die kollektiv sinnstiftend wirken und in mannigfacher Weise auf das individuelle Geschichtsbewusstsein einwirken und mit diesem in Wechselwirkung stehen. Rüsen unterscheidet in seinem Ansatz drei sich überlagernde Dimensionen: eine »kognitive«, die sich nach »Wahrheitskriterien«, eine »politische«, die sich nach »Machtkriterien« und eine »ästhetische«, die sich nach »Schönheitskriterien« strukturieren lässt.[16] Die politische Dimension der Geschichtskultur zeigt sich auch in den Konzepten der »Geschichtspolitik«[17], der »Vergangenheitspolitik«[18] und der »Erinnerungspolitik«[19]. Während das Konzept des Geschichtsbewusstseins vom Subjekt ausgeht, setzt der Begriff der Geschichtskultur am Objekt an. Bernd Schönemann trennt in seinem Ansatz in idealtypischer Weise zwischen der »Vormoderne« unter dem Leitmuster »Geschichte als Nutzen«, der »Moderne« unter der Prämisse »Geschichte als Bildung« und der »Postmoderne« unter der Kategorie »Geschichte als Event«.[20] Gegenwärtig wird von Seiten der Geschichtsdidaktik diskutiert, ob der Begriff der Geschichtskultur historisierbar ist oder nicht.[21] Erinnerungskultur und Geschichtskultur lassen sich aber auch als »zwei Konzeptionen eines Gegenstandes« (Marco Demantowsky) betrachten.[22]

Beim gegenwärtigen Stand der geschichtsdidaktischen Diskussion zur Geschichtskultur scheint es geboten, besser an dem vielfach erprobten Konzept der Erinnerungsorte festzuhalten und stärker vom Raum als Zugang auszugehen.

... den Raum durchquerend ...

Aber nicht nur der pluri- und interdisziplinäre Charakter erweiterte das Spektrum der Forschungsfragen, sondern auch der räumliche Rahmen der Frage nach kulturellem Gedächtnis führte zu einer Differenzierung der Forschung und stellt neben einer disziplinären, einer zeitlichen auch eine geographische Dimension dieses Forschungsfeldes dar.

Der *spatial turn*, auch topologische Wende genannt, hat seit den ausgehenden 1980er Jahren einen Paradigmenwechsel in den Kultur- und Sozialwissenschaften eingeleitet, der wiederum den (geographischen) Raum als kulturelle Größe näher in den Blick nimmt.[23] Auch wenn vornehmlich das Gedächtnis auf nationaler Ebene[24] untersucht wurde, so verkleinert und erweitert die Forschung den Raum bis hin zu regionalen oder gar kontinentalen Erinnerungsorten/-räumen. Forschung, die sich mit dem europäischen Erinnerungsraum befasst, erinnert an die Notwendigkeit, sich von einem nationalen Korsett zu befreien, da Erinnerungsräume zwar durchaus lokal, regional oder auch national umrissen werden können, diese jedoch immer in einem »Wechsel- und Zusammenspiel der verschiedenen räumlichen Einheiten« stehen und dabei »auch die Zirkulation von Erinnerungen zwischen den einzelnen regionalen und lokalen Kontexten« Berücksichtigung finden müssen.[25] Dennoch befasste sich die nationale Grenzen überwindende Gedächtnisforschung zumeist nur mit dem innereuropäischen Vergleich nationaler Erinnerungsräume, während das verbindende Moment oft nur vage durchschien.[26] Diese Lücke schließt das einleitend erwähnte dreibändige Werk zu europäischen Erinnerungsorten von Pim den Boer, Heinz Duchardt, Georg Kreis und Wolfgang Schmale, welches auf verschiedenen Ebenen nach gemeinsamen Wurzeln sucht.[27]

Die im Mittelalter allgegenwärtigen grenzüberschreitenden Vernetzungen lassen es überaus plausibel erscheinen, dass mittelalterliche Erinnerungsorte in einem transregionalen (-nationalen) Erinnerungsraum verortet werden müssen. Wenn beispielsweise, wie im dritten Kapitel (»Reichsmystik und Freiheitsträume: Burgen, Pfalzen und Reichsstädte«) dargelegt, zur Zeit der Staufer die politischen, wirtschaftlichen und religiösen Beziehungen zwischen italienischen und deutschen Machtzentren ein weit verzweigtes Netzwerk schufen, wie kann dann ein mittelalterlicher Erinnerungsraum regional begrenzt sein? Verbindende Handelsrouten, ausgeführt zum Beispiel in den Beiträgen über Goslar, Gelnhausen und vor allem Konstanz, münden in Orte der Verdichtung, wo vorhandene Erinnerung weitergegeben und neue geschaffen wird. Diese Orte stehen aber nicht nur unter ihresgleichen in Verbindung, sondern gehen ebenfalls Beziehungen zu Orten anderer Funktionen, nicht zuletzt durch die mannigfaltigen Interessen und Herkünfte der in ihnen lebenden Menschen ein.

Der vorliegende Band möchte bewusst keine geographische Grenze um die gewählten Erinnerungsorte ziehen, sondern geht davon aus, dass Orte in mannigfaltigen Beziehungen mit anderen Orten stehen, die einen elementaren Bestandteil ihrer Bedeutung und Geschichte darstellen.[28] So wie ein ins Wasser geworfener Stein sich im Kreis ausbreitende

Wellen erzeugt, verhält es sich auch mit menschlichen Tätigkeiten, ohne dass wir davon Kenntnis haben. Vieles, was auf den ersten Blick in diesem Buch heute nicht miteinander in Verbindung steht, mag in der Vergangenheit verbunden gewesen sein.

Betrachtet man die mittelalterlichen Kulturräume bzw. Geschichtslandschaften kommt man nicht umhin, grenzüberschreitend Nord-, Mittel- und Südeuropa einschließlich des Mittelmeerraums einzubinden. Fernand Braudels »La Grande Méditerranée«[29], der »Großraum Mittelmeer« (nach Bernd Thum: »von Rabat bis Helsinki«), könnte als mittelalterliche Geschichtslandschaft gelten (wobei dieser bereits weit gefasste Raum inzwischen noch größer gedacht wird und einen erweiterten Mittelmeerraum »vom Niger bis zum Nordkap«[30] aufspannt). Hierbei handelt es sich um einen funktionalen Raum verdichteter Kommunikation in Geschichte, Gegenwart und Zukunft ohne feste geographisch-politische Grenzen; ein Raum, der gewissermaßen von innen her Struktur und Dynamik und Identität gewinnt.[31]

»Back to the roots« also! Bereits Hermann Aubin forderte im Anschluss an Karl Lamprecht[32] 1925, dass die landesgeschichtliche Forschung die »historische Landschaft« ohne Beschränkung auf moderne politische Grenzen aus der Natur- und Kulturlandschaft heraus entwickeln müsse, und steckte damit die Ziele der Disziplin ab.[33] Josef Wimmer hatte 1885 als »historische Landschaft« in der Geographie »das landschaftliche Bild« bezeichnet, »welches irgendein Erdraum in einer bestimmten historischen Epoche dargeboten hat« und zwischen der »historischen Naturlandschaft« (Darstellung der formalen Landschaftselemente), der »historischen Kulturlandschaft« (Bodenkultur, Besiedlung) und der »historisch-politischen Landschaft« (politischer Organisationsraum) unterschieden.[34] Karl Lechner verstand 1950 »Landeskunde« als »Erkenntnis und Erforschung von Land und Leuten eines bestimmten Raumes in Gegenwart und Vergangenheit«[35]. Im Unterschied zur Landesgeschichte, die auf ein Territorium beschränkt sei, solle die »Geschichtliche Landeskunde« den Begriff des »Landes« in das Zentrum der Forschung stellen, die Natur- und Kulturlandschaft in all ihren Ausprägungen unter Beachtung der grundlegenden Prinzipien der »Ganzheit« und »Einheit« erforschen und sich der

»Zusammenschau von verschiedenen Wissenschaften« bedienen.[36] Im Zentrum des Geschehens stehe der siedelnde, bodenbebauende und bodenbeherrschende, materielle und geistige Güter schaffende Mensch.[37] Ludwig Petry fragte 1961 nach den räumlichen und zeitlichen Grenzen der Disziplin bzw. einer räumlichen und zeitlichen Schwerpunktbildung.[38] Die »Geschichtliche Landeskunde« setze an der »Landschaft« an und solle das Gesamtgefüge der einzelnen Lebens- und Wirkbereiche in den verschiedenen Epochen untersuchen.[39] Petry kam ebenfalls zu dem Schluss, dass der Raum die Grenzen der »Geschichtlichen Landeskunde« determiniere, um andere Grenzen (zeitliche, fachmäßige und personale) zu durchstoßen und fasste diese Erkenntnis unter dem Titel »In (räumlichen) Grenzen (zeitlich) unbegrenzt« zusammen.[40] Beginnend mit Aubin also hat die ältere »Geschichtliche Landeskunde« den räumlich begrenzten Kulturraum bzw. die Landschaft zu ihrer zentralen Kategorie erhoben und die Verflechtung von Land und Leuten betont.[41]

So stellt sich die Frage nach Partialität oder Totalität der Geschichtslandschaft. Karl-Georg Faber äußerte 1968 demgegenüber Zweifel an der Existenz geographischer wie geschichtlicher klar abgegrenzter und unauflöslicher Einheiten und demzufolge an der »Geschichtslandschaft« als reale Wesens- und Ganzheit zur Erfassung der Wirklichkeit, ohne aber den Landschaftsbegriff selbst in Frage zu stellen.[42] Er kam zu dem Schluss, »dass wir es bei der historischen Landschaft mit einer Vielzahl von überwiegend anthropogenen, in der Vergangenheit entstandenen Gegebenheiten und menschlichen Gruppen zu tun haben, die innerhalb des als *Landschaft* ausgewiesenen Raumes [...] intensiver vergesellschaftet, integriert und miteinander verflochten sind als mit den gleichen oder ähnlichen Gegebenheiten und Gruppen in den Nachbarräumen.«[43] Eine Geschichtslandschaft sei nicht zwingend eine Ganzheit oder Einheit, sondern vielmehr ein reiner »Ordnungsbegriff«, der Partialität statt Totalität bezeichne.[44] Gollwitzer verstand unter den »historischen oder politischen Landschaften« solche »nichtstaatlichen« Räume, die innerhalb der gegenwärtigen Länder bestehen oder über deren Grenzen hinweg greifen. Diese ehemaligen politischen Organisationsräume hätten ihre staatliche Qualität verloren.[45] Otto Brunner hob bereits 1959 im

Sinne einer Rechtsgemeinschaft den Zusammenhang von »Land« und »Landschaft« hervor.[46]

Auch die zeitliche Dauer der Geschichtslandschaften gilt es zu bedenken. Die beiden grundsätzlichen Möglichkeiten, die »Konsistenz« und die »Dynamik« von Landschaften hat die historische Landesforschung von Anfang an erkannt, wobei der »Landschaft« gegenüber den staatlichen Einrichtungen die längere Dauer zuerkannt wurde.[47] Nach Faber entspricht unter dem Aspekt der Dauer die Geschichtslandschaft der mittleren Ebene der »Kollektivschicksale und Gemeinschaftsbewegungen« *(histoire structurale)* und lässt sich so gegenüber der ersten zeitlich langsameren Ebene des geographischen Milieus *(historie quasi-immobile)* und der dritten zeitlich schnelleren Ebene, der Ereignisgeschichte *(historie événementielle)* des französischen Historikers Fernand Braudel abgrenzen.[48]

Nicht unproblematisch ist auch der Landschaftsbegriff selbst. Ausdrücke wie »Landschaft«, »Provinz«, »Land« und »Raum« werden oft als Synonyme gebraucht, wobei dem historisch gesehen alten Begriff der Landschaft wohl der Vorzug zu geben ist. Faber bezeichnete eine Landschaft als einen von Menschen und menschlichen Gruppen gestalteten Raum oder darüber hinaus als eine menschliche Gemeinschaft im räumlichen Sinne, d. h. »Land *und* Leute« konstituieren die »Landschaft«.[49] Zur Abgrenzung gegenüber dem geographischen Landschaftsbegriff wird oft betont, dass die Geschichtslandschaft kein Strukturraum, d. h. in seiner geographischen Ausstattung homogenes Gebilde sei, sondern ein »funktioneller« Raum, dem eine »harmonische Heterogenität« (Franz Petri) seiner Einzelgebiete innewohne.[50]

Ernst Schubert begriff 1995 in seinem Aufsatz über den rätselhaften Begriff »Land« die so genannten Geschichtslandschaften als »Räume, die im steten geschichtlichen Wandel begriffen waren und die [...] Veränderungen unterlagen, die sowohl von innen heraus entwickelt, als auch von außen hineingetragen wurden«. Er zeigte ferner die Schwierigkeiten auf, die mit der Definition von »Land« und »Geschichtslandschaft« verbunden sind.[51] Schubert forderte, dass man sich von der Obsession der deutschen Historiographie lösen müsse, »dass erst Grenzen einen Raum zur Geschichtslandschaft werden lassen«.[52]

15

Denn »feste« Grenzen sind in Deutschland erst im 16. Jahrhundert aus den Bedürfnissen des Territorialstaates heraus entstanden, die damit die »Offenheit mittelalterlicher Landschaften« (Schubert) ablösten.

Die Erforschung einer Geschichtslandschaft sollte ihre räumliche »Struktur« und geschichtliche »Funktion« bedenken.[53] Zwar gibt die Natur dem Menschen im strukturellen Sinne hinsichtlich der Bedingtheit seiner Nutzung den Raum vor, doch müssen wir mit Erich Otremba zwischen der »raumgebundenen Form« und der »funktionalen Erkenntnis« aus der Beobachtung »raumbindender« oder »raumüberspringender« Vorgänge unterscheiden.[54] Die vom Raum unabhängigen historischen Erscheinungen – z. B.: ferne Kriege – können auf den Raum zurückwirken. Die »Historische Landeskunde« muss also fragen, wie raumüberspringende Vorgänge den Betrachtungsraum beeinflussen.

Migration und Mobilität beeinflussen als geschichtsmächtige Faktoren Geschichtslandschaften. Zu allen Zeiten haben »Mobilität« und »Migration« als geschichtsmächtige Vorgänge eine entscheidende Rolle bei der Durchmischung von Gesellschaften gespielt.[55] Mobilität und Migration trugen und tragen dazu bei, was Europa heute ist. Um es mit den Worten des französischen Geographen Fouchet (1993) zu sagen, ein »zersprungener Spiegel«: »Europa verändert und entwickelt sich, man findet alte Nationen und neue Staaten, gefestigte und neu entstehende Grenzen nebeneinander« (»L'Europe en train de se faire«).[56] Nach Morin »muss man die Idee von einem einheitlichen, klar abgegrenzten, harmonischen Europa aufgeben.«[57] Daraus ergibt sich, dass es keine in sich geschlossenen, d. h. ethnisch-homogenen Geschichtslandschaften gibt. Geschichtslandschaften lassen sich ebenfalls nicht voneinander abgrenzen, da ihre Grenzen nicht statisch, sondern dynamisch sind. Geschichtslandschaften lassen sich in Anlehnung an Hans-Dietrich Schulz als »Sinnkonstruktionen« begreifen, »die sich zwar über eine physisch-materielle Welt legen, selber aber deswegen nicht physisch-materiell sind.«[58] »Historische Landeskunde« ist keine »reine« Kulturraumforschung (ein seit 1920 am Institut für Rheinische Landeskunde in Bonn entwickelter Begriff): Der Forschungsgegenstand der »Historischen Landeskunde« ist die Geschichtslandschaft in ihrer äußeren und inneren Ausgestaltung. Schubert wandte sich mit Recht dagegen, Landesgeschichte als »Kulturraumforschung« zu verstehen und dabei von einer Konstanz der Grenzen auszugehen.[59] Die Renaissance des Begriffes ist kritisch zu betrachten. Denn die Kulturraumforschung hat ihre Ursprünge in der politischen Geographie des 19. Jahrhunderts, in der versucht wurde, angeblich »natürliche Grenzen« für die Absteckung expansionistischer bzw. revisionistischer Ziele zu finden (z. B.: Daniel, Jahn, Zeune, Rudnyckyi, Lautensach, Bucher, Traitteur, Oken, Philippson). Ferner kann eine Geschichtslandschaft auch von unterschiedlichen Kulturen beeinflusst worden sein (vgl. die gallorömische Kultur).

Der Zusammenhang von Land und Leuten verändert sich durch Mobilität und Migration. Die historische Landschaft ist mehr als ein geographischer oder politischer Raum, sie ist auch eine »Personengemeinschaft«.[60] Da Ein- und Auswanderungen mit und ohne beabsichtigte Rückkehr sich im Hinblick auf die soziale und mentale Zusammensetzung der Menschen auswirken, wird der postulierte Zusammenhang von Land und Leuten durchbrochen. Oder anders ausgedrückt: Wo das Land seine Leute nicht ernährt, besteht ein Mobilitäts- bzw. Migrationsdruck. Die »Historische Landeskunde« kann sich daher nicht auf Geschichtsquellen eines Betrachtungsraumes beschränken, sondern wird in Abhängigkeit vom Forschungsgegenstand Geschichtsquellen fernerer Landschaften mit einbeziehen. Sie verbindet die Mikrogeschichte mit der Makrogeschichte und stellt alte Zusammenhänge wieder her, die im Laufe der Geschichte verändert worden sind.

Europa besitzt historisch gesehen keine in sich geschlossenen kulturellen Räume innerhalb fest umrissener Grenzen, sondern ist das Ergebnis einer ethnischen und kulturellen Durchmischung als Folge von Migration und Mobilität als Triebfedern geschichtlicher Entwicklung. Eine »Kulturraumforschung« macht daher wenig Sinn, sondern allein die »Historische Landeskunde« ist von ihrer Tradition und ihren offeneren Forschungsgegenständen her in der Lage, diesem komplexen Sachverhalt Rechnung zu tragen.

So ist die Geschichtslandschaft ein offener, sich stetig verändernder Raum, der nicht nur mit den Kategorien der Geographie zu fassen ist. Einem derart offenen Ansatz fühlt sich dieses Buch verpflichtet.

... über die Zeiten(-wenden) hinweg ...

Epochengrenzen werden von Historikern anhand bedeutsamer Ereignisse festgesetzt, um Zeitabschnitte greifbarer werden zu lassen. In der Retrospektive erscheinen solche Grenzen als scharf gezeichnete Schwellen, doch es darf nicht vergessen werden, dass sie der Pragmatik geschuldete Konstruktionen sind. Was sich in Geschichtsbüchern wie ein Wechsel von einem Jahr auf das andere liest, vollzieht sich zumeist kontinuierlich oder in lang andauernden Schüben zum Teil über eine oder mehrere Generationen hinweg. Jeder »Schwellengeneration« an einer historischen Nahtstelle obliegt es nun, eine ganz besondere Verpflichtung wahrzunehmen, die abseits der durch den gelebten Wandel entstehenden Beschwerlichkeiten entsteht: Sie muss das Gedächtnis für das jeweilige Wissen der Epoche stellen, die es hinter sich zu bringen gilt, um es der kommenden Generation zu übermitteln.

Da seit der durchaus auch kritisierten[61] Niederschrift von Gedächtnisinhalten auf Papyrus, Pergament und Papier gleichzeitig auch eine Form der Verantwortungsabgabe an eben jene Medien stattgefunden hat, mutet der Akt der Übergabe durch die »Schwellengeneration« als ein äußerst riskantes Unterfangen an, der durch vielfältige Hemmnisse oder Katastrophen, analog zur Luhmann'schen »Unwahrscheinlichkeit der Kommunikation«[62] unfreiwilliges Vergessen von Kulturwissen bedeutet, daraus eine gestörte »interepochale« Kommunikation resultieren und faktisch zu einer partiellen Kultur-Amnesie führen kann. Alltagswissen geht auf diese Weise leicht verloren. Für bewusst verschriftlichtes Kulturwissen über »normative Texte«[63] ist diese Schwellenzeit für das ungeschützte Kulturerbe bereits riskant genug, währenddessen kulturelle Einheiten, die es nicht für notwendig erachteten, ihr Wissen für die Nachwelt zu sammeln oder aufzubereiten, wie beispielsweise kleine Siedlungen oder Orte militärischer, religiöser oder wirtschaftlicher Macht, weitaus gründlicher dem Vergessen anheimfallen können. Das Wissen über ihre kulturelle Bedeutung lebte solange fort, wie die Menschen an jenem Ort verblieben und sich darüber austauschen konnten. Veränderten sich die natürlichen oder kulturellen Rahmenbedingungen in abrupter oder sich langsam ankündigender Weise, verschwand mit den Mensch-Medien zugleich das lebendige Gedächtnis (»kommunikatives Wissen«[64]) dieser Orte. Zurück blieb im günstigsten Fall die unbelebte Hülle in Form von Ruinen und Siedlungsresten, die der natürlichen Erosion oder dem menschlichen Bedürfnis nach Baumaterial-Recycling überlassen wurde. Doch nicht immer entschwinden derlei Orte im endgültigen Vergessen, sondern sie erfahren eine Wiedergeburt wie Pflanzensamen in der Wüste, die durch eine Laune der Natur von Wasser benetzt und zum Keimen angeregt werden. Vor allem verborgene Kleinodien in verschollen geglaubten Schriftstücken oder archäologische Neufunde bzw. Neuinterpretationen alter Funde repräsentieren für derlei durch lange Zäsuren geprägte Erinnerungsorte das Elixier, welches den Zugang zu dunklen Flecken in Zeit und Raum zu eröffnen und Erinnerungsbrüche zu überwinden vermag.

Oft ranken sich um manche Orte Mythen und Geschichten, die im Laufe der Geschichte auf andere Orte übertragen werden, wie etwa die Artussage zeigt. Zeugen vergangener und fast vergessener Orte wie die bemoosten Reste einer Mauer, verstreute Verse eines Liedes oder schon der Name eines Ortes selbst begegnen uns außerhalb der wissenschaftlichen Publikationen und wecken das Interesse an ihren Ursprüngen. Gerade Orte der Erinnerung, deren Überlieferung Zäsuren aufweist, sind auf die Tradierung durch Alltagswissen angewiesen, sei dieses auch noch so überprägt. Ob dies in Form von Liedern oder verklärten und teilweise fiktiven Geschichten geschieht, spielt kaum eine Rolle. Wichtig allein ist nur, dass sich die Wissenschaft dieser Erinnerungsüberreste annimmt und ihnen Gestalt verleiht, die Bestand hat.

Oft sind aber wissenschaftliche Erkenntnisse nur der *scientific community* oder auch noch der interessierten Öffentlichkeit zugänglich. Anders verhält es sich bei den hier von Historikern und Literaturwissenschaftlern vorgestellten mittelalterlichen Erinnerungsorten. Wie vom Grund des Braudel'schen Mittelmeers durch Strömungen oder Sturm so manches längst vergessene Artefakt an die Oberfläche gelangt, so tauchen Erinnerungen an Orte auf, die es zu ergründen gilt, damit sie wieder in die Reihe der *»lieux de mémoire«*[65] aufgenommen werden können. Der vorliegende Band möchte aber auch jenen Erinnerungsorten gerecht werden, die in bewusst überlieferter Form nicht oder nicht explizit existiert haben und dennoch im Gedächtnis der Menschen, der Literatur und den von Sedimenten der Zeit überdeckten Artefakten Spuren hinterlassen haben.

... vom Persönlichen und Kollektiven ...

»Jede Generation schafft sich die Erinnerungen, die sie zur Bildung ihrer Identität benötigt« so Etienne François und Hagen Schulze.[66] Fragmente vergangener Erinnerungskultur streifen nicht selten die mittel- oder unmittelbare Geschichte des Einzelnen, der eigenen Familie, des Heimatortes, der Region in der man (einmal) lebt(e), des (Vater-)Landes oder auch, wie in den letzten Jahren vermehrt untersucht, eines ganzen Kontinents wie Europa.

Betrachten wir mittelalterliche Erinnerungsorte, so würde man vermuten, dass die Erinnerungen an diese längst vergangene Epoche allein im »historischen Gedächtnis« zu finden sind, da wir auf das Mittelalter bezogen über kein »autobiographisches Gedächtnis« verfügen:[67] Das würde bedeuten, dass wir Informationen an diese Epoche ausschließlich in Geschichtsbüchern und Chroniken erhalten können. Nun sind diese Orte aber, sofern sie noch sichtbar und erfahrbar sind, realer Bestandteil des gegenwärtigen Raums, also durchaus auch Teil unseres »persönlichen Gedächtnisses«. Die Erinnerungen an diese Orte jedoch sind eher neuzeitlicher und weniger mittelalterlicher Natur. Erfährt man nun aber über das »historische Gedächtnis« Informationen über diesen Ort, die nicht selbst erfahren wurden, verknüpfen sich diese mit den persönlichen Erinnerungen an den aktuellen Ort. Teilen nun viele Individuen diese Erinnerungen, indem Geschichten weitererzählt oder Gedenktage gemeinsam gefeiert werden, gelangt das »historische Gedächtnis« nach einem Erinnerungsbruch wieder in das »soziale Gedächtnis« der Gegenwart. Etienne François und Hagen Schulze fassen diesen Vorgang wie folgt zusammen: »Das kollektive Gedächtnis dagegen nähere sich der Vergangenheit emotional, verändere sie unkontrolliert und lege immer neue Deutungen und Erfindungen hinein. Mehr noch: die Vergangenheit verändert sich, indem sie von jeder neuen Generation von neuem begriffen, verstanden und konstruiert wird.«[68]

Die Reanimation vergessener Erinnerungsorte durch »gelebte Erinnerung«, z. B. im lokalen oder regionalen Tourismus, hat sowohl für historisch verbürgte und sicher verortete, für ebenso historisch verbürgte, aber bisher nicht zu lokalisierende sowie für rein fiktive, durch Literatur kommunizierte *points of interests* ihren Platz. Das Maß der Fiktionalität schadet bemerkenswerterweise keinesfalls der Popularität von Erinnerungsorten, wie z. B. die stattlichen 200 000 jährlichen Besucher der vermeintlichen Artusburg *Tintagel Castle* belegen.[69] Ganz im Gegenteil scheinen sich Erinnerungen an fiktive Orte, die eine (auch mehrfache) reale Verortung erfahren (können), ganz besonders zum Transport von Sehnsüchten und Wünschen geeignet zu sein, die die Zeit besser überdauern als historische Fakten.

Dass Regionalität und Erinnerungskultur in ihrer Kombination eine hohe Relevanz hat, zeigt Harald Schmid und stellt die »topographische Materialität« in ihrer »lokale[n] und regionale[n] Dimension« deutlich heraus.[70] Schon Maurice Halbwachs sagte, »so gibt es kein kollektives Gedächtnis, das sich nicht innerhalb eines räumlichen Rahmens bewegt.«[71]

... erinnern und vergessen ...

Erinnerungsorte zu pflegen und im Gedächtnis zu halten, kann eine nationale Identität schaffen. Doch permanent alle historisch bedeutsamen Orte und die damit verbundenen Geschichten im persönlichen oder kollektiven Gedächtnis zu behalten, kann diese Identität auch belasten. Wie die folgenden Beiträge zeigen, bestehen Erinnerungsorte nicht ununterbrochen fort. Beizeiten verlieren sie an Bedeutung oder die sich um sie rankenden Geschichten geraten in Vergessenheit. Doch immer wieder entstehen Konstellationen von Faktoren, die Orten Bedeutsamkeit einhauchen und sie wieder in das kollektive Bewusstsein heben, Wasserdampf gleich, der sich um Aerosole (»Erzählkerne«[72]) in der Atmosphäre anlagert, bis ein kritischer Punkt erreicht wird und Regen gen Boden fällt. Daraus entsteht oft eine Fülle sich ähnelnder Erzählkerne, die ein Netz aus mündlicher und schriftlicher Form weben und an Orten der Erinnerung haften bleiben. Offenbar sind diese Orte nicht immer von Dauer, hüllen sich für Jahrhunderte in einen Nebel des Vergessens oder werden durch andere Orte ersetzt, so dass man »weniger Erinnerungsorte denn variable Bestandteile eines Erinnerungskomplexes«[73] vor sich zu haben scheint.

Dass man das buchstabengetreue Erinnern, also das Auswendiglernen auch übertreiben kann und es zu kritisieren ist, geht bis zu Platon zurück:[74] Und so führt die seitdem anhaltende Kritik am exzessiven Erinnern (»Gedächtniskrankheit«[75]) dazu, dass wir einen ruhigen Schlaf finden können, da Wissen wohl durch Vergessen gewonnen werden kann:[76] So scheinen Vernunft und Gedächtnis seit der Antike Kontrahenten zu sein, wobei nach der Aufklärung trotz oder wegen seiner intensiven Unterstützung des kollektiven Gedächtnisses durch enzyklopädische Wissenssammlungen, das Gedächtnis einzelner für die Allgemeinheit zur Verfügung gestellt und externalisiert wurde.

... die Auswahl der Orte ...

Ebenso wie die Auswahl der Orte von Pierre Nora anmutet, heterogen in ihren Manifestationen, wohl aber homogen in ihrem Bestreben, das französische nationale Gedächtnis zu zeigen, möchte auch der vorliegende Band beispielhaft an reale und fiktive Orte erinnern, die Erinnerungsorte des Mittelalters und der Frühen Neuzeit waren. Gleichzeitig möchte der Band dazu beitragen, dass solche Orte, die bislang nicht als nationale Erinnerungsorte wahrgenommen wurden, in die Erinnerungskultur mit aufgenommen werden.

Die vorgestellten Orte sollen jedoch nicht zu einer »Identität der Deutschen« beitragen, die z. B. bei François und Schulze[77] durchscheinen mag. Sie sind Orte des Mittelalters und damit weit weniger deutsch als europäisch, ohne die heutigen »Europa-Ideen« wirklich gekannt zu haben. Sie sind Orte eines eher funktionalen denn nationalen Raums, der sich zwischen der Nord- und Ostsee, dem Atlantik und dem Mittelmeer konstituierte. Die Entwicklung von einer unmöglich erscheinenden deutschen Erinnerungskultur vor 1990 zu einer daran anschließenden »gelassenen Betrachtungsweise«[78] auf ein wieder entdecktes nationales Gedächtnis ebnete den Weg zu einem neuen, möglicherweise einmal bereits vorhandenen Erinnerungsraum, der über nationale Grenzen hinweg existierte und an den trotz seiner Überprägungen und Brüche erinnert werden sollte.

Eine Besonderheit mittelalterlicher Erinnerungsorte liegt darin, dass sie sich eben nicht mit der Problematik einer Erinnerungskultur der deutschen Nation konfrontiert sehen, da sie damals noch nicht existierte. Vielmehr war politisches, wirtschaftliches und religiöses Handeln raumübergreifend und damit *per se* nicht innerhalb einer Landesgrenze zu finden.[79]

Betrachten wir Orte in einem vornehmlich deutschsprachigen und mittel- sowie südeuropäischen Raum, so »müssen wir Deutsche also von einer Geschichte der Wandlungen und der Brüche ausgehen«:[80] Die Auswahl im vorliegenden Band war zum einen der Bedeutsamkeit der einzelnen Fachdisziplinen verpflichtet, zum anderen versuchten die Herausgeber aber auch entlang der thematischen Gruppen, bislang weniger beachtete Erinnerungsorte wichtiger Handlungsräume des Mittelalters exemplarisch zu behandeln. Hierzu zählen Kirchen und Klöster, die für eine kurze Zeit Orte des Wissens und der Macht wurden (Kapitel I: Zwischen Wanderschaft und Zentralismus: Klöster und Reformen). Dabei waren und sind diese Gebäude weitaus mehr als Zeugen der Baugeschichte, sondern immer auch religiöse wie auch weltliche Funktionsträger und Symbole der fernen Vergangenheit (=Vergänglichkeit), wie auch der Gegenwart und Zukunft (=Ewigkeit). Der Eindruck, den diese Bauten im Mittelalter erzeugt haben, war enorm und z. B. auf Saint-Denis bezogen muss »[d]er mittelalterliche Mensch […] sich beim Eintritt in die farbig durchlichtete Kirche quasi wie im Himmlischen Jerusalem gefühlt haben«:[81] Viele beeindruckende Kirchenhäuser wie auch der Speyerer Dom waren bereits in ihrer Planung durch repräsentationsbedürftige Kirchenmänner darauf ausgelegt, Erinnerungsort für die Nachwelt zu sein.[82] Ihr Einfluss ging durch das Netzwerk europäischer, sakraler Architektur und der Diözesen weit über Landesgrenzen hinaus und prägte zugleich die umliegende Region und ließ Städte anwachsen. Andere Orte, die wie z. B. Canossa durch machtpolitisches Kalkül und nachträglich

»angedichtete« Dramatik zu Erinnerungsorten wurden, existieren heute nur noch als Ruine, während wiederum andere Orte wie Sutri trotz ihrer geschichtlichen Bedeutsamkeit kaum als Erinnerungsort wahrgenommen wurden/werden.

Aber auch weltliche Stärke symbolisierende Orte wie Burgen und Pfalzen als sichtbare Zeichen politischer und militärischer Macht finden hier ihren Platz (Kapitel III: »Reichsmystik und Freiheitsträume: Burgen, Pfalzen und Reichsstädte«). Es handelt sich u. a. um Orte, denen aus irregeleitetem Legitimationswahn nachträglich Mythen »angedichtet« wurden, während sie einst eher unbedeutsame Orte waren (wie der Hohenstaufen). Auch Orte, die nachträglich als Denkmal an eine Persönlichkeit oder Epoche zum Erinnerungsort wurden (wie der Kyffhäuser) und es manchmal mit der historischen Genauigkeit nicht allzu ernst nehmen, prägen das kollektive Gedächtnis. Dies zeigt, dass der Ort allein nicht ausreicht, um als Erinnerungsort überdauern zu können. Es muss ein reales oder fiktives Ereignis an ihm stattgefunden haben, das eine mit dem Ort verbundene Geschichte zum Resultat hat, die den Menschen mit seinen Sehnsüchten und Wünschen berührt.

Hier hinein gehört auch das Herabsinken mittelalterlicher Reichsstädte und ihrer Träume von Freiheit und Gleichheit zu abhängigen Landstädten, welches am Beispiel von Konstanz gezeigt wird.

Plätze in Kapitel IV »Zwischen Freiheitsraum und Untergang: Schlachten und Verträge«, die überhaupt nicht für längere Zeit Bestand haben sollten und doch Orte der Entscheidung über zahlreiche Menschenleben waren, wie Schlachtfelder und Heerlager, stehen stellvertretend für Sieg oder Niederlage und damit für das Ende oder den Neuanfang ganzer Völker. Diese Bedeutung legitimiert sie ebenfalls dazu, als Erinnerungsort genannt und im Gedächtnis gehalten zu werden.

Und es gibt noch die Orte in Kapitel V »Mediävale Mythen und ihre ›realphantastischen‹ Landmarken«, die wir aus zahlreichen Geschichten kennen, aus dem Land der Phantasie und Fiktion, und die doch für die reale Geschichte bedeutsam sind, da sie Träume und Wünsche symbolisieren, die nicht weniger wichtig sind als begehbare Orte, zu denen sie aber durchaus von den an sie glaubenden Menschen gemacht werden können (z. B. Tintagel Castle). Auch sie gehören zu unserem kollektiven Gedächtnis und tragen zum Erinnern an längst vergangene Zeiten bei. Sie gaben in mittelalterlichen und auch in den heutigen, aufgeklärt scheinenden Zeiten den Menschen eine Projektionsfläche für unerreichbare Sehnsüchte und ließen sie darauf hoffen, dass Unmögliches letztlich doch geschehen kann.

Letztendlich also versteht sich dieses Buch als eine offene Anregung, das Geflecht zwischen den hier nur exemplarisch beschriebenen Erinnerungsorten weiterzuspinnen und so zum kulturellen Gedächtnis beizutragen. Denn anders als in Frankreich kann es ein einheitliches deutsches Erinnerungskonzept nicht geben, überlagern sich doch lokale, regionale und nationale Traditionen viel zu stark. Die fehlende Geschlossenheit des Bandes ist also durchaus gewollt.

I. Kapitel
Zwischen Wanderschaft und Zentralismus
Klöster und Reformen

Das Papsttum im Exil: Viterbo, Anagni und Avignon

Annika Wengeler

Das Papsttum, in Zusammenhang mit einem Ort gedacht, wird zumeist auf Rom projiziert. Das ist verständlich, ist Rom doch sein Bischofssitz, Kirchen prägen das Stadtbild, und wenn man sich in dieser Stadt bewegt, ist es nahezu unmöglich, sich der Aura von fast 2000 Jahren päpstlicher Präsenz zu entziehen. Doch gibt es noch andere Orte, die in enger Erinnerungstradition mit dem Papsttum stehen. Von den drei hier beschriebenen – Viterbo, Anagni und Avignon – ist der letzte wahrscheinlich der bekannteste. Der trutzige Papstpalast oberhalb der oft besungenen Rhône-Brücke bleibt wohl den meisten Besuchern in prägnanter Erinnerung. In seiner abweisenden Fassade befinden sich zahlreiche Schießscharten, und im Großen und Ganzen gewinnt man eher den Eindruck einer Festung denn den eines Gotteshauses oder Palastes. Weniger bekannt sind indes die Residenzstädte Viterbo und Anagni, auch wenn dort Geschichte und Geschichten geschrieben wurden.

Wie kam es dazu, dass das Papsttum einige Zeit von Rom getrennt war und schließlich dorthin zurückfand? Dies hängt mit dem Kampf um die Macht zwischen Papst und Kaiser im Mittelalter zusammen. Allerdings sind Papst und König nicht die einzigen Protagonisten im Spiel der mittelalterlichen Kräfte. Besonders im hohen und späten Mittelalter spielen die aufstrebenden norditalienischen Städte Piacenza, Mantua, Mailand, Venedig, Florenz sowie Siena, um nur einige zu nennen, eine immer größere Rolle, die sich dank eines landwirtschaftlichen Aufschwunges, Schifffahrt und einträglicher Messen spätestens ab dem 11. Jahrhundert zu Zentren des Handels und freien Kommunen entwickelten. Auch die mächtigen Familien innerhalb Roms und Italiens sind ein nicht zu vernachlässigender

Faktor. Die Gaetani, denen u. a. Papst Bonifaz VIII. angehörte, die Colonna, später die Medici, Barberinni, della Rovere, Borghese und andere nahmen nicht nur auf die römische Stadtpolitik, sondern auch auf die Wahl, Politik und zum Teil Lebenszeit der Päpste und anderer kirchlicher Würdenträger, entscheidenden Einfluss. Das Pontifikat Bonifatius' VIII. gibt einen Vorgeschmack auf das, was quasi zur Faustregel avancierte: Wer als römische oder italienische Adelsfamilie zu Reichtum kommen wolle, müsse einen Papst stellen.[83] Durch die ständigen zum Teil gewaltsamen Auseinandersetzungen zwischen den römischen Familien, der Kurie und unter Umständen mit weiteren Protagonisten, wie den deutschen Herrschern oder den Normannen, wurde der Aufenthalt in Rom für die Päpste unsicher, so dass sie auf andere Städte auswichen. Dazu kam, dass schon seit der Antike jeder, der es sich leisten konnte, im Hochsommer Rom verließ, weil die Flussniederung mit ihrer heißen, feuchten Luft dann kaum erträglich und eine Brutstätte für Krankheiten war – das Konklave 1287 etwa musste wegen Malaria in Rom lange Zeit unterbrochen werden. Die Päpste suchten sich daher Sommerresidenzen, vergleichbar dem heutigen »Castel Gandolfo« im *Patrimonium Petri*, dem kirchlichen Besitz, oder auch außerhalb, oft auch in der Nähe ihres Herkunftsortes. So wählten die Päpste aus dem Geschlecht der Conti di Anagni in der ersten Hälfte des 13. Jahrhunderts ihre Heimatstadt als Residenz, und schon vorher hatten verschiedene Päpste hier Kaiser empfangen, Bullen veröffentlicht, Konklave abgehalten, Verhandlungen geführt und Verträge geschlossen. In der Zeit von 1257 bis 1281 residierten acht Päpste[84] fast ohne Unterbrechung in Viterbo, das sich bis heute »Stadt der Päpste« nennt. Auch hier fand mehr als ein Konklave statt, wurden Exkommunikationen ausgesprochen, Bullen verabschiedet etc. Viterbo kann sich zum Beispiel rühmen, das längste Konklave der Geschichte beherbergt zu haben.

Wie für Anagni war auch für Viterbo der Aufenthalt der Kurie ein wichtiger Wirtschaftsfaktor, Der Papst residiert mit einem großen Gefolge an Geistlichen, die auch in der Verwaltung arbeiteten. Wenn der Papsthof in eine Stadt zog, bedeutete das Geld für Gasthöfe, Bauern, Metzger, Bäcker etc., natürlich wurden auch vermehrt Luxusgüter konsumiert und verkauft.

Der Rat von Viterbo bemühte sich daher, die Päpste an den Ort zu binden, indem man von 1257 bis 1266 eigens einen Papstpalast errichten ließ. Die Machtkämpfe von Adelsgeschlechtern und auswärtigen Herrschern fanden ihren Widerhall aber auch in Viterbo, und mehrere Male versuchten die Bürger, ein Konklave zu beeinflussen. Dies war wohl der Grund, warum Papst Martin IV. nach seiner Wahl Viterbo unter den Kirchenbann stellte. Auch er residierte jedoch nicht in Rom, sondern in Orvieto außerhalb des *Patrimonium Petri*, da man ihm als Franzosen den Zutritt verweigerte, sowie später in Perugia. Martins Nachfolger Nikolaus IV. residierte wieder in Rom, doch weil in Rom die Pest ausgebrochen war, verlegte man nach seinem Tod das Konklave nach Perugia. Nikolaus' Nachfolger Coelestin V., ein frommer Einsiedler, wurde in seiner Heimat L'Aquila zum Papst erhoben und residierte in Neapel. Nach seinem Rücktritt setzten sich im Kampf der Adelsgeschlechter der Orsini, Colonna und Caetani die Caetani durch. Bonifatius VIII. verlegte die Papstresidenz zurück nach Rom, um seinen Machtanspruch zu dokumentieren. Er kam wahrscheinlich deshalb wieder auf Anagni als Sommerresidenz zurück, weil auch er mit dem Geschlecht der Conti verwandt und in Anagni geboren war.

Anagni

Während man Viterbo heute nicht als Erinnerungsort des Papsttums ansehen kann, sieht das für Anagni bedingt anders aus: Die Stadt ist mit dem »Attentat von Anagni« ins kollektive Gedächtnis zwar nicht der breiten Bevölkerung, doch zumindest der Geschichtswissenschaft eingegangen.

Das Städtchen Anagni mit seinen heute etwas über 20 000 Einwohnern[85] ist schon seit dem 5. Jahrhundert Bischofssitz und war Residenzstadt verschiedener Päpste. Bonifazius VIII. residierte nahezu während seiner gesamten Regierungszeit in Anagni, wo seine Familie Landbesitz hatte und er sich der Solidarität der Bevölkerung, im Gegensatz zu den Einwohnern Roms, sicher sein konnte.

In dieser Funktion wurde das Städtchen 1303 zum Schauplatz des so genannten »Attentats von Anagni«, dem Anfang vom Ende des päpstlichen Weges zur Weltherrschaft. Wenn Peter Moraw die hundert Jahre nach 1250 »wie das ganze Spätmittelalter [als] eine Epoche kirchlicher Krisen«[86] beschreibt, hat er damit sicherlich recht. Papst und Kurie gerieten immer stärker in die Abhängigkeit vom französischen Königtum. Im Jahr 1300 schien die kuriale Welt noch in Ordnung. Bonifatius VIII. hatte das Jahr zum ersten Heiligen Jahr erklärt und den Jubelablass verkündet. Alle Römer, die die Basiliken der beiden Apostelfürsten dreißig Mal und alle Pilger, die sie fünfzehn Mal besuchten, erhielten einen vollständigen Ablass. Es wird geschätzt, dass gut 200 000 Wallfahrer nach Rom pilgerten, auch wenn die Zeitgenossen deutlich höhere Zahlen nennen. Auch die Aussage, die Kleriker der beiden Titelkirchen St. Peter und St. Paul vor den Mauern hätten das Geld mit Rechen zusammenkehren können, dürfte in den Bereich der Jubelrhetorik fallen. Urkundlich sind 9000 Gulden als bei einer päpstlichen Bank hinterlegte Summe des Jubeljahres für St. Paul belegt, das ist nicht wenig, aber den Einsatz von Gerätschaften dürfte es nicht gerechtfertigt haben.[87]

Das Heilige Römische Reich hatte nach der Absetzung Friedrichs II. 1245 in Lyon, im Zeitalter des so genannten »Interregnums«[88] und der Herrschaft der »kleinen Könige«[89] mit Rivalitäten zwischen verschiedenen Herrschern in der Folge von Doppelwahlen zu kämpfen. Gleichzeitig konnte Ludwig IX. (der Heilige, 1226–1270) jene feste Ordnung in Frankreich etablieren, die unter Philipp II. Augustus (1180–1223) bereits vorbereitet worden war und die Philipp IV. (der Schöne, 1285–1314) zu seinen Zwecken ohne Rücksicht einsetzte. Die jeweils langen Regierungszeiten der Könige aus der Dynastie der Kapetinger deuten hier auf eine hohe Stabilität, die im Römischen Reich zu dieser Zeit fehlt.[90] Papst Bonifatius VIII. seinerseits war ein machtbewusster Papst mit einer großen Adelsfamilie im Rücken. Er nutzte seine Stellung unter anderem, um die Caetani zu begünstigen und ihre Gegner, die Colonna, zu schwächen. Seit 1296 waren die Auseinandersetzungen zwischen dem französischen Königtum und dem Heiligen Stuhl immer härter geworden. Philipp der Schöne hatte zur Finanzierung seiner Kriege auch die Kirchen mit Steuern belegt, was Bonifatius selbstverständlich nicht hinnehmen wollte, so dass er diese Steuerpraxis verbot. Das war für Philipp allerdings kein Grund, auf diese Einnahmequelle zu verzichten, im Gegenteil, er behielt alle nach Rom gehenden Abgaben ein und verwies die päpstlichen Legaten des Landes. Dieses königliche Selbstbewusstsein hatte seine Wurzeln unter anderem in einer sich in dieser Zeit an der Pariser Universität entwickelnden Staatstheorie, die dem König bescheinigte, er sei Kaiser in seinem Königreich und in weltlichen Dingen niemandem Untertan. Bonifatius musste 1297 einlenken und die Besteuerung kirchlicher Güter in Notfällen einräumen. Allerdings war er nicht bereit, das Verhalten und die Ansprüche Philipps hinzunehmen. Das päpstliche Schreiben »Ausculta fili« hob 1301 den Konflikt, gewollt oder ungewollt, auf eine andere Ebene. Indem der Papst vom französischen König Gehorsam einforderte, was er durch das Zitat der ersten Worte der Benediktsregel sehr deutlich tat, wurde aus dem Streit über Steuerfragen eine prinzipielle Auseinandersetzung um die Rechte von Kirche und Staat.[91] Bonifatius hatte Philipp und seinen wohlorganisierten Staatsapparat allerdings unterschätzt. Es gelang Philipp nicht nur, die Publikation der päpstlichen Bulle zu verhindern, sondern auch sie durch eine wesentlich schroffer formulierte Fälschung zu ersetzen und mit einem Antwortschreiben zu veröffentlichen, welches mit wenig höflichen Worten den päpstlichen Anspruch zurückwies.[92] Bonifatius, noch gestärkt vom Erfolg des Heiligen Jahres und mit reichlich päpstlichem Selbstbewusstsein ausgestattet, versuchte mit der Bulle »Unam Sanctam« (1302) unmissverständlich klar zu machen, dass es für jedes menschliche Wesen heilsnotwendig sei, sich dem römischen Papst zu unterwerfen.[93] Nur die vollkommene Unterordnung der weltlichen Gewalt unter die geistliche garantiere die dauerhafte göttliche Ordnung.

Doch Bonifatius musste sehr bald feststellen, dass sein französischer Gegenspieler nicht durch »theologische Wortgewalt«[94] bezwungen werden konnte und dass er eine für Bonifatius sehr unheilvolle Allianz mit der Familie der Colonna eingegangen war. Im Morgengrauen des 7. September 1303 drang ein Trupp Bewaffneter unter der Führung Wilhelms von Nogaret, dem Kanzler Phillips des Schönen, und Sciarra Colonna an der bestochenen Torwache vorbei in den Papstpalast von Anagni ein. Die Häuser der Kardinäle waren schnell erobert, bis zum Abend war auch der Papstpalast eingenommen. Die Eindringlinge fanden Bonifatius in vollem Ornat auf dem Thron sitzend vor, die Insignien seines Amtes tragend. Ob nun Colonna auf Bonifatius zugestürzt sei und ihm mit der Faust ins Gesicht geschlagen habe oder nicht, ist umstritten.[95] Unzweifelhaft ist jedoch, dass der Papst eher bereit war zu sterben als abzudanken und der vollständigen Rückgabe der Colonna-Güter, außerdem der Aushändigung allen Vermögens als Satisfaktion für die Zerstörung ihres Stammsitzes zuzustimmen. Nur dem Eingreifen Wilhelms von Nogaret, der in einem lebenden Papst in seiner Hand einen größeren Nutzen sah als in einem toten, war es zu verdanken, dass Sciarra Colonna, nach der jahrelangen Verfolgung seiner Familie durch die Caetani, nicht tödliche Rache nehmen konnte. So sperrte man Bonifatius ein und ließ ihn hungern.[96] Allerdings hatte man die Stimmung der Bürger in Anagni, die Stadt war immerhin Bonifatius' Heimatstadt, falsch eingeschätzt. Am Morgen des dritten Tages verjagten die Bürger die Eindringlinge und befreiten Bonifatius. Der soll, halb verhungert, die Bürger auf dem Marktplatz um ein Stück Brot angebettelt haben, worauf diese riesige Mengen davon herbeischleppten. Bonifatius war nach diesen Tagen ein gebrochener Mann. Zwar bannte er Philipp IV., soviel war er sich dann doch schuldig, aber nur vier Wochen nach dem Attentat verstarb er 73-jährig in Rom.[97] Nicht nur für das Leben Bonifatius' bedeuteten die Tage von Anagni einen tiefen Einschnitt, auch der Stellung des Papsttums an sich war ein irreparabler Schaden zugefügt worden. Bonifatius hatte die weltliche Macht herausgefordert und verloren. Heute ist der Palast Bonifatius' VIII. ein Museum, es beherbergt das »Museo Bonifaciano VIII e del Lazio Meridionale«. Den »Sala dello schiaffo«, den Saal der Ohrfeige, kann man besichtigen, außerdem beherbergt der Palast das Institut für Geschichte und Kunst des südlichen Lazio.[98] Auch wenn sich Anagni stolz Stadt der Päpste nennt,[99] so ist doch von der Bedeutsamkeit und der Rolle, die es einst als Residenzstadt, als Heimatstadt und als Ort einer der bedeutendsten Ohrfeigen des Mittelalters spielte, nicht mehr viel zu spüren.

Bonifatius VIII. war nun kein besonders vorbildlicher Papst gewesen, und sein Bestreben, die eigene Familie sehr gut mit Posten, Ländereien und Geldern zu versorgen, hatte ihn in den Augen seiner Gegner nicht beliebter gemacht. Die Abneigung, die Bonifatius entgegengebracht wurde, hat sogar ein literarische Zeugnis bekommen. Dante Alighieri (1265–1321) reservierte dem Papst noch zu dessen

Lebzeiten einen Platz in der Hölle, bei den Simonisten, die als Strafe dafür, dass sie kirchliche Ämter verkauft haben, kopfüber im Boden eingegraben sind. Hier hält der verstorbene Papst Nikolaus III. (1277–1380) den fragenden Dante für den noch lebenden Bonifatius VIII. und fragt ihn, ob er komme, um ihn abzulösen.[100] Beide waren bekannt dafür, familiären und finanziellen Gegebenheiten höheren Stellenwert als angemessen einzuräumen. Bonifatius hinterließ bei seinem Tode ein gründlich zerstrittenes Kardinalskollegium. Sein Nachfolger Benedikt XI. residierte hauptsächlich in Perugia, da er sich in Rom bedroht fühlte. Er war den Konflikten der römischen Familien, besonders zwischen den Orsini und Colonna, nicht gewachsen. Zwar versuchte er das Verhältnis zu Frankreich wieder zu verbessern – er löste Philipp vom Kirchenbann,[101] aber da er noch vor Jahresfrist nach seiner Wahl starb, war ihm nicht viel Erfolg beschieden. Schließlich konnte die antibonifazianische Partei in einem elfmonatigen Konklave einen Franzosen als Nachfolger durchsetzen. Der ehemalige Erzbischof von Bordeaux bestieg als Clemens V. den Stuhl Petri. Die Päpste hatten, wie wir gesehen haben, in den vergangenen Jahrhunderten in verschiedenen mittelitalienischen Städten residiert und waren immer wieder nach Rom zurückgekehrt. Denn der Papst, der in Personalunion auch Bischof von Rom ist, hatte wie jeder Bischof eine Residenzpflicht in seiner Diözese. Dass diese realpolitisch oft Makulatur war, ist nicht zu leugnen, dennoch war und blieb Rom Pflicht und Anspruch der Päpste. Rom war der Bischofssitz des heiligen Petrus, Schauplatz seines Martyriums und der Bewahrungsort seiner Reliquien. Der Bischof von Rom, als Nachfolger des Apostels und Garant einer lückenlosen Sukzession ist durch die Tradition untrennbar mit der Stadt Rom verbunden. Doch Clemens fühlte sich in Rom bedroht und nahm, nachdem er sich schon in Lyon statt in Rom hatte krönen lassen, 1309 Residenz in Avignon.[102]

Avignon

Avignon ist eine alte Stadt. Erste Siedlungsspuren lassen sich in der Jungsteinzeit nachweisen. In römischer Zeit zählte Pomponius Mella sie zu den reichen Städten der Provinz.[103] Durch ihre Lage am Zusammenfluss von Rhône und Durance war dieser Platz schon früh ein Ort des Handels und weckte Begehrlichkeiten. Nacheinander von Burgundern, Ostgoten und Arabern besetzt, wurde sie 793 im Zuge der Rückeroberung der Franken unter Karl Martell zerstört. Mit ihrer Eingliederung ins Imperium begann für die Stadt, die sich in gemeinsamem Besitz der Grafen der Provence, Forcalquier und Toulouse befand, aber von einer städtischen Aristokratie mit dem jeweiligen Bischof an der Spitze regiert wurde, eine Phase der Expansion. Kommunale Rechte erwarb die Stadt Anfang des 12. Jahrhunderts.[104] Als sie sich allerdings während der Albigenserkriege auf die Seite des Grafen von Toulouse schlug, wurde sie erneut zerstört und mit päpstlichem Interdikt belegt.[105] Nach dem Wiederaufbau und einem Bündnis mit den Städten Arles und Marseille verlor Avignon 1251 seine Unabhängigkeit. In dieser Stadt, der man nun nicht gerade absolute Papsttreue nachsagen konnte, bezog Clemens also nun Quartier, und seine Nachfolger blieben. Erst Gregor XI. sollte 1376 nach Rom zurückkehren, auch wenn zumindest sein Vorgänger Urban V. denn Willen zur Rückkehr programmatisch im Namen trug (*urbanus*, »städtisch«, mit besonderem Bezug auf die *urbs* Rom). Mehr als 60 Jahre residierte der Bischof von Rom außerhalb seiner Diözese. Zwar hatten sich die Päpste schon oft außerhalb von Rom aufgehalten, aber noch nie hatte die Gefahr bestanden, dass sich die Päpste endgültig von der ewigen Stadt abwandten. Schon früher hatte es Überlegungen gegeben, ob die ständige Anwesenheit des Papstes in Rom überhaupt vom kirchlichen Standpunkt her notwendig war. Wo der Papst sei, da sei auch Rom (*ubi papa, ibi Roma*), war die Meinung des Rechtsgelehrten Hortensius (Heinrich von Susa, † 1271), womit er die vorherrschende Meinung auf den Punkt brachte.[106] Und zu Heinrichs Zeiten, auch wenn sie nur eine Generation in der Vergangenheit lag, war dies von den kirchlichen und weltlichen Würdenträgern, sowie den Gläubigen akzeptiert worden, schließlich war der Papst in der Regel nicht allzu weit entfernt gewesen. Viterbo, Perugia, Anagni, Assisi, Orvieto[107] – alle Alternativen lagen noch in Reichweite der Ewigen Stadt. Aber Frankreich? Das hatte nun eine andere Dimension, zumal Clemens und ebenso seine Nachfolger, in eine unleugbare Abhängigkeit zum französischen König gerieten. Das bekannteste

Beispiel für den Einfluss Philipps des Schönen auf Clemens V. ist wohl die Auflösung und Verurteilung des Templerordens.[108]

Avignon war ein beschauliches Provinzstädtchen, als Clemens im nahen Dominikanerkloster seinen Sitz nahm. Dies änderte sich in den folgenden Jahren, als zunehmend Menschen nach Avignon strömten. Auch die Zusammensetzung des Kardinalskollegiums änderte sich unter Clemens V. deutlich. Waren bislang Italiener in der Mehrzahl gewesen, so zeigte schon die erste neue Kardinalserhebung im Dezember 1305, woher der Wind wehte. Bis auf einen Engländer wurden in Clemens' neunjährigem Pontifikat nur Franzosen in den Kardinalsstand erhoben, fünf davon waren in direkter Linie mit dem Papst verwandt, die anderen standen dem französischen Hofe mehr als nah. Dieses zunehmende französische Übergewicht im Kardinalskollegium sollte die Rückverlegung der Kurie nach Rom für die nächsten Jahre verhindern. Auch für die folgenden Papstwahlen stellte die französische Partei ein Problem dar. Nach dem Tode Clemens' V. dauerte es ganze zwei Jahre, bis die Sedisvakanz beendet war. Hatte Dante auch seine Landsleute im Kardinalskolleg aufgefordert, einen Italiener zu wählen, um damit die Rückkehr nach Rom zumindest wahrscheinlicher zu machen, so wurde dennoch, unter nachdrücklicher Einmischung des französischen Hofes, der Bischof von Avignon und Kardinal von Porto e Santa Rufina, Jaques Duèse, 1316 in Lyon zum Papst Johannes XXII. gekrönt.[109] Dass dieser Papst den französischen Süden unter dem Schutz des französischen Königtums dem stickigen und unsicheren Rom vorzog, ist leicht zu verstehen. Also machte er sich mit großer Energie daran, die Stadt zu einer angemessenen Residenz auszubauen. Er schuf mit dem festungsartigen Ausbau des Bischofspalastes ein sichtbares Zeichen der dauerhaften und ungebeugten Position des Papsttums. Dieses »Statement« in Stein richtete sich allerdings weniger gegen die Nachfolger des inzwischen verstorbenen Philipps, die sich eher als schwache Könige erwiesen, als gegen die steigenden Ansprüche des wiedererstarkten deutschen Königtums mit und unter dem Wittelsbacher Ludwig IV. Zunächst sorgte Johannes XXII. durch ständige Akquisition der den Bischofspalast umgebenen Häuser für genügend Raum.[110] Ihm scheint es wichtig gewesen zu sein, möglichst schnell angemessen residieren und repräsentieren zu können, und so wird vermutet, dass er Ende 1316 die neu instandgesetzten Gebäude bezogen hat. Wie die allerdings genau ausgesehen haben und welche Teile bereits so früh dazugehört haben, lässt sich weder aus den Quellen noch aus archäologischen und baulichen Befunden mit Sicherheit sagen.[111] Über einige Einzelheiten sind wir aber gut informiert, so existiert z. B. ein mehrseitiger Vertrag zur Errichtung einer großen Terrasse, die über vier Bögen zwischen der Dionysiuskapelle und den Wohnungen der Dekane errichtet werden sollte, bei einer Tiefe von fast 16 Metern (fünfeinhalb *canne*), was zu einer Gesamtgröße von über 170 Quadratmeter führt.[112] Der Vertrag liest sich in seiner genauen Beschreibung der Ausgestaltung aus heutiger Sicht fast wie eine Bauanleitung, was, neben dem großen finanziellen Aufwand, für die Bedeutung der Terrasse spricht.[113] Zu beachten ist, dass es sich bei der Residenz des Papstes nicht um ein Haus für eine Person, evtl. mit Familienanschluss, handelt, sondern um eine Verwaltungseinheit, die spielend die Bevölkerung einer kleinen Stadt hätte ersetzen können.[114] Nach Johannes' 18-jährigem Pontifikat schien für seinen Nachfolger festzustehen, dass er in Avignon bleiben wollte. Benedikts XII. bauliche Veränderungen am Palast entsprechen einer Neukonzipierung, die planvolle Überlegungen erkennen lässt. So wurde offensichtlich genau geplant, wie und wo Familie und Verwaltung unterzubringen seien, damit sie sich in notwendiger Nähe befanden.[115] Aber nicht nur praktische Erwägungen fanden ihr Abbild in der baulichen Struktur. Bis sich Gregor XI. 1376 wieder anschickte, nach Italien zurückzukehren, hatten sich auch Hofordnung und Zeremoniell deutlich verändert. Diese Veränderungen fanden wiederum ihren Niederschlag in der Architektur, wobei schwer zu entscheiden ist, was von beiden älter ist, sprich, ob sich das Zeremoniell den gegebenen architektonischen Bedingungen angepasst hat, oder es einen Wandel der Architektur nach sich zog.[116] Auch Clemens VI., der 1342 als Nachfolger Benedikts XII. den avignonesischen Heiligen Stuhl bestieg, ließ dem Palast durch bauliche Veränderungen noch einmal eine neue Struktur geben. Die Errichtung eines zweiten »Großen Hofes«, die komplette Abschließung nach außen, Einrichtung weiterer Kapellen und vor allem aber Arbeiten zur Verschönerung und Vergrößerung der Bequemlichkeit und Prachtentfaltung zeigen, dass nun luxuriösem

Leben Vorrang vor eventueller Verteidigungsnotwendigkeit gegeben wurde.[117]

In Avignon modernisierte die kirchliche Verwaltung sich radikal im Stil der Zeit: Die Bürokratie wurde effektiver, aber auch aufwändiger. Effektiver wurden auch die Wege, Geld für die Kurie einzutreiben. Zugleich wurde dieser neue Stil der Kirche von vielen Gläubigen als kalt und weltlich empfunden. In einer Gegenbewegung wandten sich die Menschen Mystikern und Mystikerinnen zu. Zwei von ihnen, Katharina von Siena und Brigitta von Schweden, forderten eine Reform der Kirche und als Zeichen dafür die Rückkehr der Päpste nach Rom. Ein Verehrer Roms war auch der Dichter Petrarca, der in Liedern und Gedichten über den Papsthof in Avignon herzog und die Rückkehr nach Rom forderte. Avignon galt bei seinen Kritikern als die babylonische Gefangenschaft der Kirche.[118]

Trotz aller Annehmlichkeiten in Avignon und aller Widrigkeiten in Rom wurde der Ruf nach einer Rückkehr nach Rom immer lauter. Urban V. scheiterte 1367 noch und kehrte der Heiligen Stadt nach einem pompösen Einzug und einem Treffen mit Kaiser Karl VI. 1368 schnell wieder den Rücken. Sein Nachfolger Gregor XI. residierte zunächst wieder in Avignon, um dann aber, unter anderem unter dem Einfluss Katharinas von Siena, nach Rom zu reisen.[119] Der Lateran war inzwischen zerfallen, und so wurde die Residenz in den Vatikan verlegt. Leider waren mit der Rückkehr die Konkurrenzen und Uneinigkeiten innerhalb des Kardinalkollegiums nicht vergessen, und der französisch-italienische Gegensatz blieb bestehen. Die Wahl Urbans VI. nach Gregors Tod 1378 und seine Reformen, die Rücksichtnahme vermissen ließen, führten dazu, dass die französischen Kardinäle nach Anagni emigrierten und Robert von Genf zu »ihrem« Papst Clemens VII. wählten. Die Wahl Urbans sei nur unter dem Druck der Römer zustande gekommen und deshalb ungültig, behauptete man, was die Gegenpartei natürlich abstritt. So hatte das Abendland nun zwei Päpste, und Avignon bot Clemens den angemessenen Rahmen für seine Hofhaltung. Europa sollte für die nächsten Jahre gespalten sein. Erst das Konzil von Konstanz (1414–1418) beendete das »Große abendländische Schisma« und stellte die Einheit der Kirche wieder her. Während des Schismas wurde der Papstpalast zu Avignon durch die

(Gegen-) Päpste weiterbenutzt. Erst nachdem der in Konstanz neu gewählte Papst Martin V. nach Rom zurückgekehrt war, verlor der Palast seine Bedeutung.[120] Während der Französischen Revolution wurden bedeutende Teile des Palastes zerstört und die kostbare Einrichtung geplündert. 1802 wurde der Zustand des totalen Zerfalls beklagt. Die Kosten für die notdürftigste Renovierung beliefen sich auf ca. 14 300 Francs. 1810 wurde der Palast zur Kaserne, was das endgültige Ende der verbliebenen Kunstgegenstände mit sich brachte. So wurden Fresken abgenommen und einige Räume der militärischen Nutzung zugänglich gemacht.[121] Seitdem wurden bis zum Abzug der letzten Soldaten Anfang des 20. Jahrhunderts die größten Veränderungen seit dem Ende des Mittelalters am Palast vorgenommen. Auch wenn er im 16. und 17. Jahrhundert bereits als Gefängnis gedient und dadurch einige Umbauten erfahren hatte, wurden in der Zeit, in der er als Kaserne diente »fast alle Säle und ein großer Teil der Fassaden durch Einbauten mit Zwischengeschossen verunstaltet«.[122] Nach Abzug der Soldaten nutzte man einzelne Trakte des Palastes museal und als Archiv. Die letzte große Veränderung der restlichen mittelalterlichen Bausubstanz fand mit der modernen Nutzung als Verwaltungs- und Kongresszentrum statt. »Wände und Böden, Türen und Fenster, Mauern und Treppen fielen neuen Anforderungen zum Opfer oder wurden durch modisches Beiwerk ersetzt, um Nutzungsanforderungen des 20. Jahrhunderts mit dem Schauer mittelalterlicher ›Rückständigkeit‹ zu kombinieren. Die größten Sünden waren die Vertikalverbindungen Lift und Betontreppe, die einen handbreiten Riss in der Westfront hervorriefen«.[123]

Fazit

Mehrere Städte verweisen heute auf sich selbst als Residenzen der Päpste, ohne dass dieses historische Erbe wirklich zu spüren wäre. Rom als Ewige und Heilige Stadt ist und bleibt dagegen die Residenz des Papsttums im öffentlichen Geschichtsbewusstsein. Avignon wird dagegen mit dem immer noch bekannten und beliebten Volkslied aus dem 15. Jahrhundert in Verbindung gebracht. Die besungene Bücke überquerte die Insel Île de la Barthelasse, welche mitten in der Rhône liegt, und auf der sich die Vergnügungsviertel und Jahrmärkte der Stadt befanden. So wurde zwar wahrscheinlich eher unter als auf (*sur le pont d'Avignon*) der Brücke getanzt, aber dennoch bleiben Vergnügen und eingängige Melodie besser im Gedächtnis verhaftet als die lang verstorbenen Päpste.

Viterbo ist heute ein Ausflugsort für all jene, die dem heißen und stickigen Sommer in Rom bzw. seinem Trubel entfliehen möchten. Anagni ist im Bewusstsein der Öffentlichkeit kein Erinnerungsort der Kirchengeschichte. Mediävisten beschäftigen sich zwar mit der Stadt und den Folgen, die der gewalttätige Übergriff für die europäische Geschichte gehabt hat, doch die Bekanntheit des »Attentats von Anagni« hat auf das Städtchen selbst keine Auswirkungen. So wie die Päpste Glanz und Glorie, Weltruhm und Intrigen, Feste und Zeremonien mitgebracht haben, so sind all diese Dinge auch wieder mit ihrem Abzug verschwunden. Und was zählen schon ein paar Jahre Abkehr von Rom im Verhältnis zu der Zeit, in der sich das Papsttum in der Ewigen Stadt aufhielt und sie prägte? Gegen diese gewaltigen Traditionen hatten und haben Kleinstädte keine Chance, zumal sich nicht eine einzelne Stadt etablieren konnte, sondern die jeweiligen Päpste nach ihren eigenen Vorlieben wählten.

Nicht einmal der unzweifelhaft lange Aufenthalt in Avignon konnte die Verbindung zu Rom kappen, die Vorstellung, dass der Papst nach Rom gehört, verändern. Der Papst als Nachfolger des Petrus, der seine besondere Stellung unter den Kirchenfürsten aus der Besonderheit des Petrus unter den Aposteln begründet, der der Bischof dieser Stadt ist, kann und konnte seine Bindung an Rom nicht aufgeben, ohne auch seine Legitimation als oberste Gewalt der römisch-katholischen Kirche zu verlieren. Einen Gedanken wert ist sicher auch die Begründung, dass die Zeiten, in denen sich der Papst aus welchen Gründen auch immer, nicht in Rom aufhalten konnte, Zeiten der Uneinigkeit und Zerrissenheit des Christentums waren. Und so verfielen manche der in Stein gemeißelten Ansprüche, die in einer sich verändernden Welt nicht mehr aktuell oder nicht mehr haltbar waren, und hinterlassen in der Retrospektive den Gedanken an etwas ganz anderes: Die Erinnerung an die Demut fordernden Worte bei jeder Papstweihe *sic transit gloria mundi* (»So vergeht der Ruhm der Welt«).

Streit um den Ostertermin und Beute der Normannen: Iona, Lindisfarne, Whitby

Michael Richter (†)

Hintergrund der zu behandelnden Problematik ist die irische Mission in Northumbrien, die im zweiten Drittel des 7. Jahrhunderts einsetzte.[124] Ausgangspunkt dazu ist das Inselkloster Iona, dem wir uns eingangs widmen müssen. Iona ist eine kleine Insel an der schottischen Westküste, die der Insel Mull vorgelagert und von dieser durch eine Meeresenge getrennt ist. Wegen starker Strömungen ist sie nur schwer zugänglich. Iona wurde im Jahr 563 dem irischen Adligen Colum Cille von dem lokalen König Aidán Mac Gabhráin zur Errichtung eines Klosters überlassen. Das Umland (Argyll) war schon spätestens seit dem Jahr 500 durch Iren aus dem Nordosten Irlands (Dál Riada) dauerhaft besiedelt. Damals hießen die Iren noch *Scotti*, und mit der Besiedlung des Südwestens von Nordbritannien begann ein Prozess, in dem diese *Scotti* im Laufe mehrerer Jahrhunderte zu Herren über ganz Nordbritannien wurden. Daher erhielt der nördliche Teil Britanniens seit etwa dem 10. Jahrhundert den Namen »Schottland«. Zuvor waren dort die Pikten vorherrschend. Da diese jedoch keine frühen eigenen Schriftzeugnisse hinterließen, ist deren Geschichte nur in Umrissen zu erfassen.

Für uns ist wichtig, dass Colum Cille aus Irland in eine irisch beeinflusste Gegend kam, und er somit in einer ihm vertrauten Umwelt blieb. Colum Cille ist die irische Form von *Columba ecclesiae*, »Taube der Kirche«. Die irische Namensform wird in der Regel benutzt, um ihn von seinem jüngeren Landsmann Columban zu unterscheiden. Die Quellenlage für Colum Cille ist jedoch nicht so gut wie die für Columban. Die sehr ausführliche und dabei glänzend geschriebene »Vita Columbae« stammt aus der Feder des neunten

Abt von Iona namens Adomnán († 704); die Vita baut auf früheren Quellen auf, die vielleicht von Zeitgenossen Colum Cilles verfasst wurden. Die älteste erhaltene Handschrift stammt aus Iona und wurde wohl im Jahr 714 geschrieben. Zudem gibt es mehrere Gedichte in irischer Sprache über Colum Cille, besonders die »Amra Coluimb Chille« (Preisgedicht), die angeblich kurz nach seinem Tod 597 verfasst wurde, wenn sie auch erst in späteren Überlieferungen vorhanden ist. Colum Cille gründete zwei Klöster in Irland, Derry und Durrow, deren Leiter er zeit seines Lebens geblieben ist. Insbesondere in Iona hinterließ er ein reiches Erbe von Askese und Gelehrsamkeit. Er blieb aber auch am politischen Leben der Religion beteiligt. Das unterscheidet ihn von Columban; Colum Cille war kein *peregrinus pro Christo* im technischen Sinn. Trotz seiner abgeschiedenen Insellage wurde Iona zu einem der wichtigsten Klöster Irlands. Bischöfe sind in Iona zu dieser Zeit nicht bezeugt. Die Nachfolger Colum Cilles im 7. Jahrhundert stammten fast alle aus der königlichen Familie, aus der auch er selbst hervorging.

Zur weiteren Geschichte der irischen Mission müssen wir uns den Verhältnissen im zeitgenössischen Northumbrien, dem nordöstlichsten Königreich der Angelsachsen, zuwenden. Die Bekehrung der Angelsachsen, die damals in zahlreiche Königreiche gegliedert waren, begann im ausgehenden 6. Jahrhundert von Rom aus. Papst Gregor I. hatte im Jahr 595 eine Gesandtschaft unter der Leitung des Abts Augustin »zu den Angeln« entsandt, die aber nur bis Kent gelangte. Dort herrschte Aethelbert mit seiner fränkischen Ehefrau Berta, die bereits Katholikin war. Aus diesem Grund wurde die Gesandtschaft aus Rom freundschaftlich empfangen und konnte in Canterbury ihren Hauptsitz einrichten.

Erst im zweiten Jahrzehnt des 7. Jahrhunderts gelangten römische Missionare aus Kent nach Northumbrien, in dem es damals zwei verschiedene sächsische Reiche gab, nämlich Bernicia im Norden mit dem Hauptsitz in Bamburgh und Deira im Süden mit York als Zentrum. In Deira herrschte zwischen 616 und 633 Edwin, der zur Stärkung seiner Macht bald auch Bernicia unter seine Herrschaft brachte und im Jahr 625 Aethelberga, die Tochter Aethelberts von Kent heiratete. Auf den

Wunsch seines Schwiegervaters hin trat Edwin ebenfalls zum katholischen Glauben über und ließ römische Missionare ins Land.

Nach dem Tod Edwins kehrte sein Neffe Oswald 634 aus dem Exil zurück und errang den Thron von Northumbrien. Oswald († 642), damals rund dreißigjährig, berief bald irische Missionare in sein Land. Er hatte rund 20 Jahre im irischen Exil gelebt und dort die irische Sprache erlernt und das Christentum kennengelernt. Sein erster länger wirkender Missionar stammte aus Iona. Es war Aidán, der als Bischof durch seine große Aktivität, Bescheidenheit und vorbildliche Lebensweise beeindruckte und bei Beda dafür ausdrücklich gelobt wird. Der bedeutendste angelsächsische Historiograph Beda Venerabilis († 735) und wichtigste Zeuge für diese Zeit berichtet unter anderem, König Oswald habe Aidán als Dolmetscher gedient, da dieser, der sächsischen Sprache nicht mächtig, Oswalds angelsächsischen Untertanen die christliche Religion predigen sollte. Aidán erhielt von Oswald die Insel Lindisfarne. Sicher nach dem Vorbild von Iona gründete Aidán auf der etwas nördlich von Bamburgh gelegenen Insel ein Kloster, das er zum Zentrum seiner Tätigkeit machte. Die Insel ist etwas größer als Iona, im Wesentlichen flach, und bei Ebbe vom Festland aus trockenen Fußes zu erreichen, also zugänglicher als Iona. Das aus Holz (nach Beda typisch für Iren) errichtete Kloster sollte bald eine herausragende Rolle als Zentrum der irischen Mission in Nordbritannien spielen. Die später auch als Holy Island bekannte Insel war zudem der erste Bischofssitz für diese Region.

Laut Beda wirkten nach Aidán dort zwei weitere irische Missionare, nämlich Finán und Colmán, beide aus Iona, kontinuierlich bis 664, immer unter dem Schutz und der Förderung der einheimischen Dynastie. Diese Mission war durchaus erfolgreich und folgenschwer. Das bedeutet, dass irische Einflüsse, vor allem aus Iona, in Northumbrien nachhaltig wirksam waren, während das römische Christentum hier erst später an Einfluss gewann. Es ist typisch für die Quellensituation der Zeit, dass die historische Erzählung auf einzelne Persönlichkeiten beschränkt ist. Wir können aber sicher davon ausgehen, dass die irischen Bischöfe von Lindisfarne zahlreiche weitere Iren in ihrer Umgebung hatten.

Römische und irische Bischöfe sahen sich beide als katholische Christen an. Römische Missionare waren in Deira schon unter Oswalds

Vorgänger Edwin tätig gewesen. Dass es später zwischen diesen und den Iren zur Auseinandersetzung kam, lag an verschiedenen religiösen Auffassungen und Traditionen in Einzelfragen. Es sei an dieser Stelle betont, dass die irischen Christen ganz bewusst der katholischen Lehre (anders z. B. als die sogenannten Arianer) anhingen. Columban ist ein wichtiger Zeuge dafür, da er den Papst als übergeordnete Autorität anerkannte. Es ist wichtig, dies zu klären, da immer noch die falsche Meinung weit verbreitet ist, die »keltische Kirche« sei romfern gewesen; eine einheitliche keltische Kirche hat es nie gegeben, und die römische Kirche war zu dieser Zeit alles andere als zentral organisiert.

Die große Auseinandersetzung um die Richtigkeit der irischen oder römischen Traditionen fand im Jahr 664 im Kloster Whitby statt. Was heute Whitby heißt, hieß damals auf Sächsisch Streaneshalc, während der Name Whitby dänischer Herkunft ist, also erst viel später entstanden ist. Da er aber viel bekannter ist, wird dieser Name hier auch weiterhin verwendet. Whitby war ein Kloster im Süden von Bernicia, also weit von Lindisfarne entfernt gelegen. Dort herrschte die Äbtissin Hilda. Der große Disput wurde allerdings von König Oswiu geleitet, dem Nachfolger Oswalds. Auf irischer Seite stand Bischof Colmán, auf der römischen Seite Wilfrid, ein junger angelsächsischer Geistlicher, unter anderem in Lindisfarne erzogen, aber danach zur römischen Seite übergewechselt. Unser wichtigster Informant ist wiederum Beda, der gut zwei Generationen nach dem Ereignis schrieb. Als Anhänger der römischen Richtung wusste er sich auf Seiten der Sieger und stilisierte seinen Bericht entsprechend. Zudem scheint sein ausgeprägtes Interesse an Komputistik durch, weshalb er viele technische Einzelheiten über die Berechnung des Ostertermins erwähnte.

Nach Bedas Bericht waren Probleme hinsichtlich der Osterfestberechnung seit der Ankunft der Missionare aus Iona und ihres Gefolges spürbar gewesen, aber die königlichen Patrone waren den von ihnen gewählten Missionaren wohlgesinnt geblieben. Bischof Colmán, der 664 seit drei Jahren im Amt war, hatte angeblich ursprünglich die Sympathie König Oswius, während dessen Sohn Ealfrith die römische Observanz bevorzugte. Bei Beda wird kein Grund dafür angegeben, weshalb die Synode gerade 664 zu dieser Thematik abgehalten wurde. Immerhin war Oswiu damals und schon seit geraumer Zeit mit

Eanflaed verheiratet, einer Tochter Edwins und Aethelbergas, und somit mit dem römischen Brauch vertraut. Der ausführliche Bericht Bedas ist sehr einseitig zu Gunsten der römischen Partei ausgerichtet, die Abt Wilfrid angeblich eloquent und überzeugend vertrat. Colmán berief sich auf den heiligen Johannes und Colum Cille. Den König überzeugte letztendlich jedoch Wilfrids Aussage über die Schlüsselgewalt, die Christus dem heiligen Petrus übertragen hatte, während nichts dergleichen für Colum Cille bezeugt ist. Dieser Aussage beugte sich auch Colmán, ohne allerdings seinen eigenen Überzeugungen zu entsagen. Die Synode fiel demnach zu Gunsten des römischen Glaubens aus. Eine ausgewogene Darstellung dieser Ereignisse ist aus englischer Feder bis heute nicht zu erhalten; dazu ist der Einfluss von Beda einfach zu groß. Wir nehmen nur die Ergebnisse zur Kenntnis.

Als Reaktion auf die Entscheidung König Oswius beschloss Bischof Colmán, in seine irische Heimat zurückzugehen, allerdings nur vorübergehend nach Iona. Es ist bezeichnend, dass er eine große Zahl von Mönchen mitnahm, und es ist erhellend, wenn auch nicht unmittelbar im Kontext berichtet, dass diese Mönchsschar nicht nur aus Iren, sondern auch aus Angelsachsen bestand. Wie Beda schreibt, errichtete Colmán für seine verbliebenen Mönche ein Kloster auf der Insel Inis Bo Finn (»Insel der weißen Kuh«) an der Westküste Irlands in Mayo. Auch hier pflegte er die irischen Traditionen. Wir wissen dies nur aus einem Grund: In dem neuen Kloster kam es bald zu Streitigkeiten zwischen Iren und Angelsachsen, die so weit führten, dass Colmán beschloss, die Gemeinschaft nach ethnischer Herkunft zu teilen. Er errichtete für seine angelsächsischen Mönche ein Kloster im Westen von Irland, das als Mag Éo na Saxán (»Mayo der Sachsen«) in die Geschichte einging. Dieses Sachsenkloster ist bis ins 9. Jahrhundert bezeugt. Es belegt die kontinuierliche Attraktion irischer Spiritualität für angelsächsische Mönche.

In der traditionellen, vor allem englischen (und durch Beda geprägten) Geschichtsschreibung bildet Whitby die große Wendemarke in der Geschichte des englischen Christentums im Frühmittelalter, verstärkt noch dadurch, dass im Jahr 669 Theodor von Tarsus, gebürtig aus Kleinasien, Erzbischof von Canterbury wurde und in den folgenden zwei Jahrzehnten die englische Kirche nach römischen Vorstellungen reformierte und zentralisierte. Indes galt dies nicht für die gesamte englische Kirche.

Ein eindrucksvolles Gegenbeispiel bildet das Kloster Lindisfarne. Seit seiner Gründung ist nicht viel über dieses Kloster in Erfahrung zu bringen, mit einer großen Ausnahme: Am Ende des 7. Jahrhunderts entstanden dort prächtige illuminierte Handschriften, an erster Stelle das sogenannte Evangeliar von Lindisfarne (Lindisfarne Gospel). Es zählt zu den Höhepunkten frühmittelalterlicher Buchkunst und Buchmalerei. Sein Vulgata-Text wurde vermutlich nach italienischer Vorlage geschrieben. Die Buchmalerei erinnert an das Book of Durrow. Als ein weiteres Beispiel für hervorragende Buchmalerei sowie Kalligraphie jenes Zeitraums muss das noch berühmtere Book of Kells genannt werden. In der Forschung besteht bis heute keine Einigkeit darüber, wann (möglicherweise 750–820) oder wo (Iona, Kells, Piktland) diese Handschrift produziert wurde. Die Produktion einer derartigen Handschrift setzt ein breites Umfeld voraus, das im Einzelnen nicht belegt ist. In Text und Bild mischen sich im Evangeliar von Lindisfarne römische, angelsächsische und irische Elemente, wobei der irische Einfluss vor allem die Dekoration bestimmt. In der englischen Fachliteratur hat sich dafür der Begriff »insular« eingebürgert, der den irischen Anteil dabei gern gering veranschlagt. An dieser Stelle kann eine neue Begrifflichkeit nicht eingeführt werden, aber es muss herausgehoben werden, dass das irische Element im Evangeliar von Lindisfarne die Anwesenheit von Iren in diesem Kloster zwingend voraussetzt, und man ist sicher gut beraten, an eine kontinuierliche Präsenz über Jahrzehnte hinweg zu denken, mit anderen Worten, über die Zäsur der Synode von Whitby hinaus. Es gibt noch andere Belege dafür, dass die Entscheidung von Whitby die irische Präsenz in Northumbrien nicht beendete.

Eine einschneidende Zäsur in den Inselklöstern begann allerdings im ausgehenden 8. Jahrhundert. Für das Jahr 793 bezeugt die (nicht zeitgenössische) Angelsachsenchronik einen Überfall der Wikinger auf Lindisfarne, aus ihrer wie aus heutiger Sicht der Beginn der Wikingerüberfälle auf Britannien. Bald danach erfolgte die Plünderung weiterer Inselklöster Britanniens, einschließlich Ionas. Zuerst ging es den Wikingern um Gold und Silber, Menschen und Vieh. Sie kamen bald wieder, in solch einer Intensität, dass die Mönche von Iona schon bald nach einer neuen Wohnstätte Ausschau hielten und sich, teilweise wenigstens, im nächsten Jahrzehnt in Kells (nördlich von Dublin) niederließen. Die Mönche von Lindisfarne wurden gegen Ende des 9. Jahrhunderts endgültig aus Lindisfarne vertrieben und fanden nach einiger Zeit in Durham Zuflucht.

Beide Klöster, Iona und Lindisfarne, haben nach ihrer Aufgabe noch eine längere Geschichte als Erinnerungsorte: In Iona wie in Lindisfarne ließen sich im Hochmittelalter benediktinische Gemeinschaften nieder, um an die große Tradition der Erinnerungsorte anzuknüpfen. Das Kloster von Whitby wurde ebenfalls wegen der Wikingerüberfälle aufgegeben und in der Normannenzeit neu gegründet. Ironie der Geschichte ist, dass die heutige Erinnerungskultur, die an den Erinnerungsorten Iona und Lindisfarne nach Spuren des keltischen Christentums sucht, dort vor allem Ruinen aus dieser späteren Phase der Neugründungen oder Rekonstruktionen aus dem 19. und 20. Jahrhundert vorfindet. Whitby, das ganz ähnliche Ruinen vorweisen kann und ebenfalls eine irische Gründung darstellt, ist vielleicht gerade deswegen kein solcher Erinnerungsort geworden, weil es in der Erinnerungskultur für den Sieg der römischen Linie steht. Die keltische Tradition, die sich mit Iona und Lindisfarne verbindet, ist in den eindrucksvollen illuminierten Handschriften besser erhalten als an den Erinnerungsorten.

Literatur

Pauline STAFFORD (Hg.), A Companion to the Early Middle Ages. Britain and Ireland, c. 500–1100, Chichester 2009.

Donald A. BULLOUGH, The missions to the English and Picts and their heritage (to c. 800), in: Heinz LÖWE (Hg.), Die Iren und Europa, Bd. 1, Stuttgart 1982, S. 80–98.

James CAMPBELL, The Anglo-Saxons, Oxford 1982.

James CAMPBELL, Observations on the Conversion of England, in: DERS. (Hg.), Essays in Anglo-Saxon History, London 1986, S. 69–84.

Alexander KOCH (Hg.), Die Wikinger. Begleitbuch zur Ausstellung »Die Wikinger« im Historischen Museum der Pfalz Speyer, Speyer 2008.

Marilyn DUNN, The Christianization of the Anglo-Saxons: c. 597– c. 700; discourses of life, death and afterlife, London u. a. 2009.

Martin GRIMMER, Columban Christian influence in Northumbria, before and after Whitby, in: Journal of the Australian Early Medieval Association 4 (2008), S. 99–123.

Nicholas J. HIGHAM, The convert kings: Power and religious affiliation in early Anglo-Saxon England, Manchester 1997.

Henry MAYR HARTING, The coming of Christianity to England, London 1972.

Michael RICHTER, Der irische Hintergrund der angelsächsischen Mission, in: Heinz LÖWE (Hg.), Die Iren und Europa, Bd. 2, Stuttgart 1982, S. 120–137.

Ian WOOD, The Mission of Augustine of Canterbury to the English, in: Speculum 69 (1994), S. 1–17.

Patrick WORMALD, Bede, »Beowulf« and the conversion of the Anglo-Saxon aristocracy, in: Robert T. FARRELL (Hg.), Bede and Anglo-Saxon England: Papers in honour of the 1300th anniversary of the birth of Bede, given at Cornell University in 1973 and 1974, Oxford 1978, S. 32–95.

Klosterreform und Weltordnung: Montecassino, Aniane, Cluny

Annika Wengeler

Montecassino, Aniane und Cluny sind drei Orte im südlichen Europa, die untrennbar mit dem benediktinischen Mönchtum verbunden sind: der erste als Entstehungsort der Regel, die über Jahrhunderte das Mönchtum in Europa prägen sollte, auch wenn ihr Verfasser den Ort seiner Geburt, Nursia, als Beinamen trägt, der zweite als Heimatort des Mannes, der dafür sorgte, dass sich im Frankenreich alle monastischen Gemeinschaften eben genau dieser Regel unterwarfen, und der dritte als der Ort, an dem das benediktinische Mönchtum einer seiner größten spirituellen, weltlichen und institutionellen Erfolgsgeschichten schrieb. Montecassino ist bis heute eine Abtei, im Gegensatz zu Aniane, wo 1562 die Calvinisten Archive und Ausstattungen des Klosters verbrannten und dessen Gebäude nach der Französischen Revolution zum Gefängnis wurden.[125] Von der riesigen Abteikirche Cluny III, damals bis zum Wiederaufbau St. Peters in Rom die größte Kirche Europas, steht heute nur noch ein Bruchteil, da im Jahre 1810 große Teile der Anlage gesprengt wurden.[126] Unweit von Cluny ist in den 1950er Jahren ein spirituelles Zentrum entstanden, das die europäischen Klostertraditionen neu interpretiert: Taizé, der ökumenische Orden von Roger Schutz.

Alle diese Orte sind auf ihre spezielle Art und Weise Reformzentren des mittelalterlichen Mönchtums und durch die Zeit hinweg verwoben mit dem Prinzip des zönobitischen Zusammenlebens von Menschen außerhalb dessen, was als »die Welt« galt. Das Prinzip des gottgeweihten Lebens mit seiner Abkehr von der Welt und der Gang ins *claustrum*, die Existenz in Gebet und Arbeit, Keuschheit, Gehorsam, Ortsgebundenheit und strenger Askese mit dem Versprechen der brüderlichen Liebe und der Geborgenheit in Gott, hatte schon lange vor Benedikt von Nursia ein große Anziehungskraft auf die Menschen. Das Leben im Kloster war vor allem nach innen ausgerichtet: auf den einzelnen Menschen und auf die Gemeinschaft innerhalb der Klostermauern. Eine Wirkung nach außen, etwa Seelsorge oder die Unterhaltung von Pfarrkirchen, stand ebenso wenig wie eine Grundherrschaft auf der geistlichen und (notgedrungen) weltlichen Agenda des (frühen) Mönchtums. Das mittelalterliche Kloster als »Schule des Herrendienstes« erstrebte die innere Gemeinschaft des einzelnen Konvents und diente der Rettung des Einzelnen und der eigenen Vervollkommnung.[127] In seinem Ursprung verstand sich mönchisches Leben als »alleine leben«, die ersten Mönche waren Einsiedler, und schon mit der Bildung von Mönchsgemeinschaften war es notwendig, Grundzüge des Zusammenlebens festzuhalten. In der Entwicklung dieser Regeln zum Zusammenleben gibt es keinen einheitlichen Prozess, sondern viele parallel laufende Ideen und Umsetzungen mit unterschiedlichen Schwerpunkten und Einflüssen. Die weithin bekannteste dieser Regeln ist die des Benedikt von Nursia, die er in dem und für das von ihm gegründete Kloster Montecassino geschrieben haben soll. Sie hat sich in der Kirchengeschichte gegenüber konkurrierenden Traditionen durchgesetzt.

In diesem Beitrag werden wir sehen, dass die Autorität der benediktinischen Regel eng mit der Autorität des Ortes bzw. der Orte verknüpft ist, an denen sie entstand und gepflegt wurde: Verehrern wie Erneuerern der benediktinischen Regel genügte es nicht, den reinen Text zu kennen, sondern sie besuchten auch den Ort, an dem sie entstanden war. Ort und Regel stehen in vielfältiger Beziehung zueinander: Die Regel fordert vom Mönch die *stabilitas loci*, das Verbleiben im selben Kloster, die feste Bindung an die konkrete Gemeinschaft vor Ort. Andererseits ist die Regel auch aus dem Zusammenleben der Mönche und aus ihren Erfahrungen entstanden, es erscheint daher logisch, dass der Ort und seine Gemeinschaft eine ähnliche Autorität haben wie die Regel selbst. Der Ort garantiert hier die Erinnerung. Doch gründet sich die Verbreitung der Benediktsregel auch auf einem Erinnerungsbruch: Als Gregor der Große Ende des 6. Jahrhunderts seine »Dialogi«, unsere einzige Quelle für Benedikts Leben, schrieb, war Montecassino von den Langobarden zerstört worden, die Mönche hatten in Rom Zuflucht gesucht. Dies trug sicherlich zur Verbreitung ihrer Regel bei, es ermöglichte es Gregor vielleicht auch, den Gründer und seine Gemeinschaft stärker zu verklären, als es ihm sonst möglich gewesen wäre.

Montecassino

Das Leben Benedikts von Nursia ist uns weitestgehend unbekannt, Selbstzeugnisse sind nicht auf uns gekommen, sondern, wenn es sie gegeben hat, »im Dunkel der Geschichte«[128] verschwunden. Über ihn selbst gibt die Regel keine Auskunft, der einzige Zeuge, der unser Bild vom Leben Benedikts geprägt hat, ist Papst Gregor der Große. Er widmete in seinem um 593/594 verfassten »Dialoge über das Leben und die Wunder der italienischen Väter« das gesamte zweite Buch dem späteren Heiligen.[129]

»Ein befestigter Ort mit Namen Casium liegt am Anhang eines hohen Berges. (...) der sich über drei Meilen zur vollen Höhe erhebt. Mit seinem Gipfel ragt er gleichsam in den Himmel. Dort stand ein uraltes Heiligtum, wo nach dem Brauch der heidnischen Vorfahren die einfältige Landbevölkerung den Gott Apollo verehrte. (...) An diesen Ort kam nun der Mann Gottes. Er zerstörte das Götterbild, stürzte den Altar um, holzte die heiligen Haine ab«.[130] So beschreibt Gregor der Große in seinen Dialogen die Entstehung des Klosters Montecassino, eines der bedeutendsten geistlichen Zentren des Mittelalters. Mit der Gründung des ersten Mönchsklosters benediktinischer Observanz[131] und dem Verfassen einer Regel für diese Gemeinschaft, schuf Benedikt[132] die Grundlage für ein Klosterwesen, welches das gesamte Mittelalter hindurch Bestand und Einfluss haben sollte. Die Diskussion um die Existenz der historischen Person Benedikt von Nursia wird bereits seit längerem geführt. Johannes Fried, der sich in seinem Buch »Schleier der Erinnerung« ausgiebig mit dem Thema des historischen Gedächtnisses auseinander setzt, ist davon überzeugt, dass es eine historische Person Benedikt nicht gegeben hat. Denn über die »Dialogi« hinaus, gibt es keine weiteren Erwähnungen von Benedikts Leben und Wirken, stattdessen komponieren diese Dialoge durch anekdotische Szenen einen idealen Abt, dessen Lebenswerk auch noch den gotischen Barbaren zum Opfer gefallen war. Die Aussagen der »Dialogi« erfüllen mustergültig die Anforderungen an das Leben eines heiligen Mannes, sie sind topisch, allegorisch und voller Anspielungen auf die ältere Heiligengeschichtsschreibung und biblische Erzählungen. Aber sie bleiben ohne eine greifbare Persönlichkeit, und die wenigen äußeren Daten lassen sich nicht durch andere Quellen verifizieren. In diesem Werk und seiner Wirkung greifen komplexe Erinnerungsprozesse ineinander. Durch das Zusammenwirken von Mündlichkeit und Schriftlichkeit wurde eine neue Wirklichkeit erschaffen, die sich literarisch manifestierte und durch die Autorität seines Autors und für die späteren Generationen ein verpflichtendes Lebensziel beschrieb. Der Text gibt vor, Produkt von Gesprächen und mündlichen Erinnerungen zu sein, schöpft aber seine Autorität aus der Heiligkeit und dem Ansehen des Autors. Für spätere Generationen, die um die Entstehungsgeschichte nicht mehr wissen, ist aus Mündlichkeit das autoritative Zeugnis der Schrift geworden und damit unumstößliche Wahrheit.

Die »Dialogi« nennen einige äußere Daten Benedikts von Nursia, der, im heutigen Norica bei Spoleto in Umbrien geboren, bis zu seiner endgültigen Niederlassung auf dem Montecassino bereits eine lange und schwierige Odyssee hinter sich hatte. Ein abgebrochenes Studium in Rom,[133] Vertreibung aus der selbstgewählten Einsamkeit durch eine ungewollte Anhängerschaft,[134] ein Giftanschlag einer Gruppe Mönche aus Unzufriedenheit über seinem Führungsstil[135] und Verleumdungen durch einen neidischen Priester[136] hatten bislang seiner Sehnsucht nach einem Leben in religiöser Zurückgezogenheit und Askese im Wege gestanden. Nachdem die Anfangsschwierigkeiten überwunden waren, konnte sich Benedikt, der Formung seiner kleinen Gemeinschaft widmen. Zu diesem Zweck verfasste er unter der Verwendung bereits bestehender Klosterregeln[137] eine eigene Hausregel.[138]

In enger zeitlicher Nachbarschaft mit den »Dialogi« scheint die Regel entstanden zu sein, die unter dem Namen Benediktsregel die Klosterlandschaft prägen sollte, auch wenn sie Gregor selbst nicht bekannt war. Insofern hat der apostolische Stuhl sie zu dieser Zeit weder gefördert noch dekretiert. Sie hat dem Mönchtum einige neue und ungewohnte Wege gewiesen, musste sich aber unter dem Mönchen und Stiftern durchsetzen und deren Akzeptanz gewinnen.[139]

Diese Regel ist das eigentliche Vermächtnis Benedikts und Montecassinos. In einer Zeit, in der unterschiedliche Ausprägungen des zönobitischen Lebens akzeptiert wurden, etwa als Eremitengemeinschaften, die zusammen in der (Wald-)Wüste lebten, als religiöse Gruppen, die sich auf Landsitze außerhalb der Städte zurückgezogen hatten, oder Missionare, die auf Wanderschaft durch die Lande zogen, war eine religiöse Selbstvergewisserung, eine Art Standortbestimmung der eigenen Ziele und Ansprüche notwendig.

Es hatte vor der Benediktsregel schon verschiedene Regelwerke für klösterliche Gemeinschaften gegeben,[140] und auch nach ihm sollten Klostergründer eigene Gesetzestexte für ihre Gemeinschaften schreiben, bzw. aus den vorhandenen Regeltexten passende Abschnitte heraussuchen und zu sogenannten Mischregeln zusammenfassen. Dennoch strebten alle diese Werke nach ein und demselben Ziel, nämlich für eine heterogene Gruppe eine verbindliche Grundlage zum Zusammenleben zu schaffen. Dazu bedurfte es einer umfassenden Ordnung, für jeden verständlich und durchführbar, verlässlich in ihrer Anwendung und gleichzeitig ein Abbild der inneren Haltung der Menschen, die sich zu einem asketischen Leben zusammenfanden. Auch die Stellung des Einzelnen in der Gruppe sowie die Sicherung der materiellen Existenz mussten eine grundsätzliche Regelung finden.[141]

Jedes Kloster bildete eine in sich abgeschlossene Welt, und auch die in der Benediktsregel postulierten Vorstellungen machten davon keine Ausnahme. Einen Klosterverband oder eine Organisation über die Grenzen des eigenen *claustrum* hinaus zu etablieren, lag nicht in ihrer Absicht,[142] worauf bei der späteren Betrachtung des Klosterverbandes von Cluny noch einmal zurückzukommen sein wird. Was also war das Besondere an dieser in Montecassino entstandenen »Regula Benedicti«, dass die Karolinger sie einige Jahrhunderte später zur *una regula*[143], zur »einzigen Regel« erheben sollten und sie danach bis zur Einführung der Bettelorden die dominierende, ja nahezu einzig richtige Art monastischen Lebens in Europa darstellen sollte?

Die zentrale Rolle in der Regel spielt der Abt.[144] Ihm wird alle Entscheidungsgewalt in die Hände gelegt, denn die Benediktsregel führt die

Einzelheiten des Alltags nicht bis ins kleinste Detail aus, sondern überlässt vieles der *discretio*[145] des Abtes. Es werden lediglich Grundsätze festgelegt, zur Rücksicht auf Kranke und Schwache, gleichzeitig aber auch zur Strenge gegenüber Verfehlungen gemahnt. Der alles beherrschende Gedanke ist der des rechten Maßes, weder zu strenge Askese noch ein zu bequemer Lebenswandel sind sein Ziel, »sondern dass man auf die verschiedenen Bedürfnisse Rücksicht nimmt«.[146] Dem Stärkeren kann mehr abverlangt werden als dem Schwächeren, und niemand soll darüber murren, sondern sein Möglichstes tun, um dem strengen Leben gerecht zu werden.[147] Aus der Regel kann man die Hauptthemen Benedikts herauslesen, sein Streben nach Ordnung, seine Nächstenliebe und seine pastorale Sorge. Aber auch die Strenge, wenn ein Unverbesserlicher keine Reue zeigt und droht, die gesamte Ordnung zu stören. Der Abt wird in einem solchen Fall aufgefordert zu handeln »wie ein weiser Arzt. Er wende zuerst lindernde Umschläge und Salben der Ermahnung an, dann die Arzneien der Heiligen Schrift und schließlich wie ein Brenneisen Ausschließung und Rutenschläge. Wenn er dann sieht, dass seine Mühe kein Erfolg hat, greife er zu dem, was noch stärker wirkt: Er und alle Brüder beten für den kranken Bruder, da der Herr, der alles vermag, ihm die Heilung schenkt. Wenn er sich aber auch so nicht heilen lässt, dann erst setze der Abt das Messer zum Abschneiden an. Es gelte was der Apostel sagt: ›Schafft den Übeltäter weg aus eurer Mitte.‹ (1 Kor 5,13) (…) Ein räudiges Schaf soll nicht die ganze Herde anstecken«.[148]

Anhand dieses Abschnitts lassen sich die Grundzüge der »Regula« gut darstellen. Benedikt verlangt vom Abt Geduld und Einflussnahme, absolutes Gottvertrauen, und wenn selbst das Gebet, welches als stärkeres Mittel als Rutenschläge oder die Ausschließung von gemeinsamen Mahlzeiten und der Gemeinschaft der Mönche gilt, nicht mehr wirkt, dann die endgültige Entfernung aus der Gemeinschaft zum Schutz der anderen. Aber die letztendliche Entscheidung liegt beim Abt und bei den ältesten Mönchen, die er zur Beratung heranziehen soll.[149] Diese Mischung aus Fingerspitzengefühl und gesundem Menschenverstand, die Benedikt seinen Nachfolgern abverlangt, machen das besondere der Regel aus und macht sie vor allem so universell einsetzbar. Ob es um die Kleidung geht,[150] das Maß des Essens,[151] des Trinkens[152] oder bei der Handarbeit, der Abt muss auf die Schwachen Rücksicht nehmen und das richtige Maß halten. Diese Flexibilität sorgt aber auch dafür, dass im Prinzip in jedem Kloster nach dieser Regel gelebt werden kann. Indem keine absolut verbindlichen Angaben beispielsweise über die Kleidung gemacht werden, kann der jeweilige Abt entscheiden, wie viel seine Mönche wirklich brauchen. Im warmen Italien mag eine Tunika genug Schutz vor der Witterung bieten, im Klima Skandinaviens eher nicht. Hier hat der Abt für angemessene Verhältnisse zu sorgen. Im Gegensatz zu anderen Klosterregeln, die, wie beispielsweise die Columbansregel, versuchten, das tägliche Leben bis ins kleinste Detail vorzugeben, und in ihrer asketischen Kompromisslosigkeit harte, nahezu unerfüllbare Anforderungen an die Mönche stellten, legt die Benediktsregel mehr Wert auf die geistliche Führung der Mönche. Nicht, dass das Leben nach der Benediktsregel beliebig zu gestalten war, aber es wurde nichts Übermenschliches von den Mönchen und Ordensschwestern verlangt. Der Verfasser hielt es in seinem Vertrauen auf die *discretio* des Abtes nicht für notwendig, die genaue Anzahl von Stockhieben zur Strafe bei Nachlässigkeiten oder Vergehen der Mönche vorzugeben, er wollte sein Kloster vor allem in einem guten Geist geführt wissen.

Im Jahr 577 wurde wie schon erwähnt der gesamte Landstrich um Montecassino von den Langobarden geplündert und das Kloster aufgegeben. Die Mönche flohen nach Rom und nahmen dabei eine, so will es die Legende, Abschrift ihrer Regel mit. Erst im Jahr 718 siedelte sich unter dem Abt Petronax von Brescia wieder eine Mönchsgemeinschaft auf dem – durch Gregors Werk unvergessenen – Montecassino an.[153] Insgesamt muss man sich Benedikts Wirken zu seiner Zeit sehr begrenzt vorstellen. Die unbestreitbare Tatsache, »daß (…) seine Regel später für Jahrhunderte Alleingeltung im abendländischen Mönchtum gewann, verdankt sie (…) einem historischen Glücksfall, nämlich, daß sie von Papst Gregor den Großen (…) empfohlen wurde (…)«[154], da sie mit dieser Empfehlung den Segen und die Autorität des römischen Bischofs bekam, ganz abgesehen von ihren inneren Qualitäten. Das Kloster selbst jedoch wurde nach seiner Wiedergeburt zu einem geistlichen und weltlichen Zentrum in Italien. Mit der Förderung durch das Herzogtum Benevent und des Papsttums übte es über ein stetig anwachsendes Territorium die geistliche und weltliche Gerichtsbarkeit aus und erreichte unter anderem die Exemtion von aller bischöflichen Gerichtsbarkeit. Ergänzend zur Benediktsregel wurden auch hier eigene Gewohnheiten, sogenannte *Consuetudines* ausgebildet. So ruhig es auch zwischenzeitlich um das Kloster war, so bezeugen die Besuche einer Reihe wichtiger Männer spätestens ab der Mitte des 8. Jahrhunderts[155] die zentrale Stellung Montecassinos in seiner Zeit.[156] Montecassino wurde im Laufe der Zeit immer mehr zu einem Außenposten der römischen Kirche, in Kämpfen um geistliche und weltliche Macht des Mittelalters stand es fest auf der Seite des Papsttums, stets verbunden mit den Mächtigen der Kirche und Welt. Für einige Jahrzehnte war Montecassino das politische und kulturelle Zentrum Europas.[157]

Da verwundert es nicht, dass die Franken großes Interesse an Montecassiono hegten, denn im Gegensatz zu dieser wohlorganisierten und einflussreichen Gemeinschaft boten die Klöster im fränkischen Reich alles andere als ein einheitliches Bild. Im Frankenreich prägte die sogenannte *Regula Mixta* das monastische Leben. Im Grunde bestimmte jedes Kloster durch seinen Abt, welche Regeln und Traditionen es in seinen Tagesablauf übernahm. Die römischen Klöster beriefen sich zwar auf die »Regula Benedicti«, doch war sie in der alltäglichen und liturgischen Praxis von nichtbenediktinischen Bräuchen überwuchert[158] und wurde so gut wie nie in ihrer reinen Form, *per singula verba*[159], praktiziert. Es gab auch keine klare Trennung zwischen weltabgewandten Mönchsgemeinschaften und Gemeinschaften von Priestern, die zwar zusammen lebten, jedoch weiter ihren Aufgaben in der Welt nachgingen und auch Privateigentum haben konnten. Jedes Kloster hatte neben der Regel, die es befolgte, eigene Ausführungsbestimmungen, die *Consuetudines*. Deren Aufgabe war es, die Regel(n) zu interpretieren und sie den gegebenen Umständen durch Ergänzungen anzupassen.[160]

Aniane

Karl der Große hatte sich bereits im Jahr 787 eine Abschrift des sogenannten Urexemplars der Benediktsregel nach Aachen schicken lassen und versuchte, sie als alleingültige Regel für die monastische Lebensordnung im fränkischen Herrschaftsbereich durchzusetzen. Die grundsätzliche Idee dahinter war die angestrebte Reichseinheit. In politischen wie in kirchlichen Belangen waren die Einheit und der Frieden zwischen den einzelnen Reichsteilen wichtig zur Stärkung der königlichen/kaiserlichen Macht und zur Legitimation seiner Stellung. Die Einheit des Reiches *(unitas)* wurde nicht nur mit staatlicher Zweckmäßigkeit begründet, sondern auch mit der von Gott gewollten Einheit von Kirche und Glauben.[161]

Die »Vita Benedicti abbatis Anianensis et Indensis«[162] des Mönches Ardo beschreibt das Leben Witizas – oder Benedikts, wie er sich nach seinem Klostereintritt nannte – von Aniane. Witiza stammte aus einem gotischen Grafengeschlecht, Aniane war sein Erbgut. Zunächst stand er im Hofdienst Pippins des Jüngeren, des Vaters Karls des Großen, war aber wahrscheinlich nach 774 in das Kloster St. Seine bei Dijon eingetreten. 779/782[163] gründete er ein Kloster auf seinem Erbgut, mit dessen Namen er verbunden bleiben sollte. Aniane entwickelte sich rasch zu einem bedeutenden Reformzentrum im Süden des heutigen Frankreichs, da es im Gegensatz zum von der »*Regula mixta*« geprägten Mönchstum alleine die Regel Benedikts von Nursia als monastisches Lebensgesetz ansah.[164] Auch nach seiner Abkehr von der Welt ließ sich Witiza, der sich nun Benedikt nannte, als gut vernetzt beschreiben. Es sieht so aus, als sei er schon früh ein Vertrauter Ludwigs des Frommen gewesen, der zunächst als Unterkönig Aquitanien verwaltete, ehe er seinem Vater Karl 814 auf den fränkischen Thron folgte. Johannes Köhler vergleicht die Beziehung zwischen den beiden mit der zwischen Karl dem Großen und Alkuin, beide seien »jeweils enge Berater gewesen«.[165] Benedikt nahm eine rege Lehr- und Visitationstätigkeit auf und verbreitete die Regel Benedikts »in der von ihm erarbeiteten Observanz bis 814 in zahlreiche Klöster Aquitaniens, Septimaniens und der Spanischen Mark«.[166] Damit verfolgte er das gleiche Ziel wie Karl der Große und später Ludwig der Fromme, die großes Interesse daran hatten, das monastische Leben zu vereinheitlichen.

Den ersten großen Versuch einer Reform begann Karl der Große mit seinem unter Mithilfe Alkuins verfassten »Rundschreiben an alle Ordines der Kirche und weltlichen Würdenträger«[167] *(admonitio generalis)* im Jahr 798. Vorrangiges Ziel der Reform war *errata corrigere, superflua abscindere, recta cohartare*[168], wobei sich bei Karl dem Großen stets Schuleifer, christliche Ermahnung und politische Notwendigkeit vermischten.[169]

Kapitel 73 forderte »regelmäßiges Leben in den Klöstern und der Kanoniker unter dem Bischof gleich einem Abt«[170], also ein nach der Regel des heiligen Benedikts ausgerichtetes klösterliches Leben. Er mahnte die kirchlichen und weltlichen Würdenträger, ihren Pflichten nachzukommen, und kündigte seine Boten *(missi)* an, die in seinem Namen »bessern sollen, was zu bessern sei«.[171] Die Aufträge an die *missi* sind ebenfalls in Form eines Kapitulars erhalten und betreffen in den Kapiteln 1 bis 16 die »Wahrung der klösterlichen disciplin, wahrung der regel«.[172] Eine allzu große Wirkung kann der *admonitio* im monastischen Bereich wohl leider nicht zugeschrieben werden, denn in den folgenden Jahren und Jahrzehnten war eine flächendeckende Reform immer wieder auf der, nun kaiserlichen, »To-do-Liste«.

Ein Beispiel dafür ist das nach dem Reichstag im März 802 in Aachen entstandene Kapitular[173], welches nicht nur den Äbten und Äbtissinnen einige interessante Anweisungen gibt. Auch die kaiserlichen *missi* bekamen Instruktionen, nach welchen Kriterien sie bis zum Herbst festzustellen hatten, ob die Mönche im Frankenreich den Wortlaut der Regel des heiligen Benedikt kannten und sich in ihrer Lebensführung nach ihr richteten.[174] Der Bericht dieser Kontrolleure kann nicht allzu befriedigend ausgefallen sein, denn als der Reichstag im Oktober 802 zusammentrat, unternahm der Kaiser einen erneuten Versuch den Mängeln in der fränkischen Klosterdisziplin entgegenzuwirken.[175]

Die Regel des heiligen Benedikt wurde dort verlesen, den Äbten übergeben und erneut der Befehl erteilt, sie zu beachten und die Missstände zu bessern. An Bischöfe, Diakone und Presbyter erging der Befehl, dass sie nach der kanonischen Satzung zu leben hätten, womit eine genaue Unterscheidung zwischen kanonisch und monastisch geregeltem Leben verbunden war.[176] Dies wurde z.B. an der Feier des *officium* festgemacht, für monastische Gemeinschaften sollte der Ritus der Benediktsregel gelten, Kanoniker hatten sich nach dem römischen Ritus zu richten.[177]

Einer derart weit reichenden Veränderung des monastischen Lebens, wie sie Karl dem Großen vorschwebte, haftete im Zeitalter des Mischregelmönchtums, wie Josef Semmler schreibt »der Charakter des Revolutionären«[178] an. Insofern ist mit einer Opposition zu rechnen. Als Vertreter des fränkischen Mischregelmönchtums trat unter anderem der Abt Adalhard von Corbie auf. Die offenkundige Ablehnung der Reform in weiten Kreisen des fränkischen Kernlandes verhinderte eine Umsetzung der kaiserlichen Befehle.[179] So war die Frage der fränkischen Klöster noch nicht zufriedenstellend gelöst, als Karl 814 starb und sein Sohn Ludwig die Königswürde übernahm. Die Voraussetzung für eine einheitliche Reichskirche, wie sie für die Geschlossenheit und Einigkeit des kirchlichen Lebens und damit auch die Sicherung der politischen Einheit nötig schien, bedurfte einer einheitlichen und verbindlichen Satzung.[180]

In den Sommern von 816 und 817 traten in einem Teil der Aachener Pfalz, bezeichnenderweise *ad lateranum* genannt, große Reichssynoden zusammen.[181] Geleitet wurden sie von Benedikt von Aniane, der einstweilen von Ludwig dem Frommen zum Reichsabt erhoben worden war. Sein Kloster Aniane war inzwischen ein Großkonvent, der seit 792 dem Schutz des Herrschers unterstellt und zum Reichskloster geworden war. Von hier aus waren Mönche in andere Klöster gesandt worden, die in diesen die Reform hin zur Benediksregel vorantrieben, gleichzeitig kamen auch auswärtige Mönche nach Aniane, um das regeltreue Leben zu erlernen und dann die Mönche in ihrem Heimatkloster zu unterrichten.[182]

Auch wenn die Abfolge der Ereignisse der beiden Synoden nicht exakt rekonstruierbar ist, ging man lange davon aus, dass während der Beratungen von 816 die Regeln für Kanoniker diskutiert und als ihr Ergebnis die sogenannte Aachener Regel[183] *(institutiones canonici et sanctiomoniales)*[184] erlassen wurde, während das *capitulare monasticum*, in welchem die klösterliche Disziplin und die Regelung des monastischen Lebens Thema ist, das Datum vom 17. Juli 817 trägt.[185] Somit wurde im Allgemeinen davon ausgegangen, dass die Reform der Klöster erst ein Jahr später verhandelt wurde.[186] Ein lange als verloren betrachtetes Kapitular vom 23. August 816[187] bezeugt aber, dass die grundlegenden *canones* der Mönchsreform bereits

816 erlassen wurden. So argumentiert vor allem Semmler.[188] Seine Darstellung erklärt auch, wieso die kaiserlichen *missi* bereits am 1. September 817 zu Kontrollbesuchen in den Klöstern angekündigt wurden, um die Umsetzung der Reform nachzuvollziehen. In einer derart kurzen Zeitspanne (10. Juli bis 1. September) wäre eine grundlegende Veränderung in den Klöstern, allein aus organisatorischen Gründen, gar nicht möglich gewesen.

Ziel der Synoden war nicht nur die endgültige Durchsetzung der Benediktsregel in allen fränkischen Klöstern, sondern auch eine gemeinsame *Consuetudo* zur Beantwortung der Fragen, in denen die Regel zu allgemein gehalten war, keine genaue Auskunft gab oder sich seit der Zeit Benedikts von Nursia einfach überholt hatte.[189] Diese Festlegung auf ein *una regula – una consuetudo* entspricht dem Regierungsprogramm Ludwigs des Frommen und passt in die auf dem Prinzip der Einheit von *ecclesia* und *res publica* fußende *Renovatio Regni Francorum* (»Erneuerung des Frankenreiches«).[190]

Es ist nicht möglich, die tiefen Einschnitte in das monastische Leben, die die Ergebnisse der Synode mit sich brachten, an dieser Stelle in vollem Umfang zu beschreiben, so soll ein Beispiel für viele stehen: Die Regel des heiligen Benedikt verbietet den Mönchen den Genuss von Fleisch vierfüßiger Tiere, nur die ganz Schwachen dürfen Fleisch zu sich nehmen.[191]

Ob Geflügelfleisch eine für einen Mönch erlaubte Speise darstellt, wird nicht erwähnt. Insofern gingen die Meinungen dazu auseinander. Der Mönch Hildemar argumentierte im 9. Jahrhundert, dass Geflügelfleisch noch köstlicher sei als normales und deshalb für einen (der Askese verpflichteten) Mönch nicht angemessen. Sein Zeitgenosse Hrabanus Maurus hielt mit dem Argument dagegen, dass Geflügel aus demselben Element wie der Fisch stamme und am selben Schöpfungstag von Gott geschaffen wurde (Gen 1,1,21). Und da Fisch schließlich eine der hauptsächlichen Nahrungsbestandteile in monastischen Gemeinschaften sei, müsse auch Geflügel den Mönchen erlaubt sein.[192] Benedikt von Aniane befürwortete ein absolutes Verbot, außer bei Krankheiten. So lautete dann auch der Beschluss von 816.[193]

Nun stellte sich die organisatorische Schwierigkeit, dass, da Klöster auch Kristallisationspunkte der Grundherrschaft waren, die Zinsleistungen und die Erträge der *villae* in Naturalien geliefert wurden, damit auch eine große Menge an Geflügel. Somit war aus rein praktischen Gründen der absolute Verzicht auf Geflügelfleisch schwer durchzusetzten.[194] Als Lösungsvorbild diente hier wie in vielen weiteren Streitfragen das Kloster Montecassino. Diesen Mönchen traute man zu, den Geist Benedikts am reinsten erhalten zu haben. Dort wurde Geflügelfleisch zu den Hochfesten jeweils acht Tage erlaubt,[195] was dazu führte, dass die Äbteversammlung im Juli 817 das Verbot lockerte und die montecassinische Tradition für das Frankenreich verbindlich machte. Hier zeigt sich, dass organisatorische Gegebenheiten und lange tradierte Gewohnheiten zu Kompromissen führten, die die streng asketischen Vorstellungen des Konzilsvaters Benedikt abmilderten.[196]

Darüber, inwieweit die Regel nun tatsächlich *per singula verba* in den einzelnen Konventen umgesetzt wurde, lässt sich trefflich streiten. Fakt ist jedoch, dass klösterliches Leben sowohl im männlichen wie im weiblichen Bereich bis ins Hochmittelalter nur unter der Prämisse der Benediktsregel zu denken war. Klöster, die sich dem widersetzten, fielen per Reichsgesetzgebung unter die *canonici*. Benedikt von Aniane, inzwischen auch Abt des Musterklosters in Kornelimünster, beriet Ludwig weiter in monastischen Fragen und unternahm selbst weitläufige Reisen in dessen Dienst.

Es ist allerdings durch die Geschichte häufig zu beobachten, dass jede monastische Reform, mit wie viel Enthusiasmus, Energie und gutem Willen sie auch durchgeführt wurde, im Laufe der Zeit an Schwung verlor. Kleinere bis größere Abweichungen von der grundlegenden Regel schlichen sich ein, zunächst einmalige oder unregelmäßige Erleichterungen wurden immer mehr zur Gewohnheit, und die klösterliche Disziplin ließ mehr und mehr zu wünschen übrig. Außerdem machten Veränderungen in der Welt außerhalb des Klosters Anpassungen nötig. So gerne die Mönche und Ordensschwestern auch außerhalb der Welt gelebt hätten, so holte diese sie doch regelmäßig wieder ein. Und so wie die Reform zur Durchsetzung der *Regula* auch die »anianische Reform« genannt wird, so ist eine weitere Reformbewegung die nur 98 Jahre nach dem Tod Benedikts von Aniane am 21. Februar 821 ihren Anfang nahm, mit dem Ort Cluny in Aquitanien verbunden.

Cluny

Am 11. September 910 schenkte der Herzog von Aquitanien, Wilhelm I., seinen Besitz in Cluny dem Abt Berno vom Baume, damit er darauf ein Benediktinerkloster gründete. Entgegen der üblichen Praxis verzichtete er auf alle Rechte gegenüber dem Kloster, sicherte ihm im Gründungsprivileg die freie Abtswahl zu und unterstellte das Kloster direkt dem Schutz des Papstes gegen weltliche und geistliche Übergriffe.[197] Dieses Privileg ist insofern bedeutsam, da es den zeitgenössischen Gepflogenheiten widersprach. Der Herzog von Aquitanien ließ dieses Kloster nicht als Eigenkloster entstehen, indem er das Recht der Investitur, also die Einsetzung des Abtes behielt und das Kloster hätte verkaufen, tauschen oder vererben können. Das sogenannte Eigenkirchenwesen[198] hatte seinen Höhepunkt im 9. und 10. Jahrhundert erreicht und stand in der Kritik, da der Einfluss des Grundherren auf die Besetzung der geistlichen Ämter im Kloster enorm war. Das Recht, den Abt einzusetzen, gab dem jeweiligen Grundherren großen Einfluss auf die Gemeinschaft, insbesondere, da es nicht unüblich war, Laien zum Klosteroberen zu machen. Die Garantie der freien Abtswahl durch den Konvent und die Möglichkeit einer vom Einfluss des Grundherren relativ freien Politik nutzen die Mönche von Cluny geschickt. Sie hatten die Möglichkeit dazu, da das Kloster auf eine wirtschaftlich solide Basis gestellt worden war, die nicht von außen angetastet werden konnte. Als Aufgabe des Klosters wurden Gebet und Fürbitte, insbesondere für die Gründerfamilie, aber auch für den Rest der Christenheit festgelegt, ebenso wie die Armenspeisung und die Versorgung von Pilgern als Werke christlicher Nächstenliebe. In der Gründungsurkunde wird zum Schluss noch einmal explizit herausgestellt, dass das Kloster in größtmöglicher Freiheit und Selbstbestimmung leben solle.[199] Dieses Gewähren der Unabhängigkeit war an sich ein nobler und ehrenwerter Akt. Er barg nur ein Problem: Denn das Kloster war zwar direkt dem Schutz des apostolischen Stuhls unterstellt, doch Rom war weit weg. Und man muss nicht Stalins bekannte Frage nach der Anzahl der Divisionen des Papstes zitieren, um zu verstehen, dass der Papst wahrscheinlich wenig geneigt war, im Zweifel einem kleinen Kloster in Burgund zur Hilfe zu eilen. Nein, den effektiven Schutz seiner Unabhängigkeit erreichte Cluny im Laufe der nächsten gut hundert Jahre zum einen durch die gewissenhafte Erfüllung der ihm gegebenen Aufgabe des Gebets, der Fürbitte und der Armenfürsorge, zum anderen durch seine geschickte Politik und den Erwerb wichtiger Privilegien.

Bereits 931 wurde dem Kloster von Papst Johannes XI. das Privileg zuteil, in Zukunft jeden Mönch aufnehmen zu dürfen, der aus einem Kloster stammte, welches eine Reform im Sinne Clunys ablehnte und gleichzeitig jedes Kloster auf dessen Wunsch, bzw. auf den Wunsch des Eigenkirchenherren zur Reform zu übernehmen. Gleichzeitig versuchte man in Cluny dem faktischen Herrschaftsanspruch der Bischöfe zu entkommen, was mit dem Privileg Papst Gregors V. 998 erreicht wurde, das Cluny uneingeschränkte Freiheit von seinem Diözesan, dem Bischof von Mâcon, zusicherte. Es war in Zukunft keinem Bischof oder auch nur Priester gestattet, in Cluny Weihen oder andere sakrale Handlungen vorzunehmen, außer mit Einverständnis des Abtes. Dieses Privileg wurde einige Jahre später von Papst Johannes XII. auf alle von Cluny abhängigen Abteien und Priorate erweitert und galt auch für alle seine Mönche, unabhängig von ihrem Aufenthaltsort. Dazu kamen ein generelles Exkommunikations- und Interdiktsverbot[200] – eine *carte blanche* des Mittelalters. Entsprechend gereizt, zumal die Privilegien von den folgenden Päpsten[201] immer wieder erneuert und ausgeweitet, bzw. genauer gedeutet wurden, reagierte der (jeweilige) Bischof von Mâcon, der häufig versuchte, seine verlorenen Rechte mit Gewalt wiederzuerlangen.

Zentrum des spirituellen und monastischen Reformgedankens in Cluny waren die Rückkehr zur genauen Beachtung der Benediktsregel, die zentrale Stellung des *opus dei*, des täglichen Gottesdienstes, die Vertiefung der Frömmigkeit des einzelnen Mönches und die ständige Erinnerung an die Vergänglichkeit alles Irdischen (*vanitas*) mit der Mahnung: *Memento mori*. Insbesondere dieses Totengedächtniswesen nahm einen herausragenden Platz innerhalb der cluniazensischen Reformbewegung ein und war eine starke Motivation für weltliche und geistliche Würdenträger, sich der Gebete der Mönche durch Stiftungen und Schenkungen oder gar durch den Klostereintritt selbst zu versichern. Im Mittelpunkt des klösterlichen Lebens standen für die Mönche die liturgischen Feiern in Cluny selbst ebenso wie in den sich der cluniazensischen Reform (freiwillig oder unfreiwillig) anschließenden Mönchs- und Frauenklöstern. Dies ging sehr rasch zu Lasten der in der Benediktsregel fest verankerten Handarbeit, da sich die liturgischen Feiern immer weiter verlängerten und ausdifferenzierten. Die gesellschaftliche Anerkennung, die dieses Kloster über viele Jahre genoss, zeigte sich vor allem in den Mitteln, die nach Cluny flossen und die gigantischen Bauprojekte ermöglichten. So wurden in Cluny innerhalb von nur zwei Jahrhunderten drei Klosterkirchen gebaut, die dritte, als Cluny III in die Baugeschichte eingegangen, war bis zum Wiederaufbau St. Peters in Rom die größte Kirche Europas.[202]

Clunys herausragende Stellung in der monastischen Kirchengeschichte ist nicht nur aus seiner schriftlichen Überlieferung[203], seiner Liturgie, seiner Baukunst und seinem unbestreitbaren weltlichen Einfluss herauszusehen, sondern auch und gerade aus einem institutionellen Blickwinkel. Die monastische Gesetzgebung Karls des Großen und Ludwigs des Frommen hatte zwar auf ein einheitliches benediktinisches Mönchtum hingearbeitet, aber die vereinheitlichte Lebensführung hatte zu keiner irgendwie gearteten Verbandsbildung oder einer Art Ordensidentität geführt. Es war keine Leitungsposition etabliert worden, und es gab auch kein unterstützendes Gremium wie etwa eine autonome Äbteversammlung.[204] Erst Cluny versuchte sich an einem klosterübergreifenden Modell mit Cluny selbst als Hauptkloster und einer im Laufe der Zeit ansteigenden Zahl von Nebenklöstern, die »ins Riesenhafte«[205] gesteigert wurde. Im 12. Jahrhundert zählten mehr als 600 Klöster zum Cluniazensischen Klosterverband, mehr als 3000 folgten der Benediktsregel cluniazensischer Auslegung. Für diese Gruppe von Klöstern war Cluny monastisches Vorbild. Sie befolgten die Regel und Lebensordnung, wie sie von Cluny vorgelebt wurde, aber sie bestimmten selbst ihren Abt oder folgten einem Rat. Die Klöster, die in deutlich engerer Abhängigkeit zu Cluny standen, waren sogenannte »Priorate«. Sie wählten keinen eigenen Abt, sondern unterstanden dem Abt von Cluny, der von einem Stellvertreter, dem »Prior«, vertreten wurde. Der Abt nahm aber unter anderem die *Profess* neuer Mitglieder entgegen und hatte somit einen direkten Einfluss auf die Zusammensetzung des Konvents. Ebenso entschied der Abt über alle jurisdiktionellen Fragen.[206] Dennoch entwickelten sich in diesen »Prioraten« und daraus entstehenden »Unterprioraten« eigenständige Handlungsformen. Es verstärkten sich die Verflechtung mit den und der Einfluss durch die adeligen Familien des jeweiligen Ortes. Diesen gelang es immer wieder, Familienmitglieder in Führungspositionen zu bringen und sich so z. B. eine angesehene Grablege und damit das Totengedenken des gesamten Cluniazensischen Klosterverbandes zu sichern.[207] Für den Mensch des Mittelalters muss die Vorstellung, dass in nahezu 600 Klöstern für sein Seelenheil gebetet wurde und in seinem Namen Almosen gegeben wurden, nahe an eine Garantie zur Erlangung des Himmelreichs gekommen sein. Denn die Lebenden konnten durch ihre Almosen und Gebete für den Toten bitten und gleichzeitig den Lebenden (die von den Spenden profitierten) helfen. Die Toten wiederum unterstützten die Lebenden und andere Tote durch ihre Fürsprache bei Gott, eine liturgische Gemeinschaftsform zu beiderseitigem geistlichen Nutzen. Im 12. Jahrhundert enthielten die Totenbücher Clunys in etwa 90 000 Namen, wovon nur gut die Hälfte Mönche und Schwestern des Klosterverbands waren. Die anderen betreffen Stifter und Förderer. Da das Totengedenken in der Regel mit Stiftungen verbunden war, lässt sich aus diesen Unterlagen die Verpflichtung und Möglichkeit zu ungefähr 18 500 Armenspeisungen pro Jahr errechnen.[208]

Cluny war in seiner Zeit das erfolgreichste, aber nicht das einzige Reformkloster. Auf dem Boden des fränkischen Reiches tat sich Hirsau hervor und auch das in Lothringen gelegene Gorze hatte einigen Einfluss. Die Reform von Cluny sollte auch bei weitem nicht die letzte Reform monastischen Lebens bleiben, etwas mehr als einhundert Jahre nach dessen Gründung zogen unter der Leitung eines gewissen Roberts de Champagne einige Mönche aus dem an Cluny orientierten Kloster Molesme aus, um in Cîteaux ihr eigenes *novum monasterium* zu gründen. Ihnen war das Leben in ihrem Kloster zu lax, die Lebensweise zu unbenediktinisch und das Kloster zu sehr in der Welt. Aus diesem Neukloster heraus sollte der Zisterzienserorden entstehen. Und auch hier verband sich wieder der Name mit einem Ereignis: Cistercium – Cîteaux – Zisterzienser.

Schlussbetrachtung

Von der monumentalen Klosterkirche in Cluny sind nur noch der Südteil des westlichen Querschiffs mit dem Weihwasserturm und der Kreuzgang erhalten. Das heißt: Nur noch gute zehn Prozent des mit ehemals 187 Meter hohen Baues (der damit den Kölner Dom um 40 Meter überragt hätte, wäre er schon fertig gewesen) haben die Zeit überdauert. Wo einst die Kirche in den Himmel ragte, stehen Wohnhäuser.[209] Kurz nach dem Beginn der Französischen Revolution waren die Mönche vertrieben worden, das Kloster wurde zum Steinbruch. Mitten durch die ehemalige Kirche wurde eine Allee gelegt, Markttage abgehalten, und bis heute grasen Pferde auf dem ehemals geweihten Boden, denn 1806 legte Napoleon hier sein Nationalgestüt an. Ein Ende fand die Zerstörung erst 1823. Dennoch, im Jahr 2010, zur 1100-Jahr-Feier, wurde Cluny III erneut erbaut, zumindest virtuell. Im sogenannten Gunzo-Projekt erstand eine vollkommene, mittels neuster Techniken im Computer generierte Darstellung in 3-D, welche die Abteikirche Cluny III in all ihren möglichen Einzelheiten zeigt.[210] Hier wurde eine gebrochene Erinnerungstradition erneuert, und ein zerbrochener Erinnerungsort kann mit Hilfe der Technik (wieder) besucht werden. Die Örtlichkeiten machen es unmöglich, die Anlage wieder aufzubauen, aber die Zeit, Arbeit und das Geld, welches in die virtuelle Wiederauferstehung der Anlage investiert wurde, zeigen das Bedürfnis nach der Erhaltung des Ortes. So wurde mit dem Einsatz neuer Technologien ein Kompromiss zwischen dem Wunsch nach Rekonstruktion und den baulichen Möglichkeiten gefunden.

Im diametralen Gegensatz zu der (wiederentdeckten) Pflege des Erinnerungsortes Cluny steht die Geschichte des Klosters Aniane. Nach der Zerstörung 1562 und dem Bau eines Gefängnisses 1845 erinnern heute nur noch Ort und Kantonsbezeichnung an die große Abtei sowie die Abbildung des Hirtenstab des Abtes im Wappen des Kantons. Die Erinnerung an Aniane findet sich hauptsächlich in der Literatur, festgemacht am Wirken seines bekanntesten Abtes. Die spirituelle und organisatorische Strahlkraft, die von diesem Ort ausging ist erloschen, nichts ist mehr gegenständlich fassbar. Die erste durchschlagende monastische Reform des Mittelalters, die jahrhundertelang das klösterliche Leben in Europa bestimmte, ist nach einem Ort benannt, der als Ort in der heutigen Erinnerungskultur keine Rolle mehr spielt. Im Gegensatz dazu lässt sich Montecassino als einen Ort mit ungebrochener Erinnerungstradition bezeichnen. Nicht nur, dass bis heute auf dem Montecassino eine Benediktiner Territorialerzabtei besteht, die die monastische Tradition fortführt und die Erinnerung pflegt,[211] sondern trotz mehrfacher Zerstörungen durch Kriege und ein Erdbeben wurde die Abtei immer wieder aufgebaut und erweitert. Bereits 1866 wurde die Abtei zum italienischen Nationaldenkmal erklärt. Eine weitere Dimension als Erinnerungsort bekam Montecassino nach dem Zweiten Weltkrieg, als es Austragungsort der »Vielvölkerschlacht« zwischen der Deutschen Wehrmacht und den Alliierten war und zum letzten Mal zerstört wurde. Seit seinem Wiederaufbau wurde Montecassino in vielen Ländern[212] zu einem Symbol für die Sinnlosigkeit des Krieges.[213] Die fünf Soldatenfriedhöfe sind Orte der Trauer und des Gedenkens. Mit großer Wahrscheinlichkeit liegt in der relativen Aktualität und der vielfältigen Nationen, die die Erinnerung an die Schlacht von Montecassino pflegen, der Grund für den raschen Wiederaufbau, abgesehen von der reinen Möglichkeit. Denn im Gegensatz zu den rasch bebauten Flächen Clunys blieb der Ort auf dem Berg immer dem Kloster vorbehalten.

II. Kapitel
Kirche und Reich
Gebrochene Erinnerungen der Macht

Saint-Denis und Speyer – ewige Kirchen oder gebrochene Tradition?

Frank Meier

Kosmologie und Sakralarchitektur

Im vom Christentum geprägten Mittelalter diente die repräsentative Sakralarchitektur als kosmisches Spiegelbild in Analogie zur schöpferischen Kraft Gottes (Amos 9, 6), die alles nach Maß, Zahl und Gewicht ordnet: Die göttliche Weisheit sei zu preisen, weil sie, wie alles übrige, so auch die Stimme des Menschen, zum Loben nach Maß und Zahl geschaffen habe, schrieb der sogenannte Pseudo-Odo um 1025 (*Qua in re divinam sapientiam admirans glorificare poteris, qui sicut omina reliqua, ita et voces hominum, ut se laudarent in numero et mensura constitutit*, Sap. XI, 21).[214]

Für Thomas von Aquin wird der Architekt zum Künstler, der alles umfasst (*architektor dicitur quasi principalis artifex*).[215] Dementsprechend sah sich der mittelalterliche Bauherr gern als Verkörperung des biblischen Salomo, wobei die Kirche als christozentrisches Gegenstück zum jüdischen Tempel gilt und so die Zeitdimensionen Vergangenheit, Gegenwart und Zukunft verbindet.[216] Im ideellen Sinne schien dem mittelalterlichen Menschen eine Kathedrale ständig im Werden begriffen, auch wenn der letzte Schlussstein gesetzt war, genauso wie auch der Tempel in Jerusalem nicht vollendet werden kann (*ex eo tempore usque nunc aedificatur et necdum completum est*, Esra 5, 16).[217]

Da der Mikrokosmos der Kirche den Makrokosmos der göttlichen Schöpfung verkörpern soll, sind die monumentalen romanischen und gotischen Kathedralen in Stein gehauene Zeugen eines die Zeiten überdauernden eschatologisch geprägten Denkens, weitaus mehr also als bloße Überreste und Erinnerungsorte einer fernen Vergangenheit.

Der Christ blickt im Chor in das himmlische Paradies. »Du hast«, so Hugo von St. Victor, »im Inneren ein anderes, dem natürlichen Auge an Klarheit weit überlegenes Auge, das das Vergangene und das Zukünftige gleichzeitig wahrnimmt«.[218] Abt Suger von Saint-Denis schrieb 1145: »Als mich einmal aus Liebe zum Schmuck des Gotteshauses die vielfältige Schönheit der Steine von den äußeren Sorgen ablenkte und würdiges Nachsinnen mich veranlasste, im Übertragen ihrer verschiedenen heiligen Eigenschaften von materiellen Dingen zu immateriellen zu verharren, da glaubte ich mich zu sehen, wie ich in irgendeiner Region außerhalb des Erdkreises, die nicht ganz im Schmutz der Erde, nicht ganz in der Reinheit des Himmels lag, mich aufhielt und glaubte, dass ich, wenn Gott es mir gewährt, auch von dieser unteren Region zu jener höheren in hinaufführender Weise hinübergetragen werden könnte.«[219] Für den Kunsthistoriker Günther Binding verbinden sich daher in den Kathedralen, Klöstern und Pfarrkirchen »in intensiver Weise […] Weltliches und Kirchliches, Zeitliches und Ewiges zu einer Einheit.«[220]

Saint-Denis – Neue architektonische Ideen

Die ehemalige Klosterkirche Saint-Denis, die 1966 zur bischöflichen Kathedrale erhoben wurde, ist seit Dagobert I. (629–638) bzw. Hugo Capet (987–996) Grablege fast aller merowingischen, westfränkischen und französischen Könige. Die dem heiligen Dionysius, dem Schutzpatron und ersten Bischof von Paris, geweihte Kirche gilt als Wiege der Gotik.[221] Seit 1862 steht sie als Kulturdenkmal (*Monument historique*) unter Denkmalschutz.

Der fränkische Geschichtsschreiber Gregor von Tours (538–594) berichtet, dass der römische Bischof (Papst) Fabianus um 250 Dionysius mit sechs anderen Bischöfen nach Gallien zur Missionierung schickte und dass Dionysius erster Bischof in Lutecia Parisiorum (Paris) wurde, wo ihn der römische Statthalter zusammen mit zwei seiner Gefährten enthaupten ließ. Nach der unter Abt Fulrad († 784) in Saint-Denis entstandenen Legende ist Dionysius nach seiner Hinrichtung aufgestanden und hat seinen Kopf vor sich her von der

Richtstätte Montmartre zu dem Ort getragen, wo er begraben werden wollte. Die Lebensgeschichte der Genoveva erzählt, wie um 460 über dem Grab von Dionysius eine ihm geweihte Kirche errichtet wurde.[222] Die günstige Lage an der alten Handelsstraße von Paris nach Rouen erwies sich als Glücksfall für den Aufstieg des Klosters seit dem Merowinger Clothar I. († 561). Dessen Gemahlin Arnegunde († 565) wurde dort in einem reich ausgestatteten Grab beigesetzt. Chlothar II. († 629/630) und Dagobert I. († 639) statteten das Kloster durch Schenkungen und Reliquien weiter aus. Dagobert bestimmte die Abtei Saint-Denis zu seiner Grablege.

Eine neue Epoche der Abtei beginnt, als Suger (1081–1151) Abt des Klosters wird. Er ist Ratgeber und enger Vertrauter des französischen Königs, der in ihm den richtigen Mann sieht, die Abtei, die so eng mit der Monarchie verknüpft ist, zu reformieren und zu leiten. Suger will dementsprechend die Kirche als Zeichen der Königsmacht vergrößern und verschönern. In seinem zwischen 1144/45 verfassten »Libellus de consecratione ecclesiae St. Dionysii« gibt er die Gründungsvorgänge wieder: »Als der [...] viel gepriesene König der Franken Dagobert [...] nach dem Orte Catulliacus [das spätere St. Denis] geflohen war, um dem unerträglichen Zorne seines Vaters Chlothars des Großen zu entgehen, und durch Wort und Tat überzeugend erfahren hatte, dass die verehrungswürdigen Gestalten der dort ruhenden Märtyrer, die ihm gleich herrlich schönen, mit schneeweißen Gewändern angetanen Männern erschienen waren, nach seinen Diensten verlangten und Hilfe versprachen, da befahl er in bewundernswertem Entschluss, eine Basilika mit königlichem Aufwande zu Ehren der Heiligen zu errichten. Er stattete die Kirche, in die er erstaunlich mannigfaltige Säulen aus Marmelstein einbauen ließ, mit einer unermesslichen Fülle von Schätzen reinsten Goldes und Silbers aus und ließ an ihren Wänden, Säulen und Bogen golddurchwirkte, mit verschiedenartigen Perlen vielfältig verzierte Stoffe aufhängen, damit der Bau die anderen Kirchen an Schmuck übertreffe, allseits in unvergleichlichem Glanze prange und mit jeder irdischen Schönheit angetan in kostbarster Pracht erstrahle.«[223]

Suger hat diesen Auszug aus der »Gesta Dagoberti« von 832 entlehnt, weiß aber offenbar nicht, dass bereits unter Karl dem Großen 775 ein

Neubau der Klosterkirche geweiht wurde.[224] Pippin der Jüngere († 768) und Karl der Kahle († 877) ließen sich dort beisetzen. Aber erst unter Hugo Capet (987–996) wurde die Klosterkirche zur dominierenden Grablege der westfränkisch-französischen Könige und damit zu einem Erinnerungsort: Heute würde man sagen, zu einem nationalen oder politischen Erinnerungsort, doch für die Menschen des Mittelalters waren diese Kategorien nicht von der religiösen Dimension des Ortes zu trennen. Sie strömten in Scharen in die Kirche.

Abt Suger kritisierte in seinem »Libellus de consecratione« von 1144/45 rückblickend die zu kleine Kirche: »Wegen dieser glanzvollen Beschränktheit des Raumes und der wachsenden Zahl der vielen Gläubigen, die um der Fürbitte der Heiligen willen zusammenströmen, pflegte die Basilika viele Unbilden auszuhalten; häufig und vor allem an Feiertagen musste sie, schon überfüllt, die durch Pforten drängenden zahlreichen Scharen abweisen und hinderte nicht nur die Einlass Heischenden am Eintritt, sondern auch die Menge derer, die hineingelangt waren, am Ausgang. Manchmal war es ein sonderbarer Anblick, wie denen, die hineinströmen, um die heiligen Reliquien, die Nägel und die Dornenkrone unseres Herrn zu verehren und zu küssen, die dicht zusammengeballte Menge solchen Widerstand leistete, dass unter der nach Tausenden zählenden Menge eingepfercht keiner auch nur den Fuß bewegen konnte, alle wie zu Stein gebannt standen und sich nur wunderten, noch schreien zu können. Für Frauen war dieses unerträgliche Gedränge besonders peinlich: Eingekeilt zwischen starken Männern, wie in einer Presse, wurden sie in Todesangst ohnmächtig oder schrieen schrecklich wie Gebärende; mehrere von ihnen, die elend niedergetreten waren, wurden Dank der rechtschaffenden Entschlossenheit einiger Männer über die Köpfe der Leute emporgehoben und schritten nun wie auf einem Fußboden, viele aber gaben auch im Hofe der Brüder nur noch röchelnd zu aller Verzweiflung ihren Geist auf. Sogar die Brüder, die der Menge die Zeichen der Passion unseres Herrn zeigten, erlagen dem Drängen und Stoßen und entflohen vielfach, da sie keinen anderen Ausweg fanden, mit ihren Reliquien durch die Fenster […].«[225]

Der Neubau der Kirche ist jedoch sicherlich nicht nur auf Platzgründe zurückzuführen, sondern hängt mit ihrer Funktion als Bezugsort der französischen Monarchie zusammen. Die prachtvolle Ausstattung repräsentiert Macht und Frömmigkeit der Auftraggeber, sowohl der Könige wie auch ihrer Berater, der Äbte von St. Denis. 1137 begann Suger mit der Errichtung des neuen gotischen Westbaus (etwa einhundert Jahre früher als in Deutschland: 1209 Magdeburger Dom, 1227/35 Liebfrauenkirche in Trier, 1235 Elisabethkirche Marburg, 1248 Kölner Dom), der bereits drei Jahre später fertiggestellt war: »Da die an der Westseite der Vorderfront gelegene, dem Haupteingang dienende schmale Vorhalle beiderseits von Türmen eingeengt wurde, die weder hoch, noch besonders stattlich, bereits dem Verfall nahe waren, so begannen wir mit Gottes Unterstützung eifrig an dieser Stelle die Arbeit, indem wir das Fundament für eine von zwei Türmen flankierte, in gerader Flucht verlaufene Halle erbauten, aus kräftigem Material und nach sorgfältigst durchdachtem Plane«, schreibt Suger.[226] Nach seiner Fertigstellung ließ er eine Inschrift anbringen, indem er seine baulichen Anstrengungen mit dem Ruhm der Kirche begründet:

> Zur Ehre der Kirche, die ihn gehegt und erhoben hat,
> zur Ehre dieser Kirche hat Suger Mühe verwendet:
> und indem er dir, o Märtyrer Dionysius, von deinem Eigentum einen Anteil erstattet,
> fleht er zu dir, du mögest Fürbitte leisten, dass er einen Anteil am Paradies erhalte.
> Das Jahr tausendeinhundert und vierzig
> war dasjenige Jahr des [inkarnierten] Wortes, in dem er [der Dom] geweiht wurde.[227]

Suger ist bemüht, sich als derjenige hinzustellen, der gegen noch so widrige Umstände den Bau vorantreibt. Dass ein Benediktinerabt aber selbst das Dickicht durchstreifte, um geeignete Bäume zu finden, gehört wohl in das Reich der Legende. Sicher scheint hingegen zu sein, dass aus allen Teilen des Reiches die besten Fachleute ihres Metiers an Sugers neuer Kirche arbeiteten.[228]

Schließlich konnte der neue Bau feierlich geweiht werden.[229] Die Tendenz zur Höhensteigerung des Raumes und der Verzicht auf eine klare Geschosseinteilung brachten die Romanik zur Vollendung und wiesen zugleich den Weg in eine neue Richtung der Architektur. Die Außenmauern wurden hinter Dekorationselementen »verschleiert«. Von der ursprünglichen Anlage stammt heute nur noch der Südturm, während der nach 1220 erbaute Nordturm 1845 wegen Einsturzgefahr abgetragen wurde. Im Tympanon des Westportals, dem Tor zum Himmel, sieht man Christus als Richter des Jüngsten Gerichts. An den oberen Teilen der Türme des Westwerks ließ Suger nach der Weihe nicht weiterbauen, sondern widmete sich sodann der Umgestaltung der eigentlichen »Mutterkirche«, wobei die geweihten Steine des Vorgängerbaus wie Reliquien in den Neubau umgesetzt wurden.[230] Die Apsis wurde bis zum oberen Niveau der Krypta höher gelegt, damit die mit »kostbaren Edelsteinen geschmückten Schreine der Heiligen an hervorragenderem Platze gezeigt werden.«[231] »Scharfsinnig wurde bei der Aufstellung der oberen Säulen und der sie verbindenden Bogen darauf Bedacht genommen, dass die Dachmitte der alten Kirche der des neuen Anbaus gleichkäme und ebenso die Ausdehnung der neuen Seitenschiffe der der alten entspräche, jene prächtigen und trefflichen erdachten Kapellenbauten im Chorumgang nicht eingerechnet, die den ganzen Raum in wunderbarem und gleichmäßig die Schönheit des Inneren durchleuchtetem Glanze ihrer Glasfenster mit den heiligen Darstellungen erstrahlen lassen sollten«, so Suger.[232] Geradezu revolutionär war der frühgotische Chor mit Umgang nebst Kapellenkranz. Spitzbogen, Kreuzrippengewölbe, Bündel- und Strebepfeiler, die nun das Gewicht des Gewölbes trugen, ermöglichten die Durchbrechung der bisher tragenden Wände und den Einbau großer farbiger Fenster, die durch ihr farbiges Lichtspiel die Menschen in Erstaunen versetzten. Am 11. Juni 1144 konnte der Bau geweiht werden.[233] Lesen wir noch einmal in der Inschrift des überstolzen Bauherrn:

> […] Indem der neue Teil als späterer sich dem früheren verbindet,
> erstrahlt die Halle, die in ihrer Mitte erhellt ist.
> Denn es erstrahlt, was sich strahlend Strahlendem vermählt,
> und weil neues Licht es überströmt, strahlt das edle Werk, welches
> dasteht, erweitert zu unserer Zeit,
> ich, Suger, war es, unter dessen Leitung es ausgeführt wurde.[234]

Der mittelalterliche Mensch muss sich beim Eintritt in die farbig durchlichtete Kirche quasi im Himmlischen Jerusalem gefühlt haben. Und genau das war der Sinn und Zweck der gotischen Architektur. Auf der Kirchentür von Saint-Denis ließ Abt Suger folgende Inschrift anbringen: »Edel erstrahlt das Werk, doch das Werk, das edel erstrahlt, soll die Herzen erhellen, so dass sie durch wahre Lichter zum wahren Licht gelangen, wo Christus die wahre Tür ist. [...] Doch der schwerfällige Geist erhebt sich mit Hilfe des Materiellen zum Wahren.«[235]

Bezahlen mussten Sugers Bau die Gläubigen selbst mit einer zusätzlichen Abgabe: »Wir bestimmten daher nach der gemeinsamen Beratung der Brüder der Überzeugung der Anwesenden und der Zustimmung des Herrn Königs eine jährliche Abgabe, um dies vollständig auszuführen: und zwar 150 Pfund aus Gazophilatium, nämlich von den Gaben für den Altar und die Reliquien, und zwar 100 am Jahrmarktstage und 50 am Fest des hl. Dionysisus, ferner 50 aus der in der Beauce gelegenen Besitzung namens Villaines, früher unbebaut, aber durch den Beistand Gottes und durch unsere Arbeit wohlgeordnet und bis zu einem Ertrag von gut 80 oder 100 Pfund pro Jahr hergerichtet [...].«[236]

Somit können Suger folgende Abschnitte des Kirchenbaus zugeschrieben werden: Während er zunächst nur an eine Instandsetzung und Verschönerung der älteren Kirche dachte, ließ er 1137 die Westfront bis zur Höhe des Zinnenkranzes erneuern, die am 9. Juni 1140 geweiht wurde. Am 14. Juli 1140 wurde der neue frühgotische Chor mit seinem doppelten Umgang begonnen, der drei Jahre später fertig gestellt war, aber erst am 11. Juni 1144 geweiht wurde. Über die weitere Umgestaltung berichtet Suger in dem »Liber de rebus in administratione sua gestis«, wonach er danach strebte, zunächst »die Querhausarme der Kirche zur Vereinigung des alten und des neuen Baues entsprechend zu erhöhen und zu erweitern«, um über seinen Tod hinaus die Richtung für die architektonische Ausgestaltung zu weisen: »Da aber der Anfang mit der Erweiterung der Seitenschiffe gemacht ist, so wird das Werk auch durch uns oder diejenigen, die Gott dazu ausersehen hat, mit seiner Hilfe vollendet werden.«[237] Zur Zeit Sugers indes konnten nur die Fundamente dazu gelegt werden, da der Widerstand für eine radikale Umgestaltung der gesamten Kirche, insbesondere des Langhauses, zu groß gewesen sein könnte.[238] Damit kam

Sugers Werk trotz einzelner visionärer frühgotischer oder traditionell spätromanischer Zutaten – das hängt vom architekturgeschichtlichen Standpunkt ab – nicht aus der dominierenden Romanik heraus, da es beim karolingischen Langhaus blieb, wie Ernst betonte. Für Gall hat Abt Suger nicht »das Gefühl gehabt, hier eines der frühesten und bedeutendsten Denkmale eines neuen Stils emporwachsen zu sehen.«[239] Das Mittelschiff des Chors musste im 13. Jahrhundert einem Neubau weichen, wohl weil es der neuen gotischen Stilrichtung nicht genügte.[240] Das 80 Jahre nach dem Tod Sugers im Jahr 1231 begonnene und 1281 unter Pierre de Montreuil fertiggestellte hochgotische Langhaus der Kirche mit Lichtgaden und Triforium (Laufgang in der Mauer zwischen dem unteren Arkadengeschoss und dem oberen Lichtgaden) ist auf den geometrischen Maßverhältnissen des Quadrates aufgebaut, das in der idealen Form von eins zu eins als Abbild Gottes galt und auf musikalische Einheiten Bezug nimmt.

Mit dem neuen Kirchenbau festigt St. Denis seine Stellung als zentraler geistlicher Ort der französischen Monarchie: Die Oriflamme (Goldflamme oder Goldfeuer), das dortige Kirchenbanner, wird vom 12. bis zum Anfang des 15. Jahrhunderts von den französischen Königen als Reichs- und Kriegsfahne geführt.

Die Französische Revolution als radikaler Bruch mit der Monarchie und ihren Traditionen suchte auch den Bruch an ihren Erinnerungsorten: Während dieser Zeit wurde die Westfassade in Mitleidenschaft gezogen, die Königsgrabmäler wurden geschändet und die Glasfenster 1793 weitgehend zertrümmert. In der Kirche sollte ein Mehlspeicher eingerichtet werden. Die Aggression gegen den Ort zeigt, wie viel er für die Erinnerung bedeutete – in dieselbe Richtung zeigt die Mühe, die von anderer Seite auf die Wiederherstellung des Ortes verwendet wurde: Napoleon wollte an die monarchische Tradition anknüpfen, verfügte Reparatur- und Ergänzungsarbeiten und bestimmte die Kirche zur Grablege der künftigen *Empereurs*. Ludwig XVIII. ließ die Grabmäler wieder errichten und 1817 die entdeckten Gebeine, die sich nicht mehr zuordnen ließen, in einem Seitenraum der Krypta beisetzen. Zwischen 1847 bis 1879 wurde unter Viollet-le-Duc die Kirche wiederhergestellt, auch einige der Glasfenster restauriert.[241] Die Intervention des Baumeisters, der die Kirche vor dem Verfall rettete, bedeutet zugleich einen Wendepunkt: Zum ersten Mal ist die Kirche nun Erinnerungsort an eine vergangene, abgeschlossene Zeit, das Mittelalter, und nicht an eine fortlaufende Tradition, in der sich die Besucher und Betrachter noch befinden: Der politische Erinnerungsort wird zum historischen Ort. Dies zeigt sich gerade im Ehrgeiz Viollet-le-Ducs, die historische Bausubstanz zu erhalten, zu dokumentieren und historisch getreu zu rekonstruieren. Napoleon etwa oder Ludwig XVIII. ließen dagegen die Ausstattung der Kirche erweitern und ergänzen. Vielleicht ist dieser Schritt in die historische Distanz ein größerer Bruch als der Angriff der Revolutionäre auf die Königsgräber.

Niemand kann sich heute der Faszination des lichtdurchflutenden Raums entziehen. Zwar atmet die Abtei wieder den Geist der alten Königsgräber, jedoch ist sie weder Klosterkirche noch Grablege für heute Mächtige, hat also als Ort einen Funktionswechsel durchgemacht: Zum zunächst politischen, dann historischen Erinnerungsort ist für den modernen Betrachter der kunsthistorische hinzugetreten: St. Denis steht heute für den Beginn der Gotik als Architekturstil.

Speyer – Prestigeobjekt der Salier

Die bis heute ungebrochene Bedeutung der größten heute noch stehenden romanischen Kirche mit dem Patrozinium St. Maria und St. Stephan, auch Kaiser- und Mariendom zu Speyer genannt, zeigt die Erhebung in den Rang eines UNESCO-Weltkulturerbes 1981.[242]

Aber es ist nicht nur die schiere Größe des wuchtigen Baues, die noch heute jeden Besucher in Erstaunen versetzt, sondern ebenso dessen Bedeutung als Grablege für acht Könige und Kaiser, zum Teil nebst Gemahlinnen, die hier ihre letzte Ruhestätte fanden. Die erst 1906 in der heutigen Gestalt fertiggestellte Krypta beherbergt die Sarkophage Konrads II. († 1039) und seiner Gemahlin Gisela von Schwaben († 1043), ihres Sohnes Heinrichs III. († 1056), dessen Sohnes Heinrichs IV. († 1106) nebst seiner Gemahlin Bertha von Savoyen († 1087), deren Sohnes Heinrichs V. († 1125) sowie die Gräber der Beatrix von Burgund († 1184), der zweiten Gemahlin Kaiser Friedrich Barbarossas, und ihrer Tochter Agnes († 1184),

Philipps von Schwaben († 1208), Sohn Friedrich Barbarossas, Rudolfs von Habsburg († 1291), Adolfs von Nassau († 1298) und Albrechts von Österreich († 1308), Sohn Rudolfs von Habsburg. Ferner wurden dort fünf Bischöfe bestattet sowie weitere unbekannte Gebeine.

Stefan Weinfurter hat die Geschichte des Domes zu Speyer im Zusammenhang mit dem Wandel der salischen Herrschaftslegitimation und Königsautorität untersucht.[243] Während unter Konrad II. die Kirche nicht mehr gewesen sei als eine »königliche Stiftergrablege im Rahmen des salischen Hausgedankens«, so Weinfurter, wuchs sie unter Heinrich III. zur »architektonische[n] Demonstration einer hochragenden und ins Transpersonale gesteigerten Herrscheridee« heran, um »zur eigenen salischen Königskirche für die rechtliche, ideologische und liturgische Begründung und Verankerung von Herrschaftsanspruch und Königsdynastie unter Heinrich IV.« zu werden.[244] Daher scheint es zunächst geboten, seine These vom Aufstieg des Erinnerungsortes nachzuzeichnen, bevor wir uns dessen Niedergang zuwenden.

Alles begann mit Konrad II., dem ersten Salier auf dem Königsthron. Während bis dato die Könige an allen möglichen Orten bestattet worden waren[245], suchte Konrad II. nach neuen Wegen, um seinem Haus mehr Geltung zu verschaffen. Der Legende nach habe Konrad zunächst am 12. Juli 1030 den Grundstein zum Kloster Limburg (bei Bad Dürkheim) gelegt, um dann mit seiner Gattin Gisela nebst Gefolge nach Speyer zu reiten, um dort den Grundstein zum Dom und zum Johannisstift zu setzen.[246] Dieser landläufigen Meinung hat Erwin Reidinger widersprochen und das Gründungsdatum um drei Jahre vorverlegt. Als Beweis führt er die Achsen des Domes an. So wurde nach Reidinger die Achse des Langhauses am Montag, dem 25. September 1027, und die Achse des Chores am Freitag, 29. September 1027 (Fest des Erzengels Michael), auf den Sonnenaufgang hin ausgerichtet und demzufolge in diesem Jahr mit dem Bau begonnen.[247] Da die eigentliche Gründungsurkunde nicht erhalten ist, kann die Frage wohl nicht entschieden werden. So beschränkt sich der wahre Kern der genannten Legende auf die Tatsache der Gründung an sich. Denn Konrad suchte nach einer zentralen Grablege im Zentrum des salischen Hausgutes. Die Salier waren zu dieser Zeit Herzöge von

Rheinfranken und Grafen im Speyergau.[248] Und es sollte noch bis 1061 dauern, bevor der Dom schließlich unter seinem Enkel Heinrich IV. eingeweiht werden konnte. Auffällig ist die starke Affinität Konrads zu Speyer, der 1024 anlässlich seiner bevorstehenden Wahl zum König versprach, die Bischofskirche reich zu beschenken.[249] Hinzu mag das Vorbild Heinrichs II. gekommen sein, der mit Bamberg ein neues Bistum begründete und sich gerne als *vicarius Christi* bezeichnete.[250] Worms, die Grablege der frühen Salier, und Mainz als mögliche neue Grablegen schieden aus, da sich hier bereits mächtige Bischöfe als Stadtherren durchgesetzt hatten.[251] In Speyer hingegen war das nicht der Fall. So lesen wir in der Vita des Bischofs Benno II. von Osnabrück (um 1020–1088): »Damals war die Zeit, da die Stadt Speyer am Rhein durch den frommen Eifer der Kaiser, die nun dort ruhten, zu neuem kraftvollen Leben erblühte, wie man es heute sieht. Sie war zuvor zur Bedeutungslosigkeit herabgesunken, alt und baufällig geworden und hatte fast schon aufgehört, Bischofsstadt zu sein. Doch diese frommen Kaiser hatten offensichtlich den löblichen Wunsch, da sie mit ihren Mitteln ein neues Bistum im Reich nicht gründen konnten, dieses Bistum, das schon fast gar kein Bistum mehr war, mit ihrem Vermögen wieder aufzubauen und zu einer Stätte ihres Andenkens zu machen«.[252] Deutlicher lässt sich kaum beschreiben, wie unbekannt die alte Bischofsstadt vor dem gigantischen Dombau war. Walter von Speyer dichtete sogar: »Oh glückliche Kuhstadt, ausgezeichnet durch einen so bedeutenden Herrn« *(O felix, tanto felix, Vaccina, patrono)*.[253]

Zur Zeit der frühen Salier bestand der Kaiserdom (»Speyer I«) aus einem Westbau, einem dreischiffigen Langhaus mit anschließendem Querhaus und einem Chor, der von zwei Türmen flankiert wurde. Das Mittelschiff war flach gedeckt, nur die Seitenschiffe waren eingewölbt, neben der Aachener Pfalzkapelle der erste große Gewölbebau seit der Antike.[254]

Als Konrad II. 1039 starb, war nur die Krypta fertiggestellt.[255] Mit seiner Beisetzung in dem Rohbau allerdings wurde schlagartig die Bedeutung dieses Projektes als zukünftige Grablege inmitten der zentralen Landschaft der Salier am Mittel- und Oberrhein deutlich. Die Gegenwart der Toten sollte den Machtanspruch für sein Geschlecht über den Tod des jeweiligen Königs hinaus sichern helfen, also die

Transpersonalität des Königtums betonen und so die Zentralisierung der königlichen Hoheitsgewalt vorantreiben.[256] Der Dom war also von Anfang an als Erinnerungsort gedacht, der Vergangenheit, Gegenwart und Zukunft eines Herrschergeschlechts symbolisieren soll. Der Plan ging auf. Nur die kinderlos gebliebene Königin Gunhild, Gemahlin Heinrichs III., wurde 1038 in der Klosterkirche zu Limburg beigesetzt.[257] Speyer schied aus, da die Krypta erst ein Jahr später fertiggestellt wurde. Konrads Sohn Heinrich wuchs in seine späteren Aufgaben schon früh hinein. Auf dem Revers der Kaiserbulle von 1028 wird er noch zu den Lebzeiten seines Vaters als *Heinricus spes imperii* bezeichnet.[258] König Heinrich III. führte das Werk seines Vaters tatkräftig fort. Nach den »Annales Altahenses« bezeichnete er Speyer als seinen »geliebten Ort«[259] und hielt sich bis 1052 nahezu jährlich dort auf.[260] Im »Codex Aureus«, einem prächtigen Evangeliar, welches Heinrich III. der Speyerer Domkirche schenkte, heißt es gar: »Speyer wird im Glanz erstrahlen durch König Heinrichs Gunst und Gabe«.[261] Und so geschah es auch. Unter diesem zweiten Salierkaiser wuchs der Dom zu Speyer in seinen Ausmaßen enorm.[262] Heinrich III. sah sich als »zweiter auf dem Erdkreis nach dem Herrn des Himmels« *(orbe secundus post dominum caeli)*[263], und der enorme Kirchenbau verkörperte diesen imperialen Anspruch weitaus eindrucksvoller als jeder profane Palast. »Unter Heinrich III. symbolisiert er […]«, so Stefan Weinfurter, »die Verschmelzung von sublimierter christlicher Königsidee, von Priesterkönigtum und Gottesgnadentum einerseits und Elementen des neuen, funktionsbezogenen, auch bei Adel und Bischöfen um sich greifenden Herrschaftsverständnisses und seiner Repräsentationsforderungen andererseits, und er symbolisiert insbesondere die gewaltige Steigerung des herrscherlichen Selbstverständnisses, die sich für den König aus dieser Kombination ergab«.[264] »Damals strömten dort die Kleriker aus dem ganzen Reich in Scharen zusammen, denn die rastlose Sorge des Kaisers, die sich auf alle Gebiete erstreckte, hatte hier dem Studium der Wissenschaften zu höchster Blüte verholfen«, heißt es in der »Vita Bennonis«.[265]

Heinrich III. erlebte die Fertigstellung seines gigantischen Domes nicht mehr. Der Kaiser starb am 5. Oktober 1056. Sein Leichnam wurde nach Speyer überführt und am 28. Oktober 1056 neben dem seines Vaters beigesetzt. Auch seine zweite Gemahlin, Agnes von Poitou, wurde nicht die Ehre zuteil, neben ihrem Mann bestattet zu werden. Denn Kaiserin Agnes erhielt ihre letzte Ruhestätte am 6. Januar 1078 in der Petronella-Rotunde des Petersdoms. Und das, obwohl unter Heinrich IV. der Dom zu Speyer bereits am 4. Oktober 1061 eingeweiht worden war.[266]

Unter Heinrich IV. führte der imperiale Anspruch des Kaisertums bekanntlich zum sogenannten Investiturstreit, in dem es um die Vorherrschaft von *regnum* und *sacerdotium* ging (vgl. den Beitrag zu Canossa in diesem Buch). Inwieweit aber hat sich die große Politik auf den weiteren Ausbau des Domes und der Stadt Speyer ausgewirkt? Heinrich bedachte, wie bereits sein Vater zuvor, seit 1075/76 Stadt und Dom mit umfangreichen Schenkungen und betrachtete Speyer als Mittelpunkt seines Geschlechts.[267] Nach der Abrechnung mit der Fürstenopposition und der Einnahme Roms 1084 durch königliche Truppen, der Absetzung Papst Gregors VII. und der Einsetzung eines Gegenpapstes, der Heinrich zum Kaiser krönte, sollte nun umso mehr die Gottunmittelbarkeit des imperialen Kaisertums im prachtvollen Ausbau des Speyerer Domes zum Ausdruck kommen. Zwischen 1080 und 1102, unter der Bauleitung des Bischofs Benno II. von Osnabrück und des königlichen Kapellans Otto, wurden der Ostteil des Bauwerkes neu errichtet, die Mauern neu gegliedert und alle Räume eingewölbt (»Speyer II«).[268] »Wie schon erwähnt, war Benno in der Baukunst sehr erfahren«, sagte Norbert in der »Vita Bennonis«.[269] Die große Klosterkirche Cluny sollte übertroffen werden.[270] 1106, im Todesjahr Heinrichs IV., war der neue Dom als eines der größten Bauwerke seiner Zeit vollendet.[271]

Mit der Ausbildung des Joches und der steinernen Wölbung entstand aus der spätantiken Basilika der romanische Mauerbau mit gewölbter Krypta und dem durch Pfeiler gegliederten Langhaus. Im Speyerer Dom wurde kurz vor 1100 das »gebundene System« zur Vollendung gebracht, in dem die quadratischen Kreuzgratgewölbe zwischen den Gurtbögen den ausgedehnten Kryptenraum zu einer klaren und überschaubaren, aus quadratischen Jochen zusammengesetzten Anlage machen. Auch die Seitenschiffe sowie die Querarme und das

Mittelschiff sind durch Kreuzgratgewölbe in den gleichen Maßen gegliedert. Das in Speyer entwickelte Architektursystem sollte bis in das 13. Jahrhundert hinein den Kirchenbau im Reich prägen.[272] Die Bauhütten und die hervorragenden Handwerker, die für den Dom beauftragt wurden, kamen zum Teil von weither, etwa Steinmetze aus der Lombardei, und trugen ihr Wissen weiter an andere Baustellen, z. B. an den Mainzer Dom.[273]

Da Heinrich IV. in der Gottesmutter Maria die einzige Mittlerin zwischen sich und Gott sah, taucht ihr Name immer wieder auf seinen Schenkungsurkunden auf, und so wurde Maria auch zur Schutzpatronin des Domes.[274] Als der Herrscher am 7. August 1106 starb, begruben ihn die Fürsten, die ihm oft genug als Opponenten gegenübergestanden hatten, in einer ungeweihten Kapelle in Cornillon nahe Lüttich. Sein Sohn jedoch ließ seinen exkommunizierten Vater, den er selbst entmachtet hatte, in die Afrakapelle am nördlichen Ende des Speyerer Domes überführen. Mehr noch, er erreichte 1111 anlässlich seiner Kaiserkrönung in Rom die Absolution seines toten Vaters, der nun endlich feierlich am fünften Todestag in der hauseigenen Grablege beigesetzt werden konnte.[275] Davon kündet ebenfalls das am 11. August desselben Jahres ausgestellte Freiheitsprivileg für die Stadt, welches oberhalb des Portals des Domes in vergoldeten Lettern aufgehängt wurde. Von den Bürgern verlangte Heinrich V., alljährlich feierlich das Jahrzeitfest zu Ehren seines Vaters auszurichten.[276] Speyer war damit zur einzig denkbaren Grablege der Salier aufgestiegen.

Das Bedürfnis, repräsentative Erinnerungsorte für die Nachwelt zu errichten, blieb nicht auf Speyer beschränkt. Im 11. Jahrhundert finden wir neue Domkirchen oder Pfalzbauten in Worms, Hildesheim, Halberstadt, Trier, Utrecht, Paderborn oder Eichstätt.[277] Als Bauherren traten Bischöfe und Domkapitel in Erscheinung. Bezahlen und bauen musste all dies oft unter großen Lasten die örtliche Bevölkerung.[278] Über Bischof Benno II. von Osnabrück, der in den achtziger Jahren des 11. Jahrhunderts die Bauleitung am Speyerer Dom innehatte, heißt es in der »Vita Bennonis«: »Im Eintreiben der Zinsen, die alljährlich gefordert wurden, war er bekanntermaßen ungemein streng. Nicht selten zwang er die Bauern durch Prügel ihre Schuldigkeit zu tun« und zog, so heißt es an anderer Stelle, für die Bauarbeiten riesige Mengen von Menschen zusammen.[279] Dem Bischof Heinrich von Speyer (1067–1075) unterstellte Lampert von Hersfeld gar Verschwendungssucht: »Bischof Heinrich von Speyer wurde durch einen plötzlichen Tod dahingerafft, nachdem er schon fast alle Schätze der Speyerer Kirche mit kindischem Leichtsinn verschleudert und ihre Güter seinen Kriegsleuten zu Lehen gegeben hatte, in solchem Umfang, dass kaum noch die Aufwendungen [für den Kirchenbau] für ein halbes Jahr aus den Einkünften der Kirche bestritten werden konnten.«[280] Nicht nur der Dom wuchs unter den Saliern zu imposanter Größe heran, sondern auch die Stadt wurde um fast das Zehnfache ihrer ursprünglichen Ausdehnung ausgebaut.[281] Mit dem Niedergang des deutschen Kaisertums nahm auch die politische Bedeutung des Doms ab: Die letzte politische Großversammlung, der berühmte Reichstag zu Speyer, wurde am 13. Juli 1570 mit einer Messe im Dom eröffnet und stellte die Weichen für die Gegenreformation im Reich nach dem Konzil von Trient (1545 bis 1563).

Der Speyerer Dom blieb von Unglücken nicht verschont und wurde 1137 sowie 1159 durch Brände arg in Mitleidenschaft gezogen. Zum Teil mussten neue Gewölbe errichtet werden. 1689 steckten französische Truppen während des Pfälzischen Erbfolgekrieges den Kaiserdom in Brand, nachdem sie zuvor die Kaisergräber geplündert hatten. Zwischen 1758 und 1777 wurde der Dom wieder aufgebaut und zum Teil barockisiert. In den französischen Revolutionskriegen wurde die Kirche erneut schwer beschädigt. Speyer kam wie alle linksrheinischen Gebiete unter französische Verwaltung und blieb dies auch unter Napoleon. Die Erinnerung an die Monarchie, deren Träger der Dom bisher gewesen war, bedeutete in diesem neuen politischen Zusammenhang nichts mehr, der Dom wurde als Viehstall genutzt und sein Abriss vorgesehen. Der Bischof von Mainz setzte sich für den Erhalt des Doms ein, und die katholische Kirche übernahm die Trägerschaft über das Gebäude – dies war nun nicht mehr nur Einsatz für den Erhalt der Königsgräber, sondern für ein nationales Kulturgut. Nach der Niederlage Napoleons wurde im Zuge der Restauration der Dom zu Speyer wieder Bischofskirche und von 1818 bis 1821 instand gesetzt. Der bayerische König Ludwig I. wurde Herr der Pfalz und ließ zwischen 1846 und 1854 große Teile des Innenraumes durch den Künstler Schraudolph im Nazarener-Stil ausmalen. Die

Malereien wurden allerdings von 1957 bis 1961 wieder entfernt. 1854 bis 1858 entstand der heutige Westbau unter Heinrich Hübsch im neuromanischen Stil, der einen barocken Vorgängerbau ersetzte.[282] Heinrich Hübsch war einer der Begründer der Neoromanik, er wollte mit diesem »Rundbogenstil« zugleich dem nordischen Klima gerecht werden und an die historische kulturelle Verbindung Deutschlands mit Italien anknüpfen. Finanziert wurde auch dieser Bau von Ludwig I. von Bayern, doch auch weitere Fürsten und Monarchen wie etwa Kaiser Franz Joseph I. von Österreich, König Friedrich Wilhelm IV. von Preußen, Herzog Adolf I. von Luxemburg beteiligten sich daran, ebenso wie auf der anderen Seite die Stadtgemeinde Speyer und ein eigens gegründeter Dombau-Verein.[283] Fürsten wie Bürgern ging es dabei sicherlich um die kulturelle Bedeutung des Doms, aber auch um seine politische Rolle als Symbol des Deutschen Reiches. Daneben spielten teils auch dynastische Gedanken eine Rolle: Herzog Adolf von Luxemburg etwa war als Adolf von Nassau Nachfahre des gleichnamigen deutschen Königs, der im Dom bestattet war.

Zwar stand der Dom jetzt prächtiger als je zuvor da, doch herrschte Unklarheit über den Grad der Zerstörung der Kaisergräber als Folge der französischen Plünderungen. Diese Erkenntnis war für den Domvikar, Schriftsteller und Gymnasialprofessor Dr. Jakob Baumann der Anlass, sich 1898 in einer Abhandlung für eine Öffnung der Grablege einzusetzen: »Wenn von Seiten der zuständigen hohen Autoritäten mit all der Rücksicht, welche die Würde des Gotteshauses und die ehrwürdige Person der deutschen Herrscher beanspruchen darf, eine genaue Untersuchung der Gräber vorgenommen würde, so hieße das nicht die Ruhe der Toten stören, sondern umgekehrt den 1698 von den Leichenschändern begangenen Frevel sühnen. Ja, die Eröffnung, die fast eine Forderung der Pietät und Gewissenspflicht erscheint, vermöchte sogar zu einer neuen Ehrung der großen Herrscher beizutragen«.[284] Als erstes wurde das Grab König Philipps von Schwaben geöffnet und, weil der Sarg von unten zerstört war, der Leichnam in Einzelteilen entnommen. Als nächstes fand man die Sarkophage Konrads II., des Domgründers, und seiner Gemahlin Gisela. Alles war nach Auskunft Baumanns vermodert und nur noch Staub und Asche und »nur einige Knochen und das Gehirn des Kaisers, letzteres aussehend wie verhärtetes Pech, waren erhalten«, während die Kleider beim Berühren zerfielen.[285] In den darauf folgenden Tagen wurden die Gräber Heinrichs III., Heinrichs IV., seiner Gemahlin Bertha, Philipps von Schwaben, Adolphs von Nassau und Rudolfs von Habsburg freigelegt und dokumentiert.[286] Vom Skelett Adolphs von Nassau, ebenso wie von den sterblichen Hinterlassenschaften der Beatrix, Gemahlin Kaiser Friedrichs I. Barbarossas und ihrer Tochter Agnes, fehlten die Schädel, und »es gewann die Meldung aus alter Zeit Wahrscheinlichkeit, dass die Grabschänder mit den Knochen der deutschen Könige und Kaiser im Dom Kegel gespielt und allerlei Unfug getrieben hätten«.[287] Danach ging es an die Freilegung der Bischofsgräber aus der Zeit vom 11. bis zum 14. Jahrhundert.[288] Die Wiederbestattung der nun mit neuer Leinwand umhüllten Leichname erfolgte in den alten Steinsarkophagen, während für die zerstörten Grabstätten neue Tannenholzsärge angefertigt wurden. Alle Gräber waren offen, und im Inneren des Domes hingen große schwarze Fahnen, als am 3. September 1900 der Bischof Dr. von Ehrler die erneute Einsegnung im voll besetzten Dom vornahm. Nach Abschluss der Zeremonie wurden die Särge verschlossen und versiegelt.[289] Am 20. Februar 1902 bewilligte die bayerische Kammer der Abgeordneten 120 000 Mark zum Neubau der Kaisergruft, die am 12. September vollendet werden konnte.[290] Die Schlussfeier nach Abschluss aller Bauarbeiten fand am 16. Juli 1906 im Dom statt, der wiederum mit großem Trauerschmuck behängt war.[291] Der Regierungspräsident der Pfalz, Ritter von Neusser, beschwor mit pathetischen Worten den Geist der Vergangenheit: »[...] Die Erinnerung an die alte stolze Kaisermacht, an das Elend und die Verwüstung, welche mit Feuer und Schwert über die gequälte Stadt und dieses berühmte Gotteshaus, das imposante Denkmal romanischer Baukunst auf deutschem Boden, wiederholt verhängt war, der Schmerz über die frevelhafte Verletzung der Majestät des Todes und der lebhafte Wunsch nach Sühne und endlicher Erlangung dauernder Ruhe und für die hier bestatteten und noch viele andere an diesem dem frommen Gebote geweihten so wunderbar stimmungsvollen Orte naturgemäß sich einstellende Gedanken dringen auf uns ein [...].«[292]

Das imposante Bauwerk regte auch im nüchternen 20. Jahrhundert zu Gedichten an, so etwa Jakob Baumann 1921:

> Stundenlang in ihrem Schatten
> Möcht' ich einsam stille lauschen,
> Wenn beim Kaiserdom zu Speyer
> Mächtig die Platanen rauschen.[293]

Im 20. Jahrhundert wird der Dom weit entschiedener als bei der letzten Renovierung unter Ludwig von Bayern als historisches Denkmal des Mittelalters gesehen: Später hinzugefügte Bauelemente aus Barock und Neoromanik werden wieder entfernt, einige aus Dokumenten bekannte mittelalterliche Elemente wieder ergänzt. Die im 1996 gegründete »Europäische Stiftung Kaiserdom zu Speyer« setzt sich für den Erhalt des Bauwerks ein. Dass die politische Funktion hier neben der kulturellen immer noch eine Rolle spielt, zeigt sich etwa darin, dass Helmut Kohl sie initiiert hat.[294]

Fazit

Die Errichtung und der stetige Ausbau der Abteikirche Saint-Denis und des Domes zu Speyer entsprangen dem Repräsentationsbedürfnis von Äbten bzw. Königen. Gemeinsam war den Bauherren die Vorstellung, dass ihre Macht von Gott stammte. Ihm zu Ehren, aber zum Teil auch sich selbst, setzten sie sich ein Denkmal. So ließ sich zeigen, dass der eigene Konvent oder der eigene Orden bzw. das eigene Herrschergeschlecht mehr vermöge als etwaige Rivalen. Der Dom zu Speyer wurde zur Zeit des sogenannten Investiturstreits vergrößert und galt als Gegenstück zu Cluny.

Dass bedeutende Herrscher Bauten zur Kultausübung errichteten, entsprang der antiken Tradition. Die für die Gemeindegrößen in Saint-Denis und Speyer überdimensionierten Kirchen lassen sich nur vor dem Hintergrund ihrer Bedeutung als Grablegen von Königen erklären. Größer, höher, schöner, so hieß die Devise.

Das gesteigerte Prestigedenken der Mächtigen rief Kritiker auf den Plan. Huques de Fouilloy schrieb um 1153: »Die einen bauen aus bloßer Freude und aus Überfluss, die anderen jedoch aus schierer Not und aus Angst vor Unterdrückung durch die Mächtigeren«.[295] Bernhard von Clairvaux kritisierte um 1124/25 die übermäßigen Höhen, maßlosen Längen und überflüssigen Breiten: »Es ziemt sich nicht, die Seitenwände mit Gold zu überziehen, wenn die Armen nackt gehen müssen«.[296] Kein Wunder also, wenn, wie wir gesehen haben, Abt Suger 1144/45 die Vergrößerung von Saint-Denis mit dem Gedränge der Gläubigen und der Ehre der Kirche begründete. Der Dom zu Speyer war nicht nur die Grablege vieler mittelalterlicher Kaiser, sondern ebenso Andachtsstätte, Taufkirche und Ort weltlicher Hoheitsakte wie Gerichtsverhandlungen. Ferner symbolisierte er den universalen Reichsgedanken des christlichen Abendlandes.[297]

Es sind die Dome, Stifts- und Klosterbauten des Mittelalters, die über die Jahrhunderte hinweg einen christlich-europäischen Einheitsgedanken am Leben erhielten. Die gemeinsame Architektur sprengte die Grenzen von Herrschaften und Nationalstaaten. Das dichte Netz der Diözesen bildete in Europa über die Jahrhunderte hinweg eine viel beständigere Klammer als jeder zum Teil gewaltsam unternommene Versuch, eine europäische Einigung auf politischem Wege herbeizuführen. Zudem waren die Kirchengrenzen weitaus stabiler als politische Grenzen und unterlagen weniger Veränderungen.[298] Während politische Veränderungen über Deutschland hinweggingen, ist Speyer auch heute noch ein Bistum und der Dom dessen Zentrum. Allerdings, Grablege ist der Dom schon längst nicht mehr und hat so seine einst zentrale herrschaftspolitische Funktion verloren. Der Schutz bedeutender Baudenkmäler jedoch bedarf des öffentlichen Interesses und der politischen Schirmherrschaft mit dem Ziel, ohne jedes nationalistische Pathos ein kulturelles Geschichtsbewusstsein zu fördern, statt in personalisierender Absicht an den verblassten Ruhm von Dynastien und einzelnen Herrschern zu erinnern. Dabei besitzt der Kaiserdom für die föderale Bundesrepublik Deutschland keinesfalls jenen Erinnerungswert wie Saint-Denis als *Monument historique* für das zentralistische Frankreich als *une grande nation culturelle*. Darauf deutet zum Beispiel auch der Name der erwähnten

»Europäischen« – also nicht deutschen – Stiftung hin: Speyer war eben nur *ein* zentraler Ort des Heiligen Römischen Reiches, das sich schon territorial weit weniger mit dem heutigen Deutschland deckt als das mittelalterliche mit dem modernen Frankreich. Während in Frankreich wechselnde Dynastien von den Merowingern an ihre Verstorbenen in St. Denis bestatteten, versuchten römisch-deutsche Könige und Kaiser, wie Otto I. mit Magdeburg und Heinrich II. mit Bamberg oder die Staufer mit ihrem Hauskloster Lorch, sich eigene geistliche Zentren zu schaffen, in denen sie auch bestattet wurden. Zudem war der mittelalterlichen Zweigewaltenlehre nach das römisch-deutsche Kaisertum auf Rom bezogen und besaß daher sein geistliches Zentrum – aber ebenfalls seinen geistigen Widerpart – außerhalb seines unmittelbaren Machtbereichs, der sich etwa mit dem Territorium der alten Bundesrepublik deckte. In diesem Sinne konkretisierte der neoromanische Baumeister Hübsch im 19. Jahrhundert eine historische Erinnerungstradition, als er mit seinem Rundbogenstil an römische und deutsche Vorbilder anknüpfen wollte.

Orte des Investiturstreits: Sutri, Worms, Canossa

Frank Meier

Canossa 1077 – Mythos oder Menetekel?

Während Sutri und Worms dem heutigen Menschen im Zusammenhang mit dem sogenannten Investiturstreit zwischen *Imperium* und *Sacerdotium*, Kaisertum und Papstkirche, kaum noch etwas sagen, verhält es sich mit Canossa bekanntlich anders. Bereits der deutsche Dichter Heinrich Heine (1797–1856) ließ sich durch Canossa, wo König Heinrich IV. vor Papst Gregor VII. im Januar 1077 Buße tat, inspirieren:

Heinrich

Auf dem Schloßhof zu Canossa
Steht der deutsche Kaiser Heinrich,
Barfuß und im Büßerhemde,
Und die Nacht ist kalt und regnicht.

Droben aus dem Fenster lugen
Zwo Gestalten, und der Mondschein
Überflimmert Gregors Kahlkopf
Und die Brüste der Mathildis.

Heinrich, mit den blassen Lippen,
Murmelt fromme Paternoster;
Doch im tiefen Kaiserherzen
Heimlich knirscht er, heimlich spricht er:

»Fern in meinen deutschen Landen
Heben sich die starken Berge,

Und im stillen Bergesschachte
Wächst das Eisen für die Streitaxt.

Fern in meinen deutschen Landen
Heben sich die Eichenwälder,
Und im Stamm der höchsten Eiche
Wächst der Holzstiel für die Streitaxt.

Du, mein liebes treues Deutschland,
Du wirst auch den Mann gebären,
Der die Schlange meiner Qualen
Niederschmettert mit der Streitaxt.«[299]

Der Historienmaler Eduard Schwoiser malte 1862 den vor den Burgmauern büßenden König, der trotzigen Blickes, die rechte Hand zur Faust geballt, barfüßig im Büßergewand, aber trotzdem aufrecht, im Schnee steht. Reichskanzler Bismarck rief in der Reichstagssitzung vom 14. Mai 1872, als der Kulturkampf mit der katholischen Kirche auf seinem Zenit stand und er das Geschehen im Sinne eines gekränkten Nationalgefühls bedenkenlos instrumentalisierte, dass man nicht nach Canossa gehe.[300] Die Inschrift auf der Canossasäule auf dem Burgberg von Bad Harzburg, wo einst eine mächtige Burg Heinrichs IV. stand, erinnert daran mit der Inschrift »Nach Canossa gehen wir nicht. Reichstagssitzung 14. Mai 1872«. Canossa gilt seit dem Bußgang Heinrichs IV. im Januar 1077 als Symbol für eine Niederlage schlechthin – nationaler Mythos oder nationales Trauma? Generationen von Deutschen wurden durch die eindrückliche Beschreibung dieser Ereignisse durch den Historiker Wilhelm Giesebrecht in seiner »Geschichte der deutschen Kaiserzeit« geprägt:

»Aber was der König auch gewonnen hatte, es war mit einem Opfer erkauft, dessen Schwere jeden Gewinn überbot. [...] Es war ein glänzender Triumph der Kirche, aber gewiss, dieser Triumph befriedigte Georg [VII.] nicht. Ein köstlicherer Sieg wäre ihm bereitet worden, wenn er im Herzen Deutschlands inmitten der deutschen Fürsten über den höchsten Thron des Abendlandes hätte verfügen, wenn er dort

Heinrich hätte aus dem Staube erheben können, und diesen Sieg hat ihm Heinrichs Klugheit damals und für immer entzogen«.[301]

Canossa sollte sich nicht wiederholen. Und doch wird bis heute auf den Canossagang Bezug genommen. So titelte »Die Welt-Online« am 8. Oktober 2010 »Pilgerfahrt. Sarkozys Gang nach Canossa bei Papst Benedikt«, weil der Vatikan die Roma-Abschiebungen aus Frankreich nach Rumänien kritisiert hatte.[302]

Für Stefan Weinfurter begann mit dem legendären Gang Heinrichs IV. nach Canossa die »Entzauberung der Welt«: »Canossa hat Konjunktur. Nicht nur wegen großer Ausstellungen, die sich immer wieder neu dem Thema widmen, sondern auch, weil es einen festen Platz in unserem kollektiven Gedächtnis hat. Ohne Canossa ist unsere Gesellschaftsordnung nicht denkbar, wir alle sind mit Canossa verbunden«, stellte Weinfurter unlängst fest, als er eine Brücke von Canossa bis zur Zeit der Aufklärung schlug.[303] Für Johannes Fried »erstand in ›Canossa‹ ein deutscher Gedächtnisort, der trotz sinkender Geschichtskenntnisse bis heute überdauert: Demütigung und Selbstbehauptung, Herausforderung und säkulare Wendemarke in einem. Der Canossagang wurde zum Zeichen einer Neubesinnung der Kirche auf ihre Überordnung über alles Weltliche, zum Symbol der Trennung von Staat und Kirche. Und so findet sich dieser Gedächtnisort als ›Wende von Canossa‹ noch immer in den historischen Hand- und in den Schulbüchern; so wurde er im Jahr 2006 mit reicher Ausstellung einem breiten Publikum als ›Erschütterung der Welt‹[304] vor Augen geführt und kürzlich in aufwendiger Fernsehproduktion in Szene gesetzt, Millionen zur Belehrung leibhaftig ins Haus gesendet mit dem um Gnade flehenden Heinrich im Schnee«.[305]

Canossa, das Ereignis unter Ausschluss der Öffentlichkeit, wurde zum Historikerstreit – und das auf der dürftigen Grundlage weniger tendenziöser Quellen: das 1077 in Canossa verfasste propagandistische Rechtfertigungsschreiben von Papst Gregor VII. an die deutschen Fürsten, die Chronik des Sachsen Bruno von Merseburg, den breiter ausgemalten, 1077 verfassten Bericht Lamperts von Hersfeld, die ebenso zweifelhafte chronikalische Schilderung des Mönches Berthold von der Reichenau aus der Zeit um 1080, die um 1114 von Donizo geschriebene Lebensgeschichte der Mathilde von Tuszien, das vermutlich von Erzbischof Siegfried von Mainz in Tribur verfasste sogenannte Königsberger Fragment, der Bericht Arnulfs von Mailand von 1077 und die kurz nach 1106 von einem anonymen Autor verfasste Lebensgeschichte Kaiser Heinrichs IV.[306] Rudolf Schieffer hat jüngst gezeigt, wie bruchstückhaft die chronikalische Überlieferung in Europa bis zum 16. Jahrhundert ist, als der Bericht Lamperts von Hersfeld wiederentdeckt wurde.[307] Von einer ungebrochenen Erinnerungstradition lässt sich daher nicht sprechen. Vieles ist nur phantasievolle Rekonstruktion. Wunschbilder und Zerrbilder dominieren die über 900 Jahre zurückliegenden Ereignisse. Canossa wurde schon im Mittelalter geschichtspolitisch instrumentalisiert. »Auf die Dauer«, so Schieffer in seinem Fazit, »blieb die Bannung Heinrichs IV. als eher isoliertes Ereignis am stärksten im Gedächtnis«[308], herausgelöst also aus seinem inneren Zusammenhang.

Trotzdem hat die mediävistische Forschung die Frage, was zum Bußgang nach Canossa führte, immer wieder gestellt und je nach Standpunkt – wie auch die damaligen Gegner und Anhänger auf beiden Seiten – verschieden beantwortet.[309] Es kann hier nicht darum gehen, einmal mehr den komplexen Forschungsstand zu kommentieren, sondern nur Spuren der Erinnerungstradition an drei ausgewählten Orten – Sutri, Worms und schließlich Canossa selbst –, nachzuzeichnen. Sutri steht gemeinhin für den Höhepunkt der Machtenfaltung des sakralen König- und Kaisertums der Salier, Worms für die Wende und Canossa für die tiefste Niederlage des Königtums im sogenannten Investiturstreit.

Sutri 1046 – Triumph sakraler Herrschermacht

Im sogenannten Investiturstreit ging es um weit mehr als nur um die Frage der Ernennung von Bischöfen. Denn während es in den anderen westeuropäischen Reichen höchstens wegen kirchenreformatorischer Forderungen (Simonie, Zölibat, Laieninvestitur) zu Spannungen mit dem Papsttum kam – so drohte Gregor VII. 1074 dem französischen König Philipp I. mit Absetzung –, wurde die Auseinandersetzung mit Heinrich IV. um die Machtansprüche des theokratisch-imperialen Kaisertums und die sogenannte ottonisch-salische Reichskirche in ihrer traditionellen Gestalt geführt.[310]

Das Beispiel seines Vaters Heinrich III. und dessen Rolle als Schiedsrichter zwischen drei rivalisierenden Päpsten in Sutri und Rom standen dem jungen König Heinrich IV. stets vor Augen. In Sutri trafen sich am 20. Dezember 1046 unter dem Vorsitz König Heinrichs III. Bischöfe und Kardinäle, um über kirchenrechtliche und dogmatische Angelegenheiten zu beraten. Heinrich III. nutzte die Gelegenheit, um die rivalisierenden Päpste Gregor VI. und Silvester III. in Sutri und Benedikt IX. auf der am 23. und 24. Dezember in Rom stattfindenden Synode abzusetzen. Daraufhin ernannte er den deutschen Cluniazenser Suidger, Bischof von Bamberg, zum Papst. Dieser wurde als Clemens II. am 25. Dezember inthronisiert und krönte Heinrich III. im Gegenzug zum Kaiser.[311] Sakrales Königtum und Kirchenreform gingen ein machtpolitisches Bündnis ein, was nicht folgenlos bleiben sollte. Denn Heinrich III. befreite das Papsttum aus den lokalen und regionalen Abhängigkeiten und ermöglichte so überhaupt erst die Etablierung des Heiligen Stuhls als zentrale Institution unter dem Pontifikat des Papstes Leo IX. (1049–1054), der als Graf von Egisheim-Dagsburg sein Vetter zweiten Grades war.

Der Tagungsort war gut gewählt, denn Sutri, seit 405 Sitz eines Bischofs, lag an der von Latium nach Etrurien führenden Straße, der antiken Via Cassia bzw. der mittelalterlichen Via Francigena, etwa einen Tagesritt von Rom entfernt. Das heutige Sutri ist eine Kleinstadt in der zu Latium gehörigen italienischen Provinz Viterbo. An die Synode von 1046 erinnert die Kirche Santa Maria Assunta (Maria Himmelfahrt), die wohl als Tagungsort gedient hat und das Zentrum des Ortes bildet. Der antike Bau wurde durch Papst Innozenz III. (um 1160–1216) im Stil der Romanik umgestaltet und im 17. Jahrhundert barockisiert. Aus romanischer Zeit stammen die durch 20 Säulen gegliederte Krypta mit Kapitellen lombardischer Künstler, der Campanile, der Marmorfußboden und ein Tafelbild von Christus im byzantinischen Stil aus dem 13. Jahrhundert. An der linken Wand befindet sich eine Bronzestatue des Papstes Clemens II.[312] Da steht er also, der Bischof von Bamberg und spätere Papst, der Heinrich III. nach dem Ende der Synode vom Januar 1047 in Rom nach Deutschland begleitete. Auf der Rückkehr nach Italien starb er am 9. Oktober 1047 im Kloster des heiligen Thomas am Aposella bei Pesaro und wurde nicht in Rom, sondern im Dom zu Bamberg beigesetzt. Links von der Kathedrale liegt der um 1900 stark veränderte Bischofspalast von Sutri. Alle anderen mittelalterlichen Gebäude der Stadt wurden durch den Stadtbrand von 1433 schwer in Mitleidenschaft gezogen. Nur noch einmal trafen in Sutri deutscher König und Papst aufeinander, als König Friedrich I. Barbarossa sich 1155 im Vorfeld der Verhandlungen zur Kaiserkrönung zunächst weigerte, dem geistlichen Oberhirten den traditionellen Stratordienst zu leisten und dessen Pferd daher nicht am Zügel führte. Sutri blieb als diplomatischer Sieg deutscher Könige dennoch nicht in der kollektiven Erinnerung haften. Anders als Canossa hat die nationale Geschichtsschreibung Sutri nicht ausgeschlachtet. Die Tragik Heinrichs IV. eignete sich für das nationale Pathos des aufstrebenden Kaiserreiches seit 1871 besser als der Triumph seines Vaters.

Worms 1076 – der Auftakt

Worms war der Auftakt für Canossa. Über die Besetzung des Amtes des Erzbischofs von Mailand war es 1071 zum Bruch zwischen König Heinrich IV., dem Nachfolger Heinrichs III., und Papst Alexander II. gekommen. Nach dem Tode Alexanders II. am 21. April 1073 wurde der eifrige Kirchenreformer Hildebrand als Gregor VII. zum Papst gewählt, der die *libertas ecclesiae* und die Suprematie des Papsttums auf seine Fahnen geschrieben hatte. Dieser machte den Mailänder Bischofsstreit zur Chefsache. In dem berühmten »Dictatus Papae«, 27 undatierten Leitsätzen ohne rechtsverbindlichen Charakter, die am 3./4. März 1075 in das Briefregister Gregors VII. eingetragen sind, formulierte Gregor eine Neuregelung der Beziehungen von *regnum* und *sacerdotium*. Der »Dictatus Papae« beschnitt das sakrale Königtum in seinen Rechten, etwa Bischöfe mit Ring und Stab zu investieren, und der Papst behielt sich darin die alleinige Binde- und Lösegewalt vor, was auch für Lehnseide gelten sollte. Darüber hinaus behauptete er das Recht, auch den Kaiser absetzen zu können (Reg. Vat. 2,12 *Quod illi liceat imperatores depone-*

re).³¹³ Immer wieder betonte der Reformpapst die Wesensunterschiede zwischen seiner Amtsgewalt und der des Königs.³¹⁴

Als der Salierherrscher dann noch einen Erzbischof in Mailand und zwei weitere Bischöfe in Spoleto und Fermo vor den Augen des Papstes in dessen eigenem »Kirchenstaat« investierte, eskalierte der lange schwelende Konflikt. Gregor exkommunizierte einige Berater des Königs und warnte Heinrich in einem Schreiben vom 8. Dezember 1075, keine weiteren Laieninvestituren vorzunehmen.³¹⁵ Erschwerend kam hinzu, dass der junge König dies oft gegen regionale Widerstände getan hatte, um seinen Wunschkandidaten durchzusetzen und damit seine Macht zu vergrößern.³¹⁶ Den päpstlichen Brief erhielt Heinrich während einer Siegesfeier über die aufständischen Sachsen in der Pfalz Goslar, auf der die Fürsten gerade seinen zweijährigen Sohn Konrad zum Mitkönig gewählt hatten. Der selbstbewusste Herrscher veröffentlichte die vertraulich gemeinten päpstlichen Mahnungen, berief die Reichsbischöfe nach Worms und beantwortete die Worte des Papstes in aller Öffentlichkeit. Damit verstieß er gegen die übliche Form der Konfliktregelung und provozierte erst den nun folgenden Konflikt.³¹⁷ Drei Absagebriefe wurden in Worms am 24. Januar 1076 verfasst: das Schreiben der Bischöfe an Gregor VII.,³¹⁸ das Schreiben Heinrichs an Hildebrand (Gregor VII.)³¹⁹ und das des Königs an die Römer.³²⁰ Zwei Erzbischöfe, Siegfried von Mainz und Udo von Trier, sowie 24 Bischöfe hatten unterschrieben. Die erste Fassung des Wormser Absagebriefes an die Römer und den als »Hildebrand« bezeichneten Papst erreichte diesen mittels Boten, die zur Verbreitung im Reich formulierte rhetorisch zugespitzte Zweitfassung vom 27. März 1076, in der Hildebrand »nicht mehr Papst, sondern falscher Mönch« genannte wurde,³²¹ rief als offener Brief die gesamte Christenheit zum Abfall vom Papst auf. Ob die Reichsbischöfe freiwillig oder unter Zwang Heinrich folgten, war bereits bei den zeitgenössischen Chronisten umstritten.³²² Heinrich beklagte in seinen Briefen drei Punkte: ihm sei der hohe Ehrentitel eines römischen Patricius, eines engem Vertrauten des Papstes, entrissen worden, der Papst hätte versucht, ihm den italienischen Reichsteil zu entwinden, und seine Bischöfe beschimpft. Die Reichsbischöfe warfen Gregor vor, die Einheit der Kirche zu spalten, ihnen ihre Amtsgewalt zu nehmen und sich selbst göttliche Gewalt anzumaßen. Damit hatte Heinrich die Flucht nach vorn angetreten. Er wollte Gregor absetzen, bevor ihn dieser auf der geplanten Ostersynode im März 1076 exkommunizieren konnte.

Warum entschied sich Heinrich IV. für Worms als Tagungsort, um seine Anhänger hinter sich zu scharen? Bei der Wahl von Treffpunkten und Handlungsorten, so Eckard Müller-Mertens, spielten »politische Positionsbestimmung, Repräsentations- und Prestigefragen durchaus eine Rolle«. Als Aufenthaltsorte königlicher Reisewege bevorzugten die Salier, allen voran Heinrich IV., Bischofssitze statt Pfalzen, wie aus den Itineraren, den königlichen Reisebeschreibungen, hervorgeht. Vor allem Speyer und Worms traten hervor. Worms aber war einer der Lieblingsaufenthaltsorte Heinrichs IV. »Insgesamt«, so Müller-Mertens, »war Worms für die Salier ein wichtiger Ort, Urkunden auszustellen, Hoftage abzuhalten, Synoden zu versammeln«.[323] Aber für das Jahr 1076 befriedigt diese Antwort nicht. Denn Speyer stand mit seinem 1061 eingeweihten Dom viel stärker im Mittelpunkt salisch-sakralen Machtstrebens. Auch hatte gerade der Speyerer Bischof Huozmann (auch Hozmann) Heinrich im Kampf gegen die Sachsen zur Seite gestanden. Huozmann sollte sich auch in Worms als treuer Gefolgsmann des Königs erweisen und bereitwillig den berühmten Wormser Absagebrief des deutschen Episkopates unterschreiben, bevor er anschließend mit Bischof Burchard von Basel nach Italien reiste, um Kontakte zu den lombardischen Bischöfen zu knüpfen. Seinen alten Weggefährten besuchte Heinrich dann Weihnachten 1080 ein letztes Mal, um seinen Italien- und Romzug im nächsten Jahr vorzubereiten.

Als Tagungsort der Versammlung kam in Worms eigentlich nur der Dom in Frage, da er genügend Platz bot, um alle weltlichen und geistlichen Teilnehmer aufzunehmen. Der Bau des beeindruckenden romanischen Doms, der sich auf dem höchsten Hügel des Stadtbezirks etwa 100 Meter über dem Meeresspiegel erhebt, wurde unter Bischof Burchard von Worms nach der Jahrtausendwende begonnen. Im Jahr 1018 konnte die kreuzförmige Basilika mit zwei halbrunden Chören in Anwesenheit des Kaisers geweiht werden. Zwei Jahre später stürzte der westliche Baukörper ein und musste neu aufgerichtet werden. Nach Burchards Lebensbeschreibung aus der Zeit um 1030/40 standen in der Kirche Säulen mit vergoldeten Kapitellen. Die unteren Geschosse der Westtürme aus kleinen, grob behauenen Kalksteinen stammen heute noch aus der Zeit Burchards. 1025 fand der tatkräftige Bischof seine letzte Ruhestätte im renovierten Dom. Etwa 100 Jahre stand Burchards Bau, bevor die Bischöfe Burchard II. und Konrad II. den Dom nach und nach abreißen und neu aufmauern ließen. Zwischen 1130 und 1144 wurde der Ostteil mit Querschiff, Türmen und Vierungsturm errichtet, 1170 war der dreischiffige Hauptteil und 1181 der Westchor mit dem Chorturm fertig. 1181 konnte der Dom zum dritten Mal geweiht werden. Von 1886 bis 1935 wurde er grundlegend renoviert und nach dem Zweiten Weltkrieg wiederum ausgebessert. Außerdem besaß Worms im Gegensatz zu Speyer neben dem Dom eine Königspfalz, in der seit karolingischer Zeit Reichsversammlungen stattfanden.

Gastgeber der Versammlung von 1076 war nicht der Wormser Bischof Adalbert II. (1070–1107), sondern Erzbischof Siegfried von Mainz (1060–1084), zu dessen Kirchenprovinz das Bistum Worms gehörte. Siegfried, noch 1062 beteiligt an der Entführung des jungen Heinrich zu Kaiserswerth, war bis zur späteren Bannung Heinrichs ein treuer Anhänger des Königs. Bischof Adalbert dagegen hatte Heinrich mitten im Sachsenkrieg den Eingang in die Stadt verweigert, als er zuvor von der Harzburg geflohen war. Die Wormser Bürger hatten ihm die Tore geöffnet, ihren bischöflichen Stadtherrn vertrieben, und Heinrich hatte ihnen zum Dank am 18. Januar 1074 Zollfreiheit an mehreren königlichen Zollstätten gewährt, etwa in Frankfurt und Boppard. Im Januar 1076 aber waren die Sachsen endgültig besiegt, und die Synode in Worms, der Stadt seines innenpolitischen Gegners Adalbert, kann nur als politische Machtdemonstration Heinrichs gewertet werden. Den besagten Absagebrief der Reichsbischöfe vom 24. Januar 1076 hatte der vertriebene Wormser Bischof Adalbert dann auch nicht unterschrieben. Bistum und Stadt Worms unterstanden seit der Vertreibung Adalberts direkt dem König. Erst die vereinte Fürstenopposition sollte Heinrich im Oktober 1076 zwingen, Worms wieder an Adalbert herauszugeben. Danach wurde die Stadt durch vier Gegenbischöfe verwaltet, bis Adalbert 1105 durch Heinrich V., der sich gegen seinen Vater erhoben hatte, sein Bistum zurück erhielt. Nur ein knappes Jahr hielt sich der Bischof in der Stadt, bis er 1084 erneut aus der Stadt vertrieben wurde.

Worms ist ein Gedächtnisort mittelalterlicher Königsherrschaft. Denn von der Reichsversammlung Pippins des Jüngeren 764 bis zum Hoftag Heinrichs V. 1124 gab es zahlreiche königliche Aufenthalte und Hofhaltungen in der Stadt. Zwar folgten die Umritte der Könige durch das Reich zur Abhaltung von Hoftagen gewöhnlich einer bestimmten Reiseroute und örtlichen Abfolge, doch gilt das nur noch bedingt für die letzten Salier, da die Auseinandersetzungen mit den Sachsen, der Fürstenopposition, dem Reformpapsttum und den italienischen Gegnern die Zyklen und Figuren des Reiseweges paralysierten und die Itinerare völlig untypisch gestalteten. Die Entscheidung Heinrichs IV. für Worms mag also seinem Zwist mit Bischof Adalbert und somit einem konkreten politischen Anlass geschuldet oder traditionellen Überlegungen bzw. persönlichen Vorlieben entsprungen sein.

In der Stadt, wo der Investiturstreit seinem ersten Höhepunkt zustrebte, wurde er 1155 im sogenannten Wormser Konkordat auch beendet. Darin akzeptierte einerseits Kaiser Heinrich V. den Anspruch der Kirche auf die Investitur mit Ring und Stab, den geistlichen Symbolen, und gestand die freie kanonische Wahl und ungehinderte Weihe des Gewählten zu, während andererseits Papst Calixt II. zusicherte, dass dies in Gegenwart kaiserlicher Gesandter geschehen und der neue Reichsabt oder Reichsbischof anschließend mit dem Zepter als weltlichem Symbol belehnt werden sollte.

Das Wormser Konkordat ging in die Geschichtsbücher ein, während die 1076 an die Adresse des Papstes formulierten Absagebriefe heute weit weniger erinnert werden. Worms steht somit für den Anfang und das Ende des sogenannten Investiturstreits, nicht aber für seinen Höhepunkt.

Canossa 1077 – der Höhepunkt

Hinter dem nächsten Gedächtnisort dieser Reihung steht kein Fragezeichen. Canossa hatte sich Heinrich nicht ausgesucht. Hier konnte er nicht mehr agieren, sondern nur noch reagieren, freilich gerade noch rechtzeitig, um das Schlimmste zu verhindern. Zunächst schien Heinrich Erfolg zu haben. Im Februar 1076 schlossen sich die oberitalienischen Bischöfe der Absetzungserklärung an und erklärten darüber hinaus den Papst für exkommuniziert. Gregor VII. nahm den Fehdehandschuh auf und untersagte mit breiter Unterstützung der Römer seinerseits auf der vom 14. bis zum 20. Februar 1076 tagenden Lateransynode in St. Peter Heinrich die Regierung in Deutschland und Italien, weil er sich gegen die kirchlichen Hoheitsrechte aufgelehnt hatte, löste alle Christen von den Treueiden und verhängte den Kirchenbann über den König.[324] Propagandistisch wirkungsvoll fügte er die Verfluchung Heinrichs in ein öffentliches Gebet ein. Erzbischof Siegfried von Mainz wurde exkommuniziert, die anderen Bischöfe von ihren Ämtern suspendiert. Viele Reichsbischöfe und Reichsäbte ergriffen die Gelegenheit beim Schopfe, sich aus der autoritären Herrschaft des Königs zu befreien. Auch die ehemaligen Kapläne der Hofkapelle ließen Heinrich im Stich. Heinrichs Anhängerschaft fiel zusammen wie ein Kartenhaus.[325]

Sowohl die Aktion Heinrichs wie auch die Reaktion des Papstes waren gewagte Schritte, die einen Kompromiss ausschlossen und eine Eskalation unausweichlich erscheinen ließen. Sakrales Herrschertum und Reformpapsttum standen sich, so schien es, unversöhnlich gegenüber.

Während der Papst handelte, musste Heinrich zusehen, wie seine Anhängerschaft schwand. In seinem Schreiben vom 25. August 1076 »Multa interrogando« an Bischof Hermann von Metz bestimmte Gregor, dass kein Bischof sich anmaße, den König vom Bann zu lösen.[326] Mit seinem Brief vom 3. September 1076 »Si literas« an seine geistlichen und weltlichen Anhänger im Reich legte er fest, wie man mit Heinrich verfahren müsse: Wenn sich Heinrich von seinen schlechten Ratgebern trenne und die Kirche als Herrin anerkennen würde, wolle der Papst davon möglichst schnell Nachricht erhalten, um das weitere Vorgehen zu erwägen. Wenn aber Heinrich sich nicht von Herzen seiner Autorität unterwerfe, so solle der Weg für eine Neuwahl frei sein.[327] Deutlich wird, dass der Papst es noch einmal mit Heinrich versuchen wollte, und somit das Schreiben kein Freibrief für eine umgehende Neuwahl eines Königs durch die Fürsten war. »Ihr sollt ihn freudig anerkennen, wenn er aus ganzem Herzen zu Gott bekehrt sein wird«, schrieb der Papst in dem genannten Brief an seine deutschen Freunde.[328] »Die der römischen Kirche Getreuen sind zu solcher Zahl angewachsen, dass sie offen erklären, wenn der König sich nicht zur Buße herbeilässt, einen anderen König erwählen zu wollen, und wir haben ihnen unsere Gunst unter Wahrung des Rechtes zugesagt«, teilte Gregor am 31. Oktober seinen Anhänger in Mailand mit, bevor er von dem Ergebnis des Fürstentags zu Tribur (heute Trebur), der am 16. Oktober begonnen hatte, Kenntnis erlangte.[329] Die in sich zerstrittene fürstliche Opposition beratschlagte auf der Pfalz zu Tribur mehrere Tage, bevor sie Heinrich in Anwesenheit päpstlicher Legaten eine Frist zur Lösung des Bannes setzte, und drohte anderenfalls auf dem nächsten Reichstag zu Augsburg am 2. Februar 1077 mit seiner Absetzung und der Neuwahl eines Königs. Ferner luden die Fürsten Lampert von Hersfeld zufolge den Papst ein, zur Schlichtung der politischen Probleme nach Augsburg zu kommen.[330] Johannes Fried geht hingegen von einer ihm zugespielten Einladung durch den exkommunizierten König aus, die der Papst angenommen habe.[331] Bauliche Reste dieses Erinnerungsortes sind nicht mehr erhalten, wenn auch die Laurentiuskapelle als ehemalige Pfalzkapelle angesehen wird.[332]

Heinrich selbst kam nicht nach Tribur. Hilflos sah er von der gegenüberliegenden Rheinseite, von Oppenheim aus, zu, wie die Dinge ihren Lauf nahmen. Denn der Mainzer Bischof Siegfried I. hatte alle Schiffe beschlagnahmt, mit denen der König hätte über den Fluss gelangen können. In seiner Oppenheimer Promissio vom Oktober 1076 nahm Heinrich seine Wormser Forderungen zurück und versprach dem Papst den schuldigen Gehorsam.[333] Matthias Becher sieht mit Johannes Fried darin einen freiwilligen Akt, »um Gregor VII. sein Einlenken zu signalisieren«.[334] Auch eine Verständigung im Vorfeld von Canossa hätte wohl die fürstliche Opposition kaum besänftigt, da diese auf eine Absetzung des Königs aus war.

Wollte Heinrich seiner Absetzung durch die Fürsten zuvorkommen, gab es laut dem Chronisten Lampert von Hersfeld nur eine Möglichkeit: Im Winter über die Alpen zu ziehen und Papst Gregor als christlicher Büßer um Verzeihung zu bitten. Da die Herzöge im Süden des Reiches die besten Alpenübergänge sperrten, um eine Verständigung zwischen den Kontrahenten zu verhindern, musste Heinrich von Speyer aus einen weiten und gefährlichen Umweg über Burgund und den Mont

Cenis nehmen. Lampert von Hersfeld beschrieb in seinen Annalen den dramatischen Alpenübergang.[335] Der Papst seinerseits befand sich auf dem Weg durch die Lombardei nach Augsburg zum Gerichtstag, dem *generale colloquium*, über Heinrich und zog sich, wie sein Anhänger Bischof Bonizo von Sutri berichtete, auf die sichere Burg Canossa zurück, als er vom Nahen Heinrichs und seiner lombardischen Anhänger erfuhr.[336] Andererseits, so Johannes Fried, wusste der Papst bereits durch das oben erwähnte Gehorsamsversprechen des Königs (Reg. IV,12) in Oppenheim, dass Heinrich ihn aufsuchen wollte.[337] Aus Frieds Sicht war das Treffen in Canossa daher kein Zufall, sondern von vorne herein geplant.[338] Heinrich kampierte mit seinem Gefolge um Reggio in der Nähe von Canossa. Vom 25. bis zum 28. Januar 1077 fand das denkwürdige Treffen zwischen Heinrich und Gregor in Canossa statt, das Lampert von Hersfeld, ein Gegner des Königs, plastisch und propagandistisch ausmalte, während Heinrich seinerseits keinen Chronisten mit der Darstellung der Ereignisse beauftragte. Heinrich, so Lampert, legte die Insignien der Macht ab, pilgerte barfuß und im Büßergewand an den Ort der Rekonziliation, weinte, fastete, betete und geißelte sich drei Tage lang, woran sich ein Schuldbekenntnis und eine Satisfaktionsleistung anschloss, bevor er die Absolution erhielt.[339] Die päpstlichen Berichte erwähnen dagegen kein Büßergewand.[340] Gregor VII. schickte seinen Anhängern im Reich einen Rechtfertigungsbericht über die Ereignisse in Canossa, indem er von Verhandlungen sprach, die der unumgänglichen Absolution des demütigen Heinrich vorausgingen.[341] Er betonte darin, dass er Heinrichs Ehre fördern wolle.[342] Im *ius iurandum*, dem »Eid« des Königs, sollte Heinrich am 28. Januar 1077 versprechen, sich dem Urteilsspruch des Papstes zu unterwerfen und diesem freies Geleit nach Deutschland zusichern.[343] Dieses Schreiben betont die Fortdauer seiner Königsherrschaft.[344] Möglicherweise handelte es sich eher um eine Art Communiqué, das auf eine Übereinkunft beider Seiten beruhte. Offenkundig war diese knappe Vereinbarung das Ergebnis der politischen Verhandlungen, und die Wiederaufnahme in die Kirche die Folge des Bußaktes.

Unsicher ist, ob in Canossa ein Gericht über den König gehalten wurde oder es zu einem Vertrag zwischen König und Papst kam, der den

Frieden sichern sollte.[345] Was genau in Canossa geschah, ist bei den Historikern höchst umstritten.

Canossa – Legende und Wirklichkeit

Der vor Papst Gregor VII. 1077 auf der Burg zu Canossa demütig Buße leistende König Heinrich IV. gehört zum festen Kanon historisch-nationaler Erinnerung. Das Geschehen scheint sattsam bekannt zu sein.[346]

Jedoch beruht, so Johannes Fried, die Rekonstruktion der Ereignisse nur auf »Deformationen, Irritationen und Fehlurteilen im Forschungsgedächtnis«, die »Korrekturen am bisherigen Geschichtsbild unabdingbar« machen.[347] Zunächst sei die Datenliste zur Reisegeschwindigkeit des königlichen Trosses zweifelhaft, und ferner wäre die »Situativität der Zeugenaussagen« zu berücksichtigen, die von »Emotionalität, Parteilichkeit, Initiative (als Hinweis auf eigene Betroffenheit) resp. deren Verschweigen« geprägt sei und als »weitere prägende Konditionen unbewusster, tatsächlich einschneidender Erinnerungsmanipulation gerade im episodischen Gedächtnis zum Canossakomplex« zum Tragen komme.[348] Nach den Regeln der Memorik müsse man zwischen »Erinnerung«, »Gegenerinnerung«, »Parallelerinnerung« und »neutralem Zeugnis« unterscheiden und danach erst den Aussagen eine Bedeutung zuweisen.[349] Da Erinnerungen von Parteigängern des Königs an die Vorgänge in Canossa nicht auf uns gekommen sind, bestimmen nach Fried Gegenerinnerungen der päpstlichen Seite und Parallelerinnerungen von Gegnern des Königs das Geschichtsbild, welches durch »Gerücht, Vermutung und Wahrheit« zu Stande gekommen sei. So schweigen sich nach Fried die historiographischen Texte etwa zu den Planungen des Königs vor und nach Canossa aus. »Neutrale Zeugnisse« im Geflecht der Quellen zum Canossakomplex seien die Darstellung des Chronisten Arnulf von Mailand, die Mathildenvita des Abtes Donizo von Canossa sowie zum Teil auch der »Liber ad amicum« des Bischofs Bonizo von Sutri.[350] Der oft zitierte Bericht Lamperts von Hersfeld wäre dagegen durch »eigene Schlussfolgerungen, Wunschvorstellungen und Verdrehungen« gekennzeichnet, was in den »Irrgarten des Parteiengezänks, nicht aber zum historischen Sachverhalt« führe.[351] Auch Brunos Buch zum Sachsenkrieg sei hinsichtlich der Ereignisse in Canossa in seiner Einseitigkeit »mehr als fragwürdig«, da er den Kampf der Sachsen gegen Heinrich als frühe Parteinahme für den Papst wertete.[352] Auch der schwäbische Chronist Berthold reime sich den Gang der Ereignisse selbst zusammen, ohne die Einzelheiten zu kennen.[353] Diese drei deutschen Geschichtsschreiber unterlagen nach Fried »Rückprojektionen aktueller Wünsche« und dokumentierten »schöngeredete Fehlplanungen« und die »Verdrängung enttäuschter Hoffnungen der Salierfeinde«.[354] Letztendlich waren es die »Notfreunde« des gebannten Königs – seine Mutter Agnes, sein Taufpate Hugo von Cluny und seine Kusine Mathilde von Tuszien –, so Fried, die das Treffen mit dem Papst in Canossa zu Stande brachten, welches mit einem »Friedensvertrag« zwischen beiden Parteien endete.[355]

Egal ob man der These von Fried zum angeblichen Friedensvertrag zwischen Heinrich IV. und Gregor VII. zu folgen geneigt ist, so ist doch offenkundig, dass sich die Bewahrung der Ereignisse im historischen Gedächtnis nur mit der Dramatik erklären lässt, die jeder echten oder vermeintlichen Wende in der Geschichte innewohnt. Es sind, wie Fried mit Recht schreibt, »die alten Vergangenheitsbilder«, die als »unvergessliche Erinnerungsorte« noch immer blenden und gerade deswegen eine durch definierte Kriterien kontrollierte Erinnerungskritik erfordern.[356] Denn nur so lässt sich die Flut an Canossa-Literatur erklären, die sich seit Anton L. Mayer-Pfannholz [357] mit der Frage »Canossa als Wende« beschäftigt. Die königsfeindliche Propaganda bestimmte nach Fried als »Superskript« eine »Gedächtnismodulation im kulturellen Gedächtnis«, »lenkte die Wahrnehmungen der Forscher«, »deformierte die Erinnerung an den realen episodischen Sachverhalt« und »verhinderte auf diese Weise eine längst fällige Neubewertung der mittelalterlichen Zeugenaussagen, das dringend erforderliche Neukonstrukt des Geschehens von Canossa«.[358]

Dieser Fundamentalkritik an den Forschungsleistungen der Vergangenheit ist mehrfach widersprochen worden. Während sich Heinrich nach Johannes Fried bereits im Spätsommer 1076 mit dem Papst einigen wollte und das geplante Treffen in Canossa mit einem rein formellen Bußakt und einem Friedensvertrag ohne Demütigung des Königs am 25. Januar 1077 endete, haben Stefan Weinfurter und Gerd Althoff die traditionelle Rekonstruktion der geschichtlichen Abläufe nochmals bekräftigt.[359] Dabei steht für Althoff die *deditio*, das im Vorfeld geplante Ritual der Unterwerfung gemäß den »Spielregeln der Politik im Mittelalter« im Vordergrund.[360] Stefan Weinfurter bezieht den »Friedenspakt« auf die Buße des Königs und die Übereinkunft, die zur Rekonziliation Heinrichs führte, die »gewissermaßen einen Friedensschluss zwischen Papst und König« besiegelte, aber nicht im Sinne von Fried als *pacis federa* (so Arnulf), als Friedensbund, gewertet werden kann.[361] »Durch sein Verhalten in Canossa«, so Weinfurter, »zwang er [Heinrich] Gregor VII. dazu, sein Handeln ganz auf das Geistliche zu reduzieren und im Bereich der kirchlichen Regeln zu behandeln«.[362] Als »erzwungener Frieden« treib er nach Weinfurter »einen Keil zwischen Papst und Fürsten«.[363] Claudia Zey kritisierte in ihrer Rezension, dass Johannes Fried die Bedeutung des Mailänder Chronisten Arnulf als vermeintlichen Augenzeugen zu hoch einschätze und »die bekannten Quellen zu selektiv nur im Sinne seiner These und Methode interpretiert« werden[364], während Matthias Becher in seiner Besprechung vor allem die Frage der Reisezeiten und deren Zuverlässigkeit als historisches Zeugnis relativierte.[365] Hans-Werner Goetz kam in seiner Analyse zu dem Schluss, dass »Thesen, Methode, Wertung und Folgerungen« weder allesamt neu, sondern nur »überzogen formuliert« seien und wandte sich bei der Bewertung des Canossa-Geschehens gegen monokausale Erklärungen.[366] Ludger Körntgen folgte zwar Frieds Korrektur der »nationale(n) Verengung der deutschen Forschungsgeschichte« unter Verweis auf die englischsprachige Mediävistik, die in Canossa keine einschneidende Zensur für das Hochmittelalter sehe, übte aber Kritik an dessen Einschätzung Heinrichs IV. als »den einsamen Verteidiger monarchischer Autorität«.[367]

Der Historikerstreit offenbart ein altes Grundproblem der Geschichtswissenschaft, in der der Forscher nicht neben seinem Untersuchungsgegenstand steht, sondern als Kind seiner Zeit durch Vorerfahrungen geprägt ist, die keinen neutralen Zugang erlauben. Hatte der Historiker nach Leopold von Ranke noch die Aufgabe, aufzuzeigen, »wie es eigentlich gewesen« ist, und sollte sich demzufolge um möglichst große Objektivität bemühen[368], so erkannte Johann Gustav von Droysen in seinem »Grundriss der Historik« bereits den auch von Fried jüngst wiederum angemahnten Konstruktcharakter der Geschichte.[369] Die Memorik soll sich nach Fried daher den »einstigen Wahrnehmungen früherer Sachverhalte und den Prädispositionen [zuwenden], die sie behaupten«, also die sachliche Zuverlässigkeit von Zeugen stärker in den Blick nehmen.[370] Für die Quellen zu den Ereignissen in Canossa ist das unabdingbar, erlauben doch die wenigen, zumeist tendenziösen Zeugnisse keine zweifelsfreie Rekonstruktion der Ereignisse, sondern nur eine Konstruktion aus gegenwärtiger Sicht. Je mythisch aufgeladener aber ein Erinnerungsort ist, umso schwerer wird es, sich seiner suggestiven Kraft zu entziehen. Das gilt vor allem für Canossa, obwohl von der im Apenin 18 Kilometer südwestlich von Reggio nell'Emilia gelegenen Burg der Markgräfin Mathilde von Tuszien heute nur noch Reste stehen, die 1878 Graf Valentini an den italienischen Staat verkaufte. Nach chronikalischen Berichten hatte die starke Feste einen dreifachen Mauerring. Bildliche Rekonstruktionsversuche stammen aus dem 14. bis 16. Jahrhundert.[371] Auch der Publizist Aulo Engler, der die Ruine in den achtziger Jahren des letzten Jahrhunderts besuchte, wurde von dem Erinnerungsort gefesselt und konnte ihn nicht vorurteilsfrei wahrnehmen:

»Als wir den Burgberg hinaufstiegen, blühten die Ginsterbüsche, die aus Mauerritzen und Felsvorsprüngen wuchsen, in brennendem Gelb. Wie Kreuzwegstationen begleiten den Besucher am Wegesrand bildliche Darstellungen auf Steinreliefs aus der Geschichte der Burg. Sie enden mit der Darstellung des büßenden Königs Heinrich IV. zu Füßen des Papstes. Das unterstreicht den Charakter eines Kreuzweges, des Kreuzweges des Königs. An der höchsten Stelle, dort, wo früher wohl einmal der Palas stand, ist ein kleines Museum mit Ausgrabungsresten eingerichtet. Dominierender Mittelpunkt des Raumes ist ein wandhoher Gobelin. Ein Deutscher hat ihn gefertigt. Er zeigt den büßenden Heinrich, wie ihn uns die Geschichte gezeichnet und überliefert hat: In einem dunklen, härenen Hemd steht er barfuß vor dem Schlosstor im Schnee. Neben ihm zu Füßen liegen die Reichsinsignien am Boden«.[372]

Subjektive Deutungen und öffentliche Erinnerungen zu Canossa sind untrennbar miteinander verwoben.[373] Die Burg der Mathilde ist nur noch Ruine, und deren steinernen Bruchstücken gleicht die historische Erinnerung, ein Puzzle, dem wichtige Teile fehlen, so dass es immer wieder neu zusammengesetzt wird, wie die jüngst durch Johannes Fried ausgelöste Kontroverse zeigt. Canossa also ist ein stilisierter Erinnerungsort, über den längst Gras gewachsen wäre, wenn er nicht zum Streit weniger Gelehrter geworden wäre. Hätte Fried aber Recht mit seiner These des Vertrags von Canossa, dann wäre nach Wolfgang Hasberg Canossa kein rein »deutscher Erinnerungsort traumatischen Zuschnitts« mehr, sondern »womöglich ein europäischer Erinnerungsort als Ausdruck friedlichen Ausgleichs durch Diplomatie zwischen zwei europäischen Mächten«.[374]

III. Kapitel
Reichsmystik und Freiheitsträume
Burgen, Pfalzen und Reichsstädte

Aller Anfang ist klein: Der Hohenstaufen und die Habsburg

Katharina Zierlein

Begibt man sich heute auf die Spuren der Staufer und Habsburger, besucht man vorrangig wohl Castel del Monte in Sizilien, den Dom zu Palermo, vielleicht noch die sagenumwobene Wohnstätte des vermeintlich untoten Kaisers Friedrich Barbarossa[375] im Kyffhäuser sowie den höfischen Mittelpunkt des habsburgischen Imperiums, Wien. Diejenigen Orte, die chronologisch den Anfang einer solchen Reise bilden müssten, sind dagegen weitaus seltener Teil eines Besuchsprogramms: Könnte man im Fall der Habsburg gut erhaltene Teile des Stammsitzes der Dynastie noch besuchen, so zeugen auf dem Hohenstaufen nur noch wenige Mauerreste von der einstigen Burganlage.

Beide Gründungen stehen am Beginn der Karrieren zweier aufstrebender Familien und sind repräsentativ für ein neues adliges Selbstbewusstsein ab dem 11. Jahrhundert, welches sich unter anderem in einer »strafferen Eingrenzung der Abstammungsgemeinschaft [sc. zeigt], die mit einer Verankerung in territorial fixierten Bezugspunkten« einhergeht.[376] Der Burgenbau diente dabei in erster Linie dem Landesausbau sowie der Ausdehnung der eigenen Machtbasis. Staufer und Habsburger verhielten sich in dieser Hinsicht nicht anders als andere Herrschergeschlechter dieser Zeit.

Im Zuge des Aufstieges ihrer Besitzer kam deren jeweiliger Stammburg jedoch schon bald nach den Gründungen keine politisch-strategische Bedeutung zu. Im Gegenteil: Schon während des Mittelalters wurden sie nicht mehr als Wohnsitz genutzt und dem Verfall preisgegeben. Ihre jeweiligen Geschichten als Erinnerungsorte könnten unterschiedlicher kaum sein. Und dennoch scheint heute beide Bauwerke wieder ein ähnliches Schicksal zu ereilen, wie es ihnen vormals im Herbst des Mittelalters wiederfuhr: Als Namensgeber der Staufer und Habsburger sind sie fest im kollektiven Gedächtnis verankert, für Berg und Burg selbst jedoch interessieren sich nur noch wenige.

Hohenstaufen

Von der Gründung der Burg Hohenstaufen durch Friedrich I. von Schwaben im Jahr 1080 berichtet Otto von Freising in den »Gesta Friderici Imperatoris« (ab 1156) gleichsam beiläufig und ohne weitere Ausführungen, die Auskunft über Bedeutung des Ereignisses oder den Bau selbst gäben: »Ea tempestate comes quidam Fridericus nomine, ex nobilissimis Suevie comitibus originem trahens, in castro Stoyphe dicto coloniam posuerat« (»In dieser Zeit hatte ein Graf namens Friedrich, der von den vornehmsten Grafen Schwabens abstammte, auf der Burg Staufen eine Siedlung angelegt«).[377] Bereits zuvor befand sich der Familiensitz in dieser Gegend, vermutlich auf dem Gelände des heutigen Kirchhofareals des Klosters Lorch bei Schwäbisch Gmünd, doch scheint der Aufstieg der Familie eine Neugründung auf dem weithin sichtbaren Berg im 11. Jahrhundert sinnvoll gemacht zu haben. Der Großvater des von Otto genannten Friedrichs gehörte als Pfalzgraf zu den einflussreichen Männern der Salierzeit, Sohn und Enkel bauten dann die Beziehung zum Herrschergeschlecht der Salier weiter aus. Der Enkel Friedrich wurde im Jahre 1079 durch Heinrich IV., den er nach Canossa begleitet hatte, zum Herzog von Schwaben ernannt und erhielt dessen Tochter Agnes zur Frau. Baupläne für die neue Burganlage dürfte er bereits zuvor geschmiedet haben.

Archäologische Spuren dieser mittelalterlichen *colonia* haben sich ebenso wenig erhalten wie Zeugnisse, die Rückschlüsse auf Aussehen der Burg, das Leben dort oder deren Baugeschichte zulassen. Auch Hinweise, wann (oder ob) sich Familienmitglieder hier aufgehalten haben, sind äußerst spärlich:[378] Eine Urkunde vom 11. Mai 1181 bezeugt, dass sich Friedrich Barbarossa an jenem Tag auf der Burg aufhielt – wahrscheinlich war er der einzige der Stauferkönige, der die Burg je besuchte. Eine andere Urkunde – aus dem Jahr 1208 – ließ Irene-Marie von Byzanz auf dem Hohenstaufen ausstellen. Die Witwe des kurz zuvor ermordeten Königs Philipp von Schwaben stiftete für sein Seelenheil einen Hof an das nahe gelegene Kloster Adelberg; wenige Tage nach Abfassung des Schriftstücks starb die Königin auf dem Hohenstaufen an den Folgen einer Geburt.[379] Andere Belege, welche die Beziehung der Familie zur Burg erhellen könnten, sind nicht bekannt; jegliche urkundlichen Selbstzeugnisse, die auf eine besondere Wertschätzung des Sitzes innerhalb der Familie deuten, fehlen gänzlich.

Bis zum 13. Jahrhundert bewohnten wohl meist höhere Verwaltungsbeamte, nicht die Herzöge selbst die Burg. Eine Ausnahme könnte Friedrich IV. gewesen sein: Der Cousin Friedrich Barbarossas ist der einzige unter allen Angehörigen der staufischen Familie überhaupt, der in zeitgenössischen Urkunden als »Herzog von Staufen« bezeichnet wird, was laut Hans-Martin Maurer nicht anders gedeutet werden kann, »als daß er in diesen Jahren [sc. 1164–1166] den Hohenstaufen als Hauptwohnsitz benützte, der dadurch wieder ganz das Gepräge einer Herzogburg erhielt«.[380]

Neben fehlenden urkundlichen Indizien einer besonderen Wertschätzung der Stammburg lassen auch die Aufzeichnungen zeitgenössischer Chronisten keine Rückschlüsse darauf zu, dass ihr im Zuge des Aufstieges der Familie oder in der Stauferzeit politische oder strategische Relevanz zugekommen sein könnte; den Grund für den wachsenden Einfluss des Geschlechts sehen die Chronisten in dessen enger Verbindung zu den Saliern. Beides lässt wohl darauf schließen, »daß dieser Ort im 12. Jahrhundert keine herausragende Funktion als namensgebender Herrschaftssitz einnahm und keine identitätsstiftende Bedeutung entwickelte, die sich auf mehrere Familienmitglieder oder gar das Adelshaus erstreckt hätte«.[381] Der Stammsitz, der schon in den Fortsetzungen der Kaiserchronik im 13. Jahrhundert als Namensgeber für die Familie fungierte, hat sich im Mittelalter tatsächlich wohl eben nur durch diese Funktion von Stammburgen weniger bedeutender Adelsgeschlechter abgehoben.

Die Bildung von Machtzentren strebten die staufischen Könige in anderen Regionen an: Konrad III. baute schwerpunktmäßig seine Position in Franken aus und bemühte sich nach seiner Alpenüberquerung 1128 um italienische Gefolgschaft. Besonders Italien geriet unter seinen Nachfolgern mehr und mehr in den Mittelpunkt des Interesses. Friedrich Barbarossa entwickelte die Idee einer Trias der Königreiche Deutschland, Burgund und Italien, hauptsächlich auf den Ausbau der Macht nach Süden hin orientiert, und auch Heinrich VI. sowie Friedrich II. verfolgten andere Ziele, als sich um den Stammsitz der Familie zu kümmern. Die Anlage wurde wahrscheinlich bereits im 12. Jahrhundert baufällig.[382]

Schwäbische Herzogsburg blieb Hohenstaufen, bis die Burg 1273 mit Ende des Interregnums an die Habsburger fiel. Fünf Jahre darauf besuchte sie König Rudolf sogar persönlich, um seinen Anspruch auf die staufische Nachfolge zu verdeutlichen – der erste dokumentierte Hinweis darauf, dass der Burg entgegen ihrer realpolitisch geringen Bedeutung bereits im Mittelalter hoher Symbolcharakter zukam.[383] 1319 wurde Hohenstaufen durch den württembergischen Grafen Eberhard (»der Erlauchte«, 1265–1325) wahrscheinlich erstmals militärisch eingenommen, war damit ebenfalls erstmals nicht mehr im Besitz von Königen und auch besitzrechtlich vom Reichsgut getrennt.

Die Geschichte der Burg in der Folgezeit ist nicht lückenlos rekonstruierbar. Zeitweise stand sie wohl unter Verwaltung eines Göppinger Stadtschultheißen, wurde unter Karl IV. wieder zur Reichsburg ernannt und unterstand ab 1520 Jörg Staufer von Bloßenstaufen zu Hohenstaufen, der Instandsetzungsmaßnahmen und Erweiterungen der Anlage plante. In dieser Hinsicht teilte die Burg das Schicksal vieler Anlagen ihrer Art: »Das 16. Jahrhundert benötigte keine weiteren Kleinherrschaften mehr, ob landsässig oder reichunmittelbar, denn die Zukunft gehörte den größeren Territorien. […] Das Schicksal des Rittertums war zugleich das der Burgen, auch sie verloren Aufgabe und Sinn und waren zum Absterben verurteilt. Wie der Hohenstaufen bei seiner Gründung im 11. Jahrhundert Sinnbild einer neuen Zeit war, so kann er in seiner Endphase als Symptom einer auslaufenden Epoche gelten, das eine wie das andere Mal ein Modellfall«.[384]

Zur Ausführung des Renovierungsvorhabens kam es nicht mehr. Als eine von nur wenigen württembergischen Burgen wurde die Burg 1525 von Truppen unter Führung des Bauernhauptmanns Jörg Bader aus

Böblingen geplündert und in Brand gesteckt: Die Zerstörung Hohenstaufens als Wahrzeichen mittelalterlicher aristokratischer Herrschaft schien sich als symbolischer Akt wohl besonders geeignet zu haben. Für den Wiederaufbau der Ruine wollte in der Folgezeit keiner die Kosten übernehmen, so dass die Überreste verwitterten. Seit 1648 befindet sie sich im Besitz des Landes Württemberg.

Was wir heute vom mittelalterlichen Bau wissen, verdanken wir neben den Grabungsbefunden der jüngeren Vergangenheit ausschließlich vier Zeugnissen: einem Wandfresko in der Göppinger Oberhofenkirche von 1470, einer Karte aus dem Jahr 1535, den Skizzen des Archäologen Martin Crusius von 1588 und einer 1685 angefertigten Zeichnung von Andreas Kieser, auf der die Burg den Darstellungen der Karte von 1535 fast vollständig gleicht.

Die Habsburg

Von gleichermaßen randständiger realpolitischer Bedeutung für ihre Gründerdynastie war die Habsburg für die Habsburger. Im heutigen Kanton Aargau in der Schweiz auf einem Hügelkamm des Wülpelsberges nahe dem Städtchen Brugg gelegen, wurde auch sie, den »Acta Murensia« und früher chronikalischer Überlieferung zufolge, im 11. Jahrhundert auf Veranlassung des Bischofs Werner von Straßburg und dessen Bruder Radbot als »typische Rodungsburg mit dazugehörigem Burggut, dem Dorf Habsburg und der inselförmig im Wald liegenden Feldflur«[385] gegründet – wohl zum Schutze des Grundbesitzes an der unsicheren westlichen Grenze. Gemeinsam mit den Festungen Wildegg und Brunegg bildete sie in der Folge ein im Dreieck angeordnetes Wehrsystem. Dieses sogenannte Eigenamt wird immer wieder als Heimat der Habsburger bezeichnet, was insofern historisch unkorrekt ist, da die Habsburger zu dieser Zeit ebenfalls Güter im südlichen Elsass besaßen.[386]

Wovon sich der Name Habsburg ableitet, ist strittig: Der Schweizer Geschichtsschreiber Aegidius Tschudi leitet ihn im 16. Jahrhundert von »haben« bzw. »der Habe« ab. Gemäß einer im 19. Jahrhundert aufgezeichneten Sage hingegen soll Radbot einen auf der Jagd entflohenen

Habicht auf dem Hügelkamm wiedergefunden und dabei die günstige Lage des Ortes erkannt haben. Neuere Überlegungen ziehen als dritte Möglichkeit etymologische Verwandtschaft zu althochdeutsch »hab/haw«, neuhochdeutsch »Flussübergang« in Betracht, da von der Burg aus die Schifffahrt an einer Furt bei Altenburg nahe der Feste überwacht werden konnte.

Welcher Theorie man auch Glauben schenken mag, so zeigt sich wie schon im Fall der Staufer auch bei den Habsburgern der Trend des europäischen Adels im 11. und 12. Jahrhundert, »den Stammsitz einer Familie zum Leitnamen zu wählen«.[387] 1108 wird erstmals Otto II. urkundlich als *comes de Hauichburch*, als »Graf von Habsburg« bezeichnet, ein Titel, den die Familie bis 1918 behält. Im Aargau zunächst im Schatten anderer Dynastien stehend, profitierten sie vom Aussterben der Lenzburger, deren Erbe (die Grafenämter im westlichen Zürichgau, Frickgau und eben im Aargau) zu großen Teilen den Habsburgern zufiel. Gegen den mächtigsten Rivalen, die Kyburger, behauptete sich Rudolf I. 1263, indem er deren Besitztümer im mittleren Aargau an sich brachte. Insgesamt diente den aufstrebenden Habsburgern die Anlage 200 Jahre lang als Wohnsitz, während derer sie gerade durch den Konflikt mit Lenzburgern und Kyburgern im Aargau zu einer stark befestigten Anlage erweitert und ausgebaut wird.[388] Allerdings siedelte die Familie bereits zwischen 1220 und 1230 aufgrund der räumlichen Enge auf dem Wülpelsberg in die später als Effingerhof bezeichnete Residenz nach Brugg über. Die Habsburg verliehen sie bis 1415 an Ministerialgeschlechter, und zwar an die Herren von Wülpelsberg und die Truchsessen von Habsburg-Wildegg.

Zu Beginn des 15. Jahrhunderts hatte sich das Kerngebiet der Dynastie verschoben: Mit dem Sieg Rudolfs I. gegen den böhmischen König Ottokar hatte Rudolf Nieder- und Oberösterreich sowie die Steiermark erhalten und damit eine Hausmacht in Österreich begründet, die in der Folgezeit kontinuierlich erweitert wurde: Der Herrschaftsmittelpunkt der Habsburger verlagerte sich nach Wien. Verbindungen mit den Schweizer Stammlanden, »die vielleicht angestrebt wurden«, kamen dagegen nicht zustande,[389] im Gegenteil häuften sich seit dem 13. Jahrhundert Auseinandersetzungen zwischen der Schweizer Eidgenossenschaft und dem Herrscherhaus, das dort mehr und mehr an Einfluss verlor.

1415 ging die politisch bereits bedeutungslos gewordene Stammburg an die Eidgenossenschaft verloren: König Sigismund hatte auf dem Konstanzer Konzil über den habsburgischen Herzog Friedrich IV. (später bekannt als »der Herzog mit der leeren Tasche«) die Reichsacht verhängt, da er Papst Johannes XXIII. zur Flucht aus der Konzilsstadt verholfen hatte.[390] Die königstreuen Eidgenossen konnten schnell den Aargau und weitere Gebiete der Habsburger in der Schweiz einnehmen. In den Kämpfen erlitt die Burg großen Schaden. Welche Teile im Zuge der Einnahme zerstört wurden und welche dagegen bereits zuvor unter den Ministerialen verwittert waren, ist nicht bekannt. Friedrich erlangte in der Folgezeit zwar nochmals viele der in den Kämpfen verloren gegangenen Gebiete zurück, allerdings nicht die Habsburg. Im Friedensvertrag von 1425 wird zwischen Herzog und König der endgültige Verlust der ehemaligen Stammlande besiegelt.[391]

Fortan stand sie unter der Verwaltung wechselnder Schweizer Herren, ab 1528 unter derjenigen Berns, welche nur zeitweise die Burg durch einen Hochwächter besetzen ließen, so dass diese weiter verkam. Bern musste sogar Klosterfrauen des Klosters Königsfelden, die zu diesem Zeitpunkt die Burg bewohnten, ermahnen, die Burg, die doch eine »Hut des Landes« sei, »in Dach und Ehren«[392] zu halten. Im 16. und 17. Jahrhundert ließ die Stadt die Burg erstmals gründlich sanieren und mit gotischen Holzdecken, Öfen und Türen ausstatten; auch die Dächer der bewohnbaren Teile wurden erneuert, Süd- und Ostfassade ausgebaut. Dennoch war im 18. Jahrhundert »anders nichts als eine schlechte Bauren-Wohnung, und bei dem großen Namen ein schlechtes Wesen übrig«.[393] Seit 1804 befindet sie sich im Besitz des Kantons Aargau, welches 1866/1867, 1897/1898 und 1947–1949 die Burg renovieren ließ.

Über Baugeschichte und Aussehen der Habsburg im Mittelalter sind wir besser unterrichtet als im Falle Hohenstaufens: Im 11. Jahrhundert entstand zunächst die sogenannte vordere Burg im Osten. Neben dem Steinhaus, dem Ostturm und einer Kapelle, bestanden Gesinde- und Wirtschaftsgebäude wohl größtenteils aus Holz. Bereits 1250 war deren Ausbau durch die sogenannte hintere Burg nach Westen hin abgeschlossen; diese bestand aus einem besonders stark befestigten Turm, einem Wohnhaus, einem großen Gesindehaus und dem Palas. Zentral zwischen vorderer und hinterer Burg lag der Burghof. Die gesamte Anlage war durch eine Ringmauer umgeben. Als die Ausbaumaßnahmen im 13. Jahrhundert begannen, war die vordere Burg wahrscheinlich schon stark renovierungsbedürftig und wurde in der Folge dem Verfall überlassen. 1680 wurden ihre letzten Ruinen geschleift.[394]

Unterschiedliches Erinnern: Mythische Überhöhung des Hohenstaufen und bewusstes Vergessen der Habsburg bis ins 20. Jahrhundert

Die Geschichte der Habsburg als Erinnerungsort ist rasch erzählt. Die Schweizer Eidgenossenschaft war nach ihrer militärischen Eroberung nicht besonders daran interessiert, die Stammburg eines Rivalen in Ehren zu halten. Auch die Vertreter der Dynastie selbst legten keinen Wert darauf, ihre geographischen Wurzeln hervorzuheben, da ja die Erinnerung an diese auch zugleich Erinnerung an eine Niederlage gewesen wäre. Zudem eignete sich die wenig repräsentative Burg nur schlecht zum Vorzeigen. Dass die eigenen mittelalterlichen Anfänge klein waren, kehrte man lieber unter den Teppich. Vielmehr identifizierte sich »die europäische Familie schlechthin«[395] mit ihren neuen Machtzentren, insbesondere mit ihrer zentralen Residenzstadt Wien, die die Habsburger ständig im Stile des jeweiligen Zeitgeschmacks erweiterten. Spätestens seit dem endgültigen Verlust der Burg an die Schweizer Eidgenossenschaft geriet die Burg im Aargau außerhalb des Kantons fast gänzlich in Vergessenheit. Einzig im Namen des Geschlechts blieb sie im kulturellen Gedächtnis präsent.

Neben den ideologischen Gründen ist es sicherlich auch ihrem Erhaltungszustand bzw. ihrer fast ununterbrochenen Nutzung als Wohnanlage mitgeschuldet, dass eine mythische Überhöhung im Falle der Habsburg nicht zustande kommen konnte; zu offensichtlich war die Normalität der Anlage, die sich nicht in überdurchschnittlichem Maße von anderen Burgen ihrer Zeit unterschied.

Gänzlich anders erging es dem Hohenstaufen. Nach der Zerstörung der Burg sind ihre realen Ausmaße ebenso rasch in Vergessenheit geraten wie die Tatsache, dass sie in jeder Hinsicht von äußerst geringer Bedeutung für ihre Besitzer war. Der Hohenstaufen »wird für die Schwaben – ähnlich wie der Kyffhäuser auf nationaler Ebene – zum Kristallisationspunkt romantischer Mittelalterverklärung und vaterländischer Begeisterung«.[396] Die Lage des Berges und die Ruinen der Burg regten vor allem schwäbische Romantiker wie Justinus Kerner zu Dichtungen an und so wurde der Hohenstaufen in der Folgezeit zu einem der meistbesungenen deutschen Naturdenkmäler:

Hohenstaufen
Es steht in stiller Dämmerung der alte Fels, öd' und beraubt;
Nachtvogel kreist in trägem Schwung wehklagend um sein moosig Haupt.
Doch wie der Mond aus Wolken bricht, mit ihm der Sterne klares Heer,
Umströmt den Fels ein seltsam Licht, draus bilden sich Gestalten hehr.
Die alte Burg mit Turm und Tor erbauet sich aus Wolken klar,
Die alte Linde sproßt empor, und alles wird, wie's vormals war.
So Harfe wie Trompetenstoß ertönt hinab ins grüne Tal,
Gezogen kommt auf schwarzem Roß Rotbart der Held, gekleid't in Stahl.
Und Philipp und Irene traut, sie wall'n zur Linde Hand in Hand:
Ein Vogel singt mit süßem Laut vom schönen griech'schen Heimatland.
Und Konradin, an Tugend reich, der süße Jüngling, arm, beraubt,
Im Garten steht er stumm und bleich: Die Lilie neigt ihr trauernd Haupt.
Doch kündet jetzt aus dunklem Tal den bleichen Tag der rote Hahn,
Da steht der Fels gar öd und kahl, verschwunden ist die Burg fortan.
An ihrer Stätt' ein Dornbusch steht, kalt weht der Morgen auf den Höhn, –

Und wie der Fels, so kalt und öd' scheint rings das deutsche Land zu stehn.[397]

Im Zuge dieser Welle der Mittelalterbegeisterung wollte man in der Stammburg Größe und Erhabenheit der Staufer repräsentiert wissen. Zuvor hatten die Menschen im 16., 17., und 18. Jahrhundert allenfalls einen Blick für die Steine der verwaisten Burgruine, die ihnen als Baumaterial dienten.[398] Eine Ausnahme bilden in dieser Zeit die Aufzeichnungen des Martin Crusius aus dem 16. Jahrhundert anlässlich seines Besuchs »der uralten, hochberühmten Feste«: »Ich hoffte, dort noch etwas Gemaltes wie etwa einen römischen Adler oder Insignien der Herzöge von Schwaben zu sehen. Aber solches mag ehemals gewesen sein. Nunmehr war außer nackten Mauern und Türmen ohne Dächer und Gebälk nichts mehr zu erblicken. Lieber Gott, soll ein so prächtiger Glanz mächtiger Fürsten und Monarchen zu einem so ruinösen Anblick verfallen sein?«[399]

In den Jahrzehnten um 1800 entwickelte sich der Berg aber nicht nur zum Anziehungspunkt der schwäbischen Romantiker und zahlreicher Naturschwärmer, sondern wurde auch »Pilgerstätte für Geschichtskundige«, initiiert vor allem durch den spektakulär als symbolische Inbesitznahme inszenierten Besuch des württembergischen Kurfürsten und späteren Königs Friedrich im April 1803, der zu diesem Anlass auf dem Gipfel einen Triumphbogen, einen Obelisken mit kurfürstlichem Wappen, Pyramiden und Säulen errichten ließ.[400] Ebenso trug ein Artikel Johann Gottfried Pahls in der National-Chronik der Teutschen mit dazu bei, dass sich Hohenstaufen zum Wallfahrtsort entwickelte, zum Erinnerungsort der staufischen Vergangenheit: »Eine Wallfahrt nach Hohenstaufen sollte beynahe eine durch das Gesetz gebotene Pflicht jedes Teutschen, wenigstens jedes Schwaben, seyn […].«[401]

Immer wieder werden in dieser Zeit Forderungen nach dem Bau eines Nationaldenkmals laut, die allerdings nie verwirklicht werden. Vieles spricht dafür, dass die Identifikationsangebote dieser Zeit von oben gesteuert und angeordnet wurden, sich aber nicht in den unteren Volksschichten durchsetzen konnten: 1833 versuchte der zu diesem Zweck neu gegründete Hohenstaufenverein, Gelder für Instandsetzungsmaßnahmen der Ruine aufzutreiben.[402] Die Wiederherstellung der Barbarossakirche am Beginn des Weges zum Gipfel konnte der Verein noch finanzieren, bis 1859 die Mittel erschöpft waren; zu Grabungen oder gar Rekonstruktionen der Burg kam es nicht mehr. Aus dem gleichen Grund scheiterten zwei Versuche 1871 und 1888, ein pompöses Nationaldenkmal auf dem Hohenstaufen zu errichten.[403]

Im Nationalsozialismus erlebt der Berg insbesondere in Schwaben eine erneute Phase der Hochkonjunktur:[404] Hier finden die Treffen und Führertagungen der Göppinger Hitlerjugend statt, hier stellen sich NS-Formationen wie die Organisation »Kraft durch Freude«, die SS oder der RAD feierlich selbst dar. Auch aktuelle Anlässe, wie der des »Anschlusses« Österreichs an das Deutsche Reich am 7. 4. 1938 werden stimmungsvoll und imposant auf dem Berg gefeiert. Stets wird dabei die Idee des von den Staufern geschaffenen Reiches beschworen, deren Erneuerung nun den Nationalsozialisten übertragen sei und deren Verwirklichung »Hingabe, Opfermut, heldischen Geist und Treue jedes einzelnen fordere [...]. Vergeblich wird man in diesen ›Hohenstaufen-Predigten‹ nach dem Zugriff ordnender Logik oder dem Bemühen um geschichtliches Verständnis suchen. Kaum vorstellbar, daß das dröhnende Pathos dieser inhaltsleeren Phrasen jahrelang Tausenden von jungen Göppingern zugemutete und offenbar nicht als ein blamables geistiges Armutszeugnis der Herrschenden empfunden wurde.«[405]

Und heute? Back to the roots: Zwei Burgen, ein Schicksal

Im Zuge der Verpönung solcher nationalsozialistischer Stilisierungen wurde der Mythos Hohenstaufen nach dem Zweiten Weltkrieg entzaubert. Basierend auf Grabungsergebnissen der Jahre 1936–1938 sowie 1967–1971 und der historischen Erkenntnisse wird der Ort heute als das betrachtet, was er zur Zeit der Staufer und für diese wohl rückblickend war: ihre namensgebende Stammburg, die ohne weitere realpolitische oder identitätsstiftende Bedeutung für das Geschlecht blieb. Damit hat der Berg nicht nur an Ansehen einbüßen müssen, sondern ist zudem als Erinnerungsort trotz anhaltender Popularität der Staufer über die Landesgrenzen Baden-Württembergs hinweg fast gänzlich in Vergessenheit geraten. In einschlägigen Reise- oder Wanderführern der Region werden nun vor allem die landschaftlichen Reize des Berges und dessen Umgebung herausgestellt.[406]

Der Hohenstaufen selbst präsentiert sich heute bescheiden: Auf dem Berg befindet sich neben den spärlichen Mauerresten ein Denkmal aus apulischem Marmor des Bildhauers Markus Wolf. Die achtseitige Stele nimmt die Form der acht Seitentürme von Castel del Monte auf und verweist auf die ehemaligen Bewohner mit den Worten »Hohenstaufen – ein Berg, eine Burg, eine Dynastie, ein Mythos«. Südlich der Barbarossakirche findet sich ein kleiner Dokumentationsraum, in dem Bilder, Schriftstücke, Pläne und Modelle beleuchten, von welcher Art die Beziehung zwischen Dynastie und Stammburg war. Weitere Erinnerungsstücke werden im Göppinger Museum aufbewahrt.[407]

Gegenteilig entwickelt sich das Erinnern an die Habsburg. Mitte des 19. Jahrhunderts begann man in der Schweiz, den aus dem kollektiven Gedächtnis verdrängten Ort als erinnerungswürdig anzusehen. Der Kanton ließ Teile der Festung instand setzen und sanierte sie von Grund auf. Wissenschaftliche Untersuchungen wurden 1978–1983 sowie 1994 durchgeführt, die deren Baugeschichte erhellen konnten. Basierend auf diesen Ergebnissen und den historischen Anhaltspunkten begann man nun auch im Falle der Habsburg, die Bedeutung des Bauwerks angemessen zu betrachten; 1953 schreiben die Autoren eines Schweizer Kunstführers: »Dem hohen geschichtlichen Begriff Habsburg vermag der Eindruck des heutigen Baubestandes nicht ganz zu genügen«.[408]

Aufgrund der Tatsache, dass die Burg seit dem Mittelalter meist bewohnt und mehrmals renoviert wurde, können Besucher – im Gegensatz zu Hohenstaufen – die Anlage auf dem Wülpelsberg noch besichtigen, auch wenn diese nur ansatzweise der von den Habsburgern errichteten Festung entspricht. Erhalten sind der Palas sowie großer Wohnturm und kleiner Turm. In beiden Türmen befinden sich zwei kostenlos zugängliche Ausstellungen mit Schautafeln zur Habsburgerdynastie, Burggeschichte und mittelalterlichem Leben dort. Der Palas sowie weitere Räume der erhaltenen hinteren Burg werden als Restaurant genutzt, dessen Besitzer die Feste gar durch einen neuen Namen adeln: »Schloss Habsburg«.

Nach größtmöglicher Diskrepanz der Erinnerungskulturen zweier Orte mit ganz ähnlichem historischen Schicksal haben sich beide heute aufeinander zubewegt: Hohenstaufen kehrt nach der ihm oktroyierten Karriere als »nationales Heiligtum« auf den Boden der Tatsachen zurück, die Habsburg erlangt nach Jahrhunderten fast gänzlicher Vergessenheit wieder angemessene Beurteilung. Die Erinnerung an beide Burgen scheint damit ein Maß angenommen zu haben, das ihrer jeweiligen Bedeutung für Staufer und Habsburger entspricht. Beide werden als das angesehen und vermarktet, was sie waren: die kleinen Anfänge zweier Herrschergeschlechter, die die Geschichte Europas maßgeblich und nachhaltig beeinflussen sollten.

Historie und Reichsmystik: Kyffhäuser und Trifels

Christian Schneider

Die Erinnerung des Mittelalters und der Neuzeit an den Kaiser im Berg ist die Erinnerung an einen Untoten: »Verborgenen Todes wird er die Augen schließen und fortleben; tönen wird es unter den Völkern: Er lebt und lebt nicht«.[409] »Vivit, non vivit« – so weissagte es die »Sibylla Eritrea«, eine im Mittelalter populäre spätantike Orakelsammlung. Minoriten hatten sie um 1250 im Geiste des Mönchstheologen Joachim von Fiore bearbeitet, in zwei Versionen, von denen die längere das Fortleben des Kaisers über seinen Tod hinaus prophezeit. Da lebte der Kaiser vielleicht noch, denn gemeint war nicht, wie es die spätere Sage will, Friedrich Barbarossa, sondern sein Enkel Friedrich II. Der Eritreischen Sibylle nach sollte der Stauferkaiser freilich nicht als Person, sondern nur in seinen Nachkommen weiterleben: »denn eines von den Jungen und von den Jungen der Jungen wird überleben«, so setzt das Orakel das »Vivit et non vivit« fort. Offenbar erst Jahre nachdem Friedrich II. am 13. Dezember 1250 in Castel Fiorentino bei Lucera die Augen für immer geschlossen hatte, wurde der Spruch der Sibylle umgedeutet zu der Vorstellung, der Kaiser selbst lebe im Verborgenen weiter. Damit war der Grundstein für ein Sagengebäude aus Erinnerung und Erwartung gelegt, ein Haus, in dessen weitläufigen Räumen das kollektive Gedächtnis der Deutschen bis in die Mitte des 20. Jahrhunderts hinein Wohnung zu finden meinte. »Wäre nicht Barbarossas Enkel, so stände der Berg heute leer ... doch der größte Friedrich ist bis heut nicht erlöst, den sein Volk weder faßte noch füllte. ›Er lebt und lebt nicht‹... nicht mehr den Kaiser: des Kaisers Volk meint der Spruch der Sibylle«, schloss 1927 Ernst Kantorowicz seine berühmte Friedrich-Biographie, geschrieben aus dem Geist des George-Kreises, und machte damit die Sage vom unerlösten Kaiser zur Sage vom unerlösten Volk.[410]

Antichrist oder Endkaiser: Friedrich II. im Geschichtsbild des 13. Jahrhunderts

Dass die Person Friedrichs II. zum Ausgangspunkt solcher Sagenbildung wurde, war kein Zufall. Gegenstand apokalyptischer Erwartungen war der Kaiser schon zu Lebzeiten. Papstanhänger sahen in ihm den Vorläufer des Antichrist, manche gar den Antichrist selbst, der am Ende der Zeiten seine Schreckensherrschaft errichten und durch sein Erscheinen das endgültige Kommen Christi zum Weltgericht ankündigen würde. Sowohl Papst Innozenz IV. als auch sein Vorgänger Gregor IX. hatten gegen den Staufer zum Kreuzzug aufgerufen. Die Anhänger des Kaisers hingegen erwarteten in ihm den Endkaiser oder *novus dux* – den »neuen Führer« – und verbanden mit ihm die Hoffnung auf eine durchgreifende Reform und Wiederherstellung der Kirche.[411] Feind wie Freund bezogen auf diese Weise Stellung in dem erbittert geführten Kampf zwischen Kaisertum und Papsttum, der vor dem Hintergrund des eschatologisch-apokalyptischen Denkens des 13. Jahrhunderts viele Gläubige tatsächlich endzeitlich anmuten musste.

Obwohl Friedrich II. im Dom zu Palermo prachtvoll zu Grabe getragen worden war und seine Leiche nicht etwa verschollen blieb, machte sich schon bald nach seinem Tod der Glaube breit, er sei gar nicht gestorben. Das schreibt der Franziskanermönch Salimbene de Adam in seiner in den 1280er-Jahren verfassten »Cronica«.[412] Auch die »Sächsische Weltchronik«, entstanden vermutlich nach 1260, berichtet, dass man im Volk lange Zeit am Tod Friedrichs II. gezweifelt habe,[413] und Jans von Wien behauptet in seiner zwischen 1277 und 1290 verfassten »Weltchronik«, niemand wisse, wo Friedrich hingekommen sei, und in ganz Italien streite man darüber, ob er noch lebe oder nicht.[414] Die Zweifel am Tod des Kaisers hatten mehrere Gründe. Schon öfters und noch zu seinen Lebzeiten hatten Friedrichs Gegner verlauten lassen, der Kaiser sei gestorben. Warum sollten die Gerüchte, die im Winter 1250/1251 aus Italien drangen, diesmal wahr sein? Hinzu kam das Gefühl vieler Menschen, am Ende aller Zeiten zu leben. Salimbene etwa begründet seine anfänglichen Zweifel an der Todesnachricht damit, dass er Friedrich für den Vorläufer des Antichrist gehalten habe; als solcher aber müsse der Kaiser vor seinem Tod noch weitere Untaten begehen, könne also noch nicht gestorben sein. So wie er mochten viele gedacht haben, die den Lehren der Joachiten anhingen und, getreu den Prophezeiungen Joachims von Fiore, den Tod des Antichrist erst für das Jahr 1260/1261 erwarteten.

Bilder wie das vom Antichrist oder dessen Vorläufer prägten die Wirklichkeitswahrnehmung aber nicht nur auf Seiten der Kaisergegner. Auch Friedrichs Anhänger konnten seine Person mit eschatologisch-apokalyptischen Herrschaftsvorstellungen verknüpfen wie derjenigen vom End- oder Friedenskaiser, der am Ende aller Zeiten kommen und einen umfassenden Zustand des Friedens und der Gerechtigkeit herbeiführen werde. Solche Vorstellungen waren im 13. Jahrhundert nichts Neues. Sie hatten ihre Ursprünge in der jüdisch-hellenistischen Erwartung eines gottgesandten Retters und Messias ebenso wie in der altrömischen Weissagung von der Wiederkehr einer *aurea aetas*, eines goldenen Zeitalters. Dem Mittelalter wurde diese eschatologisch-apokalyptische Kaiservorstellung vor allem durch die schon im 7. Jahrhundert entstandene Weissagung des Pseudo-Methodius, durch den Antichrist-Traktat des Abtes Adso von Montier-en-Der (Mitte des 10. Jahrhunderts) sowie die Überlieferung der »Tiburtinischen Sibylle« bekannt.[415] In Friedrich II. hatte man geglaubt, den Erfüller dieser Prophetien zu begrüßen, so dass die unerwartete Nachricht vom Tod des Kaisers bei seinen Anhängern den Eindruck einer unvollendeten Herrschaft hinterlassen musste. Apokalyptisches Tier aus dem Meer und Geißel der Kirche für die einen, war er messianische Rettergestalt, Vollstrecker der göttlichen Vorsehung, Friedensbringer, Züchtiger des Klerus und Reformer der Kirche für die anderen. Die Zweifel am Tode Friedrichs bringen so zweierlei zum Ausdruck: einerseits die Macht der Ängste und Befürchtungen, der Hoffnungen und Wünsche, die die Zeitgenossen mit dem Stauferkaiser verbanden; andererseits, wie sehr Geschichtsbilder und die mit ihnen verbundenen Dämonisierungen und Idealisierungen die Wahrnehmung der Realität beeinflussen können. Die Geschichte der Geschichten um Kyffhäuser und Trifels zeigt, dass das keineswegs ein dem Mittelalter vorbehaltenes Phänomen ist.

Mittelalterliche Herrschaftsorte: Kyffhäuser und Trifels

Kyffhäuser und Trifels, zwei Orte, zwei Berge, zwei Burgen: Die eine von ihnen ist nur noch Ruine, gelegen im nördlichen Thüringen, auf einem laubwaldbestandenen Bergrücken des Kyffhäusergebirges, das sich in einer Länge von etwa 15 Kilometern südlich des Harzes hinzieht und dort, wo sich die ehemalige Burganlage befindet, auf die fruchtbare Landschaft der Goldenen Aue hinabsieht. Über die Burg berichten die Annalen erstmalig zum Jahre 1118. Damals wurde sie vom sächsischen Herzog Lothar von Süpplingenburg im Kampf gegen König Heinrich V. zerstört. Nachdem Lothar 1125 selbst König geworden war, ließ er die gewaltige, aus Ober-, Mittel- und Unterburg bestehende Anlage wieder aufbauen. Mit ihren Ausmaßen – gut 600 Metern in der Länge und 60 Metern in der Breite – war Kyffhausen eine der großen Reichsburgen des Mittelalters. Ursprünglich zum Schutz der zu ihren Füßen gelegenen Pfalz Tilleda errichtet, erlangte sie unter Friedrich I. Barbarossa und dessen Sohn Heinrich VI. erneut Bedeutung: Als 1194 ebenjenem Heinrich nach langem Streit die Aussöhnung mit dem Welfenherzog Heinrich dem Löwen gelang, geschah dies in Tilleda zu Füßen der Kyffhäuserburg. Allerdings ist die Burg, die sich im 13. Jahrhundert im Besitz der Grafen von Beichlingen und dann derer von Hohenstein befand, offenbar noch im 14. Jahrhundert allmählich verfallen. Eine unbewohnte Ruine jedenfalls war sie bereits, als anstelle der früheren Burgkapelle in der Unterburg 1430 eine Wallfahrtskapelle zum Heiligen Kreuz entstand. Zeichen und Wunder sollten, so glaubte man, von einem dort aufgestellten Holzkreuz ausgehen. Heute beherrscht den Kyffhäuserberg vor allem das 1897 fertiggestellte Kaiser-Wilhelm-Denkmal, neben dem sich der alte, noch heute etwa 20 Meter hohe Bergfried der Oberburg fast bescheiden ausnimmt.[416]

Ruine war auch die Burg Trifels, ehe 1937 auf Betreiben des NS-Regimes mit ihrem Wiederaufbau begonnen wurde, der tatsächlich in Teilen ein völliger Neubau im Sinne einer angeblichen »staufischen Baugesinnung« war. Baugeschichtlich teilt der Trifels insofern mit dem Kyffhäuser eine Geschichte von hochmittelalterlichem Aufstieg, spätmittelalterlichem Niedergang und neuzeitlichem Wiederaufstieg im 19. und 20. Jahrhundert, eine Zyklik, die aber nicht in eins zu setzen ist mit den Konjunkturen der kollektiven Erinnerung an die beiden Orte. Äußerer Verfall schließt Präsenz im kollektiven Gedächtnis der Mit- und Nachwelt nicht aus, sondern diese kann ihn geradezu zur Voraussetzung haben. Das kollektive Gedächtnis scheint manchmal gerade solche Orte zu brauchen, die nicht mehr funktionsfähig in das Tagesgeschehen eingebunden sind, um daran die bestimmt-unbestimmte Sehnsucht nach einer vergangenen, vermeintlich besseren Zeit zu knüpfen.

Der Trifels ist eine der frühesten Höhenburgen an dem Haardt genannten östlichen Rand des Pfälzerwaldes. Dort thront die Burg oberhalb des Städtchens Annweiler auf einem schmalen, langgezogenen Felsriff, das ursprünglich wohl aus drei einzelnen Felsen bestand und der Burg ihren Namen gab. Von ihrem Hauptturm geht der Blick weit über die dunkel bewaldeten Anhöhen des Pfälzerwaldes und die Rheinebene, bis er sich – bei klarer Sicht – auf der anderen Seite im Blau des Odenwaldes, des Schwarzwaldes und der Nordvogesen verliert. Im Jahr 1099 erstmals erwähnt, wurde die Anlage in staufischer Zeit großzügig ausgebaut. Immer wieder diente sie als »Staatsgefängnis«; Kaiser Heinrich VI. hielt hier 1193 den auf der Rückkehr vom Kreuzzug in Gefangenschaft geratenen englischen König Richard I. Löwenherz und eine Reihe von sizilianischen Großen fest. Der Trifels war aber nicht nur Verwahrungsort hochrangiger Gefangener, sondern in der Zeit Heinrichs VI. auch des Normannenschatzes und vieler Lösegelder und vor allem – von 1125 bis 1298 – der Reichsinsignien. Als Lagerort der Heiligen Lanze und des Reichskreuzes sowie des Krönungsornats mit Krone, Schwert, Szepter, Reichsapfel und den Krönungsgewändern kam der Burg im Herrschaftsdenken des Mittelalters eine wichtige Bedeutung zu (wenngleich man hinzufügen muss, dass der Trifels nur einer von mehreren Aufbewahrungsorten war und die Kleinodien auch nicht ununterbrochen beherbergte). Die Bedeutung der Burg zeigte sich nicht zuletzt nach dem Ende der staufischen Herrschaft 1250/1254 und in dem darauf folgenden sogenannten Interregnum. In einem 1255 an seinen Kanzler, Abt Lubbert von Egmond, gerichteten Brief bezeichnete es der römisch-deutsche König Wilhelm von Holland als »Gipfel der Freuden«, den Trifels samt Insignien friedlich zu besitzen.[417] Hundert Jahre später war die reichspolitische Bedeutung der Feste bereits deutlich geschwunden. Seit ihrer Verpfändung an die Kurpfalz durch Kaiser Ludwig den Bayern im Jahr 1330 wurde die Burg dem Reich zunehmend entfremdet und von den Pfalzgrafen wie Eigentum behandelt. Von 1410 bis zum Ende des Alten Reichs befand sie sich dann in den Händen der Herzöge von Pfalz-Zweibrücken. 1602 »in einem erschreklichen Donnerwetter« durch einen Blitzschlag zerstört, scheint sie 1635 aufgegeben und dem allmählichen Verfall überlassen worden zu sein.[418]

Die ersten Pläne zu einem Wiederaufbau der Burg stammen aus dem 19. Jahrhundert. Im Jahr 1829 hatte König Ludwig I. von Bayern, seit 1816 Landesherr der Pfalz, die Burgruine besucht und sich für ihre Erhaltung ausgesprochen. Als 1839 Teile des Kapellengewölbes einstürzten, nahm der Architekt August von Voit das zum Anlass, nicht nur über punktuelle Restaurierungsmaßnahmen, sondern eine umfassende Rekonstruktion der Burganlage nachzudenken. Auf Anregung Voits bat die königliche Regierung das Finanzministerium in München um eine entsprechende Genehmigung; der Trifels gehöre zu den bedeutendsten »historischen Sehenswürdigkeiten der Pfalz« und werde »zur günstigen Jahreszeit täglich, ja fast stündlich von Fremden aus weiten Gegenden und von Einheimischen besucht.«[419] Dass die Gesuche an das Finanzministerium wiederholt auf die historische und touristische Bedeutung der Burg hinweisen, zeigt, dass ihre Wiederherstellung sich nicht von selbst verstand. König Ludwig scheint Voits Plänen freundlich gegenübergestanden zu haben; entschieden gefördert hat er sie aber offensichtlich nicht. Vielleicht hatte er mehr Interesse an seinen Plänen für eine Sommerresidenz in der Pfalz, der Villa Ludwigshöhe, die er ab 1846 bei Edenkoben errichten ließ. Jedenfalls wurden in den Jahren nach 1842 zwar einige Instandsetzungsarbeiten an der Ruine vorgenommen, für die die Regierung und der 1866 gegründete Trifelsverein die Mittel aufbrachten; die von Voit erträumte Wiederherstellung des Schlosses »in der Art, wie es zu Kaiser Barbarossas Zeiten bestanden hatte«,[420] aber unterblieb.

Von einer solchen Annäherung an den ursprünglichen Baubestand war knapp einhundert Jahre später nicht mehr die Rede. 1936 gab der damalige bayerische Ministerpräsident Ludwig Siebert den Anstoß zu einer Neugestaltung der Anlage. Dass Hitler offenbar selbst größere

Zuschüsse zu dem Unternehmen veranlasste, zeigt, welchen Stellenwert es für die Nationalsozialisten hatte. Zwei Bauvorschläge standen zur Auswahl: Der erste stammte von dem Architekten und Burgenforscher Bodo Ebhardt und kam dem damals fassbaren Originalbestand recht nahe. Durchgesetzt wurde jedoch der Plan Rudolf Esterers. Esterer war Baureferent der Bayerischen Schlösserverwaltung. Sein Konzept kümmerte sich weder um die Vorschläge Ebhardts[421] noch um die Ergebnisse einer ersten Grabung, die Friedrich Sprater – der Direktor des Historischen Museums der Pfalz in Speyer – 1935 auf dem Trifels unternommen hatte. Über seine »Grundauffassung bei der Erneuerung des Trifels« schreibt Esterer an Sprater, dass sie vielmehr »den Gedanken eines Nationalheiligtums [...] vor den der Neugestaltung irgendeiner ›Ritterburg‹ [...] stellt«.[422] Dementsprechend zielten alle Baumaßnahmen Esterers auf die Umgestaltung des Trifels zu einem quasireligiösen Wallfahrtsort, der die Kontinuität zwischen dem Ersten Reich – dem mittelalterlichen *Imperium Romanum* – und dem Dritten Reich veranschaulichen sollte. Dass Esterers Plan vollständig umgesetzt wurde, verhinderten der Zweite Weltkrieg und das Ende des Dritten Reichs. Fast fertig war 1945 lediglich der ganz neu und übergroß konzipierte Palas der Burg. Jedoch gelang es Esterer, seine ursprünglichen Pläne teilweise noch nach dem Krieg zu verwirklichen, als man den Wiederaufbau der Burg 1954 fortsetzte. Er sollte sich bis in die 1970er-Jahre hinziehen.

Zwischen Historie und Fabel: Erzählen vom untoten Kaiser in Spätmittelalter und Früher Neuzeit

Gemeinsam ist den beiden Orten – Kyffhäuser und Trifels – ihre Geschichte von Aufstieg und Niedergang, ihre Vergangenheit als einstmals, in staufischer Zeit, mächtige Reichsburgen und ihre nationalpatriotische, um nicht zu sagen: nationalistische Vereinnahmung im 19. und 20. Jahrhundert. Gemeinsam ist ihnen aber auch ihre Verknüpfung mit der Erzählung vom Kaiser, der nicht gestorben ist, sondern wiederkehren wird. Wie kam es dazu? Dass man anfänglich am Tod Friedrichs II. zweifelte oder meinte, er lebe im Verborgenen weiter, bedeutete schließlich noch nicht zwangsläufig, seine Wiederkehr zu erwarten. Jedoch muss der Glaube daran schon wenige Jahre nach dem Tod des Kaisers entstanden sein. Im toskanischen San Gimignano schloss im Mai, Juli und August 1257, sieben Jahre nach Friedrichs Tod, ein Goldschmied mit sechs Personen vier notariell beglaubigte Wetten darüber ab, dass der Kaiser noch lebe und eines Tages zurückkommen werde.[423] Dieser Glaube gewann rasch an Stärke, im deutschen Reichsgebiet mehr noch als in Italien, und stark waren also offenbar auch die Hoffnungen, die auf die Person Friedrichs II. projiziert wurden: Hoffnungen auf einen starken Fürsten, der das Reich einigen und festigen, Kirche und Klerus reformieren, Frieden und Gerechtigkeit herstellen würde. Dabei sollten diese Hoffnungen weniger als Spiegel der tatsächlichen Zustände im Reich denn als Anzeichen einer gefühlten Unsicherheit aufgefasst werden, die – vor aller lebensweltlichen Erfahrung – ihre Ursache in der Irritation bestehender Ordnungsvorstellungen hatte: Wo, wie in der Zeit des Interregnums, ein Kaiser fehlte, da musste im *ordo*-Denken des 13. Jahrhunderts das Reich in Unordnung geraten, da konnte nur Chaos sein. Ideale Vorstellungen im kollektiven Bewusstsein der Zeitgenossen, vor allem der schreibenden, bestimmten auch hier den Blick auf die Wirklichkeit.[424] Wie stark die Irritation solcher Idealvorstellungen und folglich die Hoffnung auf eine Wiederkehr des Kaisers gleichwohl war, lässt sich daran erkennen, dass in den Jahren 1261 bis 1295 sowohl in Italien als auch in Deutschland mehrere »falsche Friedriche« auftraten, Hochstapler, die von sich behaupteten, Kaiser Friedrich II. zu sein.[425]

Ideale Vorstellungen und enttäuschte Erwartungen, Hoffnungen und Ängste, Träume und Illusionen suchen sich Erzählkerne, an die sie sich anlagern. Dazu gehörte im 13. Jahrhundert die Vorstellung eines End- oder Friedenskaisers, der am Ende der Zeiten kommen würde, um Frieden und Gerechtigkeit herzustellen; dazu gehörte die Vorstellung, dass ein verstorbener Herrscher wiederkehren werde – eine Vorstellung, die schon den römischen Kaiser Nero nach dessen Selbstmord im Jahre 68 begleitete und die 1197 einigen Wanderern den Ostgotenkönig Theoderich an der Mosel auf schwarzem Ross erscheinen ließ.[426] Auch Phantasien über den Aufenthaltsort des abwesend-anwesenden Herrschers waren im Umlauf. Denn wenn der Herrscher nicht lebt und doch lebt, so muss er sich irgendwo, an einem verborgenen Ort, aufhalten. Besonders häufig findet sich die Idee der Entrückung eines Menschen in einen Berg, wobei mehrere Vorstellungen eine Rolle spielen: Die mütterliche Erde birgt in ihrem Schoß die Toten, und die Seelenwelt ist eine unterirdische; Elben und Zwerge wurden in Bergen wohnend gedacht, aber auch Götter, Helden und Könige. Vor allem von König Artus glaubte man im Mittelalter, er lebe in einem Berg verborgen.[427] Diese Vorstellung ist zuerst in den 1215 abgeschlossenen »Otia imperialia« des englischen Gelehrten Gervasius von Tilbury belegt. Gervasius berichtet von Erzählungen der Einwohner Siziliens, König Artus halte sich am oder im Ätna verborgen. Dasselbe schreibt wenige Jahre später Caesarius von Heisterbach in seinem zwischen 1219 und 1223 entstandenen »Dialogus miraculorum«. Spätestens 1260 konnte diese Vorstellung auch auf Friedrich II. bezogen werden: Da schreibt ein englischer Franziskaner namens Thomas von Eccleston, zur Zeit von Friedrichs Tod habe ein auf Sizilien lebendes Mitglied seines Ordens beim Gebet 5000 Ritter ins Meer reiten sehen, dessen Wasser dabei gezischt habe, als seien sie alle aus glühendem Erz gewesen. Einer der Ritter habe ihm erklärt, es sei Kaiser Friedrich, der dort in den Ätna einziehe.[428]

Die Erzählung vom Kaiser im Berg ist im kollektiven Gedächtnis des Mittelalters also keine, die sich fest mit einer bestimmten Herrscherperson oder einem bestimmten Ort verbindet. Man kann noch nicht einmal sagen, es handele sich um ein Erzählschema, zu uneinheitlich, unfest und wenig strukturiert erscheinen die verschiedenen mittelalterlichen Erzählungen von der Bergentrückung und/oder Wiederkehr eines Gottes oder Helden. Was sich in diesen Überlieferungen aber greifen lässt, sind Erzählkerne, aus denen immer wieder neu und an andere Personen anknüpfend die Geschichte, besser: die Geschichten von der Wiederkehr eines Herrschers herausgesponnen werden können.

Indem diese Erzählkerne sich an historische oder, wie wohl im Falle König Artus', historisch geglaubte Personen anheften, gewinnen die mit ihnen verbundenen Vorstellungen und Erwartungen geschichtliche Realität. Dabei zeigt sich, dass die historische Personalisierung des Erzählkerns in der Sage zunächst fester ist als ihre Lokalisierung. Die Sage vom untoten Kaiser Friedrich hat sich nicht von Anfang an und nicht nur mit dem Kyffhäuser verbunden. In einem um 1400 entstandenen Gedicht Oswalds des Schreibers etwa ist Friedrich II. noch ein »waler«, ein an keinen Ort gebundener Pilger:

> yedoch ist vns geseit [gesagt]
> von pawren [Bauern] solh mer [Erzählung],
> das er als ein waler [Wanderer]
> sich oft by yne hab laszen sehen,
> vnd hab yne offenlich verjehen [verkündet],
> er süll noch gewaltig werden
> aller romischen erden,
> er süll noch die pfaffen storen,
> vnd er wol noch nicht vf horen,
> noch mit nichten laszen abe,
> nur er [wenn er nicht] pring das heilige grabe
> vnd dar zu das heilig lant
> wieder in der cristen hant.[429]

Und in der »Thüringischen Weltchronik«, 1421 fertiggestellt, schreibt der Eisenacher Kleriker und Stadtschreiber Johannes Rothe, von Kaiser Friedrich gehe der Glaube, dass er »noch lebe unde lebinde bleiben sulle bis an den jungsten tagk unde das keyn rechtir keyßer noch om [nach ihm] worden sey adir werden sulle unde das her wander zu Kuffhußen yn Doringen uf dem wusten sloße unde ouch uf andern wusten burgen die zu dem reiche gehoren, unde rede mit den lewten unde laße sich zu gezeiten sehin.«[430] Rothes Bericht ist der früheste sichere Beleg für eine Verbindung der Kaisersage mit dem Kyffhäuser. Aber auch er erwähnt den Kaiser von Burg zu Burg ziehend, und der Kyffhäuser ist nicht der einzige Ort, den die Sagenüberlieferung nennt. Im neunten Buch der »Elsässischen Chronik« des Bernhard Hertzog von 1592 sind es Trifels, Kaiserslautern und Hagenau, in denen der wandernde Kaiser nach allgemeiner Meinung des Nachts Ruhe suche: »Der gemein Mann ist beredt worden / man müsse alle nacht disem Keyser Friderico zu Triefels / auch zu Keyserslautern ein Bett machen / darinnen er ruhe / dann er sey zu Hagenaw inn der Burg lebendig verzucket [entrückt] worden / das ist aber Fabelwerck / dann wie es mit disem frommen Keyser (welcher nit aller dings des Bapstes unnd der geystlichen liedlin singen wollen) ein ende genommen / bezeugen die Chronicken und Historien / so von ihme geschriben seyndt.«[431]

Von einer Bergentrückung des Kaisers ist in der frühen Überlieferung aus dem deutschsprachigen Raum hingegen noch nicht die Rede. Der Kaiser ist Pilger, er zieht umher auf den verlassenen Stätten einstiger Reichsherrlichkeit, den Reichsburgen Kyffhäuser und Trifels, Kaiserslautern oder Hagenau. Das spricht im Übrigen auch dagegen, in Berichten von Artus oder Friedrich im Ätna die Quelle der Kyffhäuser-Sage zu sehen. Die Vorstellung, dass Friedrich nicht auf dem Kyffhäuser herumgeistere, sondern sich im Inneren des Berges aufhalte, scheint erst später aufgekommen zu sein. Belegt ist sie in einer Flugschrift aus dem Jahr 1537. Darin heißt es, der im Berg verborgene Kaiser, ein Freund des »kleinen Mannes«, habe einen Schafhirten in den Kyffhäuser hineingeführt, ihm viele Waffen gezeigt und schließlich reich beschenkt mit dem Auftrag entlassen, den Leuten draußen zu sagen, dass er mit diesen Waffen das Heilige Grab erobern werde. Die Flugschrift erwähnt aber auch das Gerücht, dass Kaiser Friedrich II. nicht im Kyffhäuser, sondern bei Kaiserslautern in einer Felsenhöhle lebe.[432]

Dabei konnte spätestens zu Anfang des 16. Jahrhunderts mit dem im Berg verborgenen Kaiser nicht mehr nur Friedrich II., sondern auch Friedrich I. Barbarossa gemeint sein: »Eine warhafftige historij von dem kaiser Friderich der erst seines namens, mit ainem langen roten bart, den die Walhen [Romanen] nenten Barbarossa«, hebt das »Volksbuch vom Kaiser Friedrich« an, das zwischen 1493 und 1516 wahrscheinlich im niederbairischen Sprachraum entstand und 1519 erstmals gedruckt wurde. Es schließt: Zuletzt sei der Kaiser »verlorn worden, das niemandt waist, wo er hin ist komen noch begraben. Die pawrn [Bauern] und schwartzen künstner [Schwarzkünstler] sagen, er sey noch lebendig in ainem holen perg, soll noch herwider komen und die gaistlichen straffen und sein schilt noch an den dürren paum hengken […]«.[433] Die Verwechslung Friedrichs II. mit seinem Großvater ist im 15. Jahrhundert mehrfach zu belegen und auch schon früher, etwa bei Jans von Wien; auch in der »Elsässischen

Chronik« von 1592 ist der wandernde Kaiser Friedrich I. Populär sollte die Festlegung der Sagentradition auf Friedrich Barbarossa jedoch erst in der Neuzeit werden. Dasselbe gilt für den Kyffhäuser. Das Volksbuch von 1519 erwähnt zwar einen »hohlen Berg«, nennt aber keinen Namen. Und auch nachdem die Überlieferung den Enkel durch den Großvater ersetzt hat, ist der Berg im Nordthüringischen zunächst nicht der einzige Ort, an dem Kaiser Rotbart der Sage nach seinen Aufenthalt nimmt; neben dem Trifels bei Annweiler oder Kaiserslautern kann es auch der Untersberg bei Salzburg sein, wie in den »Deutschen Sagen« der Brüder Grimm nachzulesen ist.[434]

Dass die Erzähltradition von dem wiederkehrenden Kaiser zunächst nicht auf einen bestimmten Ort – auf Kyffhausen, Trifels, Kaiserslautern oder andere – festgelegt ist, sondern sich erst vom 16. Jahrhundert an auf den Kyffhäuser zu konzentrieren beginnt, lässt einen wichtigen Schluss zu: Kyffhäuser und Trifels sind, was das Mittelalter betrifft, weniger Erinnerungsorte denn variable Bestandteile eines Erinnerungskomplexes. Im Mittelpunkt dieses Komplexes steht die kollektive Erinnerung an die Zeit der Staufer. Was zunächst Ausdruck der Irritation über den (scheinbaren) Zusammenbruch der weltlichen Herrschaftsordnung, des Wunsches nach einer Reform der Kirche oder – mehr oder weniger verschwommen – nach einem Wandel der bestehenden Verhältnisse war, wurde im Spätmittelalter mehr und mehr zum Ausdruck der Sehnsüchte des »kleinen Mannes« nach einem Leben in Frieden und Überfluss. In den beiden Friedrichen und in dem Versprechen ihrer Wiederkehr konnten diese Hoffnungen personifiziert und verdichtet werden. Dabei deutet die Variabilität in der »Verörtlichung« des Erinnerungskomplexes darauf hin, dass die Vorstellung von dem Kaiser im oder auf dem Berg zunächst auf eine gleichsam mythische Präsenz und Allgegenwart zielte, die lokal je unterschiedlich konkretisiert werden kann. Die Menschen verknüpfen die Erzählung von Kaiser Friedrich mit dem, was ihnen räumlich nah ist; sie müssen die Erzählung räumlich konkretisieren, weil die kollektive Erinnerung einen Ort braucht, der mit den Händen zu greifen und mit den Sinnen zu fassen ist. Darin drückt sich der Wunsch nach einer Gegenwärtigkeit des Erinnerten aus, der das Bedürfnis nach quasihistorischer Genauigkeit (noch) überlagert; dass der Kaiser »eigentlich« nicht gleichzeitig hier und dort sein kann, tritt in der Sage hinter diesem Wunsch nach Gegenwärtigkeit zurück. Gleichwohl sind die verschiedenen Orte, an die das Mittelalter seine Erinnerung an Kaiser Friedrich (II. oder I.) hängt, natürlich kein Zufall: Kyffhäuser und Trifels, aber auch Kaiserslautern und Hagenau, das waren Orte, die als ehemalige Reichsburgen oder von den Staufern errichtete Pfalzen mit der Geschichte dieses Adelsgeschlechts und seiner Könige verknüpft waren.

Fast alle frühen Berichte über die Kaisersage verhalten sich kritisch zu der – offenkundig weitgehend auf die Mündlichkeit beschränkten – Erzähltradition, die sie wiedergeben. Die Chronisten erwähnen die Sagenüberlieferung, um sie sogleich als »Fabelwerk«, als Schwarzkünstler- und Bauernlatein, als Aberglaube und Ketzerei, und das heißt alles in allem: als unzuverlässig und verdammenswert abzutun. »Das ich das für ein warheit / sag, das die pauren haben geseit, / das nym ich mich nicht an, / wan ich sin nicht gesehen han. / ich han ys auch zu kein stunden / noch nyndert geschribn funden«, heißt es bei Oswald dem Schreiber um 1400.[435] Von »ketzerey« spricht die »Thüringische Weltchronik«,[436] von »Fabelwerck«, zu dem der einfache Mann überredet worden sei, die »Elsässische Chronik«, und das »Volksbuch von Kaiser Friedrich« von 1519 schreibt die Sage erst den Bauern und »schwartzen künstner[n]« zu, um sich dann über die Erzählung von dem dürren Baum, an den Friedrich angeblich seinen Schild hängen werde, lustig zu machen: »wölcher kaiser aber seinen schilt sol daran hengken, das waiss got«.[437] Dass die Schreiber solche Überlieferungskritik für notwendig hielten, weist zum einen darauf hin, dass die verschiedenen Erzählungen von einer Wiederkehr Kaiser Friedrichs von breiteren Kreisen der Bevölkerung als geschichtliche Wahrheit, als Historie geglaubt wurden. Hätte jedermann gewusst, dass die mündliche Überlieferung Erfundenes berichtet, hätte man auf den fabulösen Charakter der Sage gar nicht erst hinweisen müssen. Zum anderen wird deutlich, dass die Chronisten in einem solchen fehlgeleiteten Glauben eine Gefahr sahen. Wenn sie ihn als »Ketzerei« bezeichnen, so wird das erst verständlich vor dem Hintergrund eines noch ungebrochen gültigen christlichen Geschichts- und Weltverständnisses. Darin ist Geschichte wesentlich Heilsgeschichte, und was als Historie erzählt wird, muss Geschichte im Sinne der Heilsgeschichte sein. In ihr aber kann als Messias kein Kaiser, sondern nur Jesus Christus wiederkehren. Es ist nicht ohne Ironie, dass erst eine säkularisierte Zeit, die durch die Aufklärung hindurchgegangen war und sich um das Fabulöse der Sage vom Kaiser im Berg nicht mehr zu scheren brauchte, diese neu zu spiritualisieren vermochte. Anders gesagt: Indem die Sage enthistorisiert wurde, konnte sie im 19. und 20. Jahrhundert zum Mythos umfunktionalisiert werden, der nicht mehr – oder nur noch im übertragenen Sinne – von der Wiederkehr des Kaisers, sondern von der Wiederkehr einstiger Reichsherrlichkeit erzählte.

Renaissance der Kaisersage im 19. und 20. Jahrhundert

Die Renaissance der Kyffhäuser-Sage im 19. Jahrhundert gründete im Wesentlichen auf der Kenntnis dessen, was die Brüder Grimm in ihren 1816/1818 in erster Auflage erschienenen »Deutschen Sagen« zusammengestellt hatten. Unter der Überschrift »Friedrich Rotbart auf dem Kyffhäuser« heißt es dort:

»Von diesem Kaiser gehen viele Sagen im Schwange. Er soll noch nicht tot sein, sondern bis zum Jüngsten Tage leben, auch kein rechter Kaiser nach ihm mehr aufgekommen. Bis dahin sitzt er verhohlen in dem Berg Kyffhausen, und wann er hervorkommt, wird er seinen Schild hängen an einen dürren Baum, davon wird der Baum grünen und eine bessere Zeit werden. Zuweilen redet er mit den Leuten, die in den Berg kommen, zuweilen läßt er sich auswärts sehen. Gewöhnlich sitzt er auf der Bank an dem runden steinernen Tisch, hält den Kopf in die Hand und schläft, mit dem Haupt nickt er stetig und zwinkert mit den Augen. Der Bart ist ihm groß gewachsen, nach einigen durch den steinernen Tisch, nach andern um den Tisch herum, dergestalt, daß er dreimal um die Rundung reichen muß bis zu seinem Aufwachen, jetzt aber geht er erst zweimal darum.

Ein Bauer, der 1669 aus dem Dorf Reblingen Korn nach Nordhausen fahren wollte, wurde von einem kleinen Männchen in den Berg geführt, mußte sein Korn ausschütten und sich dafür die Säcke mit Gold füllen. Dieser sah nun den Kaiser sitzen, aber ganz unbeweglich.

Auch einen Schäfer, der einstmals ein Lied gepfiffen, das dem Kaiser wohlgefallen, führte ein Zwerg hinein, da stand der Kaiser auf und fragte: ›Fliegen die Raben noch um den Berg?‹ Und auf die Bejahung des Schäfers rief er: ›Nun muß ich noch hundert Jahr länger schlafen.‹«[438]

Dass das Bewusstsein des historischen Ursprungs der Sage inzwischen erloschen war, zeigt sich darin, dass in den Dichtungen des 19. Jahrhunderts nur noch Friedrich Barbarossa, nicht mehr sein Enkel, als Kaiser im Berg wohnt. Zugleich mit der Person hatte sich auch der Ort verfestigt. Insofern hat erst das 19. Jahrhundert aus den variabel lokalisierbaren Erinnerungskomplexen des Mittelalters um die beiden Stauferkaiser zentrale Erinnerungsorte gemacht: Der Kyffhäuser wurde, vor allem durch Friedrich Rückerts 1817 veröffentlichtes Gedicht, endgültig zur Herberge des schlafenden Barbarossa, der Trifels hingegen – unter anderem in der Lyrik Johann Victor von Scheffels – zum Ort einer wehmütig besungenen Reichs- und Mittelalteridylle.[439] Rückerts »Barbarossa« überschriebenes Gedicht beschwor in Friedrich I. den Geist einer vergangenen Kaiserherrlichkeit, mit der sich die Erwartung zukünftiger imperialer Größe verband. Die ersten drei Strophen lauten:

> Der alte Barbarossa,
> Der Kaiser Friederich,
> Im unterird'schen Schlosse
> Hält er verzaubert sich.
>
> Er ist niemals gestorben,
> Er lebt darin noch jetzt;
> Er hat im Schloß verborgen
> Zum Schlaf sich hingesetzt.
>
> Er hat hinabgenommen
> Des Reiches Herrlichkeit,
> Und wird einst wiederkommen,
> Mit ihr, zu seiner Zeit.[440]

Das Gedicht trug nicht unwesentlich dazu bei, das Bild des Kyffhäuser-Kaisers im kollektiven Gedächtnis der Deutschen zu verankern.[441] Nur vor dem Hintergrund solcher Präsenz im kollektiven Bewusstsein der Zeit lässt sich erklären, dass Anfang der 1890er-Jahre auf dem Kyffhäuser das Kaiser-Wilhelm-Denkmal errichtet wurde. Angeregt hatte den Bau der Deutsche Kriegerbund; der Entwurf stammte von dem Architekten Bruno Schmitz, der auch für die Kaiser-Wilhelm-Denkmäler am Deutschen Eck in Koblenz und an der Porta Westfalica verantwortlich zeichnete. Zur feierlichen Einweihung im Juni 1896 erschien Kaiser Wilhelm II. persönlich. Das Bildprogramm des Kyffhäuser-Denkmals ist aussagekräftig genug: Indem es im Sockel Friedrich Barbarossa, darüber aber eine dreiteilige Figurengruppe mit dem Reiterstandbild Wilhelms I. in der Mitte zeigt, wird das Zweite, das Wilhelminische Reich nicht nur als Wiederkehr des mittelalterlichen Imperiums, sondern zugleich als dessen Überbietung und Vollendung gefeiert. Solche Reichsmystik wurde schon im 19. Jahrhundert nicht unkritisch gesehen. Bekannt geworden sind die Verse Heinrich Heines, der im »Wintermärchen« der nationalen Kaiseridee eine spitzzüngige Absage erteilte: »Das beste wäre, du bliebest zu Haus, / Hier in dem alten Kyffhäuser – / Bedenk ich die Sache ganz genau, / So brauchen wir gar keinen Kaiser.«[442] Aber noch die schon erwähnte Rekonstruktion des Trifels durch die Nationalsozialisten in den 1930er-Jahren zeigt die Versuche, die mittelalterliche Vergangenheit der Stauferzeit im Sinne einer vermeintlichen Reichsherrlichkeit für die Legitimation der politischen Vorstellungen der Gegenwart zu instrumentalisieren ... »Er lebt und lebt nicht«: Erst eine von derlei Räuschen gründlich ernüchterte Nachkriegszeit hat das sibyllinische Raunen vom unerlösten Kaiser und unerlösten Volk und mit ihm die Erzählungen von Kyffhäuser und Trifels dem beruhigend belanglosen Gedenken der Folklore überantwortet.

Aufstieg und Niedergang hochmittelalterlicher Pfalzen: Goslar und Gelnhausen

Rainer Leng

Reisekönigtum und Königspfalzen

Mittelalterliche Königsherrschaft müsste ohne eine feste Reichshauptstadt, ohne schriftlich fixierte Reichsverfassung und ohne einen geographisch strukturierten Verwaltungsapparat auskommen, der den König in allen Teilen des Reiches hätte repräsentieren können. Herrschaftsstrukturen beruhten auf Personenverbänden: Weltlichen und kirchlichen Großen versprach das Königtum Schutz und Friedenswahrung. Die Bischöfe und Herzöge ihrerseits banden sich dafür durch einen Treueid an den König. Sie wurden mit Königsgut belehnt und mussten aus dessen Einnahmen dem Reich in Form von politischer Unterstützung, Geschenken, jährlichen Zahlungen, Gastung und Bereitstellung militärischer Kontingente *consilium et auxilium*, Rat und Hilfe leisten.

Da die Herrschaft des Königs nur durch meist lehnsrechtlich organisierte Beziehungen zu den einzelnen Großen des Reiches wirkungsvoll umgesetzt werden konnte, musste er mit jenen Stützen des Reiches in stetem persönlichem Kontakt bleiben. Für den König bedeutete dies »Herrschaft vom Sattel aus«. Seit Heinrich II. (1002–1024) verbanden die Könige den Regierungsantritt mit einem Königsumritt durch das ganze Reich, um Huldigungen und Eide einzuholen und die personalen Beziehungen zu vertiefen. Permanent zog der Hof umher; Reiseleistungen von 2000 bis 3000 km im Jahr, meist zu Pferd, seltener zu Schiff, sind keine Seltenheit.

Gastung, also Beherbergung, und Unterhalt des reisenden Hofes hatten im Rahmen ihres Reichsdienstes dabei die besuchten Großen zu tragen. Klöster, insbesondere Reichsklöster, Bischofssitze und die Machtzentren weltlicher Großer boten dem reisenden Hof Unterkunft. Die häufigen Klagen über die hohen Kosten und die leeren Speicher nach der Abreise des Königs mit seinem bis zu 200 Personen umfassenden Gefolge wurden meist mit Schenkungen von Königsgut besänftigt.

Daneben verfügte das Königtum seit der Merowingerzeit aber auch über eigene Stützpunkte: Königshöfe und Pfalzen. In der Karolingerzeit wurden diese Königspfalzen konsequent ausgebaut. Sie bestanden aus einem repräsentativen Palas, in dem Reichsversammlungen abgehalten werden konnten, den Wohnräumen des Königs und des Gefolges und Wirtschaftsgebäuden, denen Königsgut im Umfeld der Pfalz zum Unterhalt des reisenden Hofes zugeordnet war. Der fest ummauerte Pfalzbezirk hatte auch militärische Funktionen. Im Idealfall sollte der Hof in ein bis drei Tagesreisen von Pfalz zu Pfalz gelangen können, ohne auf andere Gastgeber angewiesen zu sein. Doch wurde diese Dichte nur in wenigen Kerngebieten des Reiches erreicht.

Herrschaft konkretisierte sich also hauptsächlich in personaler Präsenz und nur nachrangig in realen Orten. Gleichwohl dienten besonders die Königspfalzen auch als permanente Symbole des Königtums. Mit der Errichtung ist ihnen bereits eine Funktion als Erinnerungsort an den meist abwesenden König inhärent.

Goslar und Gelnhausen sind Musterbeispiele des Neubaus solcher Königspfalzen, mit denen sich zudem territorialpolitische und strukturelle Motive verbinden. Diente Goslar dem salischen Königtum zur Verdichtung seiner Herrschaft in Sachsen, so verfolgte der Staufer Friedrich Barbarossa das Ziel, das Rhein-Main-Gebiet mit einem festen Stützpunkt königlicher Macht zu versehen, weil es eine Verkehrs- und Durchgangszone und eine wichtige geographische Schnittstelle des Reiches zwischen den beiden großen Herzogtümern Sachsen und Bayern war.

Die Anfänge Goslars

Die Königspfalz Goslar verdankt ihren Aufstieg zum einen den Silbervorkommen im nahe gelegenen Rammelsberg, zum anderen dem Dynastiewechsel von den Ottonen zu den Saliern. Um die Mitte des 10. Jahrhunderts wurden im Harz Silbervorkommen entdeckt. Spätestens seit 968 beutete das ottonische Königtum die Silberadern im oberhalb Goslars gelegenen Rammelsberg aus. Zu diesem Jahr bemerkte der sächsische Chronist Widukind von Corvey, dass man in der sächsischen Erde *venas argenti*, Silberadern, geöffnet habe. Bis dahin gab es in Goslar bestenfalls einen vermutlich bereits von Heinrich I. (919–936) eingerichteten kleinen königlichen Hof oder ein Jagdhaus. Mit den Silbervorkommen setzte ein wirtschaftlicher Aufschwung ein. In großen Mengen wurden zunächst Sachsenpfennige, dann die heute sogenannten Otto-Adelheid-Denare geprägt, die reichsweit Verbreitung fanden. Nach einer Bergmannssiedlung entstand auch im Tal eine *villa Goslaria* genannte königliche Marktsiedlung, in der sich Burgmannen niederließen sowie Fernhändler, die das Silber aus den Gruben über eine Handelsstraße bis ins Rhein-Maas-Gebiet, etwa nach Aachen, verhandelten. Die zunehmende Attraktivität der Siedlung veranlasste Heinrich II. (1002–1024), die nahe Königspfalz Werla nach Goslar zu verlegen.

Mit Heinrich II. fand 1024 die Dynastie der Ottonen, die aus den sächsischen Liudolfingern hervorgegangen war, ihr Ende. Nach über einem Jahrhundert wurde erstmals ein nichtsächsischer Großer zum König gewählt, Konrad II. (1024–1039) aus dem fränkischen Geschlecht der Salier, dessen Herrschaftsschwerpunkt um Worms und Speyer lag. Lange hatte er um die Anerkennung durch die Sachsen zu ringen, die nach dem Verlust des Königtums auch einen Niedergang ihrer weitgehend autonomen Stellung im Reichsverband fürchteten. Tatsächlich sollte dieser Konflikt die gesamte Salierzeit überschatten und auch die weitere Geschichte Goslars prägen.

Der Salier Konrad II. nahm die Herausforderung an, Sachsen unter veränderten dynastischen Vorzeichen zu einem Kerngebiet des Reiches auszubauen. Obwohl das Hausgut der Königsfamilie zu dieser Zeit noch kaum vom Königsgut unterschieden war, beanspruchte er, wo immer es möglich war, das ottonische Erbe in Sachsen für das Reich. Da jedoch das Herzogtum Sachsen erblich bei den Billungern verblieb und salisches Reichsgut in Sachsen kaum vorhanden war, war sein Einfluss begrenzt. Das Reichsgut aus Liudolfingerbesitz beanspruchte er jedoch intensiv, selbst wenn dessen Ausbau kaum ohne Konflikte mit dem sächsischen Adel vonstatten ging. Auch die Goslarer Pfalz wurde erweitert.

Der deutlichste Ausbau zu einer Stütze königlicher Macht in Sachsen vollzog sich jedoch unter Heinrich III. (1039–1056). Überall in Sachsen ließ er Burgen bauen. So auffällig war sein Wille, das gesamte Territorium zu erfassen, dass der Chronist eines schwäbischen Klosters das damalige Ostsachsen als *imperatoris coquina*, Küche des Kaisers bezeichnete.[443] Goslar galt Heinrichs besonderer Aufmerksamkeit. Der zeitgenössische Chronist Adam von Bremen berichtet, dass mit dem Ausbau der Pfalz auch eine Konzentration christlicher Institutionen vorangetrieben wurde: Heinrich III. habe Goslar mit ungeheuren finanziellen Mitteln des Reiches von einer kleinen Mühle zu einem großen Jagdhof ausgebaut und zwei Klöster gestiftet.[444] Es handelte sich dabei jedoch nicht um benediktinische Klöster der klassischen Mönchsorden, sondern um zwei Stifte, St. Simon und Judas und St. Peter, die mit Kanonikern besetzt und als Eigenkirchen des Stifters aufgefasst wurden. St. Peter ging später in die Zuständigkeit des Bischofs über, während St. Simon und Judas eng an das Königtum gebunden blieb.

Insbesondere das 1050 geweihte Reichsstift St. Simon und Judas, benannt nach den Tagesheiligen des Geburtstages von Heinrich III., sorgte dafür, dass sich im Goslarer Pfalzbezirk die wichtigste Pflanzstätte des deutschen Episkopats entwickeln konnte.[445] Hier wurden die Geistlichen ausgebildet, die wichtige Ämter in der Kirche und damit in der Reichsverwaltung übernehmen sollten – ein wesentlicher Faktor des Reichskirchensystems und zugleich ein Garant für den königlichen Einfluss in diesem System. Zahlreiche kirchliche Große gingen aus dieser Ausbildungsstätte hervor: Goslarer Pröpste wurden Bischöfe etwa in Hildesheim (Hezilo), Halberstadt (Burchard II.), Bamberg (Gunther); auch Erzbischof Anno von Köln wurde hier erzogen. Man kann sagen, dass hier nicht nur das Kaisertum der Salier, sondern auch das Reichskirchensystem seinen Ort, sein geistiges Zentrum, gefunden hatte.

Unter persönlichem Engagement Heinrichs III. ging auch der prächtige Neubau der Königspfalz voran. Er beauftragte damit Benno von Osnabrück, einen noch jungen Mann, der ihm als gelehrter Disputant im Umfeld der Domschule in Speyer aufgefallen war und der schon in Speyer erste Erfahrungen als Bauleiter beim Umbau des Doms gesammelt hatte. Sein Biograph Norbert von Iburg hebt Bennos Fähigkeiten als Baumeister hervor (c. 9). Nach weiteren Verdiensten erhielt Benno eine königliche Pfründe am Goslarer Stift und wurde mit der Verwaltung des königlichen Hauses betraut. Während der Unmündigkeit Heinrichs IV. verblieb er in Goslar als Verwalter der geistlichen und auch der weltlichen Angelegenheiten der Pfalz im Auftrag des Königs, wobei er sich weiterhin um deren Ausbau verdient machte. Ab 1065 leitete er auch den Bau der Harzburg und weiterer Reichsburgen in der Gegend. Daneben wurde er als Architekt und Baumeister in Hildesheim und Speyer tätig.

Glanz und erste Brüche

In den 50er und 60er Jahren des 11. Jahrhunderts erlebte die Pfalz Goslar ihren prachtvollsten Aufstieg. Zuletzt bestand die Pfalz aus einem eigenen, rechtlich von der Stadt gesonderten Bezirk, in dem sich die hochaufragende Stiftskirche als dreischiffige Basilika mit Querhaus, Westwerk und drei Ostapsiden befand. Natürlich gehörten dazu auch ein Klausurbezirk, die Bauten des oben beschriebenen Reichsstifts und Wirtschaftsgebäude. Alles überragte jedoch das Kaiserhaus, das sich leicht erhöht am westlichen Ende des immerhin 340 mal 180 Meter großen Areals befand. Mit 54 Metern Länge und 18 Metern Breite war es der größte Profanbau der Salierzeit. Von zwei Sälen von 47 mal 15 Metern diente der obere den Reichsversammlungen. Hier stand auch der Thron des Kaisers, von dem aus sich der Blick über das Stift und die Stadt eröffnete. Die Wohngebäude der kaiserlichen Familie schlossen sich nördlich an. Von hier aus gelangte man direkt in den Reichssaal wie auch in die benachbarte Liebfrauenkirche.

Für Heinrich III. stand Goslar weit oben in der Rangfolge seiner wichtigsten Aufenthaltsorte: In 17 Regierungsjahren hielt er sich dort 18-mal für Wochen oder gar Monate auf. Außerdem verfügte er, dass hier sein Herz begraben werde. Sein letzter großer Aufenthalt in Goslar wurde noch einmal zu einem Höhepunkt der salischen Reichsgeschichte. Lampert von Hersfeld berichtet zum 8. September 1056: »Der Kaiser feierte das Geburtsfest der heiligen Maria in Goslar; dort empfing er Papst Viktor, auch Gebhard genannt, mit großartigem Gepränge als Gast: er bot zur Verherrlichung der Feier fast alle Schätze und alle Fürsten des Reiches auf.«[446]

Unter Heinrich IV. (1056–1106), der am 11. November 1050 – vermutlich in Goslar – geboren wurde, begann das Verhältnis des königlichen Zentralortes zu seiner sächsischen Umgebung zunehmend problematisch zu werden. Mit der Harzburg oberhalb Goslars wurde ein militärisches Zentrum des Königtums in Sachsen geschaffen, das zu einer neuen Hausgrablege mit Residenzcharakter ausgebaut wurde. Auf die immer stärkere Präsenz des Königtums in Sachsen reagierten die sächsischen Chronisten mit harten Vorwürfen. Man klagte über wirtschaftliche Belastung durch die Bauprogramme, über Übergriffe der (meist schwäbischen) Ministerialen und sprach allgemein von einer »Knechtung der Sachsen«.[447]

Der junge König vermochte die Kräfte des Reiches nicht hinreichend zu bündeln. Dies zeigt etwa der Goslarer Rangstreit zu Pfingsten 1063, in dem es in Anwesenheit des Königs zu einer blutigen Auseinandersetzung in der Stiftskirche kam, als der Fuldaer Abt gegenüber dem Hildesheimer Bischof einen vorrangigen Sitzplatz beanspruchte: »Inmitten des Chors und der psalmodierenden Mönche kommt es zum Handgemenge: man kämpft jetzt nicht mehr nur mit Knütteln, sondern mit Schwertern. Eine hitzige Schlacht entbrennt, und durch die ganze Kirche hallt statt der Hymnen und geistlichen Gesänge Anfeuerungsgeschrei und Wehklagen Sterbender. Auf Gottes Altären werden grausige Opfer abgeschlachtet, durch die Kirche rinnen allenthalben Ströme von Blut, vergossen nicht wie ehedem durch vorgeschriebenen Religionsbrauch, sondern durch feindliche Grausamkeit. Der Bischof von Hildesheim hatte einen erhöhten Standort gewonnen und feuerte seine Leute wie durch ein militärisches Trompetensignal zu tapferem Kampfe an, und damit sie sich nicht durch die Heiligkeit des Ortes vom Waffengebrauch abschrecken ließen, hielt er ihnen das Aushängeschild seiner Machtbefugnis und seiner Erlaubnis vor. Auf beiden Seiten wurden viele verwundet, viele getötet, unter ihnen vornehmlich Reginbodo, der Fuldaer Bannerträger, und Bero, ein dem Grafen Ekbert besonders treuer Gefolgsmann. Der König hob zwar währenddessen laut seine Stimme und beschwor die Leute unter Berufung auf die königliche Majestät, aber er schien tauben Ohren zu predigen. Auf die Mahnung seines Gefolges, an die Sicherung seines Lebens zu denken und den Kampfplatz zu verlassen, bahnte er sich schließlich mit Mühe einen Weg durch die dicht zusammengeballte Menge und zog sich in die Pfalz zurück.«[448]

Der erbitterte Kampf gerade an dieser Stelle zeigt, dass Goslar als der Ort empfunden wurde, an dem man sich »positionieren« musste, der Ort, an dem über die Nähe zum König und damit über den persönlichen Rang im Reich entschieden wurde.

1066 verbrachte Heinrich IV. den ganzen Winter in Goslar, allerdings unter unwürdigen Umständen. Im Ringen der Großen des Reiches um den Einfluss auf den unmündigen König hatte sich der Bremer Erzbischof Adalbert (1043–1072) durchgesetzt, der Heinrich in Goslar von anderen Einflussgruppen zu isolieren trachtete. Lampert berichtet von dem Goslarer Standlager: »Der König feierte (1066) Weihnachten in Goslar. Er hatte sich dort schon von Beginn des Herbstes an bis zu diesem Teil des Winters wie in einem Standlager aufgehalten und dabei mit so geringem Aufwand gelebt, wie es der glänzenden Hofhaltung am Königshofe ganz und gar nicht entsprach. Denn außer dem wenigen, was aus den Einkünften des königlichen Fiskus einkam und was die Äbte gezwungenermaßen lieferten, wurde alles Übrige für den täglichen Bedarf jeweils für einen Tag eingekauft. Das geschah aus Hass gegen den Erzbischof von Bremen, den alle beschuldigten, er habe sich unter dem Vorwand der vertrauten Freundschaft mit dem König eine offenkundige tyrannische Herrschaft angemaßt. Deshalb verweigerten sie dem König die üblichen Abgaben, und der Bischof wollte den König nicht in andere Teile des Reichs bringen, um den ersten Platz im Rat und im vertrauten Umgang mit dem König nicht mit anderen Fürsten teilen zu müssen und dadurch die Gipfelhöhe seiner angemaßten Herrschaft zu verringern.«[449]

Trotz solcher negativer Erfahrungen blieb Goslar einer der wichtigsten Orte Heinrichs IV. in Sachsen. Wurde bei seinem Vater die Königsmacht noch durch friedliche Mittel gestärkt, so beginnt sich Goslar zunehmend zu einem symbolträchtigen Konfliktfeld und einem Ort politischer und immer öfter auch militärischer Auseinandersetzung mit den Sachsen zu entwickeln. Wieder ist es Lampert von Hersfeld, der berichtet, wie sich Goslar im Jahr 1070, in der Auseinandersetzung Heinrichs mit sächsischen Großen und Otto von Northeim auf dem Weg zu einer umkämpften Reichshauptstatt befindet: »Als der König die Nachricht von der Niederlage bei Eschwege erhielt, kehrte er unter Hintansetzung anderer Geschäfte eiligst nach Goslar zurück und ging von dort bis Weihnachten nirgendwohin, weil er fürchtete, die Feinde würden diese ihm so teure, so ans Herz gewachsene Stadt, die die deutschen Könige als ihre Residenz und ihre Heimat zu bewohnen pflegten, während seiner Abwesenheit in Schutt und Asche legen, was sie, so hieß es, androhten und in häufigen Gesprächen beredeten.«[450]

So groß war die Präsenz Heinrichs in Goslar, dass 1074 die aufständischen Sachsen gar forderten, »… dass er nicht mehr sein ganzes Leben in Sachsen in trägem Müßiggang verbringe, sondern Goslar zeitweise verlasse und in seinem Reich, das ja dank der Rührigkeit seiner Vorfahren groß genug sei, umherreise.«[451]

1073 wurde Heinrich in Goslar belagert und konnte sich nur durch Flucht auf die Harzburg retten. Seit diesem Zeitpunkt wächst die militärische Bedeutung der Kombination Pfalz und Burg. Zahlreiche Konflikte der Burgbesatzung mit Goslarer Einwohnern werden berichtet; provokant stellten die Burgmannen über zwei Meilen von der Stadt bis zur Harzburg Denksteine der von ihnen erschlagenen Goslarer auf.[452] Im März 1074 fanden kritische, teils von bewaffneten Unruhen begleitete Verhandlungen Heinrichs mit den Sachsen in Goslar statt. Die Harzburg musste er als Zugeständnis an die Sachsen zerstört lassen; sie wurde aber später wieder aufgebaut.

Der Niedergang Goslars

Der Niedergang Goslars begann bereits kurz nach seinem kometenhaften Aufstieg unter Heinrich III. in den Sachsenkriegen seines Sohnes, als der symbolträchtige Prachtbau des Reiches auf dem Weg zu einer Reichshauptstadt zu einem nicht minder symbolisch aufgeladenen Ort verhasster königlicher Präsenz in Sachsen wurde. Demonstrativ ließ sich in der Pfalz Hermann von Salm (1081–1088) am 26. Dezember 1081 mit sächsischer Unterstützung zum Gegenkönig krönen und salben. Mehr noch trug zum Niedergang aber der Investiturstreit bei.

In Goslar erhielt Heinrich IV. zu Weihnachten 1075 jenes Schreiben Papst Gregors VII., das ihm den Bann androhte. Nach dem Wormser Konkordat 1122 besaß der König nur noch marginalen Einfluss auf die Bischofswahlen. Rapide sank damit die Bedeutung des Goslarer Stifts St. Simon und Judas. Eine zentrale Ausbildungsstätte des loyalen Reichsepiskopats an einem Zentralort der Königsmacht wurde nicht mehr benötigt. Die Förderung durch das Königtum blieb aus. Mit dem Niedergang des Reichskirchensystems ging auch der Niedergang seines geistigen Zentrums einher. Nach der Mitte des 13. Jahrhunderts setzte auch ein wirtschaftlicher Niedergang ein.

Mit dem Übergang des Königtums auf die Staufer trat Sachsen als Zentrallandschaft des Königtums in den Hintergrund. Heinrich V. (1106–1125) hielt sich noch häufiger in Goslar auf. Königsaufenthalte sind auch noch für Lothar von Süpplingenburg (1125–1137) und die Staufer Konrad III. (1138–1152) und Friedrich I. (1152–1190) belegt. Doch die Pfalz verlor zunehmend die Rolle eines Schlüssels der Königsherrschaft in Sachsen. Die Aufenthalte verlieren an Frequenz und an Bedeutung. Das sächsische Herzogtum konnte Boden gutmachen.

Lediglich zwischen 1152 und 1188 stand Goslar noch einmal im Mittelpunkt der Aufmerksamkeit als Austragungsort des staufisch-welfischen Konflikts zwischen Friedrich I. Barbarossa und Heinrich dem Löwen. Heinrich forderte sogar, ihm als Gegenleistung für die Unterstützung des Staufers auf den Italienzügen Goslar zu übertragen. Doch strebte er dabei wohl vor allem nach den gewinnträchtigen Silberminen. Politisch waren Stadt und Pfalz längst nicht mehr attraktiv.

Mit dem Ende des Reichskirchensystems, dem Umbau der Reichsverfassung in einen Lehnsverband, der auch die geistlichen Fürsten einbezog, dem Aufblühen der Städte und dem zunehmenden Interesse der Staufer an anderen Königslandschaften, insbesondere der intensivierten Italienpolitik, suchte sich das Königtum andere Routen und andere Gastgeber. Selbst große Reichsklöster wurden kaum noch frequentiert, die großen Pfalzen der Salierzeit immer seltener besucht. Eigene Neubauprojekte traten in den Vordergrund, etwa Gelnhausen. Ansonsten waren Aufenthalte an den Bischofssitzen, bei weltlichen Großen oder in den blühenden Städten des Reiches politisch ergiebiger und trugen auch einem zunehmenden Repräsentationsaufwand des Königtums besser Rechnung.

Im Juli 1219 besuchte der Staufer Friedrich II. (1211/1212–1250) noch einmal die alte Goslarer Kaiserpfalz. Die Übertragung der Reichsinsignien, die sein welfischer Konkurrent Otto IV. (1198–1218) auf der Harzburg verwahrt hatte (wo er im Jahr zuvor gestorben war), stellte nurmehr eine bloße Erinnerung an alten Glanz und alte Symbolkraft des Ortes dar. Letztmals hielt sich 1253 mit Wilhelm von Holland ein König in der Goslarer Pfalz auf. Der äußere Verfall folgte rasch. Durch die Entfremdung von Reichsgut während des so genannten Interregnums fehlten Interesse und finanzielle Möglichkeiten zum Unterhalt der weitläufigen Anlage. Ein Brand 1289 zerstörte zahlreiche Gebäude bis auf die Grundmauern. Der Pfalzbezirk ging in den Besitz der Stadt über, die ihn wechselweise als Gerichtsgebäude, aber auch als Kornspeicher und Gefängnis nutzte. 1819 wurde die Stiftskirche, bei ihrer Weihe 1051 der größte romanische Kirchenbau östlich des Rheins, nach mehreren Teileinstürzen zum Abbruch verkauft und bis 1822 mit Ausnahme einiger Teile der Vorhalle abgetragen. Von der Liebfrauenkirche blieb nichts übrig. Die Ulrichskapelle mit der Herzsepultur Heinrichs III. überlebte nur dank der zeitweiligen Verwendung als Gefängnis. 1865 stürzten auch Teile des Kaiserhauses ein; der Goslarer Rat erwog den völligen Abbruch. Die vollständige Auslöschung eines der großen Erinnerungsorte der Reichsgeschichte stand unmittelbar bevor.

Wiederbelebung

Georg V. von Hannover (1851–1878) hatte sich bereits mit kleineren Restaurierungen für den Erhalt der Pfalz engagiert. Nach der Annexion des Königreichs Hannover im September 1866 übernahm Preußen die Arbeiten. Was als kulturpolitische Maßnahme begann, gewann vor dem Hintergrund der Dynamik der Jahre zwischen dem Preußisch-Deutschen Krieg 1866 bis zur Reichsgründung von 1871 rasch eine nationale Komponente. Anfangs noch gegen den Wunsch des Goslarer Magistrats empfahl eine staatliche Kommission die Restaurierung der Pfalz. Bald begann dann auch das Goslarer Bürgertum die Ruinen als Projektionsfläche einer wiedererstehenden nationalen Vergangenheit zu betrachten, wie auch umgekehrt die Hohenzollern Goslar und ähnliche Projekte zur Stärkung einer bis in das Mittelalter zurückreichenden imperialen Tradition instrumentalisierten, als deren Vollender sich die Hohenzollern öffentlichkeitswirksam inszenierten. Die Arbeiten dauerten von 1868 bis 1879. Die Begeisterung der Romantiker für das deutsche Mittelalter, die schon die Vollendung des Kölner Doms ins Werk gesetzt hatte, der in jenen Jahren – ebenfalls mit finanzieller Unterstützung der Hohenzollern – kurz vor seiner Fertigstellung stand, und die sich verstärkende Nationalbewegung, die nach Symbolen der deutschen Einheit und dem Glanz eines vergangenen Reiches suchte, dürften die Entscheidung maßgeblich beeinflusst haben. 1875, also wenige Jahre nach der Reichsgründung, besuchte auch Kaiser Wilhelm I. die Baustelle in Goslar, wodurch die teilweise übertrieben monumentalen Rekonstruktionen eine »imperiale Weihe« erhielten.

Die Bronzestandbilder der Kaiser Friedrich Barbarossa und Wilhelm I. und riesige Rekonstruktionen der Braunschweiger Löwen vor dem Kaiserhaus, die in den Jahren von 1879 bis 1897 von Prof. Hermann Wislicenus geschaffenen historisierenden Wandgemälde im Kaisersaal mit Szenen aus der deutschen Geschichte (einschließlich einer großen Apotheose des Kaisertums mit Wilhelm I. als Zentralfigur und Bismarck zu seiner Rechten) und auch die 1877 auf der Harzburg errichtete Canossa-Säule mit Bismarcks Ausspruch vor dem Reichstag während des Kulturkampfes: »Nach Canossa gehen wir nicht –

Reichstagssitzung 14. Mai 1872« ergeben heute ein eindrucksvolles Bild vom Funktionswandel eines Erinnerungsortes: Vom mittelalterlichen Prachtbau königlicher Präsenz in Sachsen über den Ort des Widerstandes gegen die Zentralmacht bis zur Rekonstruktion (oder Dekonstruktion?) einer Vergangenheit als Instrument einer identitätsstiftenden Nationalgeschichte.

Der Aufstieg Gelnhausens

War Goslar ein Renommierprojekt salischer Pfalzenpolitik, so darf Gelnhausen diesen Rang für die Stauferzeit beanspruchen. Auch hier standen strategische Überlegungen im Vordergrund. Friedrich Barbarossa wollte das Rhein-Main-Gebiet als wichtiges Durchgangsgebiet zwischen Frankfurt und Würzburg stärken. Vor der Barriere des Spessarts und eine Tagesreise von Frankfurt entfernt war ein königlicher Stützpunkt von großem Vorteil, zumal sich Friedrichs Aufenthalte in Würzburg häuften. In der Wetterau stieß der Staufer jedoch auf den Erzbischof von Mainz als Konkurrenten um dieses Gebiet. Mainz strebte im 12. Jahrhundert nach einer Ausweitung seines Territoriums im Kinziggebiet, um von dort aus weiter in den Spessart vorzudringen und wichtige Verkehrsknoten in Ost-West-Richtung sowie nach Thüringen zu kontrollieren.

Um sein Ziel zu erreichen, musste der Kaiser zunächst Reichsbesitz in der Wetterau erwerben. Barbarossa nutzte geschickt das Aussterben lokaler Adelsgeschlechter und seinen Konflikt mit Mainz. Nach dem Tod des letzten Grafen von Selbold-Gelnhausen, dessen Burg zunächst von Mainz erworben wurde, konnte er sich dessen Gut als Reichsgut aneignen.

In einer Aufstellung des während seines Exils 1165–1183 der Mainzer Kirche verloren gegangenen Besitzes führte Erzbischof Konrad auch die Hälfte der Burg Gelnhausen an – mit der merkwürdigen Formulierung, dass der Kaiser damit belehnt worden sei.[453] Vermutlich argumentierte Barbarossa, dass die Burg Gelnhausen Reichsgut im Besitz der Grafen von Selbold war. Mainz musste das heimgefallene Lehen als unrechtmäßig erworben dem Reich aushändigen. Für die zweite Hälfte der Burg vermutet die Forschung einen Übergang in Reichsbesitz als Preis für die Wiedereinsetzung des Erzbischofs Konrad 1183 nach langen Jahren des Exils.

Zwischen 1165 und 1183 gelangte der Staufer jedenfalls an ausbaufähigen Besitz in der Wetterau. Das *castrum* Gelnhausen – wohl eine ältere Höhenburg – wurde aufgegeben; seine Lage ist bis heute umstritten. Das dazugehörige Land war interessanter. In der Tallage an der Kinzig nutzte Friedrich Barbarossa seine Erwerbung zu einem rasanten und konsequenten Ausbau eines neuen Typs von Königspfalz: die Pfalzstadt, eine gleichzeitige Gründung einer neuen Stadt mit einer Königspfalz in enger gegenseitiger Abhängigkeit.

Den Auftakt bildete die Stadtgründung. Am 25. Juli 1170 stellte Barbarossa in Gelnhausen eine Urkunde aus, durch die er den Einwohnern der künftigen Stadt Zollbefreiung in allen Reichsorten gewährte sowie freies Verfügungsrecht über Besitz und Erbe. Als kaiserlichen Verwalter setzte er einen *villicus* ein und bestätigte die Vogteifreiheit sowie die alleinige kaiserliche Gerichtshoheit. In einem weiteren Mandat befahl er den Getreuen des Reiches, die Kaufleute von Gelnhausen zu schützen und ihre Freiheiten zu achten.[454] Damit wurde aus einer kleinen Burgsiedlung mit einem Schlag eine vollgültige Reichsstadt. Die Privilegien der Kaufleute sollten den Wohlstand der Gründung sichern und damit zugleich dem Reich Einnahmen verschaffen, die für Bau und Unterhalt der Pfalz benötigt wurden. Tatsächlich wurde wohl noch im selben Jahr mit Mauer- und Kirchenbau sowie dem inneren Ausbau der Stadt begonnen.

Der wohl zugleich begonnene Bau der Pfalz war eine technische Meisterleistung der Stauferzeit. Man legte sie auf eine Insel, die zwischen zwei Armen der Kinzig lag. Die Kernburg im Osten der Insel war vollständig von Gräben bzw. Flussarmen umgeben. Durch das Haintor der Vorburg und über eine einfache Holzbrücke führte die Burgstraße als einzige Verbindung an der Burgmühle vorbei zur Stadt, die durch das Tränketor und nach Überquerung der Kinzig im Abstand von wenigen Dutzend Metern erreicht wurde.

Zur Begründung der schweren Steinbauten der Pfalz mussten – nach älteren Schätzungen – 18 000–20 000 Pfähle bis zu acht Meter tief in den sumpfigen Untergrund gerammt werden. In der älteren Forschung hat dies zu der These geführt, dass alleine hierfür wenigstens 15 bis 20 Jahre und für die Steinbauten noch einmal 10 Jahre anzusetzen seien, wonach Barbarossa die Fertigstellung der Pfalz nicht mehr erlebt haben dürfte. Neuere Untersuchungen mit aktuellen dendrochronologischen Ergebnissen gehen jedoch davon aus, dass der Baubeginn bereits um 1170 mit der Stadtgründung anzusetzen sei. Außerdem ist der Baubetrieb der Stauferzeit inzwischen besser erforscht und gilt heute als wesentlich leistungsfähiger. Jedenfalls entstand die Pfalz in einem Guss und ohne erkennbar aufeinanderfolgende Bauphasen.

Friedrich Barbarossas mit großem Prunk gefeierter Osterhoftag des Jahres 1180 darf heute als repräsentatives Einweihungsfest der Pfalz gelten, das unter beeindruckender Präsenz aller Großen des Reiches gefeiert wurde. Zwei päpstliche Legaten befanden sich unter den Teilnehmern des in der Chronistik weithin beachteten Ereignisses, dazu fünf Erzbischöfe, sieben Bischöfe, die Äbte der Reichsabteien Fulda und Hersfeld, fünf Herzöge, zwei Pfalzgrafen, vier Markgrafen, einundzwanzig Grafen sowie eine große Zahl weiterer Herren und Ministerialen.[455]

Wenigstens 14 Tage dauerte der große Hoftag. Schätzungen gehen davon aus, dass mehrere Tausend Personen das Ereignis miterlebten. Da die Pfalz selbst nur dem Kaiser und den hochrangigen Besuchern samt deren Gefolge Platz bot, wurde wahrscheinlich eine Zeltstadt angelegt, die die ganze Kinziginsel umfasste. Neben den Feierlichkeiten wurde reichsgeschichtlich Bedeutsames verhandelt: Die berühmte Gelnhäuser Urkunde wurde ausgefertigt, sie verfügte nach der Absetzung Heinrichs des Löwen die Teilung seines ehemaligen Herzogtums Sachsen zwischen dem Erzbischof Philipp von Köln und Graf Bernhard von Anhalt.[456] Eine Reihe weiterer Privilegien ergingen, unter anderem an den Landgrafen Ludwig III. von Thüringen, der zugleich als neuer sächsischer Pfalzgraf zur militärischen Bekämpfung Heinrichs des Löwen entsandt wurde – eine Reichsheerfahrt nach Sachsen wurde ebenfalls beschlossen.

Den staunenden Besuchern wurde bei diesem Großereignis ein neuer Pfalzbau vor Augen geführt, wie er kaum besser staufische Macht demonstrieren konnte. Eine mächtige Ringmauer aus kantig vorspringenden Buckelquadern umschloss die Kernburg, die durch eine zweischiffige Torhalle betreten wurde. Von ihr führten seitliche Treppenaufgänge in die Kapelle im oberen Stockwerk der Torhalle und direkt in den Palas. Südlich der Torhalle erhob sich ein ursprünglich 26 Meter hoher Wehrturm aus kräftigen Buckelquadern mit fast vier Meter starken Mauern. Auf der nördlichen Seite der Torhalle schloss sich der repräsentative Palas an, von dem heute nur noch der untere Teil der Hoffassade erhalten ist. Auf einer 30 mal 15 Meter großen Grundfläche befanden sich über einem Keller zwei Stockwerke, deren Portal und Fensterarkaden mit Doppelsäulen und Kapitellschmuck die Bedeutung des Baues jedermann sichtbar machten. Die Handwerker für den Bau und die reichlich vorhandene Bauplastik kamen vermutlich aus dem Elsass oder aus Südfrankreich; sie sind zur selben Zeit auch bei anderen Bauten der Wetterau nachzuweisen. Im ersten Stockwerk dürften sich die Schlaf- und Arbeitsräume des Kaisers befunden haben, ein östlich anschließender Saal diente kleineren Empfängen. Schmuckplatten und Säulen von einem Kamin zeigen, dass dieser Bereich auch heizbar war. Im Obergeschoss befand sich ein einziger großer Saal, der mindestens 300 Personen aufnehmen konnte. Man kann sich vorstellen, dass hier in größerer Öffentlichkeit vor allen Teilnehmern des Hoftages die vorher im kleinen Kreis gefassten Beschlüsse verkündet und die ausgestellten Urkunden verlesen und feierlich übergeben wurden.

Vom Osterhoftag 1180 an wurde die Pfalz regelmäßig für den Aufenthalt auf der Durchreise, aber auch für größere Reichsversammlungen genutzt. Sämtliche staufischen Könige und Kaiser hielten sich hier häufig auf. Bis zu Konrad IV. (1237–1254) sind insgesamt 30 Königsaufenthalte nachweisbar. Besonders oft war Heinrich VI. in Gelnhausen. Häufig privilegierte er die Stadt, in der er möglicherweise einen Teil seiner Kindheit und Jugend verbrachte. Eine Formulierung »singulari ipsius loci amore inducti« in einer Urkunde für Gelnhausen von 1190 lässt den Ort als seine Lieblingspfalz erscheinen.[457]

Niedergang und Verfall

Mit dem Ende der Staufer begann der Niedergang der Pfalz in Gelnhausen. (Gegen)-König Wilhelm von Holland belagerte 1250 erfolglos die wehrhaften Mauern. Eine von ihm in der Pfalz ausgestellte Urkunde belegt seinen Aufenthalt für das Jahr 1255. Bis zu Maximilian I. (1486–1519) ließ die Besuchsfrequenz stark nach. Sämtliche spätmittelalterliche Könige zusammen kommen nur noch auf zehn Aufenthalte, bei denen es nur um nachrangige Rechtsgeschäfte ging. Die großen Ereignisse fanden nun in den Städten statt.

Daher zeichnete es sich bereits ab, dass sich die enge Bindung an das Reich mit den damit verbundenen Privilegien der Reichsunmittelbarkeit lockerte. Einzelne der Pfalz zugeordnete Güter wurden ab dem Ende des 13. Jahrhunderts als Lehen vergeben. Streitigkeiten um die Übernahme von Bau- und Unterhaltslasten lassen einsetzenden Verfall erkennen; das Interesse der Burgmannen am Erhalt ihrer Burgsitze ließ nach. Mit König Ludwig dem Bayer (1314–1347) begann eine Serie von Verpfändungen von Stadt und Pfalz, deren Nutzung bis zur Rückzahlung einer Geldsumme einem Kreditgeber überlassen wurde. Kurpfalz und Grafschaft Hanau teilten sich zunächst die Pfandschaft, ab 1746 hatte das Großherzogliche Haus Hessen-Kassel sämtliche Pfänder erworben. Das Reich nahm sein Recht zur Wiedereinlösung nie mehr wahr, der Kredit wurde nicht zurückgezahlt, und Gelnhausen verblieb im Besitz der Großherzoge. Mit dem Reichsdeputationshauptschluss von 1803 wurde die Pfandschaft Hessen-Kassels in einen Erbkauf umgewandelt. Damit erlosch die schon lange nur noch als Rechtsfiktion bestehende Zugehörigkeit von Pfalz und Stadt zum Reich endgültig.

Der Bau selbst verfiel immer mehr. Im Dreißigjährigen Krieg wurde Gelnhausen 1634 von spanischen Truppen erobert. Die Folgen schildert der aus Gelnhausen stammende Hans Jakob Christoffel von Grimmelshausen (1621–1676) im XIX. Kapitel des I. Buches seines Simplicissimus: »Da es tagete, fütterte ich mich wieder mit Weizen, begab mich zum nächsten auf Gelnhausen und fand daselbst die Tore offen, welche zum Teil verbrannt und jedoch noch halber mit Mist verschanzt waren. Ich ging hinein und konnte keines lebendigen Menschen gewahr werden, hingegen lagen die Gassen hin und her mit Toten überstreut, deren etliche ganz, etliche aber bis aufs Hemd ausgezogen waren. Dieser jämmerliche Anblick war mir ein erschröcklich Spektakul, maßen sich jederman selbsten wohl einbilden kann ...«. Seit 1635 standen von der einst prachtvollen Pfalz nur noch die Außenmauern.

In den Jahren 1736 bis 1749 zog noch einmal Leben in die Pfalz ein. Vielleicht um an den Nimbus vergangener Tage anzuknüpfen, siedelte sich in den notdürftig hergestellten Ruinen ein Zentrum einer freikirchlichen Gruppierung an, zu der ca. zehn Gemeinden in der Wetterau gehörten. Sie standen dem radikalen Pietismus, der französischen Inspirierten-Bewegung und dem Zinzendorf-Umkreis nahe. Ihr Mentor Johann Friedrich Rock ließ sich »Heiliger der Burg« und »König der Inspirierten« nennen.[458]

Während des 19. Jahrhunderts wurden Teile der Mauern abgetragen und als Baumaterial verwendet. Als efeuumrankte Ruine beschrieb sie 1813 der Offizier Max von Schenkendorf (1783–1817), Freiwilliger in den Befreiungskriegen, bei seinem Marsch nach Paris in einem Gedicht:[459]

> Zu Gelnhausen an der Mauer
> Steht ein steinern altes Haupt
> Einsam in dem Haus der Trauer,
> Das der Epheu grün umlaubt.
>
> Und das Haupt, es scheint zu sprechen:
> Starb die ganze deutsche Welt?
> Will kein Mann die Unbill rächen,
> Bis der Erde Bau zerfällt?
>
> Und das Haupt, es scheint zu grüßen
> Fragend uns halb streng, halb mild;
> Laß es uns in Demuth küssen,
> Das ist Kaiser Friedrichs Bild.
>
> Herrlich hat sein Schloß gestanden
> Hier vor langer ferner Zeit,
> Als er nach den Morgenlanden

Zog in Gottes heil'gem Streit.

Rothbart, wie so fest gebunden
Hält ein Zauber dich gebannt?
Fließt hier Blut aus offnen Wunden,
Sind das Thränen an der Wand?

Alter Herr, ich kann dir melden
Reiches, schönes Freudenwort.
Schau, dort zielen viel tausend Helden
In die Schlachten Gottes fort.

Und die Welschen sind geschlagen,
Und es siegt das heil'ge Kreuz,
Wieder kehrt aus deinen Tagen
Lebensfülle, Lebensreiz.

Magst nun dich zur Ruhe legen,
Altes stolzes Kaiserhaupt,
Deine Kraft, dein Waffensegen
Wird uns nimmermehr geraubt!

Bei Schenkendorf erwächst das Interesse an der Ruine vor allem aus dem Interesse an Friedrich I. Barbarossa, der seit den Befreiungskriegen als Sinnbild vergangener und wieder zu gewinnender nationaler Größe gilt.

Ohne einen solch starken nationalen Bezug, aber ähnlich als bewachsene Ruine, nahm auch Johann Wolfgang von Goethe die Mauern wahr, als er kurze Zeit später, am 27. Juli 1814, auf einer Reise von Weimar nach Frankfurt die Pfalz besuchte. Seiner Frau Christiane schrieb er: »Vor diesem Orte Weinberge, sodann dies alte Gehocke, das schrecklicher, nach den letzten Leiden, aussieht als je. Ich besuchte die Burg Kayser Friedrich des Rothbarts. Eine höchste Merkwürdigkeit. Ruine, theilweise noch gut zu erkennen, von festem Sandstein. Säulenknäuse und Wandzierrathen wie von gestern. Würde aber engsinnig, Zierlust ohne Begriff von Verhältnissen. So möcht ich im kurzen das Ganze characterisiren. Um sieben in Hanau. Jene Burg liegt eine viertelstunde von Gelnhausen; was man so nennt ist eigentlich eine Insel, von lebendigem Wasser umflossen. Der alte Kayserliche Pallast nimmt nur einen Theil davon ein. Der übrige Raum ist mit meist schlechten, theils einfallenden, von Juden bewohnten Häusern besetzt. Denn hier ist ein Asyl. Die Insel war nie der Stadt unterworfen, sondern an die Burg Friedberg gekommen. Zeichnete jemand im rechten Sinne die Reste des Pallastes; so gäbe es ein höchst interessantes Blatt«.[460]

Zu dieser Zeit beschäftigte sich schon ein Germanist und Kunsthistoriker mit der Ruine, vermaß und zeichnete seit etwa 1810 die Überreste: Helfrich Bernhard Hundeshagen (1784–1858) war ein Studienkollege Jakob Grimms und lebte in Hanau.[461] Ziel seiner Beschreibung war es nicht nur, die Ruine zu dokumentieren, sondern auch, sie der modernen Kunst und Architektur als Vorbild zu präsentieren. Wie von Schenkendorf bezog sich Hundeshagen stark auf Barbarossa und die vergangene nationale Größe, er stellte seiner Beschreibung der Ruine eine Geschichte Barbarossas und der Staufer voran.

Um den Druck seiner Beschreibung zu finanzieren, sammelte er Subskribenten. Darunter waren profilierte Germanisten wie Jakob Grimm, Achim von Arnim, Wilhelm von Humboldt und Friedrich de la Motte Fouqué, auch bedeutende Sammler mittelalterlicher Kunst wie Sulpiz Boisserée und Ferdinand Franz Wallraf, aber auch viele gekrönte Häupter wie der Herzog von Sachsen Weimar, der König von Württemberg, der Kronprinz von Bayern und der Kronprinz von Preußen. Aus dem Umfeld des Kurfürsten Wilhelm von Hessen-Kassel, in dessen Bereich die Ruine lag, subskribierten zwei seiner Brüder – Karl und Friedrich –, ein Neffe und seine Schwiegertochter Friederike Auguste von Preußen. Auch der Bauverwaltung seines Landes kann die Problematik nicht fremd gewesen sein, denn unter den Subskribenten sind mehrere Baumeister, Ingenieure und Bauinspektoren »zu Cassel« und selbst der Oberbaudirektor.

Trotzdem wurde Anfang des 19. Jahrhunderts ein vollständiger Abbruch der Pfalz diskutiert, bis 1814 dienten die Mauern als Steinbruch. Doch der Kurfürst Wilhelm I. von Hessen-Kassel verbot den Abbruch 1816 per Dekret. Damit zeigte er sich als staatlicher Denkmalschützer »avant la lettre«.

Wiederherstellungsarbeiten fielen in die Jahre 1839 und 1861; nur die Kapelle wurde noch regelmäßig für Gottesdienste der Burggemeinde genutzt. Seit 1926 fanden in der Pfalz Freilichtaufführungen, die »Kaiserspiele«, statt, die dann von den Nationalsozialisten nur zu gerne vereinnamt wurden. Gelnhausen wurde Kulisse von Stücken wie »Und so zerbrach das Reich« (1938), die eine Linie vom mittelalterlichen zum Dritten Reich zogen.[462] Unter der Leitung der Verwaltung der Staatlichen Schlösser und Gärten Hessen begann im 20. Jahrhundert eine gründlichere Sanierung, die sich bis in die letzten Jahre hinzog. Heute vermitteln die Ansätzen der Ummauerung und die hoch aufragenden Mauerreste von Torhalle, Kapelle und Palas noch immer einen guten Eindruck von den einstigen Ausmaßen des Baukörpers. Präsent ist die Erinnerung an Gelnhausen als glanzvolle Stadtpfalz noch immer. Insbesondere Friedrich Barbarossa, dem Stadt und Pfalz Gründung und Aufstieg verdanken, wird regelmäßig (werbewirksam) bemüht – wenn auch ohne den nationalen Bezug der Befreiungskriege. Stolz nennt sich die Stadt »Barabarossa-Stadt«, den Namen des Kaisers tragen Märkte, Hotels, Apotheken und sogar eine Imbissbude (»Barbarossa-Grill«!).

Fazit

Gelnhausen und Goslar verdankten ihren Aufstieg geopolitischen Erwägungen der Staufer bzw. der Salier. Beide wurden innerhalb kurzer Zeit zu Zentren königlicher Macht ausgebaut, die eine feste Stütze im Itinerar bildeten, aber auch die Erinnerung an den abwesenden König konservierten. Goslar kam als Grablege und Sitz des Reichsstifts St. Simon und Judas dabei noch eine besondere Memorialfunktion. Doch schon mit der zunehmenden Verlagerung der Königsaufenthalte in die repräsentativeren Städte verloren beide Pfalzen ihre primäre Funktion. Obwohl die Erinnerung an ihre einstige Bedeutung nie ganz erlosch, drängten doch ab dem Spätmittelalter die Interessen der aufstrebenden territorialen Gewalten und die lokalen Erwägungen bürgerlich-pragmatischer Nutzungsaspekte die Verbindung zum Königtum in den Hintergrund. Mit dem Ende des Alten Reiches erloschen nach Jahrhunderten der Entfremdung auch die letzten

Rechtsbeziehungen zum Königtum. Beide Pfalzen dienten über Jahrzehnte als Steinbruch und standen zu Beginn des 19. Jahrhunderts am Rande des physischen Erlöschens. Beide gerieten jedoch auch in den Sog der Wiederentdeckung vergangener nationaler Größe während des langen 19. Jahrhunderts.

Eine phasenverschobene Rememorialisierung führte dabei zu unterschiedlichen Ergebnissen. Gelnhausen wurde bereits während der Befreiungskriege unter dem Eindruck einer romantisch geprägten Nationalbewegung mit den Vorstellungen einer Wiederkehr des Reiches verbunden. Wiederbelebungsmaßnahmen im Sinne Hundeshagens scheinen jedoch wie die Ideale der gescheiterten Revolution von 1848 in einem rudimentären Konservierungsprogramm stecken geblieben zu sein. Dies gestattete immerhin im 20. Jahrhundert eine grundlegende Restaurierung unter denkmalschützerischen Gesichtspunkten. Heute liefert die Pfalz einen Beitrag zur alltäglichen Präsenz des Nachlebens Friedrich Barbarossas in Gelnhausen. Wesentlicher Träger dieses Nachlebens scheint dabei aber eher die Erinnerung an die reichsstädtische Vergangenheit, die zur bürgerlichen Identität mehr an historischen Wurzeln beiträgt als die auch touristisch eher randständig instrumentalisierte Pfalz.

Die verfallenen Mauern der Kaiserpfalz in Goslar gerieten dagegen wesentlich später in den Fokus einer nach historischen Vorbildern suchenden nationalen Tagespolitik. Ihre Rememorialisierung erfolgte in der Reichsgründungsphase und den ersten Jahren des Kaiserreiches. Von Beginn der Restaurierungsmaßnahmen wurde Goslar zum nationalen Symbol konkreter Wiedererstehung des Reiches unter nun hohenzollernschem Vorzeichen. Die Rekonstruktion geriet in der Monumentalität der Gebäude und in der historisierenden Innenausstattung durch Wislicenus tatsächlich mehr zu einem nationalpathetischen Hohenzollerndenkmal als einem Erinnerungsort mittelalterlichen Königtums. De facto aber trägt der tourismusfördernde Status der Goslarer Pfalz als UNESCO-Weltkulturerbe dazu bei, dass die überwiegende Mehrheit der Besucher sich in dem Ensemble in seiner heutigen Gestalt in einem echten Mittelalter-Ort wähnt. Die besondere Funktion solcher mittelalterlicher historischer Projektionsflächen während und nach der Reichsgründung ist heute schon wieder eher ein Fall für die Geschichtswissenschaft als für das öffentliche Bewusstsein. Hier deuten sich neue Erinnerungsbrüche an.

Allgemeine und gekürzt zitierte Literatur zu den Pfalzen Goslar und Gelnhausen

BENNO VON OSNABRÜCK ALS ARCHITEKT, Ein Bildband zum 900. Todestag von Bischof Benno II., Bramsche 1988.
Wilhelm BERGES, Geschichte des Werla-Goslarer Reichsbezirkes vom 9. bis zum 11. Jahrhundert, in: Deutsche Königspfalzen, Göttingen 1963 (Veröffentlichungen des Max-Plank-Instituts für Geschichte, 11, 1), S. 113–157.
Caspar EHLERS, Die Anfänge Goslars und das Reich im 11. Jahrhundert, in: Deutsches Archiv 53 (1997), S. 45–97.
Domkirche – Ehemalige Stiftskirche St. Simon und Juda, in: Helga WÄSS, Form und Wahrnehmung mitteldeutscher Gedächtnisskulptur im 14. Jahrhundert, 2 Bde., Berlin 2006, Band 2: Katalog ausgewählter Objekte vom Hohen Mittelalter bis zum Anfang des 15. Jahrhunderts.
Monika ARNDT, Die Goslarer Kaiserpfalz als Nationaldenkmal. Eine ikonographische Untersuchung, Hildesheim 1976.
Bernd SCHNEIDMÜLLER, Reichsnähe – Königsferne. Goslar, Braunschweig und das Reich im späten Mittelalter, in: Niedersächsisches Jahrbuch für Landesgeschichte 64 (1992), S. 1–54.
DERS.: Das Goslarer Pfalzstift St. Simon und Judas und das deutsche Königtum in staufischer Zeit, in: Geschichte der Region, FS Heinrich Schmidt, Hannover 1993, S. 29–53 (http://archiv.ub.uni-heidelberg.de/volltextserver/12005/1/Schneidmueller_1993_Goslarer_Pfalzstift.pdf, 1.8.2013).
Dieter WIDMANN, »Küche des Kaisers« oder »Rebellennest des Reichs«? Sachsen und das Reich im Mittelalter im Spannungsfeld von Geschichte und Geschichtsbewusstsein, Hamburg 2000 (Studien zur Geschichtsforschung des Mittelalters 12).
Günter BINDING, Deutsche Königspfalzen. Von Karl dem Großen bis Friedrich II. (765–1240), Darmstadt 1996.

Ludwig BICKELL, Die Bau- und Kunstdenkmäler im Regierungsbezirk Kassel, Bd. 1: Gelnhausen, Marburg 1901.

Günther BINDING, Pfalz Gelnhausen. Eine Bauuntersuchung, Bonn 1965 (Abhandlungen zur Kunst-, Musik- und Literaturwissenschaft 30).

Thomas BILLER, Kaiserpfalz Gelnhausen, Regensburg 2000 (Edition Staatliche Schlösser und Gärten in Hessen 7).

Joachim EHLERS, Zur Datierung der Pfalz Gelnhausen, in: Hessisches Jahrbuch für Landesgeschichte 18 (1968), S. 94–130.

Harald KELLER, Gelnhausen im Rahmen staufischer Stadtbaukunst, in: Geschichte und Verfassungsgefüge. Frankfurter Festgabe für Walter Schlesinger, Wiesbaden 1973 (Frankfurter Historische Forschungen 5), S. 90–112.

Karl NOTHNAGEL, Staufische Architektur in Gelnhausen und Worms, Göppingen 1971 (Wormsgau, Beihefte 25).

Tobias PICARD, Königspfalzen im Rhein-Main-Gebiet: Ingelheim – Frankfurt – Trebur – Gelnhausen – Seligenstadt, in: Heribert MÜLLER (Hg.), »... Ihrer Bürger Freiheit«. Frankfurt am Main im Mittelalter. Beiträge zur Erinnerung an die Frankfurter Mediaevistin Elsbet Orth, Frankfurt 2004 (Veröffentlichungen der Frankfurter Historischen Kommission 22), S. 19–73.

Fred SCHWIND, Gelnhausen. Königspfalz und Pfalzstadt in der staufischen Wetterau, in: Karl-Heinz RUESS (Hg.), Staufische Pfalzen, Göppingen 1994 (Schriften zur staufischen Geschichte und Kunst 14), S. 67–98.

Fred SCHWIND, Reichsstadt und Kaiserpfalz Gelnhausen, in: Blätter für Deutsche Landesgeschichte 117 (1981), S. 73–95.

Peter TAUBER, Gelnhausen im Mittelalter. Bibliografie. 3. überarbeitete Fassung, in: Gelnhäuser Geschichtsblätter 2006, S. 37–68.

Thyll WARMBOLD, Gestalt und Funktion der Goslarer Pfalz zur Blütezeit der Salier, in: Concilium medii aevi 9 (2006) S. 89–102 (http://cma.gbv.de/dr,cma,009,2006,a,05.pdf).

Die Stadt Konstanz – Kontinuität, Wandel und Erinnerung

Frank Meier

Das mittelalterliche Stadtrecht – mehr als Gemeindefreiheit

Jeder vermeint zu wissen, was eine mittelalterliche Stadt ist. Von hohen Mauern umgeben, bewehrt mit zahlreichen Türmen, lässt die dichte Bebauung kaum Raum. Nur wenige Tore regeln den Zugang. Liebevoll renoviertes Fachwerk allenthalben verstellt den Blick auf die im Mittelalter weit weniger romantische Wirklichkeit. Die vielfältigen Gerüche und der Gestank der engen Gassen fehlen. Die sozialen Differenzen zwischen den Bewohnern der Schlossallee und der Badstraße, um einmal Beispiele aus dem Monopoly-Spiel zu zierten, waren weitaus größer als heute. All das kann man heute nicht mehr auf einem Stadtrundgang durch eine alte europäische Stadt erfahren.

Jedoch hatte eine mittelalterliche Reichsstadt vor allem eines jeder heutigen Stadt voraus – nämlich das Markt- bzw. Stadtrecht, an das zahlreiche Freiheitsrechte geknüpft waren, und das Städte von Siedlungen unterscheidet: das Recht, ein eigenes Gericht abzuhalten und einen eigenen Stadtrechtsbezirk auszuweisen, das Recht, eigene Münzen zu schlagen oder das Recht, eigene Außenpolitik zu betreiben. All diese Rechte liegen heute beim Staat. Das Grundgesetz kennt in Artikel 28 nicht einmal mehr den Begriff der Stadt, sondern nur noch den der Gemeinde. Zwar haben alle Gemeinden innerhalb der vertikalen Gewaltenteilung nach Artikel 20 bzw. Artikel 79 des Grundgesetzes eine mehr oder weniger stark ausgebaute kommunale Selbstverwaltung, diese ist jedoch bestenfalls in Ansätzen mit mittelalterlichen Stadtrechten vergleichbar. Denn es ist nicht die schiere Größe einer Siedlung, sonst wäre die Wikingersiedlung Haithabu bei Schleswig auch eine Stadt, es sind auch nicht die differenzierte Einwohnerschaft oder die besonderen Gebäude, die ein Dorf zur Stadt werden lassen – sondern, wie bereits erwähnt, das eigene Recht. Wirtschaftshistorische, soziologische oder kunsthistorische Versuche, das europäische Phänomen Stadt zu beschreiben, gehen daher in die Irre oder greifen zu kurz: Die mittelalterliche Stadt war mehr als »eine größere Ansiedlung von Menschen« (Werner Sombart), mehr als »ein größerer Wohnplatz als das Dorf […], wo Verkehr, Handel, Gewerbe und weitere Arbeitsteilung Platz gegriffen hat« und »der auf seiner Gemarkung nicht mehr genügend Lebensmittel für alle seine Bewohner baut« und lediglich »den wirtschaftlichen, verwaltungsmäßigen und geistigen Mittelpunkt seiner ländlichen Umgebung bildet« (Gustav Schmoller) und mehr als »eine lokale Siedlungsform des großen sozialen Kreises« (Paul Sander). Die Aufgaben mittelalterlicher Städte gingen weit über die »Versorgung des Landes mit gewerblichen Produkten im Austausch gegen Subsistenzmittel« hinaus (Adam Smith).[463] Allein rechtshistorische Definitionen greifen: »Bürger und Bauer scheidet die Mauer« (Fritz Rörig). Das ist grundsätzlich richtig, sofern man die sogenannte Bannmeile als Geltungsbereich des mittelalterlichen Stadtrechts mit einbezieht, welches die Stadt als Insel bürgerlicher Freiheiten vom feudalen Umland schied. Selbst die heute verfassungsrechtlich als Länder bezeichneten ehemaligen Stadtstaaten bzw. Hansestädte haben die bedeutendsten ihrer alten Freiheitsrechte verloren.

Kontinuität als Siedlungsplatz: Vom keltischen Dorf zur Reichsstadt

Der Erinnerungsort Stadt besitzt nur Kontinuität als Siedlungsplatz, wie das Beispiel Konstanz zeigt. Die zwischen Seerhein und Bodensee gelegene Stadt Konstanz wurde bereits gegen Ende des zweiten Jahrhunderts v. Chr. von den Kelten besiedelt. Eine römische Siedlung ist seit dem ersten Jahrhunderts v. Chr. auf dem Münsterhügel archäologisch nachgewiesen. Die »Geographike Hyphegesis« des Claudius Ptolemaeus (um 160 n. Chr.) erwähnt einen Ort namens *Drusomagus* (Ptolem. Geogr. 2,12,3), der von einigen Wissenschaftlern mit dem heutigen Konstanz in Verbindung gebracht wird.[464] Die aus Steinbauten bestehende Siedlung wurde im 3. Jahrhundert nach Auskunft archäologischer Quellen zweimal befestigt. Um 300 wurde Konstanz nach dem Fall des obergermanisch-rätischen Limes Grenzstadt. Im Rahmen der linksrheinischen Grenzbefestigung, dem Donau-Iller-Rhein-Limes, entstand im 4. Jahrhundert eine mächtige spätrömische Festungsanlange mit Mauer und Eckturm, die selbst noch im 10. Jahrhundert den Einfall der Ungarn abwehren konnte. Das spätrömische Steinkastell Constantia diente der Abwehr der Alamannen und sicherte den Rheinübergang.[465] Nach dem Abzug der Römer zog um 585 Bischof Maximus aus Vindonissa (heute Windisch) in das stark befestigte Konstanz. Die Stadt begann ihren Aufstieg also nicht als Handels- oder Verkehrszentrum, sondern als Bischofsstadt.

Bis in das 10. Jahrhundert zerfiel die *civitas* Constantia in einzelne offene Siedlungszentren, die erst bis zur ersten Hälfte des 13. Jahrhunderts zu einem räumlichen Gebilde zusammenwuchsen.[466] Die sogenannte Bischofsburg innerhalb der spätrömischen Kastellmauern schützte die Domkirche, die Wohnungen des Bischofs und der Domkleriker, sowie zahlreiche Häuser von Laien. Daran wurde in nordwestlicher Richtung zum Seerhein hin die Niederburg für die hörigen Handwerker des Bischofs errichtet. Vor dem Dombezirk an der alten, auf römische Ursprünge zurückgehenden, südwärts führenden Straße lag seit dem 7. Jahrhundert die Pfarrkirche St. Stephan. Südlich schloss sich der bischöfliche Fronhof Stadelhofen an.[467] Zwischen Bischofsburg und Fronhof dehnte sich die aus dem grundherrlichen Gebiet des Stadtherrn ausgeschiedene Marktsiedlung aus, die in ihren Anfängen bis in die Zeit Bischof Salomos III. (890–919) datiert wird. Diese zweite Stadterweiterung lässt sich auf den seit der ersten Hälfte des 10. Jahrhunderts entstandenen Markt vor der Kirche St. Stephan zurückführen. Der Platzmarkt dürfte bis zur Mitte des 12. Jahrhunderts weitgehend bebaut gewesen sein. Diese erneute Erweiterung der Bischofsstadt wurde nur teilweise mit einer Mauer umschlossen, weil zum See hin das sumpfige Vorflutgebiet einen natürlichen Schutz bot. Seit dem 10. Jahrhundert war dank Bischof Konrad ein ganzer Kirchenkranz entstanden. Vor der Stadtmauer des 12. Jahrhunderts wurde der Obermarkt gegründet, der die Funktion des alten Marktes vor St. Stephan übernahm. Mit der in der ersten Hälfte des 13. Jahrhunderts angelegten Marktstätte verlagerte sich der Marktverkehr allmählich über die Kanzleistraße auf den neuen Straßenmarkt hin. Eine Mauer umschloss nun diese Bezirke unter Einschluss der Pfarrkirche St. Paul. An dieser dritten Stadterweiterung hatte bereits die Bürgerschaft maßgeblichen Anteil.[468] Ihre Rolle in der Stadtgeschichte wuchs mit dem Anwachsen der Märkte und des Handels. Sie sollte auch die weitere Stadtplanung prägen.

Heraus stach die städteplanerische Leistung des Konstanzer Patrizier Heinrich in der Bünd, der 1252 seinen zu Eigentumsrecht besessenen Obstgarten in 24 Parzellen mit fest umrissenen Grenzen einteilte und dieses als Zinslehen gegen eine jährliche Abgabe an einzelne Bürger der Stadt zur Bebauung mit Häusern ausgab. Für den Fall des Verkaufes einer Parzelle hatte der Besitzer zunächst die Höhe des ihm genannten Gebotes öffentlich bekannt zu geben und Heinrich das betreffende Grundstück unter einem Abzug von fünf Pfennigen unter dem Gebot zum Vorkauf anzubieten. Somit war sichergestellt, dass die Pächter keine Grundstücksspekulation zu Lasten des Eigentümers betreiben konnten. Beim Weiterverkauf der Parzellen sollten daher auch dieselben Bedingungen der Urkunde vom 18. Juni 1252 gelten.[469] Die Straßenbreiten der ursprünglichen Parzellen sind zum größten Teil noch in der heutigen Neugasse zu sehen. Heinrich in der Bünd fand alsbald Nachahmer. So teilte Konrad Wizlan 1282 sein in der Plattengasse (Wessenbergstraße) gelegenes Grundstück in sechs einzelne Parzellen ein, die er an einzelne Handwerker verpachtete.[470] Die im 10. Jahrhundert südwärts auf dem Moränenrücken bis nach St. Paul vorgeschobene Siedlungsgrenze des hochmittelalterlichen Konstanz schloss das westlich der heutigen Wessenbergstraße gelegene Vorflutgebiet des Bodensees aus, welches nach Auskunft der Schriftquellen erst im beginnenden 13. Jahrhundert schrittweise aufgefüllt und bebaut wurde.[471] Diese sumpfartige Flachwasserzone unterstand unmittelbar der bischöflichen Stadt- und Grundherrschaft, wie aus einer Eintragung des Arboner Stadtrechtsweistums von 1255 hervorgeht, das den an den Konstanzer Bischof zu leistenden Zehnten am Auffülland des Seeufers erwähnt, den die Arboner Bürgerschaft ebenfalls an ihren Leutpriester zu entrichten hatte (*Item dicimus, quod si aree ille, que apud Constantiam sunt implete in lacum, dant decimas, decimas eas similiter debemus dare plebano nostro*).[472] Der Konstanzer Bischof Konrad II. von Tegerfelden blickte in die Zukunft, als er 1217 eine von seinen Amtsvorgängern den Mönchen des Zisterzienserklosters Salem gegebene Baubewilligung für einen Stadthandelshof erneuerte.[473] Die Salemer Mönche errichteten zunächst einen Spundkasten, füllten den See mit Kies auf und bauten auf einem liegenden Rost aus Eichenpfählen eine große Einfriedungsmauer sowie zum Schluss eine Herberge, die 1278 zu Rechtsstreitigkeiten mit den benachbarten Anwohnern führte.[474] Auch bei der bürgerlichen Stiftung des in unmittelbarer Nachbarschaft errichteten Heiliggeistspitals hatte Konrad II. von Tegerfelden seine Hände im Spiel.[475] Letztendlich waren es Bischof und Bürgerschaft, die gemeinsam die Erschließung des Konstanzer Seeufers in Angriff nahmen und das Stadtgebiet erheblich vergrößerten.[476] Dass sie dieses aufwändige Projekt zur Gewinnung von Bauland betrieben, beweist, wie begehrt Bauplätze am See waren und welche große wirtschaftliche Bedeutung die Stadt zu dieser Zeit hatte. Seitdem ist das Seeufer zu einem Kristallisationspunkt bürgerlichen Lebens geworden und bis heute geblieben.

Gebrochene politische Identität: Von der Reichsstadt zur Landstadt

Die politische Entwicklung zeigt indes keine derartige Kontinuität und ließ Konstanz, wie andere Reichsstädte auch, mit dem Ende des Mittelalters in die politische Bedeutungslosigkeit herabsinken. Es waren die Könige, die den Städten umfangreichere Rechte zugestanden als jede neuzeitliche Regierung. Zahlreiche Münzen mit dem Namen Ludwig des Kindes und des Konstanzer Bischofs Salomo III. (890–919) sprechen für die Existenz einer königlich-bischöflichen Münzstätte um die Wende des 9. zum 10. Jahrhundert in Konstanz.[477] Die Abhaltung eines Marktes in der Stadt geht aus zwei Diplomen König Ottos III. hervor, von denen eines 998 für den Reichenauer Abt, das andere ein Jahr später für den Grafen Berthold bestimmt war, und die den Konstanzer *mercatus* bzw. die Konstanzer *moneta* zum Vorbild nahmen.[478]

Bereits zur fränkischen Zeit war es ein Privileg des Königs, das sogenannte Marktregal zu verleihen, das die Abhaltung eines Marktes gestattete. Die karolingischen Herrscher verliehen zusammen mit dem Marktrecht auch das Münzrecht. Zahlreiche Marktrechtsprivilegien, die geistliche und weltliche Herren aus königlicher Hand erhielten, beweisen den hochmittelalterlichen Aufschwung des Handelsverkehrs unter den Ottonen und können als Kern städtischer Freiheiten angesprochen werden, grenzten diese doch ein festumrissenes Gebiet zu eigenem Recht aus, so 908 in Eichstätt, 952 in Osnabrück, 989 in Halberstadt, 1208 in Paderborn oder 1179 in Brixen. In Konstanz besaßen die Marktansiedler bei St. Stephan vollfreies Eigentum als Privileg, wie aus der Radolfzeller Marktrechtsurkunde von 1100 hervorgeht.[479] Das bedeutet, dass etwa mit den Grundstücken, die sie bewohnten, keine Abgaben an den Stadtherren, in diesem Fall den Bischof, verbunden waren. Sie waren damit nicht nur der persönlichen Abhängigkeit, wie sie auf dem Land üblich war, entkommen, sondern auch der finanziellen Abhängigkeit. Wie weit im Einzelfall Marktrechte gehen konnten, beweist die Gründung der Stadt Freiburg durch Herzog Konrad von Zähringen im Jahr 1120. In dieser Urkunde wurde den Kaufleuten nicht nur vollfreies Eigen und Zollerlass in Aussicht gestellt, sondern auch das Recht auf einen eigenen Vogt und zur Aufnahme neuer Bürger zugestanden. Ferner brauchten die Bürger sich an einem Kriegszug der Zähringer nicht länger als einen Tag zu beteiligten.[480]

Die mittelalterlichen Städte wurden zu Inseln persönlicher Freiheit inmitten eines durch die Feudalherrschaft geprägten Umlandes. Der bekannte Ausspruch »Stadtluft macht frei« meint im eigentlichen Sinne frei von Leibeigenschaft.[481] Das Recht auf Freizügigkeit, das uns heute so selbstverständlich erscheint, war im Mittelalter den wenigsten Menschen vorbehalten. Ein aus einer Grundherrschaft entlaufener Bauer konnte in einer Stadt Aufnahme begehren, sofern ihn der Herr nach der alten germanischen Frist von Jahr und Tag nicht fand und die Stadt ihn nicht auslieferte. Dieses Rechtsinstitut der sogenannten Pfahlbürgerschaft wurde seit dem Hochmittelalter zu einem andauernden Zankapfel zwischen Städten und Königen. Die auch Ausbürger genannten Flüchtlinge lebten vor der Stadt in mit Pfählen bewehrten Siedlungen, eher Slums. Mehrere Reichsgesetze aus dem 13. Jahrhundert verboten den Städten die Aufnahme von Pfahlbürgern. Kaiser Karl IV. wiederholte das Verbot in der Goldenen Bulle von 1356.[482]

Immer wieder gelang es Stadtherren und in der Folge Stadträten, sich alte Unabhängigkeitsrechte erneut verleihen zu lassen. Die eigentliche Marktrechtsurkunde ist für Konstanz nicht überliefert. Jedoch nimmt das bereits erwähnte Reichenauer Marktrecht für Radolfzell aus der Zeit um 1100 auf »die Gerechtigkeit und Freiheit von Konstanz, die im Marktrecht besteht« ausdrücklich Bezug.[483] Und es sind genau diese Besitzungen, Rechte und Freiheiten, die Kaiser Friedrich I. Barbarossa 1155 dem Bischof Hermann von Konstanz bestätigte, darunter die Rechte an Markt und Münze *(in mercato et moneta)*, Hafen und Zoll *(in portu et theleoneo)* sowie die Grenzen zu den umliegenden Bistümern Augsburg, Würzburg, Speyer, Straßburg, Basel und Lausanne, die Grenzen des dem Bischof zinspflichtigen Gebietes Bischofshöri mit dem Verbot jeglicher Veräußerung dortigen Grundbesitzes ohne Zustimmung des Bischofs, die Grenzen des Arboner Forstes, die zur Herrschaft des Bischofs gehörigen und namentlich angeführten Besitzungen, die Güter des Domkapitels und den bischöflichen Forst zu Höri in den genannten Grenzen, verbietet die Einsetzung von Untervögten und legt fest, dass er sowie seine Nachfolger die Stadt Konstanz nur dann betreten und von ihr die festgesetzten Servitien [eine einmalige Gebühr, die von Prälaten bei ihrer Bestätigung durch den Papst zu entrichten war] fordern werden, wenn der Bischof dies wünsche, oder wenn dies wegen des Gebetes oder des Itinerars nötig sei.[484] Auf einem Hoftag in Konstanz bestätigte Friedrich I. Barbarossa 1179 ferner, dass die Schifffahrt auf dem Bodensee seit alters her frei gewesen und auf Verlangen etlicher geistlicher und weltlicher Herren wieder in diesen Zustand versetzt worden sei, nachdem er sie dem Grafen Rudolf von Pfullendorf zu Lehen gegeben hatte.[485]

Die Konstanzer Bischöfe besaßen somit Rechte an Markt und Münze, Hafen und Zoll. Im Überschwemmungsgebiet des Sees konnten die geistlichen Stadtherren also ein Hafenrecht an der Schiffslände beanspruchen. Dieses Strom- und Schifffahrtsregal erlaubte zugleich die Neuordnung des tiefen Ufergebietes, etwa durch Verlegen der Landestelle für Schiffe.[486] Der aus dem Anfang des 12. Jahrhunderts stammende Koblenzer Zolltarif erwähnt unter den Städten des Oberrheins auch Konstanz und belegt ebenso wie das Güterverzeichnis von Allerheiligen den regen Schifffahrtsverkehr auf Bodensee und Rhein.[487]

Im beginnenden 13. Jahrhundert entstand ein vom Bischof unabhängiger Stadtrat, der nicht in der Bischofsburg unter stadtherrlicher Aufsicht zusammentrat, sondern in Ratsstuben in den bürgerlichen Stadterweiterungsgebieten. Nach dem Konstanzer Chronisten Gebhard Dacher »ist das erst rauthus gewesen zu der tulen in niderburg« (Haus zur Tule (Dole) = Konradigasse 2), in dem der 1212 erstmals erwähnte Rat bis 1260 tagte. Die zweite Ratsstube befand sich nach Dacher »uff ringportetor« (in der Nähe des inneren Paradiestors) und »das dritt rauthus uff dem wasser an dem vischmarkt do es dan noch ist« (Fischmarkt).[488] Dieses Ratshaus auf der Ringmauer im See begegnet 1301 in einer Urkunde als *domus maioris consilii Constantiensis*.[489] Den Abschluss der baulichen Machtdemonstration der Bürgerschaft bildete die »mure in dem see«, als dessen Abschluss 1388 das große Kaufhaus am Hafen gebaut wurde.[490] Mit Heiliggeistspital, Rathaus und Kaufhaus war das neue bürgerliche Machtzentrum zwischen Marktstätte und Fischmarkt am See komplett.

Doch das ausgehende 14. Jahrhundert leitete bereits die Wende der Konstanzer Eigenständigkeit ein. Denn die territorialen Ansprüche mächtiger Adelsgeschlechter stellten die größte Gefahr für die städtischen Freiheiten dar. Daher schlossen die schwäbischen und rheinischen Städte in Konstanz am 21. Februar 1385 ein Bündnis, das sich unter anderem gegen Habsburg richtete. Diesem sogenannten Konstanzer Bund traten auch die eidgenössischen Städte Zürich, Zug, Solothurn und Bern bei. Am 9. Juli 1386 besiegten die eidgenössischen Talgemeinden das Ritterheer Herzog Leopolds III. von Österreich und seiner Verbündeten bei Sempach ohne Konstanzer Beteiligung. Mit dem Ausscheiden Habsburgs als Machtfaktor im Bodenseeraum erwuchs den Konstanzern in der Eidgenossenschaft eine neue Gefahr für Freiheit und Unabhängigkeit. Zunächst aber wurde die Stadt als Mitglied des Schwäbischen Städtebundes in den großen Städtekrieg gegen Graf Eberhard II. von Württemberg und Friedrich von Bayern hineingezogen. Am 23./24. August 1388 unterlagen die Städte in der

Schlacht bei Döffingen nahe Weil der Stadt südwestlich von Stuttgart dem Adelsheer. Immerhin gelang es Konstanz und den anderen schwäbischen Städten durch einen Separatfrieden mit den Fürsten am 15. August 1389 ihre Unabhängigkeit zu wahren. Konstanz wechselte die Seiten und schloss am 31. Oktober 1393 mit den österreichischen Herzögen Albrecht, Wilhelm und Leopold ein auf sieben Jahre angelegtes Bündnis, indem sich die Stadt verpflichtete, den Habsburgern in ihren Herrschaftsgebieten, etwa im Thurgau, im Aargau sowie in Churwaldchen und in Feldkirch beizustehen, was den Konflikt mit der Eidgenossenschaft unausweichlich werden ließ. Denn die Appenzeller Bauern hatten 1379 dem Abt von St. Gallen die Huldigung verweigert, der wiederum seit 1392 mit Herzog Leopold IV. von Österreich verbündet war, den gerade die Konstanzer zu unterstützen versprochen hatten. Die Appenzeller ersuchten in dieser Situation um Hilfe bei der Eidgenossenschaft. Am 15. Mai 1403 besiegte das vereinigte Heer der Appenzeller und Schwyzer in der Schlacht am Vögelinsegg das Konstanzer Aufgebot. Mit dieser Niederlage war auch die österreichische Landgrafschaft Thurgau gefährdet. Im August und im September unternahmen die Appenzeller einen Kriegszug bis vor die Mauern von Konstanz. Konstanz schloss daraufhin am 27. Oktober 1407 ein Bündnis mit der Rittergesellschaft St. Jörgenschild in Schwaben. Am 13. Januar 1408 gelang es dem vereinigten Adelsheer, die Appenzeller vor Bregenz zu schlagen und zum Frieden zu zwingen.[491] Die Verwicklung der Stadt in den Alten Zürichkrieg (1443–1450) sowie in den Plappartkrieg (1458) und die Eroberung des Thurgaus (1460) durch eidgenössische Truppen schwächte Konstanz in wirtschaftlicher wie politischer Hinsicht. Im Dezember 1499 trat Konstanz in den Schwäbischen Bund ein, einen auf Veranlassung Kaiser Friedrichs III. gegründeten Zusammenschluss südwestdeutscher Reichsstände. 1499 kam es zu kriegerischen Auseinandersetzungen mit der immer stärker werdenden Eidgenossenschaft. Das weit überlegene Heer des Schwäbischen Bundes unterlag in der Schlacht beim Schwaderloh, unmittelbar vor den Toren von Konstanz, dem eidgenössischen Aufgebot. Durch den endgültigen Verlust eines großen Teils des heutigen Thurgaus, der sogenannten Bischofshöri, wurde Konstanz Grenzstadt zur Schweiz und ist es bis heute geblieben.[492]

1527 hielt die Reformation Einzug in der Bischofsstadt. Der Bischof floh nach Meersburg. Im Rahmen der Gegenreformation verlor Konstanz 1548 seine reichsstädtischen Freiheiten und wurde nach Vorderösterreich eingegliedert.[493] Der Dreißigjährige Krieg schwächte Konstanz erneut, auch wenn die Schweden 1633 die Stadt nicht erobern konnten. Der Westfälische Frieden führte 1648 zum endgültigen Ausscheiden der Schweiz aus dem Reichsverband und bestätigte auch die Außengrenze der Schweiz gegenüber Konstanz. Napoleon war es schließlich, der die alte Reichsstadt zur badischen Landstadt degradierte, was sie bis heute geblieben ist. 1821 wurde zudem der Bischofssitz aufgehoben. Der Wiener Kongress verhinderte 1815 dann die Bestrebungen des Thurgauer Landammans Joseph Anderwert, Konstanz in die Eidgenossenschaft einzubeziehen. Als letzten Rest der einstigen Vogtei Eggen im Thurgau konnte sich die Stadt im Staatsvertrag von 1831 mit der Schweiz jenseits der Grenze das sogenannte Tägermoos sichern, welches bis heute an die ehemalige Ausdehnung des bischöflich-stadtherrlichen Gebietes erinnert.[494] In diesem Gebiet teilen sich noch heute die Stadt Konstanz und die Schweizer Gemeinde Tägerwilen die kommunalen Aufgaben – ein besonderes verwaltungsrechtliches Konstrukt, das die mittelalterlichen Wurzeln der Territorien bis in die heutigen Straßenschilder sichtbar werden lässt.

So war es vor allem das Paktieren zwischen Eidgenossenschaft und Reich, welches Konstanz in kriegerische Händel mit den Eidgenossen verwickelte, die letztendlich zum politischen Niedergang führten. Auch andere Gründe für den Niedergang der Stadt lassen sich ausmachen, auch wenn diese weit weniger entscheidend waren. So wurde Konstanz, wie andere Städte und Regionen auch, zwischen 1439 und 1611/12 von Pestepidemien heimgesucht, die zahlreiche Todesopfer forderten.[495]

Handel und Wandel: Konstanz als Fernhandelsstadt

Das berühmte Spielmannslied »Vom Schneekind« aus der Zeit um 950 n. Chr. beweist neben archäologischen Funden, dass Konstanz bereits seit der Mitte des 10. Jahrhunderts als Fernhandelsstadt mit dem

Mittelmeerraum verknüpft war. In dem Lied wird von einem »Schwab aus Konstanz« berichtet, der mehrfach die Levante bereiste und dabei seinen Sohn, das angeblich vom Schnee gezeugte Kind seiner betrügerischen Ehefrau, in die Sklaverei verkaufte.[496] Vierhundert Jahre später begegnet uns Konstanz als »global player« als einer der drei Hauptorte der »Großen Ravensburger Handelsgesellschaft«, die zwischen 1380 und 1530 bestand. Die Humpiß aus Ravensburg, die Mötteli aus Buchhorn (Friedrichshafen) und die Muntprat aus Konstanz schlossen sich zusammen, um Leinen und Barchent gewinnbringender zu vermarkten, die Kosten im Handel zu senken und die Konkurrenz untereinander zu unterbinden. Zahlreiche ausländische Gelieger (Handelsniederlassungen) wurden gegründet.[497] Doch durch die zunehmende Verlagerung der Handelswege nach der Entdeckung Amerikas auf das Meer schwanden die Gewinne im kostenintensiven Landhandel. Viele Kaufleute der Gesellschaft zogen sich aus dem Handelsgeschäft zurück und erwarben Landgüter außerhalb der Stadt. Als sich schließlich nicht mehr genügend Gesellschafter zur Erneuerung der auf Zeit geschlossenen Gesellschaftsverträge bereitfanden, ging die Gesellschaft 1530 sang- und klanglos unter.[498] Den Zeitraum zwischen 1300 und 1400 bezeichnete daher Hektor Ammann mit Recht als »die große Zeit der oberdeutschen Wirtschaft und des Handels«.[499] Den modernen Kapitalgesellschaften gehörte die Zukunft. Die breit aufgestellten mittelalterlichen Handelsgesellschaften hatten sich überlebt. Aber auch die Fugger konnten ihr Familienhaus mit ihrer starken Anbindung an die Habsburger auf dem Banken- und Handelssektor letztendlich nicht länger am Leben erhalten als die Gesellen der Ravensburger Handelsgesellschaft zuvor. So hat jede Zeit ihre speziellen Organisationen auf dem Gebiet der Wirtschaft. Der historische Roman »Der junge Herr Alexius«, in dem Otto Rombach das abenteuerliche Leben des Ravensburger Kaufmanns Alexius Hilleson auf seinen zum Teil fiktiven Reisen durch Europa schilderte, knüpft an die Mühen und Gefahren an, die mittelalterliche Kaufleute auf sich nahmen. In Ravensburg selbst erinnern bis heute hin viele Bauten, Wappen und Straßennamen an die Zeit dieser bedeutenden Handelsgesellschaft. Im jährlichen Rutenfestumzug ziehen auch Kostümgruppen mittelalterlicher Kaufleute durch die Stadt. Im restaurierten Humpisquartier ist der Ravensburger Handelsgesellschaft eine eigene Ausstellung gewidmet.[500] Ravensburg hält so in seiner Erinnerungstradition die Zeit als Handelsstadt lebendig, während in Konstanz das 1388 errichtete große »Kaufhaus am Hafen«, welches den Handel mit Italien intensivieren sollte, eher im öffentlichen Bewusstsein als »Konzilsgebäude« erinnert wird, weil darin 1415 das einzige Konklave auf deutschem Boden stattfand.[501]

An die große Zeit als Fernhandelsmetropole am Bodensee konnte Konstanz nie wieder anknüpfen. Als die Stadt mit dem Bau der Eisenbahn 1863 einen gewissen wirtschaftlichen Aufschwung erlebte, brach sie zugleich entschieden mit ihrem Bild als mittelalterliche Reichsstadt: Wie bei vielen Städten wurde auch in Konstanz die Stadtmauer abgerissen, um Platz für neue Stadtviertel zu schaffen. Auf rechtlicher Seite sah es ähnlich aus: Die neue Gewerbefreiheit, die die wirtschaftliche Entwicklung förderte, war zugleich das Ende der mittelalterlichen Zünfte, die die Stadt geprägt hatten. Erst ein Erinnerungsbruch machte also neues Wachstum möglich.

Einmal und nie wieder: Konstanz als Konzilsstadt

Neben dem spätmittelalterlichen »Konzilsgebäude« hält im modernen Standbild die literarische Figur »Imperia« (nach einer Erzählung Balzacs über eine Kurtisane auf dem Konstanzer Konzil) die Erinnerung an Konstanz als Konzilsstadt wach, als man zwischen 1414 und 1418 das berühmte Konzil in seinen Mauern bergen konnte, mit dem das große abendländische Schisma gelöst wurde. Konstanz kam zu der Ehre, diesen »größten Kongress des Mittelalters« aufzunehmen, weil es von Italien wie von Deutschland aus verkehrsgünstig lag und gut zu erreichen war. Durch die Lage am See und das fruchtbare Umland war auch die Versorgung der über 10 000 Besucher gewährleistet. Die Erfahrungen der Konstanzer mit kaiserlichen Hoftagen, etwa unter Friedrich Barbarossa, boten eine gute Basis für die Ausrichtung des Konzils, ebenso wie die wirtschaftliche Stärke der Stadt. Die vier Jahre des Konzils waren zugleich eine Phase wirtschaftlicher Prosperität – Reiche und Mächtige verkehrten in der Stadt mit ihrem

Gefolge, konsumierten und förderten die Nachfrage nach Luxusgütern. Für die Konstanzer Bürger bildete das Konzil und die logistische Leistung, die für ihre Stadt damit verbunden war, auch weiterhin ein wesentliches Element ihrer Identität. Die »Richental-Chronik« des Konstanzer Bürgers Ulrich Richental stellt die Leistungen der Stadt während der Konzilszeit in den Mittelpunkt und schafft ihnen durch den reich illustrierten Bericht ein bleibendes Denkmal. Für die Erinnerungskultur der Stadtbürger spielt sie eine große Rolle, die so weit geht, dass der Autor der Chronik nicht mehr genannt wird, sondern »Konstanzer Bürger« als Urheber bezeichnet werden. Vielleicht strahlt das Konzil in der Erinnerung der Konstanzer auch darum so hell, weil es nach diesem letzten Höhepunkt mit der Stadt wirtschaftlich und politisch bergab ging. Die Tschechen verbinden jedoch mit Konstanz ein weniger strahlendes Ereignis. Denn das Konzil verurteilte auch den Prager Reformator Jan Hus als Ketzer und ließ diesen berühmten Vorreformator 1415 vor den Toren der Stadt verbrennen. Daran erinnert seit über zweihundert Jahren das Hus-Haus in der Hussenstraße 64.

Fazit

Das Beispiel Konstanz zeigt, dass Europa zwar seit vor- und frühgeschichtlicher Zeit Kontinuität in städtischen Siedlungsplätzen aufweist, die große Zeit der europäischen Stadt als politischer Machtfaktor jedoch Geschichte ist. Daran ändert auch die schiere Größe moderner Städte nichts. Die Fäden der politischen Macht ziehen nationale Regierungen, nicht Kommunalparlamente. Die mittelalterlichen Stadtmauern und Bürgerhäuser sind nichts weiter als Staffage, Hülsen ohne Inhalt. Die städtischen Freiheiten und Rechte sind verschwunden. Der absolutistische Staat hat partikulare Rechte eingeebnet und einen homogenen Untertanenverband geschaffen, das Staatsbürgerrecht sich über singuläre Stadtrechte hinweggesetzt. Und doch ist die moderne Demokratie aus der mittelalterlichen Stadt, der Insel der Freiheit inmitten einer Gesellschaft aus Herren und Knechten, heraus entstanden, der Erinnerungsort »Stadt« für Europa daher bedeutender als jeder andere. Konstanz lediglich als Konzilsstadt in der öffentlichen Erinnerung zu behalten greift also zu kurz. Auch wenn die in der Frühen Neuzeit einsetzende Entwicklung zum modernen Nationalstaat gegenwärtig unumkehrbar scheint, so dürfen auch Formen lokaler politischer Selbstverwaltung nicht vergessen werden.

IV. Kapitel
Zwischen Freiheitstraum und Untergang
Schlachten und Verträge

Glück und Unglück der Sachsen: Marklo an der Weser und Verden an der Aller

Matthias Becher

Die Sachsen sind vor allem wegen ihres zähen Widerstandes gegen Karl den Großen im ausgehenden 8. Jahrhundert ein Begriff. Rund 30 Jahre benötigte der Frankenherrscher, um sie niederzuringen.[502] Große Schlachten wurden in diesem Krieg nur selten geschlagen; vielmehr handelte es sich um ein ungleiches Ringen. Die fränkischen Heere waren den sächsischen Aufgeboten wohl stets überlegen, nicht nur quantitativ, sondern auch nach Bewaffnung und Ausbildung. So verlegten sich die Sachsen auf eine Kampfesweise, die wir heute als Guerillataktik beschreiben würden. Außerdem gingen manche Sachsen auf die fränkischen Forderungen nach Unterwerfung ein. Dennoch flammten die Kämpfe immer wieder auf, was Karl der Große als Verrat interpretierte. Schließlich ordnete er eine drakonische Strafmaßnahme an, um den Widerstand der Sachsen zu brechen: Bei Verden an der Aller wurden angeblich 4500 von ihnen hingerichtet – schon damals eine ungeheure Bluttat. Verden wurde zum Gedächtnisort für den Krieg zwischen Franken und Sachsen und zugleich zu einem Erinnerungsort der deutschen Geschichte. Denn bei aller Grausamkeit schuf die Unterwerfung der Sachsen durch Karl den Großen eine wichtige Voraussetzung für die spätere Geschichte Deutschlands: Mit der Eingliederung der Sachsen in das Frankenreich und ihrer Christianisierung wurden sie schließlich politisch mit anderen Völkern wie den Alemannen und Bayern dauerhaft verbunden, aus denen dank dieser staatlichen Einheit die Deutschen werden sollten. Davon war man um 800 allerdings noch weit entfernt, denn nicht einmal die Sachsen selbst waren ein einheitlicher politischer Verband. Vielmehr wurden sie von einer Vielzahl von Kleinkönigen oder Häuptlingen beherrscht und waren vor allem durch die gemeinsame heidnische Religion verbunden.[503] Daneben gab es einen Ort, an dem die Sachsen ihre gemeinsamen Angelegenheiten geregelt haben sollen: Marklo. Dessen Lokalisierung und Bedeutung sind zwar bis heute umstritten, das hinderte aber nicht daran, die Versammlungen selbst als Ausweis einer angeblich frühdemokratischen Verfassung der Sachsen zu feiern. Diese beiden Orte – Verden und Marklo – repräsentieren also die Geschichte der Sachsen von ihrer Entstehung in römischer Zeit bis zu ihrer Eingliederung in das Reich Karls des Großen – Marklo ihre innere Ordnung und Verden die schmerzliche Niederlage gegen die fränkischen Eroberer.

Die Quellenlage zur Geschichte der Sachsen bis zum 8. Jahrhundert ist ausgesprochen schlecht. Da sie noch keine Schrift besaßen, sind wir ausschließlich auf Berichte aus fremder Feder angewiesen.[504] Die ältesten Quellen stammen von römischen Geschichtsschreibern, die seit der zweiten Hälfte des 3. Jahrhunderts immer wieder von Überfällen sächsischer Seeräuber berichten. Seit dem Ende des weströmischen Reiches 476 und nach der Entstehung eines fränkischen Großreiches in der ehemaligen Provinz Gallien sind es vor allem dort beheimatete Geschichtsschreiber, die über die Sachsen berichteten. So ist Bischof Gregor von Tours unser wichtigster Gewährsmann nicht nur für die Franken, sondern auch für die Sachsen des 6. Jahrhunderts. Schon damals kam es mehrfach zu Auseinandersetzungen zwischen ihnen und den Franken, die in der Mitte des 6. Jahrhunderts unter ihrem König Chlothar I. in das Gebiet der Sachsen einfielen, aber zunächst eine schwere Niederlage erlitten.[505] Chlothar konnte den Sachsen dann aber doch einen jährlich zu entrichtenden Tribut von 500 Kühen auferlegen, der ihnen um 630 von seinem Urenkel Dagobert I. wieder erlassen wurde. Einem fränkischen Chronisten zufolge, für den sich der Name Fredegar bzw. Pseudo-Fredegar eingebürgert hat, hätten die Sachsen sich im Gegenzug dazu verpflichtet, die fränkische Grenze gegen die Einfälle slawischer Wenden zu verteidigen.[506] Das Frankenreich wurde im ausgehenden 7. und beginnenden 8. Jahrhundert durch innere Auseinandersetzungen geschwächt, was die Sachsen zu nutzen verstanden. Dem angelsächsischen Gelehrten Beda zufolge eroberten die Sachsen 694/95 das bis dahin zum

Frankenreich gehörende Gebiet der Bruktuarier südlich der mittleren Lippe.[507] Unter Karl Martell, seit 717/18 fränkischer Hausmeier und faktischer Alleinherrscher, wandelte sich das Bild wieder. Bereits 718 unternahm er einen Feldzug, der ihn bis an die Weser geführt haben soll. Auch in den folgenden Jahren suchte er immer wieder sächsisches Gebiet heim. 738 unternahm er von der Lippemündung aus eine große Expedition nach Sachsen und erzwang Tributzahlungen sowie die Stellung von Geiseln. Möglicherweise kam es damals auch zu Missionsbemühungen. Jedenfalls berichtete Bonifatius dem Papst, durch die Siege Karls seien 100 000 Seelen in den Schoß der Kirche geführt worden.

Sehr intensiv kann diese Christianisierung allerdings nicht gewesen sein, denn nach dem Tod Karl Martells 741 kam es schon bald wieder zu kriegerischen Auseinandersetzungen. 743 und wohl auch im Jahr darauf erschienen seine Söhne Karlmann und Pippin im östlichen Sachsen und unterwarfen einen gewissen Theoderich.[508] 748 suchte Grifo, ein weiterer Sohn Karls, den seine Brüder aus dem Erbe gedrängt hatten, Zuflucht in derselben Gegend. Pippin folgte ihm, erzwang Treueide von den Einheimischen sowie die Erneuerung des einst von Chlothar I. eingeführten Tributs. Nach seiner Erhebung zum König der Franken 751 unternahm Pippin vom Niederrhein ausgehend einen großen Feldzug gegen die Sachsen, die nach fränkischer Ansicht ihre Treueide gebrochen hatten.

Dieses Mal ist unser Gewährsmann nicht einfach ein Angehöriger des Frankenreiches, sondern ein Vetter des neuen Königs namens Nibelung, der eine Fortsetzung der Fredegar-Chronik anfertigen ließ. Lapidar wird dort der Verlauf des Feldzuges skizziert: »Pippin [...] kam mit großem Aufgebot nach Sachsen und verbrannte ihr Land zum größten Teil, nahm dort viele Männer und Frauen gefangen, machte große Beute und tötete sehr viele Sachsen.«[509] Doch auch die Franken hatten Verluste zu beklagen, wie z. B. Bischof Hildegar von Köln. Zwei Jahre später suchten sächsische Völkerschaften, die sich möglicherweise den Franken nicht verpflichtet hatten, nordhessisches Gebiet heim und zerstörten 30 Kirchen, die Bonifatius im Zuge seiner Missionstätigkeit in diesen Gebieten errichtet hatte. 758 erschien Pippin erneut im westlichen Sachsen und unterwarf die Bevölkerung, dabei erlegte er ihr einen jährlichen Tribut von 300 Pferden auf.

Dieser kurze Abriss zeigt, wie ausschnitthaft die Überlieferung der sächsisch-fränkischen Beziehungen ist, die ja ihrerseits nur einen Bereich der gesamten Geschichte der Sachsen ausmachte. Noch spärlicher sind unsere Kenntnisse über ihre innere Organisation.

Die fränkischen Geschichtsschreiber gestatten uns nur wenige Einblicke in die inneren Verhältnisse der Sachsen. Ungeachtet dessen interpretiert die Forschung den Sachsennamen seit jeher als Ausdruck eines Gemeinschaftsbewusstseins. Im Siedlungsbereich der Sachsen sind indes zahlreiche Völkerschaften nachzuweisen, wie die Bardengauer, die Wigmodier, die sogenannten Nordsueben etc. Handelte es sich bei dem Wort »Sachsen« also um eine Sammelbezeichnung, die vor allem gebraucht wurde, um ein Konglomerat von Völkerschaften zu beschreiben, das zwischen Rhein und Elbe, den Mittelgebirgen und der Nordsee anzutreffen war? Vor allem Reinhard Wenskus hat die älteren Vorstellungen von einem einheitlichen Sachsenvolk korrigiert, das von Hadeln aus, dem Land zwischen Elbe- und Wesermündung, die angrenzenden Gebiete bis zu den Mittelgebirgen hin unterworfen hätte. Er konnte wahrscheinlich machen, dass sich hinter der Sammelbezeichnung »Sachsen«, die seit dem 4. Jahrhundert bezeugt ist, viele Ethnien verbargen, die teils aus dem heutigen Dänemark eingewandert, teils seit längerem im Lande ansässig waren.[510]

Marklo und die Verfassung der Sachsen

Die Ausbreitung der Sachsen im heutigen Norddeutschland stellt sich die Forschung entweder als Eroberung vor oder als Bündnis der Neuankömmlinge mit alteingesessenen Gruppen. Absolute Sicherheit in dieser Frage gibt es angesichts des Schweigens der meisten zeitnahen Quellen über die inneren Verhältnisse bei den Sachsen nicht. Allein der Angelsachse Beda Venerabilis lässt sich im 8. Jahrhundert darüber aus, doch berichtet er aus großer räumlicher und weltanschaulicher Distanz. Zwar leiteten sich die Angelsachsen auf der britischen Insel allgemein von den festländischen Sachsen ab, aber zwischen ihren

Siedlungsgebieten lag die Nordsee, und zudem waren die Angelsachsen um 730 bereits Christen. Beda war ein durch und durch christlich gebildeter Gelehrter, der sich nicht nur als Geschichtsschreiber hervorgetan hat, sondern auch in der Theologie und der Philosophie. Im Zusammenhang mit einem angelsächsischen Missionsversuch bei den von den Angelsachsen als »Altsachsen« bezeichneten festländischen Sachsen kommt er auch auf deren Herrschaftsverhältnisse zu sprechen:

»Diese Altsachsen haben nämlich keinen König, sondern viele Satrapen, die an der Spitze ihres Stammes stehen und im wichtigen Augenblick eines Kriegsausbruches untereinander das Los werfen und demjenigen, auf den das Losstäbchen zeigt, alle folgen und als Führer *(dux)* für die Dauer des Krieges gehorchen; wenn aber der Krieg vorbei ist, werden alle wieder Satrapen mit gleicher Macht.«[511]

Lange Zeit hat die Forschung gerätselt, was Beda mit dem Wort »Satrapen« gemeint haben könnte. Bei der Interpretation ließ man sich von der heute noch bekanntesten Verwendung des Wortes »Satrap« als Statthalter der antiken persischen Großkönige leiten. Daher ging man lange Zeit davon aus, dass die sächsischen Satrapen ebenfalls eine abhängige Stellung eingenommen hätten. Unklar war nur, wem sie untergeordnet waren. Gedacht hat man etwa an die fränkischen Könige oder auch an die Gesamtheit des sächsischen Volkes, repräsentiert in einer großen Versammlung. Entscheidend aber ist nicht der moderne, von unserem Bildungskanon beeinflusste Sprachgebrauch, sondern die Auffassung des Autors. Beda benutzte das Wort »Satrap« in seiner Kirchengeschichte an keiner anderen Stelle, dafür aber mehrfach in seinen exegetischen Schriften, die sein historiographisches Werk entscheidend geprägt haben.[512] In seinem Samuel-Kommentar hatte er sich mit den Fürsten der Philister beschäftigt, die er der lateinischen Bibelübersetzung der *Vulgata* und hier besonders dem Buch Samuel folgend ebenfalls als *satrapae* bezeichnete.

Geht man von diesem Befund aus, dürfte Beda also am ehesten die Satrapen der Philister im Sinn gehabt haben, als er die sächsischen Fürsten mit diesem Wort bezeichnete. Die Philister waren dem Alten Testament zufolge ein Volk ohne einheitliches Königtum, deren Anführer über die fünf Hauptorte dieses Volkes (Gaza, Asdod, Askalon, Gath und Ekron) herrschten. Sie erscheinen dabei als völlig unabhängige Fürsten und werden sogar bisweilen als Könige tituliert. Allerdings koordinieren sie ihre Aktionen, vor allem ihre Kriegszüge. Ähnlich handelten die Sachsen, die ja einen *dux* für die Dauer des Krieges durch das Los ermittelten. Den sächsischen Fürsten oder Königen fehlte in Bedas Augen also die wichtigste Eigenschaft eines Königs, die Funktion des Heerführers. Daneben steht noch ein ganz anders gelagerter Aspekt: Die Philister waren nach dem Alten Testament die wichtigsten Feinde des Volkes Israel. Indem Beda die für deren Könige gängige Bezeichnung auf die Häupter der Altsachsen anwandte, betonte er ihr Heidentum und unterstrich damit zugleich den Gegensatz zu den Angelsachsen. Diese Überlegungen könnten seinen Sprachgebrauch wohl am besten erklären. Außerdem entspricht er den neueren Erkenntnissen, nach denen die Sachsen ein lockerer Verband aus einer Vielzahl einzelner Völkerschaften waren.

Für den Zusammenhalt der Sachsen sorgte nach gängiger Lehrbuchmeinung die Stammesversammlung in Marklo. Über diese Einrichtung berichtet die »Vita Lebuini antiqua«, die Lebensbeschreibung des heiligen Lebuin, eines angelsächsischen Missionars, der um 770 in Sachsen wirkte:

»Die alten Sachsen hatten keinen König, sondern ihre Gaue waren Satrapen unterstellt; und es war Sitte, daß sie einmal jährlich eine allgemeine Versammlung mitten im Sachsenland an der Weser bei einem Ort abhielten, der Marklo heißt. Dort kamen alle Satrapen zusammen und aus jedem Gau zwölf ausgewählte Edle und ebenso viele Freie und Halbfreie. Dort erneuerten sie die Gesetze, saßen über bedeutende Angelegenheiten zu Gericht und entschieden bei diesen gemeinsamen Versammlungen, was sie das Jahr über im Krieg und im Frieden unternehmen wollten.«[513]

Diese Nachricht wurde von den Historikern des 20. Jahrhunderts recht überschwänglich aufgenommen. Die Sachsen hätten, so führte etwa Martin Lintzel aus, »das Repräsentativsystem in die Weltgeschichte eingeführt« und »das erste Parlament in der Geschichte gehabt.«[514] Bei aller Freude über diese scheinbare Demokratie der frühmittelalterlichen Sachsen sollte man aber die Quellengrundlage dieser Aussage nicht vergessen, denn sie beruht auf einer Heiligenlegende. Lebuin war ein gebürtiger Angelsachse und wirkte um 775 als Missionar im Grenzland zwischen Franken, Friesen und Sachsen. Er erbaute in Deventer eine Kirche, die schon bald von den Sachsen zerstört wurde. Lebuin flüchtete, kehrte aber bald wieder zurück. Soviel ist auch anderen Quellen zu entnehmen. Seine Vita ergänzt diese Informationen um weitere Details: Lebuin habe im *Pagus* (Gau) Sudergo, also im Münsterland, die Freundschaft des adligen Sachsen Folkbracht genossen. Gegen dessen ausdrücklichen Rat habe er sich zu der allgemeinen Versammlung der Sachsen in Marklo aufgemacht, um zu predigen. Sein Auftritt dort habe einen gewaltigen Aufruhr ausgelöst, und fast wäre er getötet worden, wenn er nicht wie durch ein Wunder unsichtbar geworden wäre. Bei den Sachsen, so die Vita weiter, hätten sich dann aber diejenigen durchgesetzt, die dem christlichen Glauben gegenüber aufgeschlossen gewesen seien, und Lebuin habe daher seine Missionstätigkeit fortsetzen können.

Betrachtet man den Bericht der »Vita Lebuini« über die sächsische Stammesversammlung kritisch,[515] so fällt zunächst seine große Abhängigkeit von Beda auf. Die Information über die Satrapen stammt von dort, für das Leben Lebuins schöpfte der Verfasser vor allem aus der Vita des heiligen Liudger, des ersten Bischofs von Münster (ca. 804–809), die dessen Nachfolger Altfrid (839–849) verfasst hat.[516] Altfrid zeigt sich darin sehr gut über Lebuin informiert: Er berichtet, wie dieser aus seiner angelsächsischen Heimat zu Abt Gregor von Utrecht gezogen sei und ihm berichtet habe, Gott selbst habe ihn beauftragt, im Grenzgebiet der Franken und Sachsen an der Ijssel zu missionieren. Dann sei er von einer Dame namens Avaerhild freundlich aufgenommen worden und habe in Deventer eine Kirche errichtet. Diese Kirche sei allerdings von den Sachsen niedergebrannt worden – wohl zu Beginn ihrer Kämpfe gegen Karl den Großen. Lebuin fand vorübergehend Zuflucht bei Gregor in Utrecht, so Altfrid weiter, konnte aber nach dem Abzug der Sachsen seine Kirche wieder aufbauen und scheint bald darauf gestorben zu sein.

Beda, Altfrid und außerdem noch die Lebensbeschreibung Gregors von Utrecht aus der Feder Liudgers sind die uns bekannten Quellen der älteren »Vita Lebuini«. In keiner von ihnen ist von der Versammlung in Marklo die Rede. Daher kommt es entscheidend darauf an, wie zuverlässig diese Quelle ist. Lange Zeit war sie der Forschung gar nicht zugänglich, sondern nur die jüngere Lebensbeschreibung des Missionars, die der im Jahr 930 gestorbene Abt Hukbald von St. Amand verfasst hat. Auch in ihr ist von der Stammesversammlung in Marklo die Rede. Angesichts des großen zeitlichen Abstandes dieser Vita zu den Ereignissen wurde diese Nachricht aber von den Historikern des 19. Jahrhunderts mit großer Skepsis betrachtet. Erst als die ältere »Vita Lebuini« im Jahr 1909 erstmals im Druck erschien, wendete sich das Blatt, denn nun schien eine Quelle zur Verfügung zu stehen, die den Ereignissen erheblich näher stand als die jüngere Vita. Mit Heinz Löwe ging die Forschung davon aus, dass die erste Lebensbeschreibung Lebuins zwischen 840 und 865 vermutlich im Kloster Werden verfasst worden sei.[517]

Dagegen erhob jüngst Matthias Springer Einspruch: Auf den Forschungen von Walter Kronshage aufbauend konnte er nachweisen, dass der Verfasser der Vita vermutlich ein Geistlicher namens Nitger aus der Umgebung der Bischöfe Radbod und Balderich von Utrecht (sie amtierten 899–917 und 917–976) gewesen ist.[518] Die Vita ist also zu Anfang des 10. Jahrhunderts entstanden – gegen sie bestehen also im Grunde genommen die gleichen Vorbehalte wie gegen die nur wenig später von Hukbald verfasste jüngere Vita. Vor allem wird man sich die Frage stellen müssen, ob Altfrid, der in seiner »Vita Liudgeri« recht ausführlich über Lebuin berichtete, das Auftreten des Missionars in Marklo absichtlich verschwiegen hat oder ob andersherum nicht eher Nitger diese Passage erfunden hat, um die Bedeutung seines »Helden« zu unterstreichen: Glaubensboten traten üblicherweise vor der politischen Spitze eines Volkes auf, also vor dem König; da die Sachsen aber laut Beda keinen König hatten, präsentierte er stattdessen eine Versammlung als Entscheidungsorgan. Darauf zu kommen war nicht schwer, denn Versammlungen bestimmten ganz allgemein das politische Leben im Mittelalter. Indem er die Vertreter der Geburtsstände – sogar die Halbfreien waren vertreten – anwesend sein ließ, präsentierte er Lebuin als einen bedeutenden Missionar, was er nach objektiven Kriterien gewiss nicht war. Zudem ist seine angebliche Rede an die Sachsen deutlich von den späteren Ereignissen geprägt. Lebuin drohte den Sachsen nämlich für den Fall, dass sie im Heidentum verharrten, an, ein König von jenseits der Grenze würde ihnen das Christentum mit Feuer und Schwert predigen. Dies konnte nur aus der Rückschau so formuliert werden, als die Unterwerfung der Sachsen durch Karl den Großen bereits abgeschlossen und vielleicht sogar längst Geschichte war.[519] Nach dem neuesten Stand der Forschung wird man daher die ältere »Vita Lebuini« kaum mehr als erstklassige Quelle für die sächsischen Verfassungsverhältnisse um 775 akzeptieren können.

Gleichwohl wurde Marklo zum Erinnerungsort deutscher Geschichte; unabhängig von der Frage der Glaubwürdigkeit der Nachricht über den Ort Marklo machte man sich seit dem 18. Jahrhundert Gedanken über seine Lokalisierung, denn es gab keine unmittelbare geschichtliche Überlieferung zu dieser Frage.[520] Selbst die Deutung des Namens ist unsicher und wird als »lichter Wald«, »Lichtung im Grenzwald« oder »Grenzwald« interpretiert.[521] Bei der Lokalisierung des Ortes verfiel man zunächst auf das heute abgegangene Marslo an der Weser südlich von Leese – trotz eines signifikanten Unterschieds in der Schreibung. Auch der Gutshof Markenah in der Grafschaft Diepholz wurde ins Spiel gebracht. Da aber die Wissenschaft des 19. Jahrhunderts den Nachrichten über Marklo überwiegend kritisch gegenüberstand, wurden die Identifizierungsversuche vorübergehend aufgegeben. 1876 publizierte Ludwig August Theodor Holscher den zweiten Teil seiner »Beschreibung des vormaligen Bistums Minden«, in der er das an der Weser gelegene Lohe bei Nienburg mit dem Ort der angeblichen sächsischen Stammesversammlung gleichsetzte.[522] Obwohl es auch skeptische Stimmen gab, setzte sich dieser Vorschlag durch. Lohe wurde 1934 im Zuge einer Kreisneuordnung sogar in Marklohe umbenannt, wohl um eine Verwechslung mit zwei anderen Orten gleichen Namens im Kreis Nienburg zu verhindern. Ein Zusammenhang mit dem Weltbild der Nationalsozialisten, die in den alten Sachsen die Vorkämpfer gegen die verwelschten Franken unter Karl dem Großen sahen, ist allerdings nicht zu erkennen.[523]

Auch wenn der Ort noch heute so heißt, bleibt seine Gleichsetzung mit dem angeblichen Marklo doch unsicher. So ging die Suche weiter, und heute wird vor allem Lohe (Bad Oeynhausen) zwischen Herford und der alten Weserfurt südwestlich der Wesertalaue bei Rehme genannt, u. a. weil dort mehrere bedeutende frühgeschichtliche Fernstraßen zusammenliefen.[524] Von hier aus ist es nicht weit nach Exter mit dem sogenannten Wittekindstein, und schließlich wurde auch auf Erkeln südwestlich von Corvey hingewiesen.⁵²⁵ Es hat den Anschein, als ob die Vielzahl von Vorschlägen mit der Unmöglichkeit zusammenhängt, einen unhistorischen Ort zu lokalisieren.

Verden und die Unterwerfung der Sachsen durch Karl den Großen

Verden an der Aller ist aus ganz anderen Gründen als Marklo umstritten. Hier ereignete sich der traurige Höhepunkt eines Krieges, den Karl der Große seit 772 um die Unterwerfung der Sachsen und ihre Eingliederung in sein fränkisches Großreich führte. In diesem Jahr hatte Karl vom Mittelrhein aus einen ersten Vorstoß gegen die Sachsen unternommen, um sie für ihre dauernden Überfälle zu bestrafen. So jedenfalls begründet Einhard, der Biograph des späteren Kaisers, um 825 den gesamten Krieg.⁵²⁶ Karl eroberte 772 die Eresburg und zerstörte die nahegelegene Irminsul, die wohl wichtigste sächsische Kultstätte in Gestalt einer Baumsäule, welche als Stütze des Alls verehrt wurde.⁵²⁷ Dabei erbeutete er die reichen Schätze, die die Sachsen hier wohl als Opfergaben für die Götter deponiert hatten. Dann rückte der Frankenkönig bis zur oberen Weser vor, ließ sich Geiseln stellen und kehrte in sein Reich zurück. Vielleicht hatte Karl mit diesem Zug nur eine Einschüchterung der Sachsen und Beutemachen bezweckt, aber er führte zu einer Eskalation der Gewalt: Die Sachsen unternahmen während Karls Krieg gegen die Langobarden in Italien 773/74 einen Rachefeldzug und überfielen zahlreiche christliche Kirchen im nördlichen Hessen, darunter auch das Kloster Fritzlar und den zeitweiligen Bischofssitz Büraburg. Wohl als Reaktion darauf beschloss der Frankenkönig, die Sachsen seinem Reich einzugliedern und gewaltsam zu missionieren.⁵²⁸ Im Frühjahr 775 marschierte er vom Niederrhein aus über die Eresburg an die Weser und stieß anschließend bis in die Gegend des heutigen Wolfenbüttel vor. Hier unterwarfen sich die Ostsachsen unter ihrem Führer Hessi und stellten Geiseln. Während sich die Engern unter Brun diesem Schritt anschlossen, als Karl bereits auf dem Rückmarsch war, suchten die Westfalen zunächst zu verhindern, dass er bei Lübbecke erneut über die Weser setzte, sie mussten sich aber ebenfalls geschlagen geben und Geiseln stellen.

In den Jahren 776 und 778 nutzten die Sachsen unter der Führung des westfälischen Adligen Widukind Unternehmungen des Frankenkönigs in Italien bzw. Spanien zu heftigen Gegenschlägen. Dabei drangen sie sogar auf fränkisches Gebiet vor. Aber Karl reagierte beide Male rasch und besiegte die Sachsen, die sich unterwarfen und ihren Übertritt zum Christentum versprachen. So fand 777 in Paderborn eine große Reichsversammlung statt, auf der zahlreiche Sachsen getauft wurden. Der zweite Rückschlag führte zu einer noch intensiveren Kriegsführung der Franken. 779 drang Karl bis zur Elbe vor und konnte 780 erneut eine große Versammlung an den Lippequellen bei Lippspringe abhalten. Hier teilte er das Land in Missionssprengel und Verwaltungsbezirke, also Grafschaften ein. Zwei Jahre später konnte er auf einer neuerlichen Versammlung in Lippspringe sogar schon sächsische Adlige zu Grafen ernennen. Auch in der Folgezeit stand der sächsische Adel mehrheitlich auf fränkischer Seite; dennoch gab es einige Adlige wie Widukind, die den Widerstand organisierten, der allerdings hauptsächlich von den Freien, also der Schicht unterhalb des Adels, getragen wurde.

Im Jahr 782 hatten sich die Franken also scheinbar gegen die Sachsen durchgesetzt. So konnte Karl der Große das Land verlassen und ein fränkisch-sächsisches Aufgebot gegen die Slawen entsenden. Aber Ruhe und Eintracht waren trügerisch. Wohl unter dem Befehl Widukinds wandten sich die sächsischen Krieger am Süntelgebirge im Weserbergland gegen ihre fränkischen Mitstreiter und vernichteten sie fast vollständig. Karl kehrte unverzüglich nach Sachsen zurück, während Widukind zu den Dänen floh. Bei Verden an der Aller erzwang der König die Auslieferung aller übrigen Beteiligten, angeblich 4500 an der Zahl, und ließ sie allesamt hinrichten.[529] Diese große Zahl mag eine maßlose Übertreibung sein, wie man sie immer wieder in mittelalterlichen Geschichtswerken findet, aber Karls Aktion zeigt die ganze Brutalität dieser Auseinandersetzung.

Das Blutbad von Verden war aber nur eine Etappe in der Auseinandersetzung. Karl besiegte die Sachsen 783 in zwei offenen Feldschlachten und blieb auch 784 in einem Reitergefecht siegreich.

785 verfolgte er Widukind bis an die Unterelbe und konnte ihn dazu bewegen, seinen Widerstand aufzugeben. An Weihnachten desselben Jahres empfing Widukind in der königlichen Pfalz Attigny in den Ardennen die Taufe. Nun endlich schienen die Sachsen endgültig besiegt, so dass erneut sächsische Kontingente an den fränkischen Kriegszügen der folgenden Jahre teilnahmen. Zwar sollte der Krieg 791 noch einmal aufflammen und sogar noch zehn Jahre dauern, aber Karls drakonisches Vorgehen in Verden hatte doch die Entscheidung gebracht.

Die zweifellos grausame Maßnahme des Frankenkönigs ist eine Sache, eine andere ist die Deutung des Geschehens durch spätere Generationen.[530] In der national-völkischen Erinnerung etwa wurde Verden zu einem Erinnerungsort deutscher Geschichte ganz besonderer Qualität stilisiert. Am bekanntesten ist vielleicht die Erzählung »Rote Beeke« (1912) von Hermann Löns, in der Karl der Große (stets nur »der König« genannt) zu einem orientalischen Despoten stilisiert wird, umgeben von einer schwarzen Dienerschaft und durch sein Wohlleben verfettet und weich geworden. Die Sachsen dagegen sind bei Löns charakterfeste Freiheitshelden, die lieber sterben als sich dem fremden Herrscher zu beugen. Nach der »Machtergreifung« der Nationalsozialisten 1933 wurde ein solches Geschichtsdenken schließlich sogar feierlich inszeniert. Am Abend des 23. Juni 1934 fand im Rennbahnstadion von Verden eine Großkundgebung von rund 60 000 Menschen statt, gestellt von SA, HJ und Wehrmacht. Alfred Rosenberg feierte in seiner Ansprache den heldenhaften Widerstand der Sachsen gegen den König Karl. Ihren Anführer Widukind, dessen Rolle in der mittelalterlichen Überlieferung allenfalls schemenhaft zu erkennen ist, stellte der Redner in eine Reihe mit anderen deutschen Freiheitshelden, Hermann dem Cherusker, und Adolf Hitler selbst, während er die getöteten Sachsen mit den toten Kämpfern der NSDAP verglich. Eine Sonnwendfeier mit 4500 Fackelträgern der Hitler-Jugend beschloss die Veranstaltung. Vor allem aber wurde ein Ehrenhain aus 4500 Findlingen zum Gedenken an die 4500 erschlagenen Sachsen eingeweiht.

Freilich hielt Hitler Karl den Großen für eine der bedeutendsten Personen der Geschichte. Vor allem war für ihn die gewaltsame Unterwerfung der Sachsen letztlich eine positive Leistung, weil so die Voraussetzungen für die Entwicklung des Deutschen Reiches geschaffen worden seien. Daher knüpfte er in seiner Propaganda nach 1935 an die mittelalterliche Kaisertradition an. Karl wurde vom fremden Aggressor, der »germanisches« Blut vergossen habe, zum ersten »deutschen« Kaiser stilisiert und seine Handlungen daher jeglicher Kritik entzogen. Natürlich fügten sich alle anderen Parteigrößen und schlossen sich der Meinung des »Führers« an. Freilich blieb der 1935 errichtete Ehrenhain ein Mahnmal für die getöteten Sachsen, zumal die SS dort eine Schulungsstätte betrieb.

Seit dem Zweiten Weltkrieg rücken nationale Geschichtsbilder allmählich in den Hintergrund. Europa ist nun das große Thema, für das viele in Karl dem Großen das historische Vorbild erblicken. In dieser Tradition steht der Aachener Karlspreis. Das Schicksal der europäischen Nationen und ihrer mittelalterlichen Vorläufer tritt vor diesem neuen Deutungszusammenhang in den Hintergrund. So haben sich die Gemüter weitgehend beruhigt, und das Blutbad von Verden wird zwar noch als Auswuchs maßloser Kriegsführung verurteilt, spielt aber für die Sinngebung aktueller politischer Entwicklungen so gut wie keine Rolle mehr. Der Umgang mit diesem Erinnerungsort mahnt daher zur Vorsicht bei der Beschäftigung mit der Vergangenheit, denn er diente einem zu sehr auf einen einzigen Zweck fokussierten Geschichtsverständnis, die Vergangenheit unter dem Vorzeichen des Nationalen als direkten Vorläufer der eigenen Zeit zu interpretieren. Dabei vergaß man allzu leicht, die lange Entwicklung und die Brüche zu berücksichtigen, die das 8. Jahrhundert vom 19., 20. oder gar 21. Jahrhundert trennen.

Keine anderen Orte repräsentieren die Geschichte der frühmittelalterlichen Sachsen wie Marklo und Verden. Die beiden Erinnerungsorte stehen allerdings für verschiedene Zugänge zur Vergangenheit. Der Bericht über die Stammesversammlung von Marklo regte vor allem seit der Frühen Neuzeit dazu an, nach der Lage dieses Ortes zu suchen. Auch wenn die Quellenlage bei näherem Hinsehen gegen eine regelmäßige Zusammenkunft aller Sachsen spricht, repräsentiert Marklo doch vor allem das friedliche Miteinander der Sachsen und damit im gewissen Sinne das Alltägliche ihrer Geschichte.

Entsprechend unaufgeregt verlief die Beschäftigung mit diesem Ort. Ganz anders Verden an der Aller, wo sich historisches Geschehen gleichsam überstürzte und eine gewaltige, ja sogar furchtbare Dynamik entfaltete. Die Lage Verdens war nie umstritten, allenfalls die Zahl der dort hingerichteten Sachsen. Dass an diese Tat immer wieder erinnert werden konnte, liegt wohl an dem blutigen Geschehen des Jahres 782 selbst. Die aus diesem Erinnern entstandene Stilisierung der germanischen Sachsen zu Freiheitskämpfern und Opfern der verwelschten Franken gipfelte in den 1930er Jahren in der Errichtung eines Mahnmals durch die nationalsozialistischen Machthaber. Diese Erinnerung stand freilich ganz im Dienst einer auf Kampf und Vernichtung ausgerichteten Ideologie. Die Nationalsozialisten pflegten in Verden diese Weltanschauung, letztlich um ihre eigenen Opfer noch viel brutaler und rücksichtsloser verfolgen zu können als dies der angebliche Sachsenschlächter Karl der Große im 8. Jahrhundert getan hatte. Verden ist in dieser Hinsicht ein Musterbeispiel dafür, wie politisch Handelnde keinesfalls mit ihren Gegnern, aber eben auch nicht mit der Vergangenheit umgehen sollten. Historische Erinnerung soll nicht bei einer reinen Betrachtung der Geschichte als Selbstzweck stehen bleiben, sondern natürlich auch dem Nachdenken über die Gegenwart dienen, aber niemals als Argument im Kampf gegen tatsächliche oder gar imaginierte Feinde.

Roncesvalles und St-Guilhem-le-Désert – Orte der Erinnerung an Glück und Ende zweier Helden

Annelie Kreft

Roncesvalles und St-Guilhem-le-Désert dürften heute vor allem als Wallfahrtsorte auf dem Jakobsweg bekannt sein. Dieses gesamteuropäische Wegenetz hat eine große Tradition. Es bündelt sich in Nordspanien zu einem einzigen Weg und führt zum Grab des Apostels Jakobus des Älteren, des Schutzheiligen Spaniens und Patrons der Pilger, in Santiago de Compostela.

Roncesvalles und St-Guilhem-le-Désert sind aber nicht nur bekannte Wallfahrtsorte, sondern verweisen zugleich auf die beiden Helden Roland und Wilhelm, zwei herausragende Gefolgsleute Karls des Großen, die vor allem als heldenhafte Kämpfer gegen die Heiden und Verteidiger des Christentums ins kollektive Gedächtnis eingegangen sind.

Die historische Grundlage dieses Geschehens bilden die wechselhaften Kämpfe der Franken gegen die Mauren an der Südwestgrenze des Frankenreichs und das damit eng verbundene Vorhaben Karls des Großen, eine spanische Grenzmark zu schaffen, die nach der erfolgreichen Zurückdrängung der Mauren durch Karl Martell in der Schlacht von Poitiers und Tours 732 die Südflanke des Reiches gegen die Mauren sichern sollte.

Im Rahmen innerarabischer Auseinandersetzungen um die Grenzgebiete im Norden der iberischen Halbinsel bat der Stadthalter *(Wali)* von Barcelona Karl den Großen im Jahre 778 um Hilfe. Karl unternahm daraufhin einen Feldzug nach Spanien. Die Stadt Barcelona konnte er einnehmen, Saragossa jedoch verschloss ihm entgegen den getroffenen Vereinbarungen die Tore. Karl entschloss sich zum Rückzug und zerstörte dabei das christlich-baskische Pamplona. Die Basken nahmen

Rache, überfielen am 15. August 778 die fränkische Nachhut an einem der Pyrenäenpässe und schlugen sie vernichtend. Statt des Versuchs einer Revanche beschleunigte Karl seinen Abzug aus Spanien, vermutlich aufgrund eines erneuten Aufstands der Sachsen.[531]

Roland, Graf der bretonischen Mark, soll Karl den Großen auf seinem Spanienfeldzug von 778 begleitet und auf dem Rückzug die Nachhut angeführt haben.

Im Jahre 793 fielen die Mauren in Südfrankreich ein und drangen bis Narbonne und Carcassonne vor. Am Fluss Orbieu kam es zur Schlacht. Unter der Führung Wilhelms von Toulouse gelang es den Christen trotz großer Verluste den Maurenangriff abzuwehren und die Feinde zum Rückzug zu zwingen. 798 wiederholte sich die Situation von 778. Erneut erging von einem maurischen Stadthalter von Barcelona ein Hilfegesuch. Diesmal bildete das Ereignis den Auftakt der spanischen Feldzüge Ludwigs des Frommen, in denen sich Wilhelm von Toulouse besonders auszeichnete. 801 gelang die Einnahme Barcelonas. Mit ihr war Karls Ziel der Schaffung einer spanischen Grenzmark erreicht.

Roland ist als historische Gestalt kaum bzw. nur unsicher bezeugt.[532] 772 wird ein Graf Rotholandus als Zeuge einer Lorscher Urkunde genannt. Daneben war im fränkischen Königreich ein silberner Denar in Umlauf, in den auf der einen Seite der Name Karls des Großen, auf der anderen Seite der Name Rodlan geprägt ist, der aufgrund eines Kürzelzeichens eine Abkürzung darstellt, die die Lesarten Rodolandus, Hruodlandus und Ruodlandus zulässt.[533] Man geht davon aus, dass es sich hier um den Zeugen Rotholandus der Lorscher Urkunde handelt. Darüber hinaus bezeugt eine historische Quelle einen gewissen Hruodland(us) von Bretagne, der im Umkreis Karls des Großen eine bedeutsame Rolle gespielt hat und Befehlshaber der bretonischen Mark war.[534] Ob diese beiden Personen identisch sind, ist nicht gesichert.

Gegenüber der nur spärlich belegten Historizität der Rolandsgestalt weist die historische Gestalt des Wilhelm eine vergleichsweise lückenlose Biographie auf:[535] Wilhelm war ein Enkel Karl Martells und so mit dem Herrscherhaus verwandt. 789 wurde er von Karl dem Großen zum Grafen von Toulouse ernannt. Als Ratgeber und Beschützer von Karls Sohn Ludwig dem Frommen, der als Dreijähriger 781 von seinem Vater in Südfrankreich als König von Aquitanien eingesetzt wurde, kam Wilhelm vor allem die Aufgabe zu, die Südwestgrenze des Frankenreichs gegen die Mauren zu verteidigen. Im Jahre 804 zog sich Wilhelm aus der Politik zurück und trat in das nordwestlich von Montpellier gelegene Kloster Aniane ein. 806 siedelte er in das nahe gelegene, von ihm selbst gegründete Kloster Gellone über, in dem er 812 starb. Im 12. Jahrhundert wurde dieses Kloster seinem Gründer zu Ehren in St-Guilhem-le-Désert umbenannt.

Die christlich-maurischen Auseinandersetzungen an der Südwestgrenze des Frankenreichs und das daraus resultierende Vorhaben Karls, eine spanische Grenzmark zu schaffen, verknüpfen die Geschichte Karls des Großen mit derjenigen des Grafen Roland und des Grafen Wilhelm von Toulouse und bilden den Ausgangspunkt für die Sagen- und Legendenbildung um diese beiden Gestalten. Sie hat wesentlich zur Entwicklung von Roncesvalles und St-Guilhem-le-Désert zu Erinnerungsorten beigetragen.

Roncesvalles und Roland

Die Entwicklung Roncesvalles zum Erinnerungsort nimmt ihren Ausgang von der Niederlage Karls des Großen 778 in Spanien. Dieses eher wenig ruhmreiche Ereignis wird zum Zentralereignis der Karlsvita, und im Zuge dessen wird Roland zu einer wichtigen Identifikationsfigur, deren Bedeutung weit über die Grenzen Frankreichs hinausreicht. Voraussetzung hierfür ist zum einen das Schweigen der Historiographen über die Gestalt Rolands und seine Taten, zum anderen das Bestreben, die Niederlage Karls des Großen zu rechtfertigen. Diese wurde offenbar von den zeitgenössischen Geschichtsschreibern als problematisch empfunden, denn sie wird in deren Werken kaum erwähnt.[536]

Eine erste historische Darstellung der Niederlage findet sich bei Einhard, dem Biographen Karls des Großen. In seiner nach 830 entstandenen »Vita Karoli Magni« stellt Einhard Karls Spanienfeldzug als äußerst erfolgreiches Unternehmen dar: Karl »griff [...] mit der größten Kriegsmacht, die ihm zur Verfügung stand, Spanien an. Er überquerte die Pyrenäen und eroberte alle Städte und Burgen, die er belagerte. Dann kehrte er ohne Verluste um. Auf dem Rückmarsch über die Pyrenäen mußte er allerdings doch noch die Treulosigkeit der Basken erleben. Diese Gegend ist wegen ihrer dichten Wälder für Überfälle aus dem Hinterhalt sehr geeignet. [...] In dem [...] Gemetzel wurden die Franken bis auf den letzten Mann niedergemacht.«[537] »Bis heute konnte das unselige Geschehen nicht gerächt werden, da sich der Feind nach vollbrachter Tat so weit verstreute, daß man keine Ahnung hatte, wo er zu suchen sei.«[538] Unter den Gefallenen befindet sich u. a. der Markgraf Hruodland von Bretagne, der Befehlshaber der bretonischen Mark, der nur hier bei Einhard und in keiner anderen historischen Quelle genannt wird.[539]

Bemerkenswert ist, dass die Zerstörung Pamplonas keine Erwähnung findet, ebenso wenig die daraus resultierende Motivation der Basken für den Überfall auf die fränkische Nachhut. Stattdessen wird der Vergeltungsschlag der Basken in einen Akt der Treulosigkeit umgemünzt. Darüber hinaus wird die Niederlage der Franken von Einhard mit der ausgezeichneten Geländekenntnis und leichten Bewaffnung der Basken begründet, ja regelrecht entschuldigt, der gegenüber die Franken aufgrund ihrer »schweren Bewaffnung und des für sie ungünstigen Terrains in jeder Hinsicht benachteiligt«[540] gewesen seien.

Diese Modifikationen in Einhards Bericht lassen eine deutliche Perspektivierung der historischen Ereignisse von Karls Niederlage in Spanien erkennen, die spezifische Erklärungs- und Sinngebungsmuster begründet. Einhards Schilderung und Deutung der Ereignisse um Karls Niederlage bilden den Kern für umfangreiche epische Bearbeitungen und somit die Grundlage für die Sagen- und Legendenbildung.[541]

Wie die Genese des Rolandsstoffs in den vorliterarischen Jahrhunderten verlaufen ist, liegt bis heute im Dunkeln. Da Roland jedoch im 11. Jahrhundert bereits zu einem populären epischen Helden geworden war, geht man von einer mündlichen Traditionsbildung aus, die bereits kurz nach dem historischen Ereignis eingesetzt haben muss.[542]

Im Prozess der Literarisierung wird der aus Einhards »Vita Karoli Magni« übernommene historische Erzählkern zunehmend erweitert und modifiziert. In der »Nota Emilianense«[543] aus der 2. Hälfte des 11. Jahrhunderts, einem kurzen lateinischen Prosabericht über Karls Spanienfeldzug von 778, wird Roland nicht nur zu einem von Karls

12 Neffen, sondern auch zum Anführer der Nachhut umgedeutet. Zudem wird der Ort des Geschehens auf den Passort Roncesvalles fixiert und das religiöse Motiv greifbar, das aus den historisch ursprünglich baskischen Angreifern Sarazenen werden lässt.

In der altfranzösischen »Chanson de Roland«[544], der um 1100 entstandenen ersten schriftlichen Überlieferung der Rolandssage in der Volkssprache, erfährt das ursprünglich historische Ereignis eine weitere Umformung: Mithilfe des literarischen Musters der Heldenepik wird die Niederlage heroisierend »überschrieben«. Roland wird zum eigentlichen Helden: Die Niederlage der Nachhut unter Rolands Führung wird mit dem Verrat von Rolands Stiefvater Ganelon erklärt, der sich mit den Sarazenen verbündet und den Überfall auf die Nachhut in Roncesvalles initiiert. Der Angriff auf die Nachhut wird als Kampf für Glaube und Vaterland stilisiert, in dem der Held Roland den Märtyrertod stirbt. Mit Gottes Hilfe übt Karl Vergeltung und besiegt nicht nur die Sarazenen Spaniens, sondern in einem gewaltigen Endkampf auch Baligant, das Oberhaupt aller Heiden. Mit der Verurteilung des Verräters Ganelon endet das Epos.

Dadurch, dass Verrat und Zwietracht die Niederlage der Nachhut begründen, wird diese zum Ergebnis unlauterer Machenschaften. Die Konfrontation von Christen und Heiden, gepaart mit der Übermacht des heidnischen Gegners, lässt die Geschlagenen zu moralischen Siegern werden. Der anschließende Vergeltungsschlag und Sieg Karls gegen bzw. über die gesamte Heidenschaft überhöht die historische Niederlage der Franken zu einer heilsgeschichtlich relevanten Heldentat.

Parallel zur Entwicklung der Rolandssage verläuft die Entwicklung des Ortes Roncesvalles zur bedeutenden Pilgerstation auf dem Jakobsweg. Ihren Anfang nimmt die Geschichte des Jakobswegs im 9. Jahrhundert mit der Auffindung des vermeintlichen Grabes von Jakobus dem Älteren im Nordwesten Spaniens.[545] Im 10. Jahrhundert verbreitete sich die Kunde von der Entdeckung des Jakobusgrabs derart, dass bereits für diese Zeit die Internationalität der Pilger bezeugt ist. Santiago de Compostela avancierte neben Rom und Jerusalem zum zentralen Wallfahrtsziel.[546]

Die Entwicklung des Jakobswegs in Verbindung mit der Entdeckung des Grabs von Jakobus dem Älteren steht in unmittelbarem Zusammenhang mit der Eroberung der iberischen Halbinsel durch die islamischen Mauren im 8. Jahrhundert, bei der nur der Norden unbesetzt und damit weiterhin christlich blieb. Im Rahmen der Reconquista wurde Jakobus der Ältere zum Maurentöter und Feldherrn von Gottes Gnaden stilisiert. Die Siege gegen den islamischen Gegner wurden seiner Hilfe zugesprochen. Diese Instrumentalisierung des heiligen Jakobus behielt bis zur endgültigen Niederlage der Mauren im Jahr 1492 ihre Gültigkeit. Der Jakobsweg mit seinen zahlreichen befestigten Orten und Klöstern fungierte dabei als Bollwerk gegen den maurischen Süden.

Als im 11. und 12. Jahrhundert die Pilgerströme ihren Höhepunkt erreichten, entstanden Klöster und Ordensgemeinschaften, die die Versorgung, den Schutz und die geistliche Betreuung der Pilger übernahmen. In diesem Zusammenhang wurde in der ersten Hälfte des 12. Jahrhunderts ein Augustinerkloster in Roncesvalles gegründet, das aufgrund seiner strategisch bedeutsamen Lage und seiner Verbindung zur Karls- und Rolandssage zu den bekanntesten Stationen auf dem Jakobsweg zählte.[547]

Von den Santiagopilgern wurden zunächst namenlose Symbolfiguren, die Allegorien des allgemeinen Tugend-Laster-Kampfes darstellten, mit Figuren aus dem Rolandsstoff identifiziert – so z. B. die Figuren der Kapitelle der Abteikirche Sainte-Foy in Conques.[548] In diesen Symbolfiguren wurden insbesondere die den Pilgern aus der mündlichen Überlieferung vertrauten Heidenkämpfer Roland und Olivier gesehen. Eine solche Übertragung ist nicht verwunderlich, wenn man sich vor Augen hält, dass zum einen um 1100 die Abtei von Conques das Priorat von Roncesvalles innehatte und dass zum anderen der epische Text der »Nota Emilianense« bereits bekannt war.

Ein bedeutendes literarisches Zeugnis für die enge Verknüpfung von Roncesvalles als Wallfahrtsort auf dem Jakobsweg und als Ort der Rolandssage stellt die um 1140 entstandene »Historia Karoli Magni et Rotholandi«, auch »Pseudo-Turpin« genannt, dar.[549] Denn dieser pseudohistorische Text verbindet die legendäre Geschichte um Karl den Großen und Roland mit der Jakobuslegende, dem

Santiago-Pilgertum und den Kämpfen gegen die Mauren. Karl der Große figuriert hier als Auffinder des Apostelgrabes und Gründer der Kirche von Santiago, wobei die Schlacht von Roncesvalles den dichterischen Höhepunkt bildet. Der »Pseudo-Turpin«, der auch mehrere volkssprachliche Übersetzungen erfährt, wurde als »authentischer« Bericht über die angebliche Rückeroberung Spaniens durch Karl den Großen zur Befreiung des Jakobusgrabes aufgefasst und galt als Buch *par excellence* über die Taten und Sagen des heiligen Kaisers Karl und seines Neffen Roland.[550]

In seiner ältesten Form ist der »Pseudo-Turpin« im Codex Calixtinus überliefert, einem bekannten Sammelwerk zum Jakobsweg aus dem 12. Jahrhundert. Dieses Werk, auch »Liber Sancti Jakobi« genannt, enthält u. a. einen Pilgerführer, der beschreibt, was bei einer Pilgerfahrt nach Santiago de Compostela zu beachten und wie eine Pilgerfahrt durchzuführen war.[551] In diesem Pilgerführer werden nicht nur Roncesvalles und das Rolandshospiz erwähnt, das Teil der Anlage des Augustinerklosters war,[552] sondern es wird auch explizit auf Karl den Großen sowie auf die Schlacht an diesem Ort unter Rolands Führung rekurriert.[553]

Sowohl die »Chanson de Roland« als auch der »Pseudo-Turpin« tragen zur weiten Verbreitung der Rolandsverehrung bei und lassen Roland zu einem gesamteuropäischen Helden werden. Er ist der Inbegriff des Gottesstreiters, der die vollständige Hingabe an Gott und absolute Treue gegenüber Herrscher und Land verkörpert und damit zu einem Symbol für die höchsten ethischen Werte des Ritters wird. Durch die »Chanson de Roland« und den »Pseudo-Turpin« findet die Sage von Roland in ganz Europa Verbreitung, ganz besonders aber in Italien, Deutschland und den skandinavischen Ländern. Sie werden Vorlage für eine Vielzahl von Dichtungen in ganz Westeuropa.

St-Guilhem-le-Désert und Wilhelm von Tours

Die Entwicklung von St-Guilhem-le-Désert zum Erinnerungsort nahm ihren Ausgang von dem durch Wilhelm gegründeten Kloster Gellone. Die Erinnerung an Wilhelm blieb zunächst lokal auf dieses

Kloster beschränkt, das das Andenken an seinen fürstlichen Stifter bewahrte und ihn schon bald als Heiligen verehrte.[554] Dies belegen Urkunden des Klosters aus den Jahren 925 und 926, in denen Wilhelm als »Sanctus Wilhelmus« bezeichnet wird.[555] Die kriegerischen Heldentaten spielen in diesem Kontext nur eine marginale Rolle. Sie fungieren lediglich als Vorspiel zu Wilhelms Weltabkehr. Ab dem Beginn des 11. Jahrhunderts belegen auch liturgische Zeugnisse die Verehrung Wilhelms als Heiligen – so z. B. das aus Gellone stammende »Libellus de miraculis sancti Wilhelmi«, dessen Verbreitung über das unmittelbare Umfeld des Kloster hinausging. Der sich entwickelnde Kult um die Wilhelmsgestalt begründete eine Rivalität der beiden Klöster Aniane und Gellone, die 1123 durch Papst Calixtus II. (der auch zur Verbreitung der Rolandssage beigetragen hat) zugunsten des Klosters Gellone entschieden wurde, das sich fortan als selbständige Gründung betrachten durfte. Nach der Bestätigung der Unabhängigkeit Gellones von Aniane fand eine feierliche *Translatio* von Wilhelms Gebeinen von Aniane nach Gellone statt. Ein Mönch von Gellone verfasste in der ersten Hälfte des 12. Jahrhunderts die »Vita sancti Wilhelmi«. In dieser Lebensbeschreibung wird Wilhelm als Gründer des Klosters verherrlicht, dessen Heiligkeit in seinem frommen Klosterleben sowie den Wundern, die sich an seinem Grab ereignet haben sollen, gründet. Darüber hinaus weist der Verfasser aber auch auf die ruhmreichen Taten hin, die Wilhelm zum Wohl der Christenheit vollbracht hat. Der Wilhelmskult dehnte sich geographisch weiter von Aquitanien und der Provence bis ins Rhônetal, nach Flandern, ins Rheinland und nach Westfalen aus. Dennoch erfuhr die Verehrung des heiligen Wilhelm keine universale Verbreitung.

Mit der Ausbreitung der Wilhelmverehrung war auch ein deutlicher Anstieg der Pilgerzahlen zu verzeichnen. Dieser dokumentiert sich u. a. im »Liber Sancti Jakobi«. Wilhelm wird hier in einem Kapitel über »Heilige Leichname, die am Jakobsweg ruhen und welche die Pilger aufsuchen müssen« angeführt. Zudem wird er dort auch als einflussreicher Graf und ein im Kriegswesen äußerst erfahrener und tüchtiger Heerführer Karls des Großen genannt, der durch seinen Mut Nîmes, Orange und weitere Städte der christlichen Herrschaft unterworfen habe.[556]

Die Anfänge der Wilhelmssage liegen ebenso wie die der Rolandssage im Dunkeln. Als sicher gilt jedoch, dass Wilhelm recht schnell zu einer Gestalt der nationalen Heldensage wird, dass die Sagenbildung jedoch unabhängig von der liturgisch-hagiographischen Tradition entstanden ist. Auch bei der Genese der Wilhelmssage steht wie bei der Entwicklung der Rolandssage eine historische Niederlage im Rahmen der kriegerischen Auseinandersetzungen zwischen dem christlichen Frankenreich und dem maurischen Spanien am Anfang. Im Unterschied zum Debakel von 778 müssen die realhistorischen Ereignisse von 793 jedoch nicht kaschiert werden, denn trotz der Niederlage der Christen unter Wilhelms Führung werden die sarazenischen Gegner erfolgreich zurückgedrängt, so dass die Feinde keinen Vorteil aus ihrem Sieg ziehen können. Dieses Ergebnis ist entscheidend. Es wiegt die Niederlage auf, die so einer Verherrlichung Wilhelms als ausgezeichnetem Kämpfer gegen die Heiden nicht entgegensteht. Eine weitere Grundlage für die Sagengenese bildet die Bedeutung des historischen Wilhelm von Toulouse als Ratgeber und Beschützer von Karls Sohn Ludwig dem Frommen.

Einer der ältesten Belege für die Literarisierung der Wilhelmsgestalt stellt wie auch für die Rolandsgestalt die »Nota Emilianense« dar, in der Wilhelm neben Roland zu den zwölf Neffen Karls des Großen zählt, die Karl auf seinem Spanienfeldzug begleiten. Die Schlacht von Roncesvalles überlebt Wilhelm; nur Roland lässt in der »Nota Emilianense« in dieser Schlacht sein Leben.[557]

Die älteste Wilhelmsdichtung in der Volkssprache stellt die altfranzösische »Chanson de Guillaume« dar, die vom Ende des 11. bis Anfang des 12. Jahrhunderts datiert. Davon ausgehend entwickelt sich zwischen dem 12. und 14. Jahrhundert ein ganzer Zyklus von Wilhelmsepen, der insgesamt 24 Dichtungen umfasst, die als eine Biographie des Helden Wilhelm angesehen werden können. In diesen Dichtungen wird Wilhelm zu einer plastischen Gestalt, die sich von ihrem historischen Kern deutlich entfernt. Wilhelm wird als idealer Vasall verherrlicht, der sich opferbereit und vaterlandsliebend durch bedingungslose Treue gegenüber dem christlichen Glauben und dem Herrscher auszeichnet und dadurch zum christlichen Märtyrer wird. Demgegenüber ist die Figur des Herrschers moralisch fragwürdig dargestellt. Er erscheint als schwacher Herrscher, der seine Pflichten nicht wahrnimmt und so Revolten und Usurpationsversuche seiner Vasallen geradezu provoziert. Wilhelm bewahrt in diesem Konflikt als getreuer Vasall, der sich für den unfähigen Herrscher aufopfert, das Reich vor dem Untergang. Dabei werden die bis dahin mit Karl verbundenen Attribute und Charakteristika auf Wilhelm übertragen: Anstelle des Herrschers wird Wilhelm zum Schirmer der Christenheit, zum Heidenkämpfer, der das Reich gegen die feindlichen Angriffe verteidigt.[558]

Man geht davon aus, dass in dem Dichtungszyklus um die Wilhelmsgestalt unterschiedliche, zunächst eigenständige Sagenkreise miteinander verschmolzen sind, die auf unterschiedliche historische Wilhelmsgestalten als Vorbild für den epischen Wilhelm zurückgehen, wobei der Sagenkreis, der sich auf den historischen Wilhelm von Toulouse gründet, als der älteste angesehen und Wilhelm von Toulouse damit die größte Bedeutung für die Herausbildung der epischen Gestalt zugesprochen wird, nicht zuletzt auch aufgrund der vom Kloster Gellone bzw. St-Guilhem-le-Désert ausgehenden liturgisch-hagiographischen Traditionsbildung um diese Gestalt.[559] Wie sich der Verschmelzungsprozess vollzogen hat, ist aufgrund der spärlichen Textzeugnisse nicht zu rekonstruieren.

Wilhelm wird nicht in dem Maße zu einem gesamteuropäischen Helden wie Roland, sondern bleibt im Wesentlichen auf Frankreich beschränkt.

Geschichte und Gedächtnis – Gründe für den Aufstieg und den Untergang der Helden Roland und Wilhelm und der mit ihnen verbundenen Orte Roncesvalles und St-Guilhem-le-Désert

Die Gründe, die dazu führten, dass Roland und Wilhelm zu Helden und die mit ihnen verbundenen Orte Roncesvalles und St-Guilhem-le-Désert zu Erinnerungsorten wurden und so Eingang ins kollektive Gedächtnis fanden, hängen eng mit der öffentlichen Konstruktion von Vergangenheit und kollektiver Identitätsbildung zusammen. Ihre memoriale Funktion liegt in der Deutung und Bewältigung von Gegenwart.

Anhand des historischen Stoffes reflektieren die Dichtungen der Rolands- und Wilhelmssage aktuelle Fragen und Umstände der mittelalterlichen Zeit. Anlässe und Anliegen der Erinnerung bieten vor allem die Reconquista der iberischen Halbinsel, die sich vom 8. bis zum Ende des 15. Jahrhunderts erstreckt, die Kreuzzüge sowie das Problem des richtigen Zusammenspiels von französischer Krone und Adel.

Der Konflikt mit dem Islam führte zu einer Neubewertung des Kampfes durch die Kirche, die zu einem erheblichen Machtfaktor im politischen Kräftespiel geworden war. Im 11. Jahrhundert übertrug sie im Rahmen des Investiturstreits den Begriff der *militia Christi* auf weltliche Ritter und verband auf diese Weise geistlichen und weltlichen Kriegsdienst miteinander. Dies ermöglichte der Kirche, den Laienadel in ihren Dienst zu stellen und für ihre weltlich-politischen Ziele einzusetzen.[560] Ihre Aufgabe waren insbesondere der Kampf gegen die Ungläubigen, aber auch das Geleit der Pilger. Daneben stellte das Lehns- und Feudalwesen eine äußerst konfliktträchtige Gesellschaftsstruktur dar, die immer wieder Auseinandersetzungen zwischen den verschiedenen Gruppen der adligen Führungsschicht hervorbrachte.

Diese beiden großen Themenkomplexe – die Gottesstreiter- und Kreuzzugsidee verbunden mit dem christlichen Heilskonzept einerseits sowie die Diskussion um die Machtbalance von Krone und Vasallen andererseits – werden anhand der Geschichten um Karl den Großen und die beiden Helden Roland und Wilhelm veranschaulicht und bieten zugleich allgemeinverbindliche Deutungs- und Identifikationsmuster an.[561] Vor diesem Hintergrund werden die beiden Helden Roland und Wilhelm zu Symbolen christlicher Ritterschaft. Zugleich geben sie ein stets aktualisierbares Beispiel »der Gefährdung von Reich und Religion durch innere Zwietracht und ihrer unüberwindlichen Stärke im Falle des Zusammenhalts«.[562]

Mit dem Ausgang des Mittelalters verblasst die Erinnerung an Roland und Wilhelm sowie an Roncesvalles und St-Guilhem-le-Désert. Mit Humanismus und Reformation kommt es zu einer zunehmenden

Abkehr vom jenseitsorientierten Denken des Mittelalters. Damit verliert der Heidenkampf als Heilskonzept und Identifikationsmuster seine Gültigkeit. Auch das Pilgerwesen auf dem Jakobsweg erfährt ein vorläufiges Ende.

Erst in den 1980er Jahren hat eine deutliche Revitalisierung des Pilgerwesens auf diesem Weg begonnen; Pilgern ist wieder zu einer regelrechten Massenbewegung geworden – mag sich auch die Motivation für eine Pilgerreise vom Mittelalter bis heute gewandelt haben.[563] Vor etwa 20 Jahren wurde der Jakobsweg in die Weltkulturerbeliste der UNESCO aufgenommen und gilt seitdem als weltweit populärster Wallfahrtsweg seiner Art.

Lechfeld und Marchfeld: Über alles wächst mal Gras...

Simon Maria Hassemer

Schlachtfelder bieten als Orte wenig konkrete Anhaltspunkte für historische Erinnerung. Die Landschaft selbst bleibt in der Regel stumm, nichts deutet auf eine militärische Auseinandersetzung hin, die hier oder dort vor etlichen Jahren einmal getobt haben soll. Es ist allein die Erzählung, das qua Narration vermittelte Ereignis, an das sich das kollektive Gedächtnis erinnert, wenn vom Teutoburger Wald, den Katalaunischen Feldern, dem Peipussee oder eben auch vom Lechfeld oder Marchfeld die Rede ist. Bezeichnenderweise ist der genaue Ort einer vor Jahrhunderten geschlagenen Schlacht häufig nicht bekannt – insbesondere dann, wenn man sich in Ermangelung archäologischer Funde ganz auf die teils vagen Aussagen der zeitgenössischen Texte verlassen muss oder in gut gemeintem Positivismus Ort und Verlauf des Ereignisses spekulativ rekonstruiert.[564] Und so wird man heute weder auf der Ebene südlich von Augsburg am Fluss Lech noch auf derjenigen zwischen Dürnkrut und Jedenspeigen an der March materielle Erinnerungsträger finden: Kein architektonischer Überrest wie in Cluny, kein nationalmythischer Mittelalterhistorismus wie auf der Kyffhäuserburg. Lechfeld und Marchfeld sind heute Landschaften, die mehr als andere Erinnerungsorte der Erzählung bedürfen, um aktiv zu werden. Doch eben solche Erzählungen über die Schlachten, die hier stattgefunden haben (sollen), gibt es reichlich.

Ursprungserzählungen

Prätexte für spätere Erzählungen und Darstellungen der Schlacht auf dem Lechfeld, die erst seit dem 19. Jahrhundert so genannt wird,[565] sind vor allem zwei historiografische Werke: »Die Sachsengeschichte« (*Res Gestae Saxonicae*) des sächsischen Mönchs Widukind von Corvey und die »Vita Sancti Uodalrici«, Gerhard von Augsburgs »Biografie« des 993 heiliggesprochenen Augsburger Bischofs Ulrich. Diese beiden Werke machen die umfangreichsten zeitgenössischen Erzählungen der Lechfeldschlacht aus. Sie sind von Erzählinhalten und -perspektive her sehr unterschiedlich gestaltet und dürften daher unabhängig voneinander wenige Jahrzehnte nach der Schlacht von 955[566] entstanden sein. Widukinds Darstellung »von dem prächtigen Sieg, den der König über die Hunnen gewann«[567] ist eine längere Episode im dritten und letzten Buch seiner »Sachsengeschichte«: Nach erneuten Einfällen der Ungarn schlägt Widukinds Protagonist König Otto I. ein Lager im Gebiet von Augsburg[568] auf, um mit einem Heer von Franken und Bayern, Schwaben und Böhmen die Angreifer zu stellen. Der Erzähler versteht es, Spannung zu erzeugen: »Doch die Sache kam anders, als man glaubte. Denn die Ungarn durchquerten den Lech, umgingen das Heer, begannen, die letzte Legion mit Pfeilschüssen herauszufordern«,[569] sie reiben die Kontingente der Schwaben und Böhmen auf und erbeuten den Heerestross. König Otto schickt daraufhin Herzog Konrad (den Roten), dem es mit den Franken gelingt, die Beute zurück zu erobern. Ortswechsel. An anderer Front kämpfen die Sachsen gegen die »barbarischen Slawen«,[570] und auch hier verläuft der Kampf wechselhaft, letztlich fatal. Dramatisch spitzt der Erzähler das düstere Szenario zu: »Mittlerweile packte wegen dieses Unglücks eine riesige Furcht ganz Sachsen, das sich um den König und sein Heer ängstigte.«[571] Zurück auf dem Lechfeld sieht sich König Otto einer ungarischen Übermacht gegenüberstehen. In einer langen Feldherrenrede spricht er seinen Kriegern Mut zu: »Sie übertreffen uns, ich weiß, an Zahl, aber nicht an Tapferkeit [...]. Ihnen dient als Schirm lediglich ihre Verwegenheit, uns dagegen die Hoffnung auf göttlichen Schutz.«[572] Schließlich erlangt Otto einen glanzvollen Sieg über die Ungarn. »Durch den herrlichen Sieg [...] wurde der König von seinem Heer als Vater des Vaterlandes und Kaiser begrüßt.«[573]

Es würde jedoch ein anachronistisches Bild liefern, beschriebe man Widukind nun als kreativen Autor moderner Kriegsaction.[574] Zwei Charakteristika frühmittelalterlicher Historiografie gilt es zu berücksichtigen. Erstens: Die Darstellung weltlicher Geschichte ist nicht unbedingt üblich; sie bedarf der Rechtfertigung. Und so stellt Widukind gleich zu Beginn der »Sachsengeschichte« klar, dass er zuvor auch »die Triumphe der Streiter des höchsten Gebieters verkündet habe [...], was ich als Mönch schuldigerweise tun mußte.«[575] So erstickt er potentielle Vorwürfe im Keim, dass er sich als Gottesmann nur mit profanen Dingen abgebe. Zweitens bedeutet Texte verfassen im Mittelalter nicht, eine eigenständig-kreative Leistung zu erbringen. Was von Wert ist, ist aus den Schriften der Autoritäten übernommen, abgeleitet und neu zusammengestellt – aus der Bibel, den Werken der Kirchenväter oder den Autoren der klassischen Antike. Gerade in seiner Darstellung der Lechfeldschlacht hat Widukind »unter Verwendung von rhetorischen Mitteln und Zitaten aus dem Alten Testament, besonders aus den ›Heldenbüchern‹ der Richter und der Makkabäer, ein Pathos erzielt, das der damalige Leser, dem diese Sprache vertrauter war, gewiß gespürt hat.«[576] So gewinnt Widukinds kompilierte Erzählung an biblischer Aura, die Erzählinhalte rücken den König ins heilsgeschichtliche Licht göttlicher Vorsehung und legitimieren die neue ottonische Dynastie »Dei Gratia«.[577] Dass der König von seinen Soldaten dann auch noch zum Kaiser proklamiert wird, soll zusätzlich die Reichsidee der römischen Antike erneuern.

Gerhard von Augsburgs Lebensbeschreibung des heiligen Ulrich brauchte keine solche Rechtfertigung. Als Heiligenvita angelegt, trug die Biografie wesentlich zur Kanonisierung Ulrichs bei, der von 923 bis zu seinem Tod 973 Bischof von Augsburg war. Gerhard schreibt seinem Protagonisten eine prominente Rolle in der Lechfeldschlacht zu. Bei der Verteidigung der von den Ungarn belagerten Stadt »saß der Bischof auf seinem Pferd mit der Stola angetan, nicht mit Schild, Panzer oder Helm bewehrt, und blieb inmitten der von allen Seiten um ihn schwirrenden Speere und Steine unberührt und unverletzt.«[578] Dieser Topos des waffenlos kämpfenden Bekenners ist aus der Martinslegende des Sulpicius Severus bekannt, die Gerhard vielleicht als Vorlage diente.[579] Der Autor schlägt so zwei Fliegen mit einer Klappe. In seiner Erzählung vermeidet er die direkte Beteiligung des Bischofs an militärischen Auseinandersetzungen und deutet gleichzeitig ein Wunder an. So war es Ulrichs starke und heilige Persönlichkeit, die Augsburg vor den Ungarn bis zum Entsatz durch König Otto bewahrte. Die Ulrichsvita ist auch der erste Text, der die Schlacht in Zusammenhang mit dem Lechfeld bringt. Denn zuvor erscheint Ulrich in einer nächtlichen Vision die Heilige Afra, die ihn auf das Lechfeld führt[580] und auf die kommende, für die Christen siegreiche Schlacht gegen die Ungarn verweist.[581] Die Bezeichnung »Schlacht auf dem Lechfeld« oder »Lechfeldschlacht« fällt jedoch nicht – auch nicht in den nächsten 900 Jahren.

Besten Erzählstoff liefern auch die Historiografien zur Schlacht bei Dürnkrut und Jedenspeigen 1278, besser bekannt als die Schlacht auf dem Marchfeld. Im Vergleich zur dreihundert Jahre zuvor geschlagenen Schlacht auf dem Lechfeld, erweist sich die Quellenlage hier als reichhaltig, und so erzählen zahlreiche Chroniken des späten 13. und frühen 14. Jahrhunderts vom Sieg Rudolfs von Habsburg über König Ottokar Přemysl von Böhmen. Aus den verschiedenen Erzählungen der mittelalterlichen Autoren versuchen Historiker die Geschehnisse der Schlacht zu rekonstruieren.[582] Demnach kulminierten die jahrelangen Streitigkeiten zwischen dem neu gewählten römischen König Rudolf von Habsburg und dem mächtigen böhmischen König Ottokar II. Přemysl um die Vorherrschaft im Reich in einer auf den 26. August 1278 vereinbarten Entscheidungsschlacht. Mittelalterliche Historiografien erzählen von 900 bis 1100 schweren Reitern auf Seiten des Böhmenkönigs und 250 bis 300 in den Reihen König Rudolfs,[583] was in der heutigen Historiografie relativ unkritisch übernommen wurde[584] und damit dem populären Mythem als »größte[r] Ritterschlacht aller Zeiten« Vorschub leistet.[585] Warum die Geschichte der Marchfeldschlacht so erfolgreich war und ist, liegt vor allem an folgenden Motiven: Dem Sieg des zahlenmäßig unterlegenen, aber taktisch überlegenem, zukünftigen Herrschers, der Ritterehre einiger seiner Vasallen und dem Tod Ottokars durch Mord aus den eigenen Reihen.

Rudolf, der Sieger der Schlacht, wird in der »Continuatio Vindobonensis« als Bewahrer und Mehrer der Christenheit stilisiert, in dessen Heer sogar die heidnischen Kumanen und zweifelhaften Ungarn dem Schlachtruf »Christus« folgen, wohingegen Ottokar mit seinem weltlichen Schlachtruf seiner eigenen Hauptstadt unterliegen muss. »Nachdem auf beiden Seiten die Heerscharen geordnet worden waren, befahl der König der Römer sowohl den Kumanen als auch den Christen, als Erkennungszeichen den Namen Christi zu rufen [...]. Es wurde also der glorreiche und gesegnete Name Gottes ›Christus‹, der dem Heere des Königs der Römer als Erkennungszeichen gegeben worden war und der vorher von den ungläubigen Kumanen und halbchristlichen Ungarn immer geschmäht und für nichts erachtet worden war, an diesem Tage allgemein sowohl von den Kumanen als auch von den Christen angerufen [...]. Der König von Böhmen aber hatte als Erkennungszeichen seinen Heerscharen den Ruf ›Praha, Praha‹ [...] gegeben.«[586] Relativ neu ist die kritische Schilderung von Brutalität der Schlacht: »so wurden Schwerter vom Blute rot gefärbt und menschliche Eingeweide wurden mit unmenschlicher Kampflust bis zum Boden verspritzt.«[587] Eine solche Darstellung widersprach den ritterlichen Idealen, wie sie etwa die zeitgenössischen Artusromane propagierten. An diese Literaturgattung angelehnt erzählt der mittelalterliche Dichter Otacher oûz der Geul (Ottokar aus der Gaal) in der Steirischen Reimchronik eine Episode, in der sich der Ritter Heinrich Graf von Pfannberg weigert, eine strategisch günstige, aber für ihn unehrenhafte Position auf einem Hügel einzunehmen. Schließlich übernehmen zwei Ministeriale die Aufgabe, die sich allerdings auch um ihre Ehre sorgen. Die befürchtete Ehrenrührigkeit besteht allerdings nicht etwa im strategischen Vorteil und der daraus entstehenden Unfairness. Vielmehr sorgen sich die Ritter in dieser Darstellung, »wes man möht gedenken, swen man si sunder halten saehe; ein iegelich man denne jaehe, si wolden fliehen ûz der nôt.«[588] Die beiden Ritter sorgen sich also vielmehr darum, dass man ihnen nachsagen könnte, sie hätten aus Feigheit die Schlachtreihe verlassen und sich auf dem Hügel positioniert. Nach der Reimchronik Otachers oûz der Geul aber gehorchen sie ihrem König und erreichen durch ihr Eingreifen in die Schlacht vom Hügel aus einen siegentscheidenden Wendepunkt in der Schlacht.[589] Ottokar Přemysl wird im Angesicht der Niederlage gefangen genommen, »entwaffnet wurde dann der König weggeführt. Ein Ritter aber folgte ihm und sagte: ›Gib acht, König, der du meinen Bruder so schimpflich getötet hast; büßen sollst du nun diese Tat!‹ Mit diesen Worten riß er das Schwert aus der Scheide und verwundete den König aufs schwerste im Gesicht. Ein anderer aber, der diesem nachfolgte, durchbohrte den Unterleib des Königs mit seinem Schwerte.«[590] Die »Annales sancti Rudberti Salisburgenses« führen in drastischer Weise die Leichenschändung des toten Königs aus: »[D]ie Rüstung wurde ihm ausgezogen, ja sein Leichnam wurde sogar in ungebührlicher Weise aller Kleider beraubt, so daß nicht einmal dem Schamteil Beinkleider verblieben. Zu diesem grauenvollen Schauspiel eilten die Sieger frohlockend von überall herbei, verhöhnten den Toten und sprangen ihm ins Gesicht.«[591] Das tragische Ende des Widersachers König Rudolfs von Habsburg durch einen aus Rache motivierten Mord aus den eigenen Reihen trug sicher auch zur Verbreitung des populären Erzählstoffes bei. In der späteren Rezeption der Marchfeldschlacht wird immer wieder das literarisch-narrative Moment, mit historiografischen Bewertungen um »[d]ie weltgeschichtliche Tragweite der Entscheidungsschlacht zwischen dem Böhmenkönig Ottokar II. Přemysl und dem Römischen König Rudolf von Habsburg, die endgültige Festsetzung des Hauses Habsburg im zukunftsträchtigen deutschen Südosten«[592] einhergehen.

Bilder von Otto, Ulrich und den Türken im Spätmittelalter und in der Frühen Neuzeit

Auch von der Schlacht auf dem Lechfeld kennt das spätere Mittelalter noch weitere Erzählungen, wobei keine die beiden beschriebenen an Ausführlichkeit und Wirkmacht für spätere Rezeptionen übertreffen.[593] Etwa um die Zeit der Schlacht bei Dürnkrut und Jedenspeigen wird das Narrativ der Lechfeldschlacht mehr und mehr durch ein weiteres Medium unterstützt – das Bild. Während St. Ulrich seit seiner Heiligsprechung einen festen Platz in der christlichen Ikonografie hat, findet sich in der »Sächsischen Weltchronik« um 1270 die erste bildliche Schlachtdarstellung. Sie hat einen rein illustrativen Charakter und könnte im Prinzip jeden mittelalterlichen Kampf mit berittenen Kriegern darstellen. Die Darstellung ist ahistorisch, d. h. die abgebildeten Ritter tragen die für die in der Entstehungszeit der Illustration typischen Rüstungen. Historisch-kritisches Bewusstsein, das Verlangen nach *historical correctness* mit seiner Sehnsucht nach Authentizität, ist erst seit der Etablierung von Geschichte als Wissenschaft im 19. Jahrhundert Bestandteil der Geschichtskultur. Auch in Spätmittelalter und Früher Neuzeit wird die Ungarnschlacht auf dem Lechfeld in den jeweils gängigen Medien der Zeit dargestellt. In Augsburger Stadtchroniken des 15. Jahrhunderts ist auch die Lechfeldschlacht für das bürgerliche Gedächtnis der Stadt ein wichtiger Ort, der nicht nur erzählt, sondern auch ins Bild gesetzt wird. Federzeichnungen in den Geschichtswerken der Augsburger Brüder Hektor und Georg Mülich illustrieren die Schlacht auf dem Lechfeld und nehmen eine ethnische und kulturelle Konkretisierung der beiden Konfliktparteien vor: Während die eine mit Harnischen gerüstet ist, tragen die anderen Bärte und Fellmützen, als Waffen führen sie Krummsäbel und Reflexbögen.[594] Hingegen verzichten die Zeichnungen auf eine Darstellung der Protagonisten König Otto und den Stadtheiligen Bischof Ulrich.[595]

Während die gesamte Ulrichsikonografie des Mittelalters ohne Bezug zur Lechfeldschlacht auskommt, tritt Ende des 15. Jahrhunderts »das vielleicht bekannteste Thema der Ulrichsikonographie auf: die Überreichung des Siegeskreuzes an Bischof Ulrich in der Lechfeldschlacht«.[596] Die früheste bekannte bildliche Darstellung dieses Motivs findet sich auf der Rückseite des 1494 angefertigten Ostensoriums für die in Augsburg aufbewahrte Reliquie des *crux victorialis* – ein kleines, hölzernes Kreuz griechischer Form, welches Ulrich 955 im Kampf getragen haben soll. Die Gravierung zeigt einen Engel, der vom Himmel aus Bischof Ulrich während der Schlacht ein Kreuz überreicht. In der um ihn herum tobenden Schlacht sind die beiden Heere entsprechend differenziert, aber auch anachronistisch dargestellt. Während die Ritter Harnische tragen, wie sie im 15. Jahrhundert üblich waren,[597] hat man bei der Darstellung der Ungarn »an dem Maß genommen [...], was von Kleidung und Bewaffnung der seit Mitte des 15. Jahrhunderts wieder stärker vordringenden Türken im Westen bekannt war.«[598] An dieser Aktualisierung des historischen Ereignisses wird deutlich, wie ein Erinnerungsort funktioniert. Aus den heidnischen Ungarn der Lechfeldschlacht von damals werden in der Darstellung die muslimischen Türken von jetzt, durch die sich das christliche Mitteleuropa seit der Eroberung Konstantinopels 1453 konkret bedroht sieht. Die Schlacht auf dem Lechfeld beginnt sich allmählich zu mythisieren – sie wird zum Typus des Abwehrkampfes des christlichen Westens gegen einen heidnischen Osten. Das Motiv der *crux victorialis* übernimmt dabei die Funktion, diese Schlacht in eine größere, heilsgeschichtliche Dimension zu überführen.[599]

Diese beiden Variationen waren zweihundert Jahre später immer noch aktuell. 1664 fertigte der Augsburger Bartholomäus Kilian einen Kupferstich der Lechfeldschlacht an, der ebenfalls mit den Türkenkriegen seiner Zeit assoziiert werden kann.[600] Der Aufbau der Darstellung verweist auf das Medium Theater, denn die Schlacht mit ihren beiden Hauptdarstellern Otto und Ulrich ist wie eine Bühnenszene aufgebaut.[601]

Im Gegensatz zum Mittelalter wird die Ulrichsikonografie in Barock und Rokoko von der Lechfeldschlacht mit Überreichung des Siegeskreuzes dominiert. Kirchen in und um das Bistum Augsburg zeigen gerne die monumentale Szenerie auf Altarbildern und vor allem in ausladenden Fresken. »Die großen Darstellungen der Lechfeldschlacht an Langhausdecken nehmen den heiligen Ulrich ganz in die untere, irdische Ebene auf – als Mitstreiter in der Schlacht an zentraler Stelle und gleichzeitig als Empfänger des Siegeskreuzes.«[602] Neben dem unbewaffneten Bischof tritt nun auch wieder König Otto I. als Repräsentant der weltlichen Macht hinzu. Jedoch steht in diesen Bildern des katholisch-kirchlichen Milieus, zumal in Kirchen mit Ulrichs-Patrozinium, eindeutig der Augsburger Bischof im Mittelpunkt der Darstellung. Auf dem Deckenfresko der Pfarrkirche St. Ulrich in Eresing ist der Bischof gerade im Begriff, die *crux victorialis* von einem Engel aus dem Himmel entgegenzunehmen. Zwar reitet Otto neben ihm, doch ist es Ulrich, der »auf der ehrenvolleren Seite, nämlich rechts, und auf dem Schimmel, der mit Vollkommenheit, Reinheit und schließlich mit dem Sieg zu assoziieren ist«, reitet.[603] Angesichts des mächtigen Reiterpaares und der göttlichen Intervention fliehen die Ungarn, die auch auf diesem Fresko wieder mit Turbanen und Krummsäbeln als Türken gezeigt werden.[604]

Nationale Mythen von der Romantik bis ins 21. Jahrhundert

Die Schlacht von Dürnkrut und Jedenspeigen wird besonders stark in der Romantik wieder aufgegriffen. 1806 dankte der letzte Kaiser des Heiligen Römischen Reiches deutscher Nation, Franz II. aus dem Haus Habsburg-Lothringen, ab. Damit war das unter Otto I. entstandene und durch Rudolf I. an Habsburg übergegangene Kaiserreich unter dem Druck Napoleons Geschichte. Insofern rekurriert Franz Grillparzers Drama »König Ottokars Glück und Ende« von 1825 auch auf die Zeitgeschichte des österreichischen Romantikers, der zunächst ein Stück über Napoleon schreiben wollte, aufgrund von Zensurschwierigkeiten dann aber die Thematik um menschlichen »Übermut und sein[en] Fall«[605] auf die Figur des mittelalterlichen Böhmenkönigs Ottokar II. transferierte. Grillparzers Tragödie gingen eine ganze Reihe literarischer Werke über Rudolf von Habsburg voraus: Anton Kleins Trauerspiel »Kaiser Rudolf von Habsburg« von 1787, Friedrich von Schillers Ballade »Der Graf von Habsburg« von 1803, Anton Poppers Trauerspiel »Rudolf von Habsburg« aus dem Jahr 1804, August von Kotzebues historisches Schauspiel »Rudolf von Habsburg und König Ottokar von Böhmen«, das gut zehn Jahre vor »König Ottokars Glück und Ende« am Wiener Burgtheater aufgeführt wurde. Verlustempfindungen am Ende des Heiligen Römischen Reiches deutscher Nation und die Helden verklärende Ritterromantik boten den Nährboden für eine massive literarische Produktion historischer Stoffe. Auch die junge Geschichtswissenschaft blieb hiervon nicht unbeeinflusst. Der »Österreichische Plutarch« Josephs Freiherr von Hormayr, 1807 in Wien erschienen, rezipiert die Schiller'sche Ballade,[606] wird selbst aber wiederum als historiografische Basis für weitere Adaptionen des Stoffes herangezogen – so von Franz Grillparzer als auch vom Historienmaler Julius Schnorr von Carolsfeld. Als weitere Quelle diente Grillparzer auch die oben genannte »Steirische Reimchronik« Otachers oûz der Geul, den er als Ottokar von Horneck im Drama selbst auftreten und die berühmte Rede auf Österreich sprechen lässt.[607] Grillparzers Trauerspiel um Hochmut und Fall der Figur des böhmischen Königs Primislaus Ottokar, eine durchaus »vom Dichter intendierte Analogie zu der Gestalt Napoleons«, endet im fünften Akt mit der Schlacht auf dem Marchfeld – der Lösung für Rudolf und Katastrophe für König Ottokar. Über das Schlachtfeld selbst spricht die Figur Rudolf von Habsburg zu einem Sohn Albrecht:

> Sieh um dich her, du stehst in deinem Land!
> Das Feld, das rings sich breitet, heißt Marchfeld,
> Ein Schlachtfeld, wie sich leicht kein zweites findet,
> Doch auch ein Erntefeld, Gott sei gedankt!
> Und dafür soll es immerdar dir gelten!
> Dort fließt die March; dort, wo noch Nebel ringt,
> Liegt Wien, die Stadt, die Donau blinkt daneben,
> Von vielen Inseln mannigfach geteilt.
> Dort wirst du wohnen, gibt uns Gott den Sieg.
> Doch gilt's zu kämpfen erst, das sollst du auch.
> Die Rennfahn' geb ich dir, die sollst du führen,
> Mir vor sie tragen glorreich durch die Schlacht.[608]

In Anbetracht dieser patriotischen Töne verwundert es nicht, dass »König Ottokars Glück und Ende« entscheidend dazu beigetragen hat, die Schlacht auf dem Marchfeld als Ursprungsmythos Österreichs zu etablieren. Die Übergabe der Rennfahne von Rudolf an Albrecht ist der Belehnungsakt – die Habsburger sind von diesem Tag an bis in die Gegenwart Grillparzers und darüber hinaus bis zum Ende des Ersten Weltkriegs, Herzöge von Österreich. Ein negatives oder allzu realistisches Bild Rudolfs würde das heroische Ideal jedoch zerstören. So wird auch im Drama die über Jahrhundert hinweg stilisierte Figur Rudolfs durchweg positiv – ritterlich, weise, fromm – dargestellt. Auch gegenüber dem Leichnam seines Erzfeindes, wo eine Darstellung wie in den Annalen Rudberts als Vorlage ungeeignet gewesen wäre.

> Rudolf. So liegst du nackt und schmucklos, großer König,
> Das Haupt gelegt in deines Dieners Schoss,
> Und ist von deinem Prunk und Reichtum allen
> Nicht eine arme Decke dir geblieben,
> Als Leichentuch zu hüllen deinen Leib.
> Den Kaisermantel, dem du nachgestrebt,

Ich nehm ihn ab und breit ihn über dich,
(er tut es)
Dass als ein Kaiser du begraben werdest,
Der du gestorben wie ein Bettler bist.
[...]
(Er entblößt das Haupt und betet still, die andern tun dasselbe [...]).[609]

Heroische Züge nimmt Rudolf auch in dem Historiengemälde »Rudolfs siegreiche Schlacht gegen Ottokar von Böhmen« (1838/39) des bereits erwähnten Julius Schnorr von Carolsfeld an. Bereits seit dem Spätmittelalter beliebtes Motiv der Buchmalerei, erfuhr das Motiv der Marchfeldschlacht erst durch Schnorr monumentale Ausgestaltung.[610] Den Auftrag dazu erhielt er von König Ludwig I. von Bayern, der für seine Münchener Residenz drei Säle mit Gemälden mittelalterlicher Herrscher ausmalen lassen wollte. Neben Karl dem Großen und Friedrich Barbarossa, wurde der dritte, direkt vor dem Thronsaal gelegene Raum ganz mit Darstellungen aus dem Leben Rudolfs von Habsburg ausgefüllt. Der erste Entwurf des Nazareners Schnorr war Ludwig allerdings »zu theosophisch und zu mystisch«, Schnorr solle sich doch »einfach an die Geschichte der drei Kaiser [...] halten«.[611] So entstand ein monumentales Schlachtgemälde, dessen Bildkomposition Rudolf in ein lichtes Zentrum stellt, in dem er an der Spitze seines Heeres von rechts nach links gegen den im linken Bildhintergrund unter schwarzen Wolken dargestellten Ottokar anreitet.[612] Zwei Jahrzehnte später malte Michael Echter für das von König Maximilian II. von Bayern gebaute Maximilianeum in München ein Historiengemälde der Lechfeldschlacht. In der Bildmitte der »Ungarnschlacht auf dem Lechfeld 955« (1860) erstrahlt Otto I. mit der Kaiserkrone. Rechts hinter ihm reitet Bischof Ulrich, die Hände betend zum Himmel erhoben, aus dem jedoch kein Engel ein Zeichen des Sieges herablässt. Hier ist der weltliche Herrscher der Agitator, der Feldherr, der mit ausgestrecktem Schwert und unter dem Michaelsbanner zum Sieg gegen den Feind anführt: Der Widukind'sche Held kehrt in der nationalen Historienmalerei als Protagonist zurück.

Von nationalen Tönen durchdrungen ist auch die im Verlaufe des 19. Jahrhunderts professionalisierte und politisierte Geschichtswissenschaft. Im dritten Teil seiner »Geschichte der Kriegskunst im Rahmen der politischen Geschichte« von 1907 feiert der Historiker und Politiker Hans Delbrück die Lechfeldschlacht als »erste deutsche Nationalschlacht gegen einen auswärtigen Feind [...] in der sich diese neue Staatseinheit bewährt«[613] – seine Vorlagen sind die Erzählungen Gerhards von Augsburg und vor allem eben diejenige Widukinds von Corvey. Obwohl er seine Quellen kritisch begutachtet, versucht Delbrück dennoch in positivistischem Eifer das Geschehen und die strategischen Operationen des Feldherrn König Otto minutiös zu rekonstruieren. Im Resümee bekräftigt er, dass Otto der Große seinen Beinamen zu Recht trage. Die Lechfeldschlacht wird so als militärischer Vorzeigeerfolg mit Beispielcharakter stilisiert. Erst die Erfahrungen des Ersten Weltkriegs lassen den historistischen Militarismus der wilhelminischen Zeit verblassen.[614] Hitler führt sie jedoch als »Abwehrschlacht gegen den Osten« an, in der Reichstagsrede vom 11.12.1941.[615]

In der jungen Bundesrepublik lebt die Erinnerung an die Lechfeldschlacht durch die neuen weltpolitischen Rahmenbedingungen des Kalten Krieges dann wieder auf. Auf der Schlusskundgebung der St.-Ulrichs-Festwoche in Augsburg 1955 hielt Außenminister Heinrich von Brentano eine vieldiskutierte Rede, in welcher er zwischen der Lechfeldschlacht und der gegenwärtigen Bedrohung durch »das neue Heidentum« des sowjetischen Kommunismus Parallelen zog: »Damals standen vor den Toren des Abendlandes, vor den Toren dieser Stadt, in der wir weilen, die heidnischen Nomadenscharen des Ostens; Verderben und Untergang drohten. Jetzt stehen wiederum, nicht sehr viel weiter von dieser Stadt entfernt, die Massen des Ostens, und wiederum sehen wir der Gefahr ins Auge, daß das Abendland von ihnen überrannt wird.«[616] Brentanos Rede passt hervorragend in das ideologische Denken der »Abendländischen Bewegung«, eines konservativ-elitären Zusammenschlusses von Klerikern, Akademikern und Adligen, die das alte, christliche Mitteleuropa unter Führung einer geistigen Elite wiedererstehen lassen wollte. Der tausendste Jahrestag der Lechfeldschlacht, verstanden als historisches Ereignis mit Vorbildfunktion, ja Handlungsanleitung für die Gegenwart,[617] lag geradezu ideal: Im Mai 1955 trat die Bundesrepublik Deutschland der NATO bei – ein außenpolitischer Schritt im Sinne des heiligen Ulrich, der laut Brentano »wußte, daß zur Abwendung mehr gehört: die Herstellung der starken eigenen Verteidigungskraft. Das ist auch der Weg, den insbesondere die Bundesrepublik beschritten hat.«[618] Insbesondere »Der Spiegel« kritisierte die Rede des neuen Außenministers heftig: »In Zukunft will Heinrich von Brentano dem Vorbild des heiligen Ulrich nacheifern und ›zum entschlossenen und schützenden Handeln kommen‹. Der staunenden St.-Ulrichs-Festgemeinde im Augsburger Rosenau-Stadion offenbarte der westdeutsche Außenminister überdies, welchen praktischen Nutzen er aus dem ›Verfahren des heiligen Ulrich‹ zu ziehen gedenkt: ›Er (St. Ulrich) hat nicht die andrängenden Nomadenhorden durch Angebote von Neutralität und friedlichem Verhalten abgewendet.‹ Dies alles geschah am Sonntag, dem 10. Juli 1955, eine Woche vor Beginn der Genfer Konferenz. Und dem bundesamtlichen ›Bulletin‹, das Brentanos Sonntagsrede im Wortlaut abdruckte, ist es zu verdanken, daß es Diplomaten und Zeitungsleuten in Genf nicht an peinlich amüsantem Gesprächsstoff mangelte.«[619]

Und heute? Die Erzählung der Lechfeldschlacht lebt als national- und weltgeschichtlich bedeutsames historisches Ereignis, als Ursprungsmythos der »Deutschen« oder als Plotmuster eines West-Ost-Konflikts, fort. Gerade in der deutschen, populären Geschichtskultur wird sie immer noch als Schlüsselereignis gehandelt, das für das Selbstverständnis der Deutschen, für die Gründung der Nation ausschlaggebend war. Die erste Folge der Geschichtsdoku-Reihe »Die Deutschen«, zwischen 2008 und 2010 im ZDF ausgestrahlt, trägt den Titel »Otto und das Reich. Die Geburtsstunde der Deutschen«.[620] Sie beginnt mit der Lechfeldschlacht. »Ein Feind von außen stärkt den Zusammenhalt« leitet die Erzählerstimme aus dem Off die Re-Enactment-Szene ein, in der inhaltlich auf Grundlage der Widukind'schen »Sachsengeschichte«,[621] aber mit der Ästhetik eines Herr-der-Ringe-Films der Beginn der Lechfeldschlacht gezeigt wird. Die simplifizierte, mythomotorisch eingängige Interpretationen der Schlacht auf dem Lechfeld als Gründungsereignis der deutschen Nation, wie man sie für das 19. Jahrhundert vermuten würde, erlebt in Histotainment-Produkten der populären Geschichtskultur eine Renaissance.[622]

Interpretiert man die Erzählung von der Lechfeldschlacht auch als mythischen Ost-West-Konflikt, als weltgeschichtlichen bedeutsamen Stopp der Raubzüge nomadischer Völker nach Mitteleuropa, so bleibt sie doch überwiegend ein deutscher Gründungsmythos. Zu diesem wurde und wird er immer noch im Laufe seiner Rezeptionsgeschichte gemacht, wohingegen er in anderen europäischen Ländern außer Deutschland und Ungarn eigentlich gar nicht thematisiert wird. »Die Ereignisse des Jahres 955 haben in alle zeitgenössischen Annalen im deutschen Raum Eingang gefunden – allerdings nicht in die französischen, englischen und italienischen Quellen: Offensichtlich hat das 10. Jahrhundert die Schlacht auf dem Lechfeld nicht als einen Wendepunkt der abendländischen Geschichte empfunden.«[623]

In Österreich ist der geografische Erinnerungsort im Gegensatz zu dem ungewissen der Lechfeldschlacht präsenter geblieben. Immerhin sind mit den Schlössern Dürnkrut und Jedenspeigen Bauwerke in der Nähe des Schlachtfeldes erhalten, die auch ohne direkten Bezug zum Ereignis doch irgendwie in die vergangene Zeit des Mittelalters verweisen. Hier werden jährlich Mittelalterfeste veranstaltet, immer abwechselnd einmal auf Dürnkrut, einmal in Jedenspeigen, die natürlich auch eine Re-Enactment-Inszenierung der Schlacht zwischen Rudolf und Ottokar im Programm haben. Ob hier Erinnerungskultur oder touristische Event-Kultur den stärkeren Anteil am Erfolg dieser Mittelalterspektakel haben – sie schließen sich keineswegs aus – bleibt offen. Der Gedenkstein zur Schlacht, der zum 700-jährigen Jubiläum auf dem Marchfeld aufgestellt wurde, ist auf jeden Fall ersterem zuzuordnen.

Jeder nationalen Erinnerungsgemeinschaft ihre eigene historisch-mittelalterliche Schlacht: Was Sempach für die Schweizer, Grunwald für die Polen oder Hastings für die Briten ist, das sind Lechfeld für die Deutschen und Marchfeld für die Österreicher. Über die Schlachtfelder von einst mag inzwischen viel Gras gewachsen sein. Über den Mythos aber wächst kein Gras, er wächst mit ihm mit.

Der Weingartener Vertrag vom 17./22. April 1525: Ein verblasster Erinnerungsort

Hans Ulrich Rudolf

Mit dem Namen der heutigen Großen Kreisstadt »Weingarten« in der baden-württembergischen Region Oberschwaben verbinden geschichts- und kulturbewusste Menschen mancherlei:

Das 1046 über dem alamannischen Dorf Altdorf gegründete Benediktinerkloster Weingarten mit seinem Skriptorium, das kunstvolle Handschriften von europäischem Rang hervorgebracht hat, mit seiner Blut-Christi-Reliquie, zu deren Ehre bis heute am Freitag nach Himmelfahrt eine feierliche Reiterprozession (»Blutritt«) stattfindet und mit seiner Kloster- und Wallfahrtskirche (»Basilika«), einem der größten barocken Kirchenbauten nördlich der Alpen.

Nur wenige verbinden mit dem Namen Weingarten auch ein politisches Ereignis, nämlich den sogenannten »Weingartener Vertrag vom 17./22.4. 1525«, der den Bauernkrieg[624] in Oberschwaben beendete.

Nachdem schon im Sommer 1524 Bauern im Schwarzwald und im Hegau erstmals zu den Waffen gegriffen hatten, erwachte die Unzufriedenheit der Untertanen ab Weihnachten auch in Oberschwaben und im Allgäu und weitete sich im Laufe des Jahres 1525 allmählich auf viele Landschaften Süd- und Mitteldeutschlands sowie Österreichs aus. Obwohl diese Aufstände zeitlich sukzessiv und regional ziemlich isoliert entstanden und verliefen, werden sie seit dem 19. Jahrhundert gewöhnlich als »(Deutscher) Bauernkrieg« zusammengefasst. Die verschiedenen Aufstandsbewegungen scheiterten im Laufe des Jahres 1525/26 überwiegend in blutigen militärischen Niederlagen und Strafgerichten der Herren.

Eine Ausnahme bildete der Bauernkrieg im südlichen Oberschwaben und im unteren Allgäu. Dort wurde er nach kleineren Niederlagen der Bauern durch eben diesen Weingartener Vertrag beendet, zu einem Zeitpunkt, da in anderen Regionen die Erhebung erst im Entstehen war oder noch gar nicht begonnen hatte.

Der Weingartener Vertrag war schon bei seiner Entstehung strittig; die skeptische Einschätzung hat sich in der Historiographie teilweise bis heute gehalten. Nachfolgend werden im 1. Teil die Vorgeschichte, im 2. Teil Entstehung und Inhalt und im 3. Teil unterschiedliche Bewertungen – und damit unterschiedliche Erinnerungsgehalte – des Vertrags erörtert.

Der Aufstand der oberschwäbischen Untertanen

Ab Weihnachten 1524 schlossen sich unzufriedene Bauern in Oberschwaben und im Allgäu zu straff durchorganisierten und bewaffneten Vereinigungen, sogenannten »Haufen« zusammen.

- Als erster entstand – ausgehend vom Dorf Baltringen bei Biberach – der Baltringer Haufen, der die Untertanen vieler Herren (Truchsesse von Waldburg, Reichsstadt Biberach, Reichsstifte Ochsenhausen und Schussenried) im nördlichen und mittleren Oberschwaben zusammenfasste.
- Im Gebiet der Fürstabtei Kempten führten alte Konflikte zur Entstehung des Kemptener oder Allgäuer (oder Oberallgäuer) Haufens, dessen Unterabteilung westlich der Iller der sogenannten Unterallgäuer Haufen bildete.
- Seit dem 14. Februar entstand im südlichen Oberschwaben aus unzufriedene Untertanen der Grafen von Montfort-Tettnang und der Reichsstadt Lindau der »Rappertsweiler oder Seehaufen«, dem sich rasch die Bauern der Reichsstifte Salem, Weingarten und Weißenau, der Reichsstadt Ravensburg, der Landvogtei Schwaben, der Truchsesse von Waldburg und anderer Herren anschlossen.

Gleichzeitig und auch später wurden auch andere Regionen des Reichs vom Aufstand ergriffen, Württemberg, Franken, der Schwarzwald und andere.

Die Hilflosigkeit der Grund-, Leib- und Landesherren

Die zahlreichen geistlichen Kleinstaaten Oberschwabens waren diesem Aufstand weitgehend schutzlos preisgegeben. Die Aufständischen waren anderseits bestrebt, die Klöster mit ihren Kirchenschätzen sowie Vorräten an Bargeld, Getreide und Wein möglichst rasch zu besetzen, wie sich auch an mehreren Plünderungen (z. B. Weißenau, Ochsenhausen, Heggbach, Kempten und Langnau) zeigte.

Die weltlichen Grund-, Leib- und Landesherren waren kaum weniger gefährdet. Da ihre Burgen fast ausnahmslos veraltet waren und keine ausreichenden Besatzungen besaßen, mussten sie zumeist ohne Gegenwehr ihre Tore öffnen und in den Bund der Bauern eintreten.

In ähnlicher Lage befanden sich die Landstädte und Marktflecken (wie z. B. Meersburg, Tettnang, Waldsee, Altdorf, Kisslegg). Unzureichend befestigt, mussten sie rasch kapitulieren und sich den Aufständischen anschließen.

Uneinnehmbare Festungen bildeten in Oberschwaben allein die Reichsstädte, die dem Aufstand fernblieben.

Vorerst verhandeln – Die Rolle des Schwäbischen Bunds

In dieser Situation wäre ein starkes Kaisertum als Hüter des Landfriedens vonnöten gewesen. Karl V. (1519–1555) weilte jedoch mit einem großen Heer in Oberitalien, und das zu seiner Stellvertretung 1521 eingerichtete Reichsregiment verfügte nicht über nennenswerte Machtmittel.

Die Wahrung des Landfriedens oblag daher allein dem Schwäbischen Bund, einem 1488 gegründeten Zusammenschluss geistlicher und weltlicher Fürsten (Fürstbischöfe, Herzöge, Grafen, Reichsprälaten, Reichsritter und Reichsstädte). Sein in Ulm tagender »Bundesrat« lehnte zwar die Forderungen der Bauern ab, konnte aber gerade Anfang 1525 nicht militärisch einschreiten:

Einmal bestand im Schwäbischen Bund Uneinigkeit über die Art des Vorgehens: Während die Fürsten und Herren die bedingungslose Kapitulation der Aufständischen und die Bestrafung der Anführer forderten, strebten die Reichsstädte – auch aus Angst vor der Unzufriedenheit ihrer ärmeren Bürger und Einwohner – eine möglichst friedliche Konfliktlösung an.[625] Da viele Landsknechte mit Karl V. in Italien weilten und erst nach der Schlacht bei Pavia (24. 2.) frei wurden, war die Anwerbung eines schlagkräftigen Söldnerheers erschwert.

Ein weiteres Problem bildete Herzog Ulrich von Württemberg (1503–1519 und 1534–1550), den der Schwäbischen Bund 1519 wegen Landfriedensbruchs aus Württemberg verjagt hatte. Die Unruhe der Untertanen nahm er nun zum Anlass, sein Land mit Unterstützung der Aufständischen, Schweizer Söldner sowie Frankreichs zurückzuerobern. Der Schwäbische Bund hatte zwar schon 1523 einen bewährten Mann zum Obersten Feldhauptmann seines Bundesheers bestellt, den Truchsessen Georg III. von Waldburg (1488–1531),[626] doch auch ihm gelang es erst am 17. März, Ulrich endgültig aus Württemberg zu vertreiben.

Angesichts dieser vielfältigen Probleme blieb dem Schwäbischen Bund anfangs nichts anderes übrig als zu verhandeln, um Zeit zu gewinnen. Am 9. Februar forderten seine Gesandten die Baltringer vergeblich auf, zum Gehorsam zurückzukehren. Man einigte sich darauf, die bäuerlichen Beschwerden rasch zu sammeln, und händigte am 16. Februar den Bundesgesandten etwa 300 Beschwerdeschriften aus. Die Bauern drängten auf eine schnelle Entscheidung, da sie befürchteten, der Bund wolle nur Zeit gewinnen. Die Gesandten versprachen, die Beschwerden bis zum 27. Februar den einzelnen Herren zuzustellen, deren Antworten abzuwarten und danach über einen Ausgleich zu verhandeln.

Vom Alten zum Göttlichen Recht – die Bauern orientieren sich neu

In diesen zehn Tagen aber veränderte sich der Charakter des Aufstands. Die Untertanen gingen aus der Defensive in die Offensive über. Sie verließen das Alte oder Gewohnheitsrecht, mit dem sie bisher ihre Beschwerden begründet hatten, und griffen – beeinflusst von den reformatorischen Ideen – das Schlagwort vom Göttlichen Recht auf.

Als sich am 6./7. März in Memmingen die Abgesandten aller drei Haufen zum 1. Memminger Bauernparlament trafen, erhoben sie die von dem Memminger Kürschnergesellen Sebastian Lotzer, dem Feldschreiber der Baltringer Bauern, zwischen dem 27. Februar und dem 1. März aus den etwa 300 Einzelbeschwerden redigierten Zwölf Artikel zum Programm. Diese forderten auf der Basis des Evangeliums neben der Pfarrerwahl eine völlige Neuordnung der herrschaftlichen Verhältnisse. Zur Durchsetzung der Artikel schlossen sie einen Kampfbund, die sogenannte Christliche Vereinigung, den sie durch eine Bundes-, Landes- und Predigtordnung organisierten.

Gleichzeitig bemächtigten sich die Bauern des Landes, indem sie Burgen, Dörfer, Herrschaften, Klöster und Städte zum Anschluss bewogen. Durch diese Eroberungen versorgten sie sich mit militärischer Ausrüstung – insbesondere Geschützen – sowie mit Proviant, Geld und anderem Notwendigen.

Schach der Christlichen Vereinigung – die militärische Konfrontation beginnt

Nach der Schlacht bei Pavia (24. Februar) und der Vertreibung Herzog Ulrichs (17. März) hatte der Schwäbische Bund den Rücken frei und konnte Waldburg mit der militärischen Lösung des Konflikts betrauen. Kompromisslos verlangte der Bundesrat am 25. März erneut die bedingungslose Unterwerfung der Untertanen; mit deren Beschwerden sollte sich ein späteres Schiedsgericht befassen. Dies war für die Bauern unannehmbar; verärgert über die Verschleppungstaktik des Schwäbischen Bundes griffen sie zur Gewalt, plünderten und zerstörten Burgen und Klöster.

Inzwischen hatte sich das Bundesheer gegen Oberschwaben in Marsch gesetzt und Anfang April die Reichsstadt Ulm erreicht. Mit seinen 7000 Fußknechten und 2000 Reitern war es den etwa 40 000 Aufständischen an Zahl unterlegen. Jedoch besaß es in den kampferprobten Knechten, 18 Geschützen sowie der Reiterei und dem erfahrenen Feldhauptmann Waldburg starke Trümpfe.

Als es am 4. April bei Leipheim auf etwa 8000 Mann des Baltringer Haufens traf, liefen diese schon beim Anblick auseinander, und es war ihr Glück, dass die Landsknechte sie nicht konsequent verfolgten, sondern nun streikten. Erst nachdem ihnen ein Extrasold als Siegprämie gewährt worden war, konnte Waldburg am 11. April ins Zentrum der Baltringer vorrücken und bei Ochsenhausen und Essendorf kleinere Bauernabteilungen zersprengen.

Am 13. April (Gründonnerstag) stieß er bei Wurzach auf etwa 4000 Unterallgäuer Bauern, darunter 1700 Schwarzwälder. Auch diese ergriffen nach drei Geschützsalven die Flucht, wobei viele im Ried (Moor) ertranken oder gefangen wurden.

Beim Kloster Weingarten droht die Entscheidungsschlacht

Auf die Nachricht von der Wurzacher Niederlage sammelte sich der Seehaufen, etwa 12 000 Mann stark, unterhalb des Fleckens Altdorf und des Klosters Weingarten an der Schussen.

Das Bundesheer zog am 15. April (Ostersamstag) nach Gaisbeuren, wo ihnen ca. 7 000 Bauern den Weg durch den Altdorfer Wald verwehrten. Nach einem unentschiedenen Geschützduell zogen sich die Bauern allerdings in der Nacht nach Altdorf-Weingarten zurück.

Am 16. April (Ostersonntag) lagerte das Bundesheer bei Gaisbeuren. Dorthin kamen Graf Hugo von Montfort-Rothenfels, der Ritter Wolf Gremlich von Jungingen sowie zwei Räte der Reichsstadt Ravensburg, um sich als Unterhändler für eine friedliche Lösung einzusetzen. Auftragsgemäß forderte Waldburg bedingungslose Unterwerfung sowie die Auslieferung der Fahnen, Waffen und Rädelsführer. Als er dann am 17. April (Ostermontag) unbehelligt durch den Altdorfer Wald gezogen war, überbrachten ihm die Unterhändler beim Kloster Baindt die Antwort der Bauern: Diese weigerten sich, Waffen und Fähnlein auszuliefern, jedoch waren ihre Hauptleute zu Verhandlungen in Baienfurt bereit.

Als die Bauern dennoch absprachewidrig ihre Stellungen verließen, die Höhen um das Kloster Weingarten besetzten und ihre Geschütze auf dem Bläsiberg (St.-Blasius-Berg) postierten, brach Waldburg die Verhandlungen ab, ließ sein Heer vorrücken und stellte die Artillerie vor dem Bläsiberg auf. Da ihm aber das folgende Geschützduell keinen Vorteil brachte, war er zu neuen Verhandlungen bereit. Diese fanden im Kloster Weingarten statt, das von den Bauern – wohl aus Ehrfurcht vor der dort verehrten Blut-Christi-Reliquie[627] – nicht geplündert worden war. Da Waldburg nun doch zu Konzessionen bereit war, kam es unter im Einzelnen ungeklärten Umständen zum Weingartener Vertrag.[628]

Bestimmungen und Bedeutung des Vertrags

Der Weingartener Vertrag wurde am 17. April zwischen Waldburg für den Schwäbischen Bund und von den Führern und Gesandten des Seehaufens sowie der Unter- und Oberallgäuer mündlich vereinbart. Er wurde am 22. April von den Bevollmächtigten des Seehaufens und der Unterallgäuer ratifiziert. Die Oberallgäuer widerriefen ihre anfängliche Zusage und erneuerten den Aufstand nach dem Abmarsch des Bundesheers gegen die Aufständischen im Hegau und dann in Württemberg.

Der Inhalt der 15 Vertragsartikel

1 Die Bauernhaufen lösen sich aus der Christlichen Vereinigung und liefern alle Urkunden der gegenseitigen Verträge und Bündnisse aus.
2 Sie entbinden sich gegenseitig aller darin eingegangener Verpflichtungen.
3 Sie bekennen sich schuldig, gegen den kaiserlichen Reichslandfrieden [von 1495], die Goldene Bulle und das allgemeine Landrecht verstoßen, also Landfriedensbruch begangen zu haben, und versprechen, künftig weder Bündnis, Vertrag noch Aufruhr zu machen.
4 Sie lösen ihre Haufen auf und leisten ihren Obrigkeiten gehorsam die bisherigen Abgaben und Dienste, bis zur endgültigen Entscheidung durch Schiedsgerichte.
5 Sie geben alle besetzten Orte (Klöster, Städte, Burgen, Schlösser, Flecken etc.) den Herren zurück, die entwendete Habe aber nur soweit auffindbar.
6 Alle Verpflichtungen, Bürgschaften und Verschreibungen, welche sie von wem immer angenommen haben, sind ungültig.

7 Alle ihre Beschwerden werden durch paritätisch gebildete Schiedsgerichte aus Bürgern der Reichsstädte beigelegt.

8–12 Modalitäten der Bildung von Schiedsgerichten und der Wahl von Obmännern.

13 Sie achten untereinander auf die Einhaltung des Vertrags und zeigen Verstöße der Obrigkeit an.

14 Der Schwäbische Bund zieht Herren zur Rechenschaft, die vertragswidrig ihre Untertanen bedrücken.

15 Beide Seiten verzichten auf Feindseligkeiten und Rache.

Der Vertragsschluss wurde durch rechtsymbolische Handlungen begleitet: Die Bauernführer und -fähnriche mussten Waldburg um Verzeihung und Gnade bitten sowie ihre Fähnlein (Feldzeichen) ausliefern; ihre Leute durften aber – mit Ausnahme der Geschütze – ihre Waffen behalten.

Der Weingartener Vertrag beendete den Bauerkrieg in Oberschwaben und im Allgäu nach nur etwa dreimonatiger Dauer endgültig und friedlich. Trotz der in der älteren Historiographie durchweg negativen Bewertung hatte der Weingartener Vertrag zweifellos den Charakter eines Kompromisses. Zwar wurden dabei den Untertanen größere Zugeständnisse zugemutet, aber auch die adligen und geistlichen Herren zahlten einen gewissen Preis.

Die Bauern verzichteten

- auf ihre Aufstandsorganisation, die nach dem Ausfall des Baltringer Haufens ohnehin geschwächte Christliche Vereinigung, erklärten alle freiwilligen oder erzwungenen Verträge und Verpflichtungen für ungültig (Art. 1 u. 2 Weingartener Vertrag).
- auf ihr Programm der Zwölf Artikel und auf den erst spät adoptierten Grundsatz, ihre Verhältnisse nach dem Evangelium neu zu ordnen – ein Indiz dafür, wie oberflächlich Reformation und Göttliches Recht im Bewusstsein der Bauern wirklich verankert waren.

Indem sie wieder zum Alten oder Gewohnheitsrecht zurückgingen, nach welchem Schiedsgerichte über die Beschwerden entscheiden sollten, gaben sie die Hoffnung auf einschneidende Reformen (oder

gar auf eine Revolution, als welche Blickle[629] eine konsequente Verwirklichung der 12 Artikel eingeschätzt hatte) preis und begnügten sich mit Korrekturen an der bisherigen feudalen Sozial- und Wirtschaftsverfassung.
- auf die Forderung der freien Pfarrerwahl. Sie beließen also den Einfluss der Klöster und der Kirche auf die Seelsorge und schoben so der weiteren Ausbreitung der Reformation einen Riegel vor; diese wurde dann im Gefolge des Aufstands – durch Inhaftierung, Hinrichtung oder sonstige Bestrafung der Prediger – auch überall konsequent ausgemerzt.

Anders als sonst nach militärischen Siegen wurde auch den Herren, die zwar ihre Herrschaftsrechte und ihre Handlungsfreiheit zurückerhielten, eine Reihe sehr schmerzhafter Zugeständnisse abgerungen:
- Sie verzichteten auf die ursprünglich geforderte bedingungslose Kapitulation.
- Die Bauern und ihre Anführer mussten zwar ihre Schuld eingestehen (Landfriedens- und Treueidbruch), blieben aber von Geld- oder Leibesstrafen verschont.
- Die Herren erhielten keinen Ersatz der angerichteten Sachschäden (Zerstörung, Brand, Raub von Vieh und Vorräten).[630] Geraubtes Gut erhielten sie nur »soweit auffindbar« (Gummiklausel!) zurück.
- Streitfälle mit den Untertanen sollten künftig nicht durch herrschaftlich bestellte, sondern durch paritätisch aus dem reichsstädtischen Bürgertum gebildete (d. h. tendenziell bauernfreundliche) Schiedsgerichte bereinigt werden.

Die Beweggründe der Verantwortlichen

Es ist heute unstrittig, dass gegenüber der zeitgenössischen Siegesgewissheit vieler Bauern und Adliger und nachfolgend auch mancher Historiographen höchste Skepsis angebracht ist; sie ist hochgradig spekulativ. Die militärischen und politischen Entscheidungsträger dachten um den 17. April 1525 pragmatischer und verantwortungsvoller und daher auch eher lokal und regional.

Die Bauernführer und -räte des Seehaufens und der Unterallgäuer mussten sich – vor allem nach ihren bisher eindeutigen und raschen Niederlagen in offener Feldschlacht – militärisch unterlegen fühlen. Bis dato waren ihre Leute – von kurzen Artillerieduellen abgesehen – meist schon beim ersten Schuss davongelaufen. Aus diesen Erfahrungen konnten sie keine Zuversicht schöpfen, dass diese eine längere Auseinandersetzung psychisch und militärisch durchstehen würden. Zumal da sie ihre Familien und Höfe ungeschützt zurückgelassen hatten und somit leichter angreifbar und verwundbar waren als die bündischen Kriegsknechte.

Dabei darf auch nicht außer Acht bleiben, dass sich die Bauern ja nicht kampf- und kriegslüstern in den Aufstand gestürzt, sondern anfangs eine friedliche Lösung ihrer Probleme angestrebt hatten. Nur notgedrungen hatten sie dann zu den Waffen gegriffen.[631] Der Weingartener Vertrag führte sie nun eigentlich wieder auf den anfänglichen Weg zurück.

Dem gegenüber standen die Erwägungen des Bundeshauptmanns Waldburg, der sich mehrfach und ausführlich gegenüber Kritik aus den eigenen Reihen rechtfertigte.[632] Aus seiner Sicht gestaltete sich die Lage bei Weingarten so:

- Schon am 17. April betrug die Stärke der Bauern mindestens 10 000–12 000 Mann. Für den nächsten Tag wurde die Ankunft von 6 000 Allgäuern erwartet, und auch aus dem Schwarzwald war ein Hilfskontingent unterwegs.
- Die technische und militärische Qualität des Seehaufens galt als sehr gut, besser als die anderer Haufen. Mehrfach wird von etwa 5000 altgedienten ehemaligen Landsknechten gesprochen, aus denen Waldburg nach dem Weingartener Vertrag ja tatsächlich auch einige Tausend anwarb. Außerdem umfasste das Bauernheer auch etwa 4000 Büchsenschützen und eine Anzahl geraubter Geschütze aus Burgen und Städten mit geschultem Bedienungspersonal. Zwei Artillerieduelle, bei Gaisbeuren und Weingarten, waren unentschieden ausgegangen. Die Bauern waren nicht – wie bei Leipheim und Wurzach – beim ersten Schuss davongelaufen. Hinzu kam, dass sie hier bei Weingarten eine hervorragende strategische Stellung auf den Höhen um das Kloster besaßen. Die

Artillerie und Reiterei des Bundesheers waren hier weitgehend wertlos.
- Waldburg sah auch den Zeitdruck: Er veranschlagte für die Besiegung des Seehaufens mindestens 14 Tage; inzwischen hätte sich der allgemeine Aufstand Tag für Tag ausgeweitet, worin ihm die Entwicklung ja auch Recht gab.
- Schließlich sah er das hohe Risiko einer Entscheidungsschlacht: Der Schwäbische Bund besaß nur dieses eine Heer, die Bauern dagegen mehrere. Und im Falle seiner Niederlage wären vielleicht auch die mit den Bauern sympathisierenden Städte zu den Aufständischen übergelaufen.

Die Verwirklichung des Vertrags

Nach heutiger Erkenntnis trat der Weingartener Vertrag auch wirklich in Kraft und wurde – wenn auch nicht durchweg wörtlich – doch eine gewisse Zeit lang beachtet:

Die Bauern lösten ihre Bündnisse auf, behielten ihre Waffen, blieben von Strafen und Entschädigungen verschont. Als die Oberallgäuer sich erneut erhoben, konnten sie den Unterallgäuer und den Seehaufen nicht zum erneuten Aufstand bewegen. Als Rappertsweiler Bauern am 14. Mai erneut das Kloster Langnau plünderten, wurden sie gemäß Art. 13 Weingartener Vertrag von ihren Standesgenossen festgenommen und vor Gericht gebracht.

Der Schwäbische Bund achtete darauf, dass auch die Herren den Vertrag einhielten: Als z. B. der Graf von Werdenberg vertragswidrig seine Untertanen mit Brand und Tod bedrohte, da schritt der Schwäbische Bund gemäß Art. 14 Weingartener Vertrag ein.

Lediglich die in den Artikeln 8 bis 12 des Weingartener Vertrags umrissene Form der Bildung der Schiedsgerichte scheint bei den späteren Untertanenverträgen nicht beachtet worden zu sein; vermutlich erschien sie zu umständlich und zu aufwändig. Nie hat ein Schiedsgericht unter dem Vorsitz Erzherzog Ferdinands getagt, wie in Art. 7 des Weingartener Vertrags vorgesehen.

Chance verpasst? Bewertungen der Zeitgenossen

Der Weingartener Vertrag bedeutete in der noch jungen Aufstandsbewegung des Jahres 1525 eine Sensation und fand rasch weite Verbreitung, zuerst handschriftlich,[633] aber bald auch im Druck.[634] Jedoch erfuhr er von Anfang an auch scharfe Kritik innerhalb der Vertragsparteien selbst, also sowohl seitens der Bauern als auch der Herren:

Viele Bauern waren nach den Hoffnungen, welche die Zwölf Artikel geweckt hatten, tief enttäuscht über die ihrer Meinung nach zu geringen Zugeständnisse des Bundes im Vertrag. Sie glaubten wegen ihrer zahlenmäßigen Übermacht vor Weingarten einen sicheren Sieg leichtfertig verschenkt zu haben.

Die Oberallgäuer Bauern, die den Weingartener Vertrag schließlich abgelehnt hatten, und andere brandmarkten das kampflose Ausscheiden des militärisch so hoch eingeschätzten Seehaufens gar als Verrat an der Bundesordnung der Christlichen Vereinigung und an der gemeinsamen Sache. Der Weingartener Vertrag habe die Herren gestärkt und wesentlich den Untergang der übrigen Haufen nach sich gezogen.

Auch viele Herren missbilligten den Vertrag. Sie hielten die Zugeständnisse für zu weit gehend und warfen Waldburg vor, seine Vollmachten überschritten zu haben, denen zufolge er Verträge nur bei bedingungsloser Kapitulation und Auslieferung von Fahnen und Waffen hätte abschließen dürfen. Sie bezichtigen ihn sogar der Schwäche, weil er die bäuerliche Übermacht doch leicht hätte besiegen können! Diese negative Einschätzung der Vertragslösung wurde vermutlich auch stark durch die fast gleichzeitige sogenannte Weinsberger Bluttat vom 17. April 1525 beeinflusst,[635] wo die Bauern eine Anzahl Adliger erbarmungslos durch die Spieße gejagt hatten.

»Unglück für die Volkssache«? – Historiographie des 19./20. Jahrhunderts

Die konfessionellen Geschichtsschreiber, katholische wie evangelische, waren sich seit dem 16. Jahrhundert darin einig, den Bauernkrieg pauschal als ein gegen die gottgewollte Weltordnung gerichtetes böses Unterfangen zu verurteilen; sein Scheitern galt als Strafe Gottes.[636] Der Weingartener Vertrag spielte in dieser pauschalierenden Sicht trotz Martin Luthers Würdigung[637] überhaupt keine Rolle. Erst die weniger ideologisch sondern quellen- und faktenbemühte Historiographie des 19./20. Jahrhunderts entdeckte den Weingartener Vertrag wieder. So wertete ihn Wilhelm Zimmermann in seiner im Vormärz erschienenen, demokratisch orientierten Bauernkriegsdarstellung als »ein großes Unglück für die Volkssache«, weil die Bauern aus »Selbstsucht« und »Eigennutz« die »allgemeine Sache« verlassen hätten.[638] Ganz ähnlich sah wenig später Friedrich Engels im Weingartener Vertrag ein weiteres Indiz für die »Lokalborniertheit« und den »Provinzialismus« der »Bauernklasse«.[639] Und selbst noch Günther Franz akzentuierte 1933 in seiner stark auf zeitgenössische Quellen gestützten Darstellung den Weingartener Vertrag als verpasste Chance, die zum völligen Scheitern[640] des Bauernkriegs beigetragen habe: »Um eines augenblicklichen Erfolges willen gaben sie die Zukunft ihrer Bewegung preis. Eingeschüchtert durch die Niederlage bei Leipheim trauten sie sich selbst mit ihren überlegenen Kräften nicht zu, den kriegsgewohnten Bundesfeldherrn zu schlagen [...]. Es mangelte den Bauern jedes Bewusstsein für die Zusammengehörigkeit ihrer Bewegung in ganz Deutschland.«[641]

Alle diese Vorwürfe entsprangen einer grundsätzlichen Parteinahme für die Anliegen der Unterschichten. Aber wie weit sind sie auch berechtigt? Schon eingangs war der zusammenfassende Name »Deutscher Bauernkrieg« in Frage gestellt worden; dieselbe Skepsis ist auch gegenüber Begriffen wie »allgemeine Sache«, »Volkssache« oder »Bewegung« angebracht. Das Bewusstsein davon war zweifellos sehr schwach ausgebildet, und so sind die Verläufe der Aufstandsbewegungen in den verschiedenen Landschaften mit wenigen Ausnahmen voll von Belegen für die mangelnde Solidarität der Bauern untereinander. Das Gefühl der Zusammengehörigkeit fehlte nicht nur den oberschwäbischen Bauern bei Weingarten, sondern auch sonst. Die gemeinsame Sache existierte fast nur als Wunschtraum in den Köpfen einiger Führer, des bedrohten Herrenstandes und späterer ideologisch orientierter Historiker. Engels hatte es im Grunde richtig gesehen, nur etwas polemisch ausgedrückt: Die Bauern waren noch nicht so weit, waren keine einheitliche Klasse; wie hätten sie es auch werden und sein können? In Wirklichkeit dachten und handelten sie wie gewohnt lokal und regional, dachten primär an Familie, Haus und Hof, von denen sie sich nur ungern weiter entfernten. Solidarisches Denken war nur rudimentär entwickelt, gegenseitige Hilfsmaßnahmen blieben aus oder kamen zu spät; dazu fehlten auch die Organisationsstrukturen. Selbst die Christliche Vereinigung erwies sich in der Stunde der Entscheidung als brüchig. Im Nachhinein und aus höherer Warte ließ es sich dann freilich trefflich von zahlenmäßiger Überlegenheit und den versäumten Möglichkeiten träumen!

So gesehen verliert der Weingartener Vertrag den Geruch des Verrats, der Feigheit oder der Kurzsichtigkeit.

Schluss mit der Legende vom völligen Scheitern des Bauernkriegs

Aus der traditionellen und fast stereotyp wiederholten Einschätzung des Weinartener Vertrages führte vollends seit 1975 der Neuansatz der Bauerkriegsforschung durch Peter Blickle heraus.[642] Dieser hatte durch seine Neuinterpretation der Zwölf Artikel aufgezeigt, dass deren Verwirklichung letztlich eine Art »Revolution« bedeutet hätte, was den kompromisslosen Widerstand der Feudalherren erklärt. Er hatte darüber hinaus auch plausibel gemacht, dass trotz überwiegender militärischer Niederlagen und blutiger Strafgerichte der Aufstand nicht völlig umsonst gewesen war. Der Bauernkrieg habe vielmehr – entgegen tief verwurzelter und weit verbreiteter Ansicht – zahlreiche und weit reichende Verbesserungen der bäuerlichen Lage gezeigt. Und diese waren auch der Tatsache zu verdanken, dass Oberschwaben nicht völlig besiegt worden sind, sondern der Weingartener Vertrag den Aufstand dort großenteils friedlich beendet hatte.

Blickle verwies unter anderem auf diese nachhaltigen positiven Auswirkungen:
- Jahrhunderte lang wurden die Herren die Furcht vor neuerlichen Aufständen nicht mehr los, vor allem dort, wo – wie in Oberschwaben – die Untertanen nicht oder – wie anderswo – nicht

dauerhaft entwaffnet worden waren.[643] Das erklärt, warum Herren bei kleinsten Anzeichen neuerlicher Unruhen zu drakonischen Präventivmaßnahmen griffen oder aber auch ein gewisses Verständnis für die bedrängte bäuerliche Lage entwickelten und gegenseitige Mäßigung forderten. Zeitweise veranlasste sie diese Furcht sogar zu kollektiven Beratungen über die Lage der Bauern im Schwäbischen Bund und im Reichstag zu Speyer 1526.

- Keineswegs verschlechterte sich – gemessen an der Höhe der Gülten (eine Art mittelalterliche Hypothek) und Leibeigenschaftspflichten – im Gebiet der Aufstände von 1525 überall die sozioökonomische Gesamtlage. Stattdessen wurde vielfach die Bestimmung des Weingartener Vertrags verwirklicht, Konflikte durch Verträge zwischen Herren und Untertanen zu beenden, auch in Landschaften, für die der Weingartener Vertrag eigentlich nicht galt, wie z. B. im oberen Allgäu. Diese Verträge bewirkten nicht nur insgesamt eine Verrechtlichung, sondern – nach einer frühen Zwischenbilanz von Blickle – auch eine Entlastung des Untertanenverhältnisses in etwa der Hälfte des oberschwäbischen Aufstandsgebiets.[644] Dieser Eindruck hat sich, obwohl heute noch längst nicht alle Verträge bekannt sind, vermutlich beträchtlich verstärkt.

Bezeichnenderweise erfuhr die Agrarverfassung seit der Mitte des 16. Jahrhunderts gerade dort, wo keine Aufstände stattgefunden hatten, nämlich in den östlichen Gebieten des Heiligen Römischen Reichs, eine allmähliche gravierende Verschlechterung, insbesondere die Entstehung einer sogenannten »Neuen Leibeigenschaft« und der Gutsherrschaft.[645]

- Im Widerspruch zur weit verbreiteten Lehre von Franz kann von einem allgemeinen Rückfall der Bauern in politische und militärische Apathie oder Passivität nicht gesprochen werden. Man hat vielmehr weit über 60 Revolten und Aufstände zwischen 1525 und 1800[646] registriert, in denen die Untertanen ihrer Unzufriedenheit gewaltsam Luft gemacht hatten; die offizielle Geschichtsschreibung hatte sie verdrängt.
- Bereits im 15. Jahrhundert waren in vielen Territorien Oberschwabens Vertretungen der Untertanen, sogenannte »Landschaften«,

entstanden. Bei der überwiegend agrarischen Struktur der Region erlangten dabei – wie z. B. in den Waldburger Herrschaften und in den Klosterstaaten – fast ausschließlich bäuerliche Vertreter Mitsprache an der Herrschaft. Diese landständischen Ansätze erfuhren nach 1525 vielerorts geradezu eine Intensivierung. So verhandelten zwischen dem 16. und 18. Jahrhundert Herren und Untertanen auf zahlreichen Landtagen über wichtige Fragen, vor allem über Steuern, Gesetze, Truppenkontingente und Landes- oder Polizeiordnungen sowie Frondienste.

Die Ausstrahlung des Weingartener Vertrags

Lange vor den Bundschuhaufständen und dem Bauernkrieg von 1525 waren Beschwerden der Untertanen, die auf Fehlentwicklungen, Irrtümern und Missbräuchen des Herrschaftssystems beruhten, durch Untertanenverträge aus dem Weg geschafft worden.[647]

Mit dem Weingartener Vertrag setzten der Schwäbische Bund sowie die Herren und Bauern diese Tradition fort. Der Weingartener Vertrag regelte ja nicht die wirtschaftlichen und sozialen Schwachpunkte, sondern schuf nur einen Rahmen, diese durch Schiedsgerichte und Verträge zu lösen. Und zahlreiche Herren nahmen den Impuls auf und regelten ihre Probleme mit ihren Untertanen durch bilaterale Verträge.

Bereits im Januar 1526 kam es auf Druck des Schwäbischen Bundes zum sogenannten »Memminger Vertrag«, in welchem der Fürstabt von Kempten die Belastungen der Untertanen beträchtlich mildern musste.[648] Er blieb – entgegen der Behauptung von Franz[649] – keine Ausnahme. Mit gutem Beispiel ging der »Vater« des Weingartener Vertrags, Waldburg, oft als »Bauernjörg« oder gar »Bauernschlächter« geschmäht,[650] voran. Er forderte im Frühjahr 1526 die Untertanen seiner oberschwäbischen Herrschaften[651] auf, ihm ihre Beschwerden einzureichen, und schloss darauf mit den Landschaften bilaterale Leibeigenschafts- und Frondienstverträge[652] ab. Diese milderten unbefristet die rechtlichen und materiellen Folgen der Leibeigenschaft und verringerten die drückenden ungemessenen Fronen – erstmals nur auf 10 Jahre, danach aber bis ins 19. Jahrhundert immer wieder verlängert.[653]

Andere Verträge folgten auch dort, wo der Bauernkrieg militärisch beendet worden war.[654]

Zusammenfassend scheint der entscheidende Ertrag des Weingartener Vertrags für Oberschwaben gewesen zu sein,
- ein weiteres Blutbad verhindert,
- einen weitgehend dauerhaften Frieden grundgelegt,
- einen Beitrag zu größerer rechtlicher Gleichstellung von Herren und Untertanen geleistet,
- den Weg zur schiedlicher Bereinigung strittiger Fragen gewiesen
- und damit auch eine leicht verbesserte Agrarverfassung stabilisiert zu haben.

In einer demokratischen Gesellschaft sollte man nicht nur den Bauernkrieg als frühes Aufbegehren des Volkes gegen feudale Unterdrückung verstehen lernen, sondern auch den Weingartener Vertrag als einen von Vorsicht und Vernunft diktierten Schritt in eine bessere Zukunft. Seine unterschiedlichen, bis heute strittigen Erinnerungsgehalte eignen sich vorzüglich für einen zeitgemäßen, diskursiven historisch-politischen Unterricht.

V. Kapitel
Mediävale Mythen und ihre »realphantastischen« Landmarken

Das Priesterkönigreich des Johannes

Tilo Renz

In den sechziger Jahren des 12. Jahrhunderts wird in Westeuropa der Brief eines fernöstlichen Herrschers bekannt, dessen Urheberschaft bis heute ungeklärt ist.[655] Das Schreiben ist an den byzantinischen Kaiser Manuel I. Komnenos gerichtet; der Absender des Briefes nennt sich »Presbiter Iohannes« (1). Er behauptet, auf eine freundliche und interessierte Botschaft des Regenten von Byzanz zu reagieren, und schildert diesem statusbewusst den materiellen Überfluss und weitere Besonderheiten seines Reiches. Eine Vielzahl überlieferter Handschriften bezeugt, dass der Brief vom 12. Jahrhundert bis ins späte Mittelalter weit verbreitet war und dass er viel gelesen wurde. Es ist Ausdruck der großen Bedeutung, die man dem Brief zumaß, und es hat dessen Relevanz in der Wahrnehmung der Zeitgenossen vermutlich weiter gesteigert, dass Papst Alexander III. im Jahr 1177 ein Schreiben an Johannes richtet. Im Verlauf des 13. Jahrhunderts werden dann mehrfach Expeditionen ausgesandt, um den Priesterkönig zu finden, und im Spätmittelalter tauchen erneut Schriftstücke auf, die an ihn adressiert sind. Das Interesse am Priesterkönig Johannes in Hoch- und Spätmittelalter war offensichtlich groß; heute geht man jedoch davon aus, dass es ihn nie gegeben hat.[656] Nach gegenwärtigem Verständnis gelten sowohl der sagenhafte Herrscher selbst als auch sein Reich als Fiktionen. Dass der Papst auf den Brief eines fernöstlichen Unbekannten an einen europäischen weltlichen Herrscher antwortet, dass man nach dem Presbyter Johannes sucht und dass er nicht nur in literarischen Texten der folgenden Zeit erscheint, sondern dass auch die Historiographen ihn erwähnen, deutet aber darauf hin, dass das ferne Großreich im Mittelalter durchaus als real existent angesehen werden konnte. Damit ist die Auseinandersetzung mit dem Priesterkönigreich des Johannes als einem Ort, der in der Wahrnehmung vieler

Menschen von großer Bedeutung gewesen ist, eng verbunden mit der komplizierten Frage, welche Orte und Personen im Mittelalter als gegebene Tatsachen und welche als fiktiv gegolten haben und nach welchen Anhaltspunkten zwischen beiden unterschieden wurde. Einiges deutet darauf hin, dass der Bedeutungsverlust, den das Priesterkönigreich als kollektive Imagination im Laufe des 16. Jahrhunderts erfahren hat, mit der Herausbildung der modernen strikten Unterscheidung zwischen Fiktionalem und Nicht-Fiktionalem zusammenhängt.

Zunächst zu den Charakteristika dieses außergewöhnlichen Königs und seines Reiches, nach den Angaben des Briefes: Den kirchlichen Titel Priester trägt der Herrscher angeblich aus Bescheidenheit. Weil an seinem Hof eine große Zahl kirchlicher und weltlicher Würdenträger versammelt sei, habe er die vergleichsweise einfache Bezeichnung für sein Amt gewählt, um Verwechslungen und Hierarchiekonflikte zu vermeiden (97f.).

Dass er sich für einen kirchlichen anstatt für einen weltlichen Rang entschieden hat, weist auf die religiöse Dimension seiner Herrschaft hin: Johannes ist ein frommer Christ (1; 10f.), der an den christlichen Ritualen seines Landes teilnimmt.[657] Religiöse Funktionen des Herrschers werden allerdings nicht erwähnt; allein der Titel Priesterkönig reklamiert eine enge Verbindung von weltlicher und religiöser Führerschaft.[658] Angesichts der Betonung der christlichen Religion muss es überraschen, dass die Bewohner des Großreichs keineswegs ausschließlich christlichen Glaubens sind. Die Mehrzahl der Provinzen des Landes ist andersgläubig, was die Macht des christlichen Herrschers jedoch nicht einschränkt, sondern im Gegenteil zu steigern scheint (13).[659] Johannes' Herrschaft zeichnet offenbar aus, dass sie in der Lage ist, soziale Gruppen unterschiedlichen Glaubens zu integrieren.

Das Reich des Priesterkönigs liegt weit entfernt von Mitteleuropa im Osten, in den so genannten drei Indien, und hat eine bemerkenswerte räumliche Ausdehnung:

> Über drei Indien herrscht unsere Hoheit, und unser Land erstreckt sich vom jenseitigen Indien, in dem der Leib des heiligen Apostels Thomas ruht, über die Wüste hinweg bis zum Aufgang der Son-

ne und reicht im Westen bis zum verlassenen Babylon nahe dem Turmbau zu Babel. (12)[660]

Ganz im Sinne der unscharfen mittelalterlichen Lokalisierung Indiens wird ein Großraum beschrieben. Indien kann in der Regel drei Erdregionen meinen: zunächst den Landstrich, der noch heute als indischer Subkontinent gilt, sodann die Bereiche, die im Osten daran anschließen, und schließlich den nördlichen Teil Ostafrikas, der schon in der Antike Äthiopien genannt wurde.[661] Den spätantiken geographischen Vorstellungen des Klaudios Ptolemaios folgend wird der Indische Ozean im Mittelalter häufig als Binnengewässer verstanden. Damit liegen der Süden Asiens und Ostafrika nicht weit von einander entfernt.

Charakteristisch für die geographische Beschreibung des Reiches im Presbyter-Brief ist zudem, dass sie nicht in erster Linie der präzisen Lokalisierung dient, sondern vor allem heilsgeschichtliche Orientierung bietet.[662] Die Erwähnung des Turms von Babel als Landmarke zeigt an, dass es sich um eine biblische Geographie handelt. Signifikant ist in diesem Zusammenhang die Nähe des Priesterkönigreichs zum Paradies: Durch das Reich fließt der Fluss Ydonus, der im Paradies entspringt (22). Mit der räumlichen Verbindung korrespondiert, dass das Priesterkönigreich Eigenschaften aufweist, die häufig auch dem irdischen Paradies zugeschrieben werden.[663]

Das Großreich des Priesterkönigs liegt jenseits des islamischen Einflussgebiets. Dass es sich bei Johannes um einen Herrscher christlichen Glaubens handelt, macht ihn für das christliche Europa in der Zeit der Kreuzzüge zu einem potentiellen Verbündeten im Osten.[664] Hierin liegen sowohl das große Interesse begründet, das dem Reich des Priesterkönigs in der zweiten Hälfte des 12. Jahrhunderts zuteil wird, als auch die weite Verbreitung, die der Brief, den der ferne Herrscher angeblich geschrieben hat, in den unmittelbar folgenden Jahren erfährt. Vermutlich handelt es sich beim Priesterkönig Johannes um den personifizierten Wunsch nach einem militärischen Partner in einer Zeit, in der Jerusalem beim ersten Kreuzzug im Jahr 1099 zwar erobert worden war, in der sich aber bald zeigte, wie schwer die Heilige Stadt für die Europäer zu verteidigen war; Sultan Saladin gewann sie schließlich im Jahre 1187 zurück.[665] Der ferne Herrschaftsraum erfüllt auch noch in anderer Hinsicht Wunschvorstellungen der europäischen Rezipienten. Unterschiedliche Facetten des Wunschraums Priesterkönigreich manifestieren sich an den materiellen Gegebenheiten, die dort herrschen. Die Natur hält für die Menschen große Reichtümer und Annehmlichkeiten bereit. Es ist ein Land, »in dem Milch und Honig fließ[en]« (21).[666] Die Schätze dienen zunächst dazu, die Machtposition des Herrschers zu demonstrieren (9; 49f.). Das wird insbesondere an den zwei Palästen des Priesterkönigs deutlich, deren Ausstattung mit edlen Materialien der Brief ausführlich schildert (56–66; 87–94). Die materielle Fülle kommt in diesem Land aber nicht nur dem König zugute, sondern alle Bewohner profitieren davon: »Arme gibt es bei uns nicht [...] Unsere Leute haben alle Reichtümer im Überfluß« (45f.).[667] Zudem zeigen die erwähnten Schätze nicht nur die große Menge der materiellen Güter an, die im Priesterkönigreich vorhanden sind, sondern sie machen den Menschen das Leben in diesem Land auch sehr angenehm. Sie liefern sinnliche Genüsse, wie beispielsweise eine Quelle, »die Wohlgeschmack aller Art in sich vereinigt« (27).[668] Außerdem bringen die materiellen Voraussetzungen des Landes den Menschen Gesundheit und ermöglichen hohes Lebensalter. Die wohlschmeckende Quelle erhält diejenigen, die regelmäßig aus ihr trinken, stets gesund und lässt sie das ganze Leben lang erscheinen, als seien sie nicht älter als 32 Jahre (27f.). Das Motiv der auf Dauer gestellten Jugend wird im Brief mehrfach aufgegriffen: Bestimmte Edelsteine haben eine verjüngende Wirkung, wenn sie direkt am Körper getragen werden (29). Außerdem berichtet der Brief von einem hohlen Stein, in dem eine Art von Ganzkörper-Taufe vollzogen wird und der seine Jugend spendende Wirkmacht nur bei Christen und bei solchen, die es werden wollen, entfaltet (34–37). Schließlich wird eine weitere Quelle im zweiten Palast des Herrschers erwähnt, die ebenfalls jung erhält (79–81). Bei dieser währt die Jugend allerdings nicht ewig, sondern sie endet genau nach 300 Jahren, drei Monaten, drei Wochen, drei Tagen und drei Stunden; danach ist der Tod unausweichlich (81f.).

Nicht nur der Fluss, auf dessen paradiesischen Ursprung ausdrücklich hingewiesen wird, sondern auch das Leben ohne materielle Sorgen und ohne mühevolle Arbeit sowie der Quell der Jugend sind aus der Beschreibung des Paradieses in der Genesis bekannt.[669] Auch in mittelalterlichen Abhandlungen über das irdische Paradies im Osten werden sie erwähnt.[670] Die Schilderung der paradiesischen Lebensbedingungen erlaubt es, über das Bestehende hinaus zu gehen und sich auf diese Weise davon zu distanzieren. Aus heutiger Sicht erscheint bemerkenswert, dass das Leben im Paradies zwar vom irdischen Leben unterschieden ist, dass aber auch das biblische Paradies der Schöpfungsgeschichte – der Augustinischen Genesis-Interpretation folgend – auf der Erde situiert wird.[671] Zugänglich ist dieses Paradies allerdings nicht, und auch der zweite paradiesische Ort, den das christliche Mittelalter kennt, das himmlische Paradies, öffnet sich den Menschen erst beim Jüngsten Gericht.[672] Die Elemente des irdischen Paradieses, die das Priesterkönigreich enthält, machen auf weitere Unterschiede beider idealer Orte aufmerksam: Das Priesterkönigreich des Johannes ist nicht nur – wie das irdische Paradies – auf der Erde lokalisiert und kann daher auf Reisen aufgefunden werden, sondern es ist darüber hinaus auch zugänglich. Man muss nicht an einer unüberwindlichen Mauer oder vor einem mächtigen Torwächter Halt machen, sondern kann dieses Reich ohne Hindernisse betreten, wenn man es findet. Wie in jedem anderen zeitgenössischen Königreich leben dort Menschen unter einem Herrscher zusammen – mit dem Unterschied, dass es ihnen an nichts fehlt und dass ihr tugendhafter Gebieter ein außergewöhnlich großes Reich regiert.

In den bereits erwähnten Elementen des Priesterkönigreichs, die dauerhafte Jugend spenden, manifestieren sich nicht nur der materielle Reichtum und das allgemeine Wohlergehen der Gemeinschaft, sondern es zeigt sich hier die Vorstellung, dass bestimmte Dinge eine wundertätige Wirkkraft besitzen können. Zahlreiche Gegenstände des Priesterkönigreichs gehören nicht zum Bereich dessen, was in der Natur möglich erscheint. Ihre Funktion ist es offenbar, Staunen angesichts des fernen Herrschaftsraums zu erregen. Zu den wunderbaren Elementen des Priesterkönigreichs gehören neben verschiedenen Jungbrunnen ein Fluss, der ausschließlich aus Edelsteinen besteht

(32f.), und ein überaus prachtvoll gerahmter Spiegel, in dem der Herrscher jegliche Aktivität, die gegen ihn gerichtet ist, sofort erkennen kann (67–72). Eng verbunden mit diesen wunderbaren Elementen sind diejenigen, die des Reiches Exotik anzeigen. Das sind besonders außergewöhnliche Tiere wie Elefanten, Dromedare, Kamele, Flusspferde, Krokodile und andere mehr (14; vgl. auch 44).[673] Die Aufzählung geht zu den wunderbaren Wesen über: Es gibt nicht nur »weiße Amseln, stumme Baumgrillen [und] Greifen«, sondern auch »Hundsköpfige, Riesen von 40 Ellen Größe, einäugige Zyklopen und ein[en] Vogel namens Phönix« (14).[674] Hinzu kommen die biblischen Völker »Gog und Magog« und andere (16) sowie menschenähnliche Wesen, wie »wilde Menschen, gehörnte Menschen, Faune, Satyrn und ihre weiblichen Artgenossen, sowie Pygmäen« (14).[675] Mit den besonderen Menschenarten des Reiches deutet sich – zumindest aus heutiger Perspektive – an, dass das idealisierte Reich auch eine Kehrseite besitzt: Diese Völker sind besonders aggressiv (18), verzehren Tier- und Menschenfleisch (15) und werden vom Priesterkönig daher als Waffe im Kampf gegen Feinde eingesetzt (17f.).

Insgesamt entspricht die lange Liste der Bewohner des Priesterkönigreichs den Darstellungsmustern der wenig bekannten Regionen im Osten, die Reiseberichte und wissensvermittelnde enzyklopädische Literatur des Mittelalters aufweisen.[676] Eine besonders wichtige Quelle für beide Textsorten ist die Schilderung des Lebens Alexanders des Großen durch den Archipresbyter Leo von Neapel aus dem 10. Jahrhundert.[677] Dass die Beschreibung des Priesterkönigreichs Topoi ferner, kaum bekannter Regionen aufgreift, scheint wiederum – in einer Zeit, in der enzyklopädisches und literarisches Wissen über ferne Regionen nah beieinander liegen[678] – dazu beigetragen zu haben, ihre Glaubwürdigkeit sicherzustellen.[679]

Der allgemeine Reichtum im Priesterkönigreich weist nicht nur eine enge Verbindung zu den staunenswerten Elementen des Ostens auf, sondern er macht auch möglich, dass die Bewohner des Reiches ein besonders tugendhaftes Leben führen: Keinerlei Laster bestimmt ihr Leben (52).[680] Dazu gehört, dass die Menschen unfähig sind, die Unwahrheit zu sagen; zusätzlich werden Lügen mit den Strafen der Ehrlosigkeit und Ächtung bedroht (51).[681] Ausdrücklich wird außerdem das Vergehen des Ehebruchs ausgeschlossen; der Brief betont stattdessen, dass alle einander die Wahrheit sagen und dass die Menschen sich mit großer Wertschätzung begegnen (52).[682] Tugendhaftes Verhalten ist nicht nur Ergebnis des allgemeinen Reichtums, sondern es kann auch durch die wunderbare Wirkung bestimmter Gegenstände ausgelöst werden.[683] Der Tisch eines der beiden Paläste des Herrschers wird von zwei Säulen aus Smaragd getragen (66). Dieses Material verhindere, dass die Menschen sich betrinken, die an dieser Tafel Platz nehmen.[684] Außerdem heißt es, dass das Bett des Herrschers aus Saphir besteht, dessen Wirkmacht – die nicht weiter erläutert wird – die Keuschheit unterstützen soll (63).[685]

Die Beispiele zeigen, dass das Reich des Priesterkönigs als idealer Ort dargestellt wird, als ein Ort, der unterschiedliche Wunschvorstellungen vereinigt. Das gilt sowohl in materieller Hinsicht als auch in Bezug auf die Lebensbedingungen der Menschen. Es gilt zudem hinsichtlich der Tugenden, die im Priesterkönigreich offenbar sehr wirkungsvoll in praktiziertes Verhalten der Einwohner des Landes umgesetzt worden sind. Dass es bei der Beschreibung des fernen Staates um Vorstellungen idealen Verhaltens geht, wird schon zu Beginn des Textes deutlich. Einleitend wendet sich die Sprecher-Instanz belehrend an den Adressaten des Briefes, den byzantinischen Herrscher: »Bedenke Dein Ende, und in Ewigkeit wirst Du nicht sündigen« (8).[686] Der Satz fordert den Kaiser zur Demut auf,[687] und er ist ein erster Hinweis darauf, dass im Folgenden ideale Verhältnisse entworfen werden. Dabei ist signifikant, dass der immense Reichtum, der anschließend geschildert wird, offenbar problemlos mit dem einleitenden Aufruf zur *humilitas* zusammen geht.[688] Es hat sich außerdem gezeigt, dass die Idealisierung keineswegs nur das Verhalten des Herrschers betrifft – was die einleitenden Sätze nahe legen könnten –, sondern auch die Lebensbedingungen und das Zusammenleben der Menschen im Land des Priesterkönigs. Die Schilderung des Priesterkönigreichs ist also nicht nur als Darstellung eines idealen Herrschers im Sinne der Fürstenspiegel-Literatur zu verstehen,[689] sondern sie entwirft eine Gemeinschaft des allgemeinen Wohlstands und des tugendhaften Verhaltens. Dass die Kombination aus Reichtum und Sittlichkeit realisiert werden kann, dass der Reichtum geradezu Voraussetzung für Sittlichkeit ist, erscheint insbesondere angesichts der einleitenden Aufforderung zur Demut bemerkenswert – und auch im Zusammenhang der Armutsdiskussion des 12. Jahrhunderts, etwa bei den Katharern. In Johannes' Herrschaftsraum kommen Reichtum und Luxus allen Menschen zugute, und sie stehen tugendhaftem Verhalten nicht im Weg, sondern machen es im Gegenteil erst möglich.

Nach modernem Verständnis trägt das stark idealisierte Reich des Priesterkönigs utopische Züge. Im Mittelalter einen utopischen Entwurf auszumachen ist – wort-geschichtlich betrachtet – ein Anachronismus: Erst mit Thomas Morus' »Utopia« aus dem Jahr 1516 wird das Wort erfunden, und erst seit dem 18. Jahrhundert bildet sich die differenzierte Semantik heraus, die wir heute mit dem Begriff verbinden.[690] Dennoch entstehen utopische Entwürfe in der Frühen Neuzeit nicht voraussetzungslos, sondern sie haben neben den offenkundigen antiken (z. B. Atlantis) auch mittelalterliche Vorläufer. Diese zu erfassen ist literatur- und kulturgeschichtlich von Interesse, denn es bedeutet, neben den Diskontinuitäten und plötzlichen Wandlungsvorgängen auch die kontinuierliche und langfristige Entwicklung in den Blick zu nehmen.[691] Zentral für diese Suche nach mittelalterlichen Utopien sind stets die Merkmale, anhand derer eine Gemeinschaft als utopische identifiziert wird. So kann es nicht verwundern, dass das Reich des Priesterkönigs Johannes zum einen schon mehrfach als Utopie interpretiert wurde,[692] dass aber zum anderen besonders Untersuchungen der jüngeren Zeit die Charakterisierung von Johannes' Reich als Utopie nicht gelten lassen.[693] Gegen die vorschnelle Identifizierung des Priesterkönigreichs mit einer Utopie spricht, dass in Johannes' Land zwar viele Menschen in Reichtum leben, das Privateigentum aber nicht abgeschafft worden ist.[694] In Morus' »Utopia« dagegen markiert Gemeinbesitz die fundamentale Andersartigkeit des idealisierten Staates im Vergleich zu der Welt, die dem Erzähler vertraut ist.[695] Beide Herrschaftsräume rücken allerdings wieder aneinander heran, wenn man bedenkt, dass der allgemeine Reichtum im Priesterkönigreich zwar keine grundsätzliche Überwindung des Besitzes bedeutet, dass sich aber auch diese ökonomische Ordnung innerhalb der Gemeinschaft förderlich auf das sittliche Verhalten der

Menschen auswirkt: Wegen des allgemeinen Reichtums gibt es im Priesterkönigreich weder Diebe und Räuber noch überhaupt Habgier (45f.).[696] Auf die Überwindung solch tief verwurzelter menschlicher Regungen, vor allem der *superbia*, zielt letztlich auch die Einrichtung des alternativen Staates und seiner sozialen Reglements in Thomas Morus' »Utopia«.[697]

Gerhard Oexle hat vorgeschlagen, im Anschluss an Formulierungen Karl Mannheims und Alfred Dorens das »wirklichkeitstranszendierende Denken« als zentrales Merkmal eines Utopie-Begriffs zu verstehen, der es ermöglicht, Utopien nicht ausschließlich an die Neuzeit zu binden, sondern das Wort auch auf positiv besetzte und anders organisierte Lebenswelten des Mittelalters zu übertragen.[698] Dass eine Funktion der Schilderung des Priesterkönigreichs des Johannes in der imaginären Wunscherfüllung durch den Entwurf eines fernen Idealstaates besteht, haben die vorausgehenden Ausführungen gezeigt. Zudem können weitere Parallelen zu frühneuzeitlichen Utopien festgehalten werden. So werden die unterschiedlichen idealisierten Eigenschaften des Priesterkönigreichs nicht als Einzelphänomene präsentiert, sondern sie sind zu einer geordneten Lebenswelt organisiert, die aber anderen ungeschriebenen Gesetzen folgt als diejenige, welche dem Adressaten und den Rezipienten des Briefes offenbar bekannt ist.[699] Der alternative Herrschaftsraum wird in Teilen durchaus konkret vor Augen gestellt (zum Beispiel durch die Nennung verschiedener Amtsträger (98) oder durch die Schilderung der Speise-Zeremonie des Herrschers (65f.; 73f.)). Alltägliche Verhaltensweisen werden hier erkennbar anders vollzogen als in der zeitgenössisch vertrauten Welt des christlichen Westens.[700]

Zentral für die Bestimmung einer Utopie im Sinne der frühneuzeitlichen Texte ist das Verhältnis der alternativen Gemeinschaft zu den fiktionalen Stellvertretern zeitgenössisch bestehender Realitäten, also zu den Figuren und Sozialverbänden, die Mitteleuropa repräsentieren. Die geographische Lokalisierung der alternativen Gemeinschaft ist in Utopien der Frühen Neuzeit ein wichtiges Verfahren, um diesen Aspekt darzustellen. Utopien – für die hier beispielhaft Morus' »Utopia« stehen soll – schildern anders geordnete soziale Einheiten an entfernt gelegenen Orten. Diese Gemeinschaften werden durch eine komplexe Form der Darstellung sowohl als fiktiv markiert als auch an die bestehende Welt angenähert.[701] Dass es sich bei der Gemeinschaft, von der Raphael Hythlodaeus als erzählende Hauptfigur in Morus' Roman berichtet, um eine erfundene handelt, zeigt bereits der Name Utopia, also Nicht-Ort, an. Zugleich vermittelt die Darstellung der alternativen Welt den Eindruck, diese sei tatsächlich realisiert worden – und sei damit auch zukünftig in der Welt des Erzählers realisierbar –, indem die Gemeinschaft geographisch verortet wird und indem ihre Funktionsmechanismen in wechselseitiger Bedingtheit plausibilisiert werden: Der Berichterstatter bemüht sich zu erklären, dass ein Staat ohne Privatbesitz durchaus funktionieren kann und auf welche Weise die einzelnen Elemente des Staates dazu ineinander greifen. Er macht darüber hinaus teilweise durchaus präzise Angaben zur Lage des Staates Utopia und lokalisiert die Insel dann doch in einem Großraum zwischen Südamerika und Indien.

Der Darstellung des Priesterkönigreichs des Johannes im Brief fehlt die um Plausibilisierung und Rationalisierung bemühte Form der Darstellung. Das betrifft sowohl die Organisation des Staates als auch die geographische Situierung. Die Angaben zur Lage des Priesterkönigreichs sind – mit dem Hinweis auf die drei Indien – nicht sehr ausführlich und noch dazu wenig eindeutig. Einzelne Charakteristika des Reiches stehen unverbunden nebeneinander. Verschiedentlich scheint die Reihung der Eigenschaften des Priesterkönigreichs nicht einmal einem nachvollziehbaren Gedankengang zu folgen.[702] Daraus könnte abgeleitet werden, dass es diesem Text nicht darum geht, den zeitgenössischen Rezipienten einen tatsächlich realisierten oder einen vorbildlichen und realisierbaren Staat nahe zu bringen. Als fingierte Darstellung des Priesterkönigreichs wäre der Brief nicht Dokument der sachbezogenen Kommunikation zwischen Herrschenden und auch nicht realitätsnaher Entwurf eines Idealstaats, sondern er wäre vor allem literarischer Text. Die derart charakterisierte Form des Briefes könnte weitergehend Rückschlüsse auf seinen Gegenstand zulassen: Möglicherweise ist auch das Priesterkönigreich selbst von den Zeitgenossen als fiktiver Herrschaftsraum verstanden worden.

Grundsätzlich gegen eine Einschätzung des Presbyter-Briefs als fiktionalen Text spricht jedoch, dass im 12. Jahrhundert Fiktionalität im Sinne des modernen Verständnisses des Begriffs – d. h. als Ergebnis referenzfreien Fingierens – ein seltenes Phänomen ist. Dies resultiert maßgeblich daraus, dass noch keine klare Trennung vorgenommen wird zwischen Texten, die auf vergangene oder bestehende Dinge bezogen sind, und Texten, denen es allein ums Erfinden geht; erst in der Neuzeit bildet sich eine Unterscheidung heraus, nach der eines das andere ausschließt.[703] Auch moderne Signale von Fiktionalität, wie etwa eine besonders verdichtete und daher als literarisiert verstandene sprachliche Form, sind als Kriterien nicht ohne weiteres verwendbar.[704] So können die Unverbundenheit und simple Reihung der einzelnen Elemente des Presbyter-Briefes als Charakteristika literarischer Erzähltexte des Mittelalters und der Frühen Neuzeit gedeutet werden,[705] mit gleichem Recht können sie aber auch als formale Eigenschaft mittelalterlicher enzyklopädischer Texte gelten.[706] Mit der Unverbundenheit der einzelnen Aspekte des Priesterkönigsreichs greift der Brief des Presbyters ein formales Merkmal auf, das auch zeitgenössischen Sachtexten eigen ist, und er kann damit als nicht-fiktionaler Text verstanden werden. Erst wenn nachgewiesen ist, dass ein Text deutlich über formale Spezifika der Fachliteratur seiner Zeit hinausgeht, sollte dafür plädiert werden, dass es sich um eine Form der Darstellung handelt, die im historisch-zeitgenössischen Zusammenhang fiktionale Texte kennzeichnet.[707]

Nicht nur die Form des Presbyter-Briefs ist schwer zu klassifizieren, auch die Wahrheit, die dem geschilderten Königreich selbst zugesprochen wird, steht in Frage: Handelt es sich im gegebenen historischen Kontext um einen als faktisch oder als fiktiv angenommenen Herrschaftsraum? Hierzu bieten die Überlieferungsgeschichte zum Reich des Presbyters im Allgemeinen sowie die Rezeptionsgeschichte des Briefes im Besonderen zahlreiche Hinweise: Im Zuge des Hoch- und Spätmittelalters werden Johannes und sein Reich in unterschiedlichen Textsorten erwähnt. Die Verwendung des Motivs in den verschiedenen Gattungszusammenhängen liefert Anhaltspunkte für seine Charakterisierung als faktisch oder als fingiert.[708] Bei dieser Suche nach Indizien muss allerdings berücksichtigt werden, dass unterschiedliche Textsorten, beispielsweise Historiographie und Literatur, im Mittelalter eben nicht vollständig scharf voneinander abgegrenzt werden können: Auch die Gegenstände literarischer Texte sind stets in gewissem Maße in der historischen Vergangenheit verankert, und auch historiographische Texte gestalten ihre Gegenstände rhetorisch und werden zudem zum Teil auch aus literarischen Fiktionen gespeist.[709] Mit der Frage nach den Textsorten, in denen vom Priesterkönig Johannes die Rede ist, ist also dem Problem, ob das Priesterkönigreich im mittelalterlichen Kontext den Fakten oder den Fiktionen zugerechnet wird, letztlich nicht zu entgehen; diese Herangehensweise kann aber erste Anhaltspunkte für die Bestimmung des Fiktionsgrads des Motivs liefern.

Einer der ersten, der im 12. Jahrhundert über den Priesterkönig berichtet, ist Otto von Freising in seiner acht Bücher umfassenden »Chronica sive Historia de duabus civitatibus« aus den Jahren 1143 bis 1146; eingeführt wird der fernöstliche Herrscher also in einer Weltchronik, einem umfangreichen historiographischen Werk.[710] Otto gibt darin den Bericht des Bischofs Hugo von Gabala im heutigen Syrien wieder, ohne ihn zu kommentieren:

> Er [Hugo] erzählt auch, vor wenigen Jahren habe ein gewisser Johannes, ein König und Priester, der im äußersten Orient, jenseits von Persien und Armenien wohne und wie sein Volk Christ, aber Nestorianer sei, zwei Brüder, die Könige der Perser und Meder, Samiarden genannt, angegriffen und ihre Hauptstadt, das oben erwähnte Ekbatana, erobert. [...] Nach dem Siege [...] unternahm Johannes einen Feldzug, um der Kirche von Jerusalem zu Hilfe zu kommen [...].[711]

Schon die Erwähnung des Priesterkönigs bei Otto von Freising bringt also die Vorstellung auf, der ferne Herrscher könne die christlichen Mitteleuropäer im Kampf um Jerusalem unterstützen. Zur Heiligen Stadt habe Johannes aber doch nicht kommen können, denn es sei ihm unmöglich gewesen, mit seinem Heer den Tigris zu überqueren. Unverrichteter Dinge sei er schließlich wieder umgekehrt. Etwa zwanzig Jahre nach dieser Schilderung Ottos kursiert dann der Brief des Priesterkönigs. Dieser wird weitere zehn Jahre später ergänzt um ein Antwortschreiben des Papstes.[712] Alexander III. kündigt Johannes darin machtbewusst einen Gesandten an, der ihn in Glaubensdingen unterrichten werde, und er stellt in Aussicht, dass der Presbyter dafür eine Kirche in Rom sowie Altäre in Rom und Jerusalem erhalte.[713] Durch dieses Antwortschreiben entsteht der Eindruck, der Priesterkönig Johannes nähme teil an der herrscherlichen Diplomatie der Zeit; der Presbyter-Brief findet weite Verbreitung und wird in mehrere Sprachen übersetzt.[714]

Seit etwa der Mitte des 13. Jahrhunderts senden die Päpste – zum Teil unterstützt von weltlichen Herrschern – Gesandte nach Osten.[715] Sie haben den Auftrag, mit den Mongolen, die in der abendländischen Welt seit dem frühen 13. Jahrhundert als neue große Bedrohung angesehen werden, Kontakt aufzunehmen und dabei auch etwas über das Reich des Priesterkönigs in Erfahrung zu bringen.[716] Einige der Botschafter, wie beispielsweise die Franziskaner Johannes de Plano Carpini und Wilhelm von Rubruk, sowie Marco Polo, verfassen Berichte über ihre Reise zu den Mongolen und ins Land des Priesterkönigs.[717] Die drei Genannten stellen unterschiedliche Aspekte der Figur des Presbyters Johannes und seines Reiches heraus. Bei Carpini dient die Erwähnung des Priesterkönigs, der angeblich einen militärischen Sieg über die Mongolen errungen habe, dazu, deren außerordentliche militärische Macht darzustellen, aber auch zu zeigen, dass sie besiegt werden können.[718] Wilhelm von Rubruk nimmt in der Reihe der Gesandten eine Sonderstellung ein, denn er äußert deutliche Zweifel an der Annahme, dass der Priesterkönig Johannes tatsächlich existiert.[719] Nachrichten über das Reich des sagenhaften Priesterkönigs und über seine Taten hält er für Erfindungen der östlichen Christengemeinschaft der so genannten Nestorianer, der Johannes zugehöre.[720] Wilhelm von Rubruk schreibt:

> Nach dem Tod Choir-chans schwang sich dieser Nestorianer zum König auf. Die Nestorianer aber nannten ihn König Johannes und erzählten von ihm zehnmal mehr, als der Wahrheit entsprach. So machen es nämlich die Nestorianer, die aus diesem Gebiet kommen: Aus einem Nichts machen sie ein großes Geschrei. [...] So ging also [...] von jenem König Johannes ein großer Ruhm aus. Ich aber zog durch seine Weidegebiete, und niemand wusste irgendetwas über ihn, außer ein paar Nestorianern.[721]

Marco Polos Reisebericht stellt zwar nicht die Existenz des Priesterkönigs in Frage, schränkt aber dessen Machtvollkommenheit deutlich ein, die in anderen Texten – namentlich dem Brief des Presbyters selbst – viel gepriesen worden war. Dies geschieht allerdings nicht in Form ausdrücklicher Skepsis gegenüber der Überlieferungstradition, sondern es zeigt sich anhand der Ereignisse, die aus dem Leben des Presbyters erzählt werden. Marco Polo schildert, wie Johannes zu Tode kommt: Der Mongolenherrscher Dschingis Khan sei ihm als Vasall unterstellt gewesen, und als dieser Johannes' Tochter zur Frau erbeten habe, habe sich Johannes geweigert, sie ihm zu geben; Dschingis Khan habe diese Zurückweisung als sehr beleidigend empfunden und eine Schlacht angefangen, in der der Priesterkönig gefallen sei.[722] Diese Schilderung der Ereignisse, und auch die formalen Mittel, derer sich Marco Polo bedient, sind in der Forschung auf den Einfluss zeitgenössischer literarischer Darstellungen zurückgeführt worden.[723] Während Wilhelm von Rubruk die Geschichten, die über den Priesterkönig erzählt werden, anhand dessen, was er selbst über ihn in Erfahrung bringen kann, kritisch in Frage stellt, bedient sich Marco Polo offenbar gezielt literarisch eingeführter Gestaltungsmittel. Beiden ist gemeinsam, dass sie die Machtfülle des fernen Herrschers im Vergleich zu vorhergehenden Zeugnissen schmälern.

Schließlich findet das ferne Königreich des Presbyters Johannes Eingang in literarische Texte – mit dem *Jüngeren Titurel* eines Dichters namens Albrecht aus dem späten 13. Jahrhundert als wohl prominentestem Beispiel.[724] Albrechts Text hält sich eng an die Informationen, die aus dem Brief des Priesterkönigs bekannt sind, und betont die außerordentliche Größe und den Reichtum des Priesterkönigreiches. Bei den exotischen und wunderbaren Elementen dagegen kürzt er.[725] Der Bericht über den Presbyter Johannes beginnt mit folgenden Worten:

> Hier regiert ein König, der so reich ist,
> dass noch niemand von einem ähnlich reichen Herrscher je gehört hat.
> Wie reich du durch den Gral auch bist, das ist alles nichts im Vergleich zu seinem Reichtum

und zwar sowohl was Gefolgschaft und Landbesitz als auch was
Gold und Edelsteine betrifft.
Im Himmel ist dieser Herrscher außerdem bekannt für seine Tugendhaftigkeit.
Ich erwähne hier nur einen Teil seines Reichtums und seiner Würde,
und schon angesichts dessen müssen wir erkennen, wie wertlos wir
sind.

Seine Macht wird überall als herrlich bezeichnet,
denn ihm dienen zwei Teile des gesamten Erdkreises und zudem
72 Reiche
[...]

Priester Johannes nennt man den würdevollen Mann[;]
[...]
er ist ein reiner Christ und lobt Jesus Christus auf das höchste.[726]

Die historisch-politischen Entwicklungen seiner Zeit nimmt Albrecht auf, indem er – im Anschluss an Johannes de Plano Carpini – den Sieg des Priesterkönigs über das Heer der Mongolen durch eine Kriegslist schildert (6199–6216).[727] Der literarische Text gestaltet damit nicht die wunderbaren und exotischen Elemente phantastisch aus, die seine direkte Vorlage, der Presbyter-Brief, liefert, sondern er tilgt diese und orientiert sich statt dessen an einem kurz zuvor verfassten Reisebericht, der offenbar als authentisch angesehen wurde. Der literarische Text erweist sich damit stärker am Faktischen interessiert als das vermeintliche Dokument der Herrscher-Diplomatie, als der Presbyter-Brief selbst. Die Verschränkung von literarischer Überlieferung und stärker authentisch konnotierten Gattungen wie Historiographie oder Reiseberichten tritt außerdem hervor, wenn man berücksichtigt, dass die Motive, mit denen die fremde Welt des Priesterkönigs beschrieben wird, zu einem beträchtlichen Teil aus der literarischen Überlieferung stammen, insbesondere aus den Alexanderromanen.[728]

Die Vorstellung der unterschiedlichen Textgattungen, in denen der Priesterkönig und sein Reich Erwähnung finden, zeigt, wie durchlässig die Grenze zwischen fingierten und als real bestehend angenommenen Herrschaftsräumen zeitgenössisch offenbar gewesen ist. Für die Charakterisierung des Priesterkönigreichs als Utopie muss das bedeuten, dass ein komplexes Spiel mit Fiktionalitätssignalen und Hinweisen auf eine mögliche Authentizität des Geschilderten im Mittelalter vor dem Hintergrund eines anderen, d. h. weniger antagonistischen Verständnisses von Fiktion und Realität stattfand. Während in der »Utopia« des Thomas Morus eine als Fiktion markierte Insel der Realität angenähert wird, indem die Angaben zu ihrer geographischen Lage zwar anhand des geographischen Wissens plausibel erscheinen, aber doch so gestaltet sind, dass sie die Insel unauffindbar machen,[729] stehen die geographischen Angaben zur Lage des Priesterkönigreichs in einem Kontext, in dem Reiseberichte, die ebensolche aus moderner Sicht unzureichenden Ortsangaben verwandten, als authentisch und als zur Lokalisierung hinreichend präzise angesehen wurden.[730] An dieser Stelle wird besonders deutlich, wie schwierig es ist, den Utopie-Begriff in die Zeit vor der Frühen Neuzeit zurückzuverfolgen. Auf dem Gebiet der Reiseberichte führt die zunehmende Präzisierung von Ortsangaben, die mit den vermehrten Fernreisen um 1500 einsetzt, zu einer Scheidung von Lokalisierungen, die als unauthentisch und im Extremfall als fingiert angesehen werden, und solchen, deren Präzision den neuen Vorstellungen von geographisch korrekter Darstellung entspricht.

Hierin kann eine Ursache dafür gesehen werden, dass die Bedeutung des Priesterkönigreichs im Laufe des 16. Jahrhunderts nach einer kurzen Phase des erneuten regen Interesses schwindet und dass es schließlich in Vergessenheit gerät. Es ist bemerkenswert, dass sich noch kurz zuvor ein bedeutender Wandel im Vorstellungskomplex um den Priesterkönig vollzogen hat und dass dieser nochmals mit gesteigertem Interesse an ihm einhergeht: Seit der ersten Hälfte des 14. Jahrhunderts wird sein Reich nicht mehr im fernen Osten, sondern in Äthiopien vermutet.[731] Auf ihrer Suche nach dem Seeweg nach Indien versuchten seit dem 15. Jahrhundert portugiesische Reisende an die Ostseite Afrikas zu gelangen. Dort auf den Priesterkönig Johannes zu treffen war ein Ziel ihrer Entdeckungsreisen. Erneut verkörpert der Priesterkönig den Wunsch der Europäer, in der Fremde christliche Verbündete zu finden; hinzu kommt nun die Neugier auf die Erschließung des afrikanischen Kontinents und das ökonomische Interesse an Handelspartnern.[732] Sind die neuen Handelswege erst einmal etabliert und beginnt – mit Hiob Ludolfs Buch über Äthiopien, der »Historia Aethiopica«, erschienen 1681 in Frankfurt am Main – eine im modernen Sinne wissenschaftliche Auseinandersetzung mit dem Land, so verliert sich das Interesse am Priesterkönig als dem vermeintlichen Verbündeten im ehemals unbekannten Territorium.[733]

Eine weitere und sehr weit greifende mögliche Ursache für das Verschwinden des legendären christlichen Herrschers nennt Umberto Eco in einem Aufsatz über den Presbyter Johannes, der 2001 publiziert wurde, also ein Jahr nach Ecos berühmtem Roman »Baudolino« über die Suche nach dem Priesterkönig: Es ist denkbar, dass die Zunahme tatsächlich gelingender Kontakte mit den fernen Regionen des Ostens und des Südens dazu geführt hat, dass überhöhte Vorstellungen vom Fremden in der kollektiven Vorstellung an Bedeutung verlieren; Eco stellt die optimistische Behauptung auf, es habe im Laufe der Jahrhunderte ein historischer Lernprozess der Anerkennung kultureller Unterschiede stattgefunden.[734] Eine Figur zu erfinden, welche diese Differenzen übergehe, indem sie schlicht die eigenen Charakteristika – namentlich den christlichen Glauben – am Ort des Anderen situiere, sei schließlich nicht mehr notwendig gewesen.

Und doch verschwinden der Priesterkönig und sein Reich in der Moderne nicht vollständig aus dem kulturellen Gedächtnis. Seit der zweiten Hälfte des 19. Jahrhunderts wendet sich die Wissenschaft dem Presbyter zu: Verschiedene Forschungsarbeiten entstehen.[735] Das wissenschaftliche Interesse am Reich des Priesterkönigs, das sich in dieser Zeit formiert, scheint bis heute anzuhalten. Und so kann es kaum verwundern, dass mit Umberto Eco ein Romancier *und* Wissenschaftler das Thema in die Literatur (zurück-)überführt hat. Dass Ecos »Baudolino« schnell zum Bestseller wurde, zeigt nicht nur eine verbreitete Faszination für historische Romane, sondern deutet auch auf eine aktuelle Sensibilität für die Übergangszonen zwischen *fact* und *fiction* hin. Ecos Buch zeichnet aus, dass es das Problem, ob es sich beim Presbyter Johannes und bei seinem Reich um eine bloße Erfindung handelt, nicht letztgültig entscheidet, sondern auf sehr geschickte Weise offen hält. Der Roman scheint den Priesterkönig zunächst deutlich als Erfindung auszuweisen, indem er schildert, wie Baudolino – selbst ganz offenkundig fingierter Adoptivsohn Kaiser Friedrich Barbarossas und Protagonist des Romans – unterstützt durch seine Pariser Kommilitonen, die zum Teil unter dem Einfluss einer wirkungsvollen halluzinogenen Droge, dem so genannten »grünen Honig«, stehen, den Brief des Priesterkönigs schreibt.[736] Später erfährt ein Berater des byzantinischen Kaisers von diesem Brief und macht sich die Idee Baudolinos zu eigen, das Schreiben des Priesterkönigs für die zeitgenössische Diplomatie zu nutzen, bevor dieser selbst es tun kann. Obwohl die literarische Figur Baudolino sich das zentrale Dokument, das die Existenz des Priesterkönigs bezeugen soll, selbst ausgedacht hat, hält sie an dem Gedanken fest, dass es den Priesterkönig tatsächlich gibt – eine Idee, die Baudolinos Lehrer, Otto von Freising, dem Eleven mitgegeben hat –, und verwendet viel Zeit ihres Leben darauf, diesen zu suchen. Baudolino macht sich auf eine jahrelange Reise, die ihn in ein Land führt, das dem Reich des Priesterkönigs zwar nahe zu sein scheint, in dem er aber doch nichts Genaues über den Herrscher erfährt.[737] Vor dem Ansturm der »weißen Hunnen« muss Baudolino schließlich fliehen, und es gelingt ihm, nach Europa zurückzukehren.[738] Obwohl seine langjährige Reise ihn nicht zum Priesterkönig geführt hat und obwohl vieles, was er auf dieser Reise gesehen und gehört hat, eher darauf hindeutet, dass der Priesterkönig nicht existiert, macht sich Baudolino kurze Zeit nach seiner Rückkehr und schon in hohem Alter erneut auf, ihn zu suchen.[739] Mit diesem Lebensweg seines fingierten Protagonisten macht Eco einen Vorschlag, wie sich die durchlässige Grenze zwischen Fakten und Fiktionen im Mittelalter auf einen einzelnen Akteur ausgewirkt haben könnte.

Tintagel, Glastonbury und Brocéliande: Gespinste aus Fiktion und Realität als »Rezept« zur Überwindung von Erinnerungsbrüchen

Ralf H. Schneider

Der Zugang zur Geschichte vollzieht sich, wie wir vielfach in diesem Band erfahren können, über reale Orte, die wir kennen, weil sie sich in unmittelbarer Nähe heimatlicher Gefilde befinden oder von uns bewusst aufgesucht werden oder uns zufällig auf Reisen begegnet sind. Manche Orte kennen wir aber auch nur aus Texten, gleichgültig ob diese aus touristischen Ratgebern, Zeitschriften oder Zeitungen, Fach- oder Sachbüchern oder aus Romanen oder Gedichten stammen. Doch nicht alle Orte, die wir mit vergangenen Zeitaltern, Ereignissen oder Personen verbinden, sind solche, die wir tatsächlich auch aufsuchen können. Es sind fiktive oder fiktionale Orte, die auf keiner wissenschaftlich anerkannten Karte der Gegenwart zu finden sind. Im Gegensatz zu heutigen Karten, die zumeist nicht mehr auf Papier, sondern auf Monitoren oder Displays gelesen werden, gaben Karten des Mittelalters und der Frühen Neuzeit Länder und Orte wider, deren Existenz einerseits körperlich erfahrbar war, andererseits aus den Vorstellungswelten viel gelesener Autoren stammte.[740] Die Grenze von Fiktion und Realität[741] war fließend, und Landstriche wie das Reich des Priesterkönigs Johannes[742] und reale Orte fanden auf ein und derselben Karte gleichbedeutend ihren Platz, wie sich auch Wissenschaft und Magie[743] nicht zwangsläufig ausschlossen. Andere Orte sind sehr wohl auf aktuellen Karten verzeichnet, also real (und nicht »realphantastisch«[744]) und damit auch zu bereisen, jedoch untrennbar mit Geschehnissen aus der Welt der Fiktion verbunden. Um drei solcher Orte soll es hier gehen: Tintagel, Glastonbury und Brocéliande. Orte, die aus dem Sagenstoff um

König Artus (Arthur),[745] seine Ritter und deren Damen, magische Gestalten und gefährliche Aventiuren stammen und im Süden Englands und Norden Frankreichs zu finden sind: Orte der *matière de Bretagne*[746].

Die drei hier gewählten Orte repräsentieren eine Vielzahl von Plätzen, die in der Artusdichtung Erwähnung finden und ähnliche Wandlungen ihrer Bedeutung erfahren haben. Ob und wie dieser Orte gedacht wurde, ist unmittelbar mit ihren Geschichten verwoben. Immer dann, wenn der Stoff um König Artus wieder vom Scheinwerfer der Literatur, des Films und auch, wie im Fall von Glastonbury, der Musik erfasst wird, leben auch diese Orte wieder auf und überwinden die Zäsur ihrer Erinnerungstradierung. Repräsentativ steht Tintagel für ein Gebäude, Glastonbury für eine Ortschaft und Brocéliande für einen Landstrich, in diesem Fall ein Wald.

Brocéliande

Der Wald von Brocéliande ist von seiner räumlichen Ausdehnung der größte der drei hier ausgewählten Erinnerungsorte und auch zugleich der, der sich gegenwärtig dem Erinnerungsbruch am nächsten befindet, denn seine Bedeutung als Erinnerungsort ist denkbar gering und lediglich in der Region selbst als ein solcher zu bezeichnen. In der Bretagne, 40 km westlich von Rennes, liegt der Forêt de Brocéliande, jener sagenumwobene Wald, der viele magische Orte in sich birgt und Heimat sowie letzte Ruhestätte magischer und/oder sonderbarer Gestalten war und ist.

Die Welt von König Artus wird vor allem durch den in der zweiten Hälfte des 12. Jahrhunderts wirkenden Chrétien de Troyes (ca. 1140–1190) um eine Vielfalt an Personen und Orten bereichert, zu denen auch der Wald von Brocéliande gehört. Im 6818 Verse umfassenden »Yvain« (oder »Li chevaliers au lion«), der um 1177–1181 entstand, erscheint der Wald als prototypische Gegenwelt zum Artushof mittelalterlicher Romane.[747] Hartmann von Aue (ca. 1180– ca. 1220) brachte Chrétiens Roman im »Iwein« (um 1200) dem deutschen Publikum näher. Der Wald ist der Rückzugsort des überforderten Yvain, der den Anforderungen des ritterlichen Kodex nicht mehr gerecht werden kann. Doch der Wald ist nicht nur epischer Repräsentant von Wildnis und Ursprünglichkeit, nicht nur einzig möglicher Fluchtort und zugleich letzter Hort vorchristlicher Naturreligion. Er ist auch ein Ort, der sich während der Geschichte um Yvain verändert und somit End- und Anfangspunkt zugleich ist. Die Schilderung Chrétiens ist zu Beginn wenig spektakulär, und der Wald ist eben nur ein Wald.

> A bien pres tot le jor antier
> M'an alai chevauchant einsi
> Tant que de la forest issi,
> Ei ce fu an Broceliande.[748]

Doch was sich in dem Wald befindet, ist so bemerkenswert, dass in über 400 Versen (vv. 175–579) einer eigenständigen Geschichte im Roman Raum geboten wird, die an einem Hoftag zu Pfingsten der Königin Guenievre (und nicht König Artus) vom Ritter Calogrenant, dem Vetter Yvains, erzählt wird. Die durchaus schmachvolle Aventiure ist nicht die typische, heldenhafte Geschichte, die für eine lange Nacht am Kaminfeuer eigentlich zu erwarten wäre. Sie ist für Chrétiens Roman wesentlich mehr als nur eine für einen Artusritter unehrenhafte Geschichte. Die Geschehnisse an der Quelle im Wald von Brocéliande sind der Beginn, Zentrum und auch der Anlass der Aventiuren des eigentlichen Protagonisten Yvain.

Brocéliande ist zum einen der Ort, an dem sich die magische, sturmerzeugende Quelle befindet, zum anderen auch die Heimat des wilden Mannes *(vilain)*,[749] dem keulenbewehrten Hüter wilder Tiere, der zuerst als eigenständige Gestalt, dann aber als Topos fungierend, den Zustand des dem Wahnsinn verfallenen Yvain Chrétiens de Troyes[750] bzw. Iwein Hartmanns von Aue beschreibt. Die Umgebung des Brunnens ist nach Le Goff eine »doppelte Welt«. Sie ist »nacheinander und abwechselnd paradiesisch und höllisch: wunderbarer Gesang der Vögel und schrecklicher Sturm.«[751] Damit wird dieser Raum unkontrollierbar, den in einer höfischen Welt bekannten

Regeln entzogen, einerseits entrückt und gleichzeitig anziehend. Offensichtlich existieren innerhalb des Waldes, der eine vergehende Welt repräsentiert, die durch fortschreitende Landnahme und den wachsenden Einfluss von Städten nicht mehr zeitgemäß erscheint, Regeln, die den Repräsentanten der neuen Welt wie Calogrenant und Yvain aber nicht mehr bekannt sind. Erst durch Missachtung der in einer vorchristlichen Kultur womöglich bekannten Regeln wird der Wald bedrohlich.

Yvain selbst wird schlafend und nackt von drei Frauen gefunden (vv. 2887–2891), und die Tatsache, dass die Dame von Noroison mit ihren beiden Begleiterinnen ohne männliches Geleit einen Wald durchquert, lässt diesen Wald plötzlich weit weniger wild und gefährlich erscheinen,[752] als er in der nicht epischen Welt (Wildnis und Gegenraum zur kultivierten Welt)[753] sein müsste. Im Gegenteil, der Wald ist hier nur ein Rahmen für durch Menschen bestimmte Handlungen und wird kaum beschrieben, hat ohne diese keine Daseinsberechtigung.

Der Wald, als Ort der Aventiurensuche bietet einen reichen Fundus an abenteuerlichen Bestandteilen, die am Ritter während seines dortigen Aufenthaltes haften bleiben und wieder in die höfische Welt hineingetragen werden.[754] Dieser Fundus ist der aus höfisch-christlicher Perspektive bestehende Sammelort von heidnischen und christlichen Erzählungen, die ähnlich der »Enzyklopädischen Scheune« *(farrago)*[755] all jene Elemente enthält, die sich bislang einer (Ein-)Ordnung entzogen haben. Trotz seiner potentiellen Unordnung ist der Wald im arthurischen Roman von seinem chaotischen und wilden Zustand gesäubert. Beschrieben werden Zwischenräume im und am Wald (Lichtungen und Waldrand), die genügend geordneten Raum und höfische Artefakte bereitstellen, um Handlung stattfinden zu lassen. Im verwilderten Walddickicht, aus dem der mittelalterliche, nicht wirtschaftlich genutzte Wald zum größten Teil bestanden hat, findet keine epische Handlung statt.

Die Mischung aus von Menschen nicht zu kontrollierender Natur und Elementen der Zivilisation (ein aus Eisen bzw. Gold und mit einem Edelstein verzierter Brunnen, Grabsteine oder -hügel und Ruinen) vermittelt auch heute noch eine Zwischenstellung im räumlichen und zeitlichen Sinn, die Erinnerungsorte der *matière de Bretagne* für Literatur, Kunst und das Alltägliche so anziehend machen.

Brocéliande als Erinnerungsort ist nicht gleichzusetzen mit einem »Erinnerungswald« wie dem Teutoburger Wald.[756] So komplex wie er bei Chrétien beschrieben wird, existiert der Wald nur »durch seine Beziehung zu dem, was nicht Wald ist«[757] und ist beladen mit Funktionen und Bedeutungen, die über die reine Örtlichkeit eines strategisch gewählten oder rein zufälligen Handlungsraums, der zum Erinnerungsraum werden könnte, hinausgehen.

Auch wenn der Wald in der französischen Bretagne verortet ist, wurde er durch seine Erwähnung bei verschiedenen Autoren über seine regionalen Grenzen bekannt: Giraldus Cambrensis (ca. 1146–1223; »Topographia Hibernica«, ca. 1188), Wace (um 1100–nach 1171; »Roman de Rou«, 1174, unvollendet), Huon de Mery (Anfang 13. Jh.; »Tournoiement Antechrist«, 1235/37), »Claris et Laris« (13. Jh.), »Brun de la Montagne« (14. Jh.) sowie der Pleier (um 1240–70; »Garel von dem blühenden Tal«). Später profitierte er von seiner Rolle als Ort des von der Fee Viviane (Nimue) erdachten Weißdornbuschgefängnisses für Merlin, den Zauberer.

Inzwischen ist der Wald von Brocéliande hinter die Bedeutung anderer Orte wie Tintagel und auch hinter die im Artusstoff bekannten Personen gerückt; er ist kaum noch bekannt. Auch wenn der Wald im 19. Jahrhundert zum Teil an anderen Orten lokalisiert worden ist,[758] trägt der heute mit dem mythischen Wald verbundene Forst auf aktuellen Landkarten den Namen Forêt de Paimpont, wird jedoch vom örtlichen Tourismusbüro[759] weiterhin als Forêt de Brocéliande bezeichnet. In touristischer Werbung wird er zum Schauplatz des gesamten arthurischen Stoffes[760] und wirbt mit Überresten der Artuswelt, die jedoch genauso viel oder wenig Authentizität aufweisen wie der epische Stoff als solcher. Hierzu zählen u. a. das Haus der Viviane, eine kleine Megalithanlage aus dem 3.–4. Jahrhundert v. Chr., die bereits erwähnte Quelle (Fontaine de Barenton) und auch das Tal ohne Wiederkehr (Val sans Retour). Neben dem verwunschen wirkenden Wald, der seinen Zauber vor allem dann enthüllt, wenn man ihn allein, ohne andere Touristen erlebt, und man sich dadurch nicht als solcher empfindet, wird die ganze Region touristisch einbezogen und durch ein Wegenetz miteinander verbunden, auf dem man über liebevoll gestaltete Führer[761] dem epischen Artusstoff im realen Raum begegnen kann.

Im späten Mittelalter nahmen verschiedene bretonische Adelsgeschlechter für sich in Anspruch, von Rittern der Tafelrunde abzustammen und dementsprechend auch das in den Epen beschriebene Land zu beherrschen;[762] diese sehr pragmatische Motivation hatte zur Folge, dass der mythische Ort im realen Raum verortet wurde. In der Romantik wurde man auf Brocéliande erneut aufmerksam, da ein intensives Interesse an mittelalterlicher Literatur wie auch die Verbundenheit zu Besonderheiten und Traditionen einzelner Regionen gleichzeitig die Gesellschaft bewegte. So entstanden Romane zu mittelalterlichen Stoffen, die mit konkreten Orten der Bretagne verwoben wurden, etwa »La Table Ronde« von Creuzé de Lesser (1811). Bretonische Heimatforscher suchten das Typische ihrer Heimat und fanden es im Keltischen, in der *matière de Bretagne* der mittelalterlichen Epen und in besonderem Maße in einer Gestalt, die bis heute untrennbar mit dem Artusstoff verbunden ist, Merlin.[763] Merlin, ebenso wie Artus eine nicht näher zu identifizierende Person, bot sich als »Gefäß« für vergangene Mythen und gegenwärtige Orte dankbar an. Es ist also nicht weiter verwunderlich, dass ausgerechnet Merlins Grab der erste Ort war, den man (wieder-)entdeckte bzw. (er-)fand. Ein Megalith-Grab, das man damals für keltisch hielt, bekam das Etikett der *matière der Bretagne*, und andere Orte wie das Tal ohne Wiederkehr und der Wald von Brocéliande folgten. Die Suche nach den Wurzeln der Bretagne zog immer mehr Menschen in ihren Bann und institutionalisierte sich allmählich im Tourismus oder Fremdenverkehr: Wohlhabende Bürger ließen durch den Wunsch, zum Vergnügen und für die Bildung zu reisen, eine Nachfrage entstehen, die durch erste Reiseführer befriedigt wurde. Sie suchten nicht nur praktische Erläuterungen oder das wirtschaftliche und industrielle Bild der bereisten Gegend, sondern versuchten durch Landschaften und Geschichten, die sie aus dem Alltag enthoben und mit literarischen oder geschichtlichen Vorbildern verknüpften, eine weniger pragmatische Sehnsucht zu stillen. Durch die Beschreibung des vermeintlichen Megalith-Grabes von Merlin erscheint der Wald von Paimpont das erste Mal in einem Führer zu den »Antiquités historiques et monumentales à visiter de Montfort à Corseul« eines lokalen Richters von 1820.[764] Die Region hält an dieser Verbindung fest und nutzt sie im Fremdenverkehr bis heute.

Glastonbury

Glastonbury, eine Kleinstadt im Südwesten Englands, 35 km südlich von Bristol gelegen, ist mit seinen 8000 Einwohnern im Gegensatz zum Wald von Brocéliande ein wesentlich belebterer Ort. Auch wenn beide ca. 350 km Luftlinie trennen, verbindet sie etwas bzw. jemand miteinander: Artus (Arthur).[765] Als historische Gestalt ist dieser epische König zwar nicht nachweisbar, doch seit seiner ersten Erwähnung in der »Historia Brittonum« (ca. 830; wahrscheinlich von dem walisischen Mönch Nennius kompiliert), der ältesten langen kymrischen (walisischen) Artuserzählung »Culhwch ac Olwen« (um 1100), vor allem aber seit der »Historia Regum Britanniae«[766] von Geoffrey of Monmouth (ca. 1100–ca. 1155) über den »Roman de Brut« (1155) von Wace bis heute, ist der Glaube an ihn, an seine Taten, an die an seinem vermeintlichen Hof wirkenden Personen und an sein unbestätigtes Ableben nicht zu tilgen. Die Erinnerung an Glastonbury ist auch die Erinnerung an Artus. Doch wie wir in vielen Beiträgen dieses Bandes sehen, hat die Erinnerung an eine Person eine architektonische Manifestation, die die Erinnerung über die Lebensspanne eines Menschen hinweg erleichtert. Vergehen diese Bauten, droht auch das Gedenken an den Menschen zu verblassen. In Glastonbury existieren gleich zwei greif- und sichtbare Zeugnisse, die an Artus, aber auch noch an wesentlich mehr zu erinnern imstande sind: eine Abtei und ein Hügel. Die Glastonbury Abbey[767] ist nur noch Ruine und droht wesentlich schneller an physischer Realität zu verlieren als die ca. 150 m hohe Erhebung Glastonbury Tor (Hügel). Dennoch haftet vor allem an dem Kirchengebäude, das urkundlich erstmals 601 erwähnt wurde, der eigentliche Keim des Erinnerungsortes Glastonbury, auch weil gerade Klöster mit ihren Funktionen und Wissenssammlungen aktive Orte einer Erinnerungskultur sind. Während seiner nun schon über vierzehn Jahrhunderte andauernden Geschichte durchlebte dieses Gebäude christlichen Glaubens viele Höhen und Tiefen. Wie auch bei den anderen in diesem Band erwähnten Orten der Erinnerung sind es vor allem die Höhen, also jene Zeiten, in denen ihnen besonders viel Aufmerksamkeit geschenkt wird, die sie zu lebendigen Erinnerungsorten machen. Die Tiefen aber, denen dieser Band vor allem gewidmet ist, schaffen Zäsuren im Erinnern und führen beizeiten sogar zu vollständigem Vergessen. Die Entwicklung Glastonburys[768] von seinen vorchristlichen Ursprüngen ca. 50 v. Chr. über die keltisch-christliche Besiedlung bis hin zur angelsächsischen Neubesiedlung im 7. Jahrhundert wurde bereits vom Historiografen William of Malmesbury (ca. 1090–1143) in seiner »De antiquitate Glastonie ecclesie« (ca. 1129) beschrieben. Schon in diesem frühen Werk wird deutlich, dass sich historische Fakten mit fiktionalen Elementen im Frühmittelalter derart vermengt haben, dass eine Legendenbildung mit dem Ort nahezu symbiotisch verwoben war.[769] Der Ort wurde schon sehr früh sowohl real als auch künstlich mit »Fakten« aufgewertet. Hierzu zählt z. B. die Legende, dass die Jünger Jesu selbst an der Gründung der Marienkirche in Glastonbury beteiligt gewesen sein sollen. Kein Geringerer als Joseph von Arimathäa (Arimathia),[770] von dem wir aus der Bibel wissen, dass er den Leichnam Christi aufbahrte, und der Legende nach aufbrach, um Britannien den christlichen Glauben zu bringen, erhielt, gemäß der von Mönchen »kreativ« erdachten Urkunden, als königliches Geschenk die Insel Ynys-witrin (walisisch für »Glas-Insel«, wie die Gegend um Glastonbury auch genannt wird, wobei die etymologische Herkunft für »Glas« ungeklärt ist, nach Caradoc von Llancarfan (um 1130/40) jedoch zum Namen »Glastonbury« geführt hat).[771] Auf ganz weltlich-politische Art und Weise verhalf der Abt Dunstan (946–957) der kleinen Kirche durch ihren Ausbau zum Kloster und dessen Erhebung als Grablege englischer Könige (Edmund I., genannt »Der Prächtige«, Edgar, genannt »Der Friedfertige« und Edmund II., genannt »Eisenseite«) dazu, das reichste Kloster Englands im 11. Jahrhundert zu werden. Nicht einmal der Brand 1184 und finanzielle Engpässe beim Wiederaufbau vermochten bis ins Spätmittelalter, die Bedeutung der Glastonbury Abbey zu schmälern.

Die mit Glastonbury verbundenen Geschichten und auch Geschichte vermengte sich im Laufe der Jahrhunderte zusehends. Der fiktionale Charakter des Ortes erfuhr insbesondere durch die »Historia Regum Britanniae« von Geoffrey of Monmouth eine weitere Dimension, indem er einen Ort namens »Insula Avallonis« erwähnte, der fortan als Avalon oft mit Glastonbury gleichgesetzt oder seine entrückte Entsprechung wurde. Aber auch durch Geoffreys »Vita Merlini«[772] (ca. 1150), die den Stoffkreis um eine zentrale männliche Figur, den Magier Merlin (Myrddin) und eine zentrale weibliche Figur, die auf der Insel Avalon lebende Magierin Morgana erweiterte,[773] bekam Avalon Leben eingehaucht. Beide Gestalten spielen eine bedeutende Rolle im Leben desjenigen, der Dreh- und Angelpunkt aller um ihn herum erdachten Geschichten ist: Artus. Merlin als derjenige, der durch eine wenig rühmliche und listige Täuschung, bei der Magie eine wichtige Rolle spielte, die Zeugung Artus' durch Uther Pendragon mit der Frau eines anderen (Gorlois), Ygerna, in die Wege leitete, und Morgana (auch »Morgan, le Fay«), die schon bei Chrétien de Troyes als Artus' Schwester in Erscheinung tritt und den schwer verwundeten Artus nach der Schlacht von Camlann auf einem Boot auf die Insel Avalon bringt, von wo er einst wiederkehren und Britannien befreien soll. Die Geschichte um Artus' Verwundung, sein Überdauern in sicheren Gefilden bis hin zu seiner glorreichen Wiederkehr reiht sich ein in die Sagen um »das Motiv der Kaisersage vom schlafenden Herrscher im Berg« und schafft damit überregional bekannte Assoziationen zu historischen Herrschern wie Karl den Großen, der im Untersberg, Odenberg, Donnersberg oder der Nürnberger Burg und Friedrich Barbarossa, der im Kaiserberg, Trifels, Kyffhäuser[774] oder im Hagenauer Schloss »schlafen« soll.[775]

Damit einem Ort Bedeutung beigemessen und er von der Nachwelt erinnert wird, bedarf es beizeiten aber mehr als nur Erzählungen, deren fiktionaler Charakter durchaus erkannt werden kann, wenn es gewünscht ist. Die offenbar sehr erfindungsreichen Mönche von Glastonbury (unter dem Abt Heinrich von Sully, der ein Blutsverwandter des Königs Heinrich II. war) halfen der Erinnerungskultur um das

Kloster und seine Verbindung zu König Artus mit »harten Fakten« auf die Sprünge und organisierten 1191 den Fund eines Grabes, in dem einerseits ein Kreuz aus Blei mit der Inschrift HIC IACET SEPULTUS INCLITUS REX ARTURIUS IN INSULA AVALONIA (»Hier liegt der berühmte König Arthur auf der Insel von Avalon begraben«)[776] und andererseits die Gebeine eines Mannes und einer Frau gelegen haben sollen. Es liegt nahe, der Identifikation der Knochen mit König Artus, der eigentlich nie gestorben war, eine politische Motivation zuzusprechen, denn mit diesem Fund stand ein für alle Mal der Tod des legendären Königs fest, dessen Wiederkehr und damit auch die Befreiung Britanniens von den Engländern noch immer in walisischen Geschichten erzählt wurde (in diesem Fall die Befreiung von Heinrich II., dem bemerkenswerterweise während der abtlosen Phase Glastonburys von 1178 bis 1189 das Kloster persönlich unterstand und der nicht von ungefähr einen engen Vertrauten als Abt einsetzte). König Edward I. nährte bei der Besichtigung der Gebeine im Jahre 1278 nicht nur die Verbindung von Artus und Glastonbury, sondern eliminierte erneut die Hoffnung auf tradierte Befreiungsfantasien der Waliser. Den Mythos um Artus und Glastonbury befördernd, sind heute weder die Gebeine noch das bleierne Kreuz erhalten. Gerade die Abwesenheit von »Beweisen« der Existenz von König Artus erhält durch Spekulationen und nahezu beliebige Abwandlungen der Legende die Erinnerung, wenngleich die Intensität im Laufe der Jahrhunderte schwankt und mitunter völlig schwindet.

Vor dem erneuten Erinnern an König Artus übernahm der bereits erwähnte Joseph von Arimathäa eine wichtige Rolle. Die Tatsache, dass man denjenigen, der das Blut Christi bei dessen Kreuzigung in einem Gefäß aufgefangen haben soll, zum vermeintlichen Gründervater von Glastonbury auserkoren hatte, veränderte das Erinnern an Glastonbury maßgeblich und fügte dem verzweigten Netzwerk der Artusüberlieferung nach einem Bauwerk, dann menschlichen Überresten nun einen Gegenstand hinzu, dessen Tradierung sich schnell zu einem eigenständigen Dichtungszweig entwickeln sollte: den Gral. Zwar trat der Gral bereits um 1180 mit dem »Conte du Graal« von Chrétien de Troyes auf die Bühne der *matière de Bretagne*, aber erst mit dem französischen »Roman de l'Estoire dou Graal« (um 1200) des anglo-normannischen

Dichters Robert de Boron begann die Verbindung Josephs von Arimathäa, der die Reliquie des Abendmahls und der Passion nach Glastonbury gebracht haben soll, mit dem Gral. Zwar kann der Gral, über dessen Verbleib oder gar Existenz noch immer gerätselt und spekuliert wird, nicht in Glastonbury bestaunt werden, dennoch wurde mit ihm ein intensiv beschriebenes und in viele Erzählungen eingebettetes Artefakt der Erinnerungskultur Glastonburys hinzugefügt.

Nach der durch protestantische Überprägung des Landes Anfang des 16. Jahrhunderts bedingten Auflösung verging nicht nur das Klostergebäude, sondern auch die Erinnerung an dessen kirchenpolitische und epische Bedeutung. Zum Teil kompensierte der aufkeimende Josephskult diesen Schwund, der mit dem 1520 von Richard Pynson (1448-1529) gedruckten Gedicht »Here Begynneth the lyfe of Joseph of Armathia« erstmals ein weiteres, im Vergleich zum Gral weit weniger einflussreiches Element dem Erinnerungsgeflecht hinzufügte. Dies trug dazu bei, eine Zäsur zu verhindern: *The Holy Thorn*, ein im Dezember und Mai blühender Weißdornstrauch (*crataegus monogyna*)[777] auf der Kuppe des Wearyall Hill (Wirall) am südwestlichen Rand von Glastonbury, der der Legende nach dadurch entstand, dass Joseph von Arimathäa an dieser Stelle seinen Wanderstab in den Boden rammte, woraufhin dieser austrieb und Wurzeln schlug. Die Erinnerung an diese »heilige« Pflanze ist leider auch von Zerstörung begleitet, denn der ursprüngliche Weißdorn wurde 1643 von einem Puritaner abgeschlagen. Vermeintliche Ableger wurden 1951 erneut auf dem Hügel und außerdem vor der Glastonbury Abbey und der Church of St. John eingepflanzt. 2010 fiel die Pflanze auf dem Wearyall Hill erneut einem Akt des Vandalismus zum Opfer, und auch der 2012 neu gepflanzte Sproß wurde wenige Tage nach seinem Setzen zerstört.

Auf der Suche nach mystischen und geheimnisvollen Orten erreichten Touristen im 19. Jahrhundert auch Glastonbury, das nun durch die Eisenbahn auch leichter erreichbar war.

Die Legende von Joseph in Glastonbury wird besonders wirkungsvoll transportiert von einem Gedicht des romantischen Dichters William Blake (1757-1827): »And did those feet in ancient times«. Im 18. Jahrhundert war es nicht besonders bekannt, wurde aber 1916 von Hubert Parry vertont, um den Kampfgeist der Briten im Ersten

Weltkrieg anzufeuern, und ist seitdem unter dem Titel »Jerusalem« sehr populär. Für viele Briten bedeutet es in ganz unterschiedlichen Zusammenhängen die Aufforderung, in England ein »neues Jerusalem« zu errichten – wobei dann Glastonbury als erster Vorläufer gedacht ist.

Heute ist Glastonbury auch bekannt durch das dort seit 1970 fast jährlich stattfindende *Glastonbury Festival of Contemporary Performing Arts*. Damit erhält der Ort neben natürlicher, architektonischer und textlicher Artefakte der Erinnerungskultur auch solche, die nicht nur über die Augen, sondern auch über andere Sinne wahrgenommen werden. Hierbei tragen Aspekte der Alltagskultur, aber auch die Verbindung von Musik und Religion[778] ihren Teil zur Erinnerungskultur an Glastonbury bei. Filmisch wurde Glastonbury bisher nur wenig tradiert. Einen kleinen Beitrag zur Erinnerung an den Ort wurde durch den Kinofilm »The Gathering« mit Christina Ricci von 2002 realisiert. Hier kombinierte man kreativ das *Glastonbury Festival*, den Volksglauben, Glastonbury Tor sei in seinem Innern hohl, und die Christianisierung der Gegend von Jüngern Jesu.

Tintagel

Die kleine Ortschaft Tintagel an der Küste Cornwalls ist, wie auch die vorangegangenen Erinnerungsorte, mit König Artus verbunden. Hier soll laut Geoffrey of Monmouth Artus gezeugt und geboren worden sein. König Uther Pendragon hegte für Ygerna, die Frau von Herzog Gorlois of Cornwall, ein unbezwingbares Verlangen und zettelte ihretwegen einen Krieg an. Gorlois versuchte Ygerna dem König zu entziehen, indem er sie nach Tintagel Castle brachte. Das Ende (oder der Anfang) der Geschichte ist bekannt, denn Uther tötete Gorlois, gelangte durch die magischen Fähigkeiten Merlins getarnt als Burgherr in die Burg und zeugte mit Ygerna den späteren König Artus. Damit wurde Tintagel zu keinem besonders ruhmreichen Ort, sondern vielmehr zu einem Ort des Ehebruchs, wenngleich Gorlois, was seine Frau allerdings nicht wusste, bei der Zeugung bereits tot war. Und doch hat

Tintagel seitdem einen sicheren Platz in der *matière de Bretagne* als der Ort, an dem die Geschichte König Artus' ihren Anfang nahm.

William Camden (1551-1623), der in seiner »Britannia« (1586) bereits einen wichtigen Beitrag für die Überlieferung des bleiernen Kreuzes in Glastonbury geleistet hat, identifizierte unter Berufung auf Geoffrey of Monmouth im Kapitel zur Beschreibung von England und Wales Tintagel (Tindagium) als den Ort, an dem Artus geboren wurde und auch starb.[779]

Heute kann man die unter Denkmalschutz stehenden mittelalterlichen Burgruinen an der Steilküste nahe dem Ort Tintagel besichtigen, doch dass es sich um den realen Zeugungsort des epischen Königs Artus handelt, wurde aus archäologischer Sicht widerlegt. Tintagel Castle wurde nicht vor 1141 erbaut, doch Geoffrey of Monmouth stellt seine »Historia« vor 1138 fertig. Auch widerlegen Urkunden, dass ein Herzog Gorlois von Cornwall Herr der Burg gewesen sein soll. Der urkundlich bezeugte Eigentümer hieß Graf Reginald von Cornwall.[780]

1998 keimten wieder Zweifel an der Falsifikation von Artus' Zeugungsstätte auf, denn man fand ein Grabsteinfragment aus dem 6. Jahrhundert mit der Inschrift »PATERNI COLIAVI FICIT ARTOGNOV«. Nachdem archäologische Ausgrabungen in den 1930er und 1950er Jahren von Ralegh Radford durchgeführt wurden, es jedoch nie eine abschließende wissenschaftliche Publikation zu den Tonscherben aus dem 5.-6. Jahrhundert gegeben hat, wurde Christopher D. Morris von der English Heritage[781] beauftragt, zwischen 1990 und 1998 erneut Ausgrabungen durchzuführen. Die Ähnlichkeit des Namens »Artognou« mit Artus ließ bei denjenigen, die an die historische Existenz eines Königs Artus glauben möchten, Hoffnung aufkeimen. Doch die Herkunft des Namens lässt vielmehr auf die altcornische Verwendung des Wortes für Bär in Eigennamen schließen. Artognou könnte also so viel heißen wie »Bekannt-als-Bär«.[782] Nichtsdestotrotz nährte der Fund erneut die Diskussionen über die Existenz eines König Artus[783] und ließ das öffentliche Interesse am Erinnerungsort Tintagel in jüngster Zeit erstarken.

Auch hier, wie bereits bei den beiden anderen beschriebenen Erinnerungsorten, spielen natürliche und archäologische Zeugnisse eine ebenso tragende Rolle wie historiografische und fiktionale Textzeugnisse.

Die Wirkung des Ortes Tintagel ist sicherlich auch seiner geografischen Lage zu verdanken. Der Blick über die Ruinen hinweg auf die Keltische See, der raue Wind, die abwechselnd kargen und grasbewachsenen Felsen und die an die Steilküste anbrandenden Wellen unterstützen die Anziehung dieses touristisch inzwischen hochfrequentierten Ortes.

Neben dieser naturräumlichen Einbettung Tintagels gehört auch die am Fuß der Ruinen gelegene *Merlin's Cave* zu den natürlichen Elementen des Ortes, die ihren Teil zu Tintagels Erinnerung beitragen. Alfred Tennyson (1809–1892) machte in »Idylls of the King« (1859) Tintagel zudem zum Ort, an dem König Uther verstarb, und entrückte die Geburt, die bei Tennyson eher ein mystisches Erscheinen am Strand vor Tintagel war, noch ein Stück weiter ins Übernatürliche. Dadurch wertete er den Ort, an dem in bisheriger Erzähltradition wenig ehrenvoll der spätere König Artus gezeugt wurde, entscheidend auf. Der Schritt, die natürliche Höhle dieser fiktiven Szenerie zuzuordnen, liegt nicht allzu fern, und so erwarb der Ort durch die Neuinterpretation Tennysons ein weiteres Fragment der Erinnerung an Artus. Zudem wird bei ihm Tintagel zur Burg von König Mark und dem Ort, an dem sich Tristan und Isolde in den Armen lagen, womit zwei weitere, literarisch einflussreiche Protagonisten mit der vermeintlichen Geburtsstätte Artus' verbunden wurden. Auch Matthew Arnold (1822–1888) verortete die Begräbnisstätte von Tristan und Isolde in »Tirstram and Iseult« (1852) in der Burg Tintagel. Durch Tennyson wurde Tintagel Schauplatz einer romantischen Mittelalterrezeption, die eher utopische als historische Züge trug.[784] Die Rezeption von Tennysons Werk wurde von der realen Erneuerung der britischen Krone womöglich befördert, denn nach dem Tod ihres Prinzgemahls Albert von Sachsen-Coburg und Gotha 1861 zog sich Königin Victoria fast vollständig aus dem öffentlichen Leben zurück und überließ ihrem Sohn, Prinz Albert Edward (Edward VII.) die Repräsentation des Königshauses. Nach einer Typhuserkrankung wurde seine Genesung im ganzen Land gefeiert. Arthur Sullivan komponierte zu Edwards Ehren das »Festival Te Deum« und zudem die Erwähnung »Albert the Good« im Epilog der »Idylls« schufen eindeutige Bezüge zwischen Prinz Albert Edward und Tennysons König Artus. Das Gedicht und die allgemeine Artus-Begeisterung des viktorianischen Zeitalters sorgten in Tintagel wie in Glastonbury für den Zustrom von Touristen.

Schon vor Tennysons »Idylls of the King« prägte Thomas Malory (ca. 1405-1471) mit seinem 1469 fertiggestellten Prosazyklus »Le Morte Darthur« die englische Sichtweise auf den Artusstoff: »[...] hat Geoffrey of Monmouth die Biographie des Artus geschaffen, so Sir Thomas Malory den Mythos, der ihn umgibt«.[785] Im Jahr 1485 veröffentlichte William Caxton (ca. 1422-1491) das Werk Malorys deutlich überarbeitet und stellte in seinem Vorwort Artus in eine Reihe neben Gottfried von Bouillon und Karl den Großen. Hinzu kam, dass in diesem Jahr, ein bedeutender Thronwechsel stattfand. Heinrich Tudor besiegte den aus dem Haus York stammenden Richard III. in der Schlacht von Bosworth und bestieg als Heinrich VII. den Thron. Dabei berief er sich als Mitglied des Hauses Lancaster auf eine alte, in die Zeiten König Artus' zurückreichende walisische Blutslinie. Er ließ sich mit der Sehnsucht an den schon lange erwarteten König aus alter Zeit assoziieren, da er durch seine Heirat nun endlich den »Rosenkrieg« beendet hatte und damit wie der wiederkehrende König Artus als Heilsbringer Hoffnungen auf sich zog. Heinrich lebte diese Erinnerung sogar noch weiter aus und gab seinem Erstgeborenen den Namen Arthur. Mit dieser Rückbesinnung auf König Artus wurde auch wieder der gesamte Artusstoff in das Bewusstsein des Landes gerückt, wie einst durch Geoffrey of Monmouth, nur diesmal nicht in lateinischer, sondern in der noch jungen englischen Sprache.[786] Ihm folgte John Bourchiers, 2nd Baron Berners (1467-1533), Übersetzung einer französischen Romanze des 14. Jahrhunderts »The History of the most noble and valiant Knight, Arthur of Lytell Brytaine« (ca. 1555). Auch Edmund Spensers (ca. 1552-1599) »The Faerie Queene« (1590-1596) spiegelt den damaligen Zeitgeist wider und zugleich den Nutzen des Artusstoffes für politisch motivierte Literatur, in diesem Fall zum Lob Königin Elizabeths I.

Im Anschluss erlebte die englischsprachige Artusliteratur und damit das Erinnern an den epischen König und an die Orte, die mit ihm in Verbindung gebracht wurden, eine Zäsur, die erst wieder mit der englischen Romantik durch William Moris' »Defense of Guenevere« (1858) und Tennysons »Idylls« ein Jahr später überwunden wurde. Durch die vielfältige Rezeption[787] der *matière de Bretagne* und die (fingierte) Verflechtung in realpolitische Ereignisse profitierte auch Tintagel und ist inzwischen eine der bekanntesten Sehenswürdigkeiten des Südwesten Großbritanniens geworden. Doch dass die Tradierung des Wissens um den Geburtsort König Artus' nicht im ganzen Land bekannt war, wird durch die Beschreibung von Margaret Ann Courtney, einer 1834 geborenen Autorin, die sich der überlieferten Geschichten der Region angenommen hatte, deutlich. Die Bewohner West Cornwalls wussten ihrer Aussage nach Ende des 19. Jahrhunderts nicht viel von der Verbindung ihres Landes mit einem König Artus, was die Touristen der damaligen Zeit enttäuschte.[788]

Auch wenn Tintagel inzwischen fest in den Artusstoff verwoben ist, wurde eine andere Burg für die arthurische Welt wesentlich bedeutsamer: Camelot. Doch diese Burg, wenngleich sie das unumstrittene Zentrum der Aventiuren und Erzählungen um König Artus ist, besitzt nicht die, wenngleich fragwürdige, Verortung[789] wie Tintagel Castle.

Die schier unüberschaubare Anzahl der Mosaiksteine der *matière de Bretagne*,[790] zu denen auch die hier aufgeführten Erinnerungsorte Brocéliande, Glastonbury und Tintagel gehören, stellen einen, wenn nicht sogar den entscheidenden Vorteil von in der Realität lokalisierbaren Orten mit fiktionalem Charakter dar. Wenn die Erinnerung an historische oder fiktionale Persönlichkeiten verblasst, wenn bedeutsame Gebäude verwittern, von Menschenhand oder den Naturgewalten zerstört werden oder wenn sich Menschen alte Geschichten nicht mehr erzählen, unterliegen Erinnerungsorte Brüchen und Zäsuren. Wenn aber Historisches und Fiktionales in der Weise, wie es bei der *matière de Bretagne* der Fall ist, rhizomartig miteinander verflochten sind, genügt die Reaktivierung eines der Elemente, und Verlorengegangenes erhält die Möglichkeit, erinnert zu werden.

Die hier vorgestellten Erinnerungsorte stehen stellvertretend für all jene Orte, die eng mit einer Erzähltradition verflochten sind. Diese Orte sind nicht notwendigerweise jene Orte, an denen ein bestimmtes Ereignis tatsächlich stattgefunden hat. Wenn Erinnerungsorte historischer Ereignisse Emotionen wie Stolz, Trauer, Freude u. a. transportieren, ist die Wahrscheinlichkeit hoch, dass sie, solange sie in der realen Welt existieren, durch die Geschichte erinnert werden. Wenn sie von Naturgewalten oder dem Menschen zerstört werden, schwinden ihre Chancen, dauerhaft Erinnerungsorte zu bleiben. Ebenso steht ihre Rolle als Erinnerungsort auf dem Prüfstand, sollten die transportierten Emotionen ausbleiben, weil sich die gesellschaftlichen Prioritäten ändern oder das Verständnis für und Verstehen von historischen Ereignissen schwindet. Wenn sich aber Erzählungen (Geschichte*n*) und die damit erzeugten Emotionen an Orten manifestieren, also die Orte von den Geschichten »ausgesucht« worden sind, dort sichtbar werden und eine (Erinnerungs-)Funktion erfüllen, besteht die Gefahr eines Erinnerungsbruchs seltener. Wie auch bei den hier erinnerten Orten der *matière de Bretagne* entwickeln sich die Geschichten weiter und kreieren neue Elemente, die ein Tradieren des Erinnerungsortes befördern oder gar einen eigenen Erinnerungsprozess initiieren. Und wenn sich ein Ort im Laufe der Generationen als für die Erinnerung unwirtlich erweisen mag, zieht das Ensemble der Geschichte möglicherweise an einen anderen Ort. Ist es eine gute Geschichte, wird man sich auch dort an sie erinnern.

Imaginärer Schreckensort im »fernen Osten«: Der Magnetberg

Mathias Herweg

Reisen weitet den Horizont, Reisen stiftet Erinnerung. Und Reisen fördert die Imaginationskraft: An den Rändern des Erlebten lagert sich, zumal in zunehmender zeitlicher Distanz, seit jeher viel Fiktives und Phantastisches an, beileibe nicht nur »Seemannsgarn«, sondern auch Versuche, nicht genau Gesehenes, Verstandenes oder Verständliches im nachhinein zu (er-)klären. Reisen fördert mitunter aber auch das Vergessen, denn mit der zunehmenden Erschließung der Welt durch Reisende – Krieger zuerst, dann Händler, Entdecker, Kolonisatoren, schließlich Touristen – verlor oder verflüchtigte sich die Erinnerung an zuvor fest geglaubte und kartographisch markierte Orte, für die die exakt vermessene Erde zuletzt keinen Platz mehr bot. Das Phänomen ist bekannt: Lange fanden Imaginationen, Zivilisationsexperimente, Utopien und Dystopien auf den weißen Flecken der Weltkarte eine von vielen geglaubte und nicht wirksam falsifizierbare Heimat. Erst als sie diese verloren, wurden sie zur bloßen Fiktion. Brandans Inseln, der Magnetberg, das irdische Paradies, das Reich des Priesterkönigs Johannes oder der Amazonen, allerlei monströse Völker und Lebensformen gehören hierher.

Die Intensität der Erinnerung an Reisen und (auch indirekt »nur« im lesenden Nachvollzug) Erreistes hängt nicht nur mit dem Reiz zusammen, das das Fremde, Andere in der Ferne immer schon – und literarisch fassbar seit den Epen um Gilgamesh und Odysseus – ausübt. Reisen, speziell solche über die See, waren bis in die Frühe Neuzeit ein im Wortsinne »merk-würdiges« Wagestück: Kaum sonst sahen sich Menschen so sehr mit dem Unvorhersehbaren konfrontiert wie auf den meist schlechten Wegen über Land und auf der schier grenzenlosen Weite der Meere.[791] Jenseits des bebauten Landes beginnt im mittelalterlichen höfischen Roman die Zone des Derben und Brutalen; jenseits des sicheren Hafens beginnt in vormoderner Epik die wilde See, der mentalitätsgeschichtliche Angstraum *par excellence*.[792] Meerfahrten sind, fiktiv oder nicht fiktiv, stets Schwellenerfahrungen, seit Homers »Odyssee« und Vergils »Aeneis« fast immer auch Irrfahrten. Der Seefahrer sieht sich zugleich Stürmen und Flauten, Untiefen und Riffen, Piraten und Ungeheuern ausgesetzt – nirgends sonst erfährt der Mensch die *conditio humana* so ohnmächtig und existenziell wie als Reisender auf See.

Aus Berichten von Pilgern und Handelsfahrern ist bekannt, welche Strapazen Fernreisende schon früh auf sich nahmen, welche ungedeckten Wechsel auf ein erhofft günstiges Schicksal sie um des Zieles willen bereit zu akzeptieren waren.[793] So scheinen auch fiktive Reisen in der Erzählliteratur oft nur auf der Oberfläche exotisch und phantastisch zu sein, während sie, gleichsam im Subtext, reale Gefahren in symbolische Chiffren umsetzen, widrige Winde zu launischen Göttern, Meeresströmungen zu Erscheinungen der Anderswelt, Untiefen zu verlockenden Sirenen ummodellieren.

Warum aber wird die Reise ins Ungewisse, Ferne und Fremde überhaupt so dauerhaft zum vormodernen Faszinosum? Fraglos auch, weil sie Spannung verspricht, den Reiz des Exotischen, ganz Anderen, auch Anrüchigen befriedigt, Evasionsbedürfnisse bedient. Zugleich aber offenbaren sich nirgends sonst so klar wie hier die Klippen und Mahlströme des Geschicks: In der Erfahrung maximaler Distanz und Ausgeliefertheit an das blinde Glück liegt paradoxerweise die Chance, dem Wesen und der Geschichte des Menschengeschlechts tiefer auf den Grund zu gehen als irgendwo sonst und das Undurchschaubare als Walten eines höheren Plans zu erfahren.

Um 1300 bietet ein umfangreicher deutscher Roman, nach seinem Protagonisten »Reinfrit von Braunschweig« betitelt, folgende Geschichte: Virgilius, ein verarmter, doch in den Künsten der Magie bewanderter Aristokrat aus Mantua – dahinter steht der im Mittelalter auch als Magier geläufige römische Dichter Vergil[794] – läuft um die Zeitenwende mit einer kleinen Reise-*gesellschaft* ein gefährliches Eiland im Indischen Ozean an, das wegen seiner anziehenden Beschaffenheit »Magnetberg«, *Agetstein*, heißt. Abenteuerlust und

Neugier, dazu die Hoffnung auf exotische Schätze, hatten den Weg der Gruppe bis zu diesem Punkt ihrer Fahrt gelenkt. Mit zunehmender Annäherung aber führt nicht mehr der eigene Wille die Reisenden: Der Berg gewinnt Macht über sie, zieht sie zu sich, bis alle am Felsufer stranden.

Der phantastisch anmutende Berg wurde von dem anonymen Dichter des Romans nicht erfunden. Er ist einer der oben erwähnten »realphantastischen« Wissensbestände vormoderner Geographie, zu finden in antiken und mittelalterlichen Enzyklopädien.[795] Meist ist er vage im Indischen Ozean lokalisiert, und noch iberische Expeditionen des 17. Jahrhunderts haben in dieser Region allerlei fabulöse Eilande gesucht, in deren Umfeld auch dieses gehört. Plinius der Ältere, Verfasser der führenden Naturgeschichte der Antike und prominentes Opfer des Vesuvausbruchs im Jahr 79 n. Chr., erwähnt wohl als erster magnetische Berge, die er aber noch nicht als Inseln im Meer, sondern am Fluss Indus gelegen beschreibt. Erfunden hat er sie wohl nicht, denn er arbeitete seriös auf Basis einer Fülle gelehrter Quellen. Dass man seinen Angaben über Jahrhunderte hinweg bis in die Zeit der Entdecker ohne Argwohn folgte, ist weniger erstaunlich, als es zunächst scheinen mag: Kaum ein Europäer kam in den rund anderthalb Jahrtausenden, die sich zwischen Alexander dem Großen, im 4. Jahrhundert vor, und Marco Polo, im 13. Jahrhundert nach Christus erstrecken, wesentlich über den Vorderen Orient, den Ziel- und Erfahrungsraum von Pilgern, Kreuzfahrern und Fernhändlern, hinaus, um eine solide antike Überlieferung so durch Augenschein zu prüfen und durch eigenen Bericht zu korrigieren. Im Übrigen glaubt man gerne (und dies bis heute, gerade im und über den Orient), was man liest, wenn man es nicht besser weiß: Es bestimmt neben dem Sein vor allem das Lesen und das Gelesene das Bewusstsein.[796]

Die eigentlich interessante Frage ist also nicht, warum Literaten, Chronisten, Naturkundler der Vormoderne an Orte wie den Magnetberg »glaubten«, sondern vielmehr, welchen »gedächtnistopographischen« Status der Ort in ihrer Zeit hatte, wie er entstand, welche Assoziationen er weckte, welche Erzählungen er nährte, warum er irgendwann zum nicht mehr geglaubten, dann auch vergessenen Erinnerungsort wurde – der Erinnerungsbruch ist hier deutlicher zu registrieren als in den meisten Fällen, die der vorliegende Band vereinigt.

Drei durchaus heterogene Traditionen nähren das vormoderne Wissen über den Magnetberg: spätgriechische Kosmo- und Geographie (vor allem ausgehend von Ptolemaios, um 90–175 n. Chr.), pseudo-aristotelische Mineralogie sowie orientalisches Sagengut. Ptolemaios, um mit dieser Tradition zu beginnen, behauptete, dass Indienfahrer seiner Zeit aus Furcht vor dem Magnetberg kein Eisen auf ihren Schiffen duldeten. Anders als bei Plinius ist der Magnetberg hier wohl bereits als eine Insel gedacht. Als solche wird er auch im islamischen Orient rezipiert, wie besonders markant aus der »Geschichte des Lastenträgers und der drei Damen« aus der Sammlung »Tausendundeine Nacht« hervorgeht. Dort warnt ein kundiger Kapitän seine Reisegesellschaft vor drohendem Unheil:

Morgen aber werden wir zu einem Berge kommen aus schwarzem Stein, der heißt der Magnetberg; denn zu ihm führen die Strömungen uns, ob wir wollen oder nicht. Sobald wir aber unter ihm in Lee sind, werden des Schiffes Flanken sich auftun, und jeder Nagel aus jeder Planke wird herausfliegen und sich an den Berg anheften; denn Allah, der Allmächtige, hat seinen Stein mit einer geheimnisvollen Kraft und einer Liebe zum Eisen begabt, durch die alles, was Eisen ist, auf ihn zufliegt; und an diesem Berge hängt viel Eisen, wie viel, das vermag niemand zu sagen, außer dem Höchsten; und es stammt aus den vielen Schiffen, die dort seit uralten Tagen verlorengingen.[797]

Pseudoaristotelische Mineralogie schließlich vermittelte dem Morgenland wie dem lateinischen Westen scheinbar gesichertes Wissen über allerlei Gestein und seine Eigenschaften, darunter auch den Magneten. Noch ein im 14. Jahrhundert überliefertes arabisches Steinbuch hält lexikographisch nüchtern fest:

Der Magnetberg befindet sich im Lande Indien, und wenn ein Schiff vorbeifährt, in dem sich Eisen befindet, zieht es sich zu ihm zu, und wenn es viel Eisen ist, treibt es das Schiff auf ihn zu.[798]

Signifikant für die okzidental-orientalischen Transversalen, die sich in dem Motiv kreuzen, weiß fast das Gleiche auch der bedeutendste deutsche Weltchronist der Epoche zu berichten, Rudolf von Ems, der um 1250 für den Stauferhof Konrads IV., des Sohnes und Nachfolgers Kaiser Friedrichs II., arbeitete: Der *Acstein*, behauptet Rudolf, sei ein »grôz hôchgebirge wît« nahe dem Land *India*; er »zücket an sich zaller zît/ daz îsen über des meres trân.«[799]

Wichtiger als eine detaillierte Klärung der Quellenfragen scheint mir der Doppelbefund, dass alle drei Traditionen, die enzyklopädische, die orientalische und die mineralogische, in ihren Hauptzügen übereinstimmen oder untereinander kompatibel sind und dass sie gleichsam interdisziplinär ein wegen der begrenzten nautischen Möglichkeiten der Zeit empirisch kaum verifizierbares Phänomen als geographische Realität bezeugen.

Die »deutsche« Magnetbergtradition beginnt dabei durchaus schon vor Rudolfs knapper Chroniknotiz. An ihrem Beginn stehen fast gleichzeitig Berichte über die Reisen eines fiktiven irischen Abtes namens Brandan und über die Irrfahrten eines ebenfalls fiktiven, aus seinem Land vertriebenen Bayernherzogs namens Ernst.[800] Ich beschränke mich auf den zweiten, da dieser im Fortgang unmittelbar zum Ausgangstext über Virgilius bzw. Reinfrit zurückführt. Ernst ist als Stiefsohn des römisch-deutschen Kaisers Otto mit dem Herzogtum Bayern belehnt. Infolge einer politischen Intrige wird er abgesetzt und vom Kaiser mit Krieg überzogen. Durch eine Pilgerfahrt nach Jerusalem sucht er sich und sein Land zu entlasten, einige Getreue begleiten ihn dabei. Zwischen Byzanz und der Levanteküste geraten sie indes in einen Seesturm, der das Schiff in den Indischen Ozean verschlägt (eine vor dem Bau des Suez-Kanals unmögliche Route, doch das war dem Verfasser schwerlich bewusst). Nach Wochen der Orientierungslosigkeit sichtet man in der Ferne einen einsamen Gipfel mitten im Meer. Masten und Segel, die sich bei Annäherung abzeichnen, verheißen einen sicheren Hafen, lassen auf Zivilisation hoffen – und auf dringend nötigen Proviant. Doch bald setzt, ohne dass Wind aufkäme, ein wachsender Sog ein, und viel zu spät erst sieht der Späher im Mastbaum die tödliche Gefahr, der das Schiff entgegenrast: Der Felskegel ist der Magnetberg, und der kundige

Späher weiß und erläutert genau, was der Reisegesellschaft nun droht:

> Ich wil iuch, helde, wizzen lân/ von des steines krefte/ und von sîner meisterschefte/ die er von sîner art hât./ swaz schiffe dar engegen gât/ inner drîzic mîlen,/ in vil kurzen wîlen/ hât er sie zuo im gezogen./ daz ist wâr und niht gelogen./ habent sie et nietîsen,/ diu darf dar nieman wîsen:/ sie müezen âne ir danc dar gên./ diu schif diu wir dort sehen stên/ vor dem tunkeln berge dort,/ rehte vor des steines ort,/ dâ müezen wir ersterben/ und von hunger verderben:/ des mugen wir kein wandel hân;/ als alle die hânt getân/ die ie gesigelten her... (Vers 3944–3963).[801]

Doch ein Wunder geschieht, wenngleich eines mit rationaler Erklärung: Obwohl das Schiff ungebremst am Ufer aufprallt, bleibt die Besatzung am Leben, weil die verfaulten, von modernder Ladung und verwesenden Leichen gefüllten Schiffswracks, deren Mastbäume man zunächst so hoffnungsfroh erspäht hatte, den Aufprall mildern. Für die meisten freilich bedeutet das Überleben nur die Verlängerung der schon auf See erlebten Qual. So sterben Ernsts Gefährten nach und nach an Hunger und Erschöpfung, die Leichen fallen wilden Greifen zum Opfer, die sich auf der Insel von dem nie ausgehenden Aas ernähren. Nur sechs von Ernsts Leuten und er selbst überleben, nähen sich schließlich gegenseitig in Tierhäute ein, welches sie als Handelsgut in den Schiffswracks finden, und lassen sich als vermeintliche Kadaver von den Greifen von der Insel zu den Nestern ihrer Jungtiere fliegen. Die fatale Kraft des Magneten ist damit überwunden, und da die Junggreifen mit den zähen Bündeln nichts anfangen können, stellen auch sie keine Gefahr mehr dar. – Der Fortgang der Irrfahrt der kleinen Reisegruppe braucht hier, wo es um den »Erinnerungsort« Magnetberg geht, nicht näher interessieren.

Durch die bis ins Spätmittelalter und in die Frühdruckzeit höchst populären Brandan- und Ernst-Erzählungen blieb der Magnetberg ein fixer »realphantastischer« Ort in der weltlich-laikalen, zum Teil auch gelehrten Erinnerungstopographie. Einen neuen Höhepunkt erreicht seine Rezeption in der Verbindung mit der heilsgeschichtlich

aufgeladenen Virgilius- und Savilonsage, wie sie sich um 1300 im
»Wartburgkrieg«-Gedicht, vor allem aber im bereits erwähnten
»Reinfrit von Braunschweig« offenbart.[802] Im letzterem Werk erhält
das unwirtliche Eiland eine völlig neue Dimension, wird es doch
(nur!) hier zum Schauplatz widergöttlicher Hybris, die die Vorsehung
in Frage stellt, und einer atemberaubenden metaphysischen Wette
zwischen Gott und dem Teufel, in deren Zentrum der jüdische
Magier Savilon und, Jahrhunderte nach ihm, der römische Dichter
Vergil (in seiner dem Mittelalter geläufigen Rolle als Zauberer und
Seher) stehen. Beide, wie noch später auch Reinfrit, landen auf dem
Felsen, der eine stattet den schier unerreichbarsten Punkt der Erde
mit einer riesigen, von ausgeklügelten Apparaturen geschützten
Festung aus, deren technizistisches Raffinement heutige Leser an die
architektonischen Phantasmagorien eines John R. Tolkien erinnert.
Der andere bricht den unheilvollen Bann, der sich dadurch über die
Insel legte, und wird – als römischer Heide – zum Werkzeug des
christlichen Heilsplans.

Es hat etwas Großes, mit welcher Konsequenz der Autor seine über
einen Zeitraum von zweimal 1200 Jahren exakt um Christi Geburt
gespannte Geschichtsspekulation in extremer Reduktion des Raumes
auf den motivgeschichtlich so »vorbelasteten« Felsblock inmitten
des Meeres und am Rande der Ökumene (der bewohnten Welt also)
kapriziert: Um 1200 v. Chr. hatte Savilon, so lässt sich das Inselge-
schehen in extremer Verknappung nacherzählen, in den Sternen von
Jesu Erscheinen erfahren, woraufhin er alles unternahm, um mit Hilfe
seiner die eigene Vergänglichkeit überwindenden Magie den Anbruch
des Heils zu bannen. Um die Zeitenwende besuchte Virgil den Ort
und vereitelte Savilons Vorkehrungen in unbewusster, doch höherer
Mission: Das in der Vision Geschaute – Christi Geburt in der Zeit des
Kaisers Augustus – tritt zum vorbestimmten Zeitpunkt ein. Um 1200
schließlich spürt Reinfrit mit seinen Gefährten inmitten der fast
musealen Ruinenwelt der einstigen Festung den vorausgegangenen
Zeitenwenden und Wendezeiten nach. Auf dem Magnetberg ereignet
sich Welt- und Heilsgeschichte, während Vergil Savilons Künste nach
Rom rettet und zum Begründer des Mythos wird, den seine Geschichte
voraussetzt.

Der dergestalt auf die Spitze seines Sinnpotentials gebrachte Magnetberg aber blieb ein Faszinosum und Kuriosum, das weit von einem reinen Märchenschauplatz entfernt war. Wo er genau lag, blieb eine strittige Frage, auch wegen seiner Verbindung mit anderen unklar verorteten Topographien wie dem *Mare Congelatum* (oder *Lebermeer*: das Eismeer vor Grönland?) und dem Priesterkönigreich. Dennoch konnte man ihn ohne Glaubwürdigkeitsprobleme bereisen, und zwar auch außerhalb der fiktionalen Erzählliteratur mit ihren Helden Virgil, Ernst oder Reinfried – und noch lange nach ihr.

Die Wende zur Neuzeit kann hier Arnolds von Harff Beschreibung einer 1497–1499 von ihm unternommenen Pilgerreise vertreten: Für die Gattung nicht untypisch, fügt der Verfasser seinem zunächst re-al(istisch)en Itinerar durch den östlichen Mittelmeerraum, Kleinasien und Palästina eine ausgedehnte Sequenz ein, die im Modus der Fiktion (aber eben nicht als solche markiert!) über die arabische Halbinsel nach Indien, Madagaskar und bis an die Ränder der Erde führt. In Form von Begegnungen mit Mirabilienvölkern und Kämpfen mit Meeresungeheuern bietet diese Sequenz alle Faszinosa des Mirabilienorients auf und beglaubigt sie seriös durch »wissenschaftliche« Beigaben wie etwa exotische Alphabete.[803] Hier nun ist auch wieder von (nun gleich mehreren) Magnetbergen die Rede, eingebettet in eine geographisch fixierte, durch Zeit-, Orts- und Entfernungsangaben beglaubigte Streckenbeschreibung:

Von Schoyra nach Nubarta fuhren wir 9 Tagereisen südwärts an vielen kleinen Inseln und im Meer gelegenen Sandbänken entlang. Nubarta ist eine sehr schöne Stadt, die auf einer Insel namens Tabrobane [Ceylon] liegt, auf der sehr viele Städte und Dörfer sind, und sie ist eine von den größten Inseln, die man finden kann, weil sie einen Umfang von 200 deutschen Meilen hat. Diese Insel hat auch ein sehr großes, hohes und breites Gebirge im Inneren, wo man Elefanten, Löwen und Drachen und anderes fremdartiges Getier findet [...] – Von Nubarta fuhren wir 14 Tagereisen südwärts nach Argmento, vorbei an vielen Inseln und Sandbänken von Magnetbergen, vor denen wir uns immer wieder hüten mussten, wiewohl unser Schiff kein Eisen bei sich führte.[804]

Der Berg liegt hier, der enzyklopädisch-literarischen Tradition folgend, sichtlich noch auf der Südhalbkugel, irgendwo jenseits Indiens und Ceylons. Auf einer wenig später, nämlich im Jahr 1507 entstandenen, in ptolemäischer Tradition stehenden Weltkarte (Joh. Ruysch, †1533) »wanderte« er dann nach Norden – die Entdeckung der magnetischen Pole vermischt sich nunmehr mit dem alten Erzählmotiv, wie die Anmerkung des Kartographen bezeugt: »Hier fängt das Bernsteinmeer [Lebermeer] an. Der Schiffskompass bleibt hier nicht mehr fest, und Schiffe, die Eisen an sich haben, können nicht mehr zurück.«

Mit fortschreitender Erschließung der Welt und ihrer geographischen und physikalischen Gesetzmäßigkeiten verblasst der geglaubte »Mythos« freilich. Entdecker und Händler, die nun auch die ferneren Meere durchmaßen und »entzauberten«, konnten den gefährlichen Felsen nicht finden – sie strichen ihn von den Karten und vergaßen ihn. Zurück blieb ein gelegentlich noch aufscheinendes Märchenmotiv. Johann Wolfgang Goethe nutzte es im »Werther« (1774/87), um das Geschick des Protagonisten darin zu präludieren (Brief vom 26. Juli): »Meine Großmutter hatte ein Märchen vom Magnetenberg: die Schiffe, die zu nahe kamen, wurden auf einmal alles Eisenwerks beraubt, die Nägel flogen dem Berge zu, und die armen Elenden scheiterten zwischen den übereinander stürzenden Brettern«. Vollends im Märchen-, oder schon Fantasiegewand, jedenfalls nun gänzlich befreit von jedweder kulturellen Gedächtnis- und Deutungspotenz, erscheint in jüngster Vergangenheit der Magnetfelsen des großen Gurumusch bei den Eisernen Klippen in Michael Endes »Jim Knopf« (1962). In einem raffiniert an das mittelalterliche Spiel zwischen Fiktion und Realität, zwischen Phantastik und seriöser Naturkunde anknüpfenden Entwurf imaginiert dieser Klassiker der Kinder- und Jugendliteratur ein elektromagnetisches Phänomen, das das umliegende Meer zum Leuchten und die passierenden Schiffe zum Zerschellen bringt.

Am Ende seiner langen Entwicklungsgeschichte war der Magnetberg vom geographischen Faktum (bei Ptolemaios und Plinius) über den heilsgeschichtlichen Symbolort (im »Reinfrit von Braunschweig«, tendenziell auch noch bei Arnold von Harff), zum fiktionalen Faszinosum der nun nicht mehr gelehrten, sondern phantastisch-unterhaltsamen

Kinder- und Jugendliteratur ab-, oder wohl eher aufgestiegen. Der Erinnerungsort, gar der Ort geglaubter Geschichte, hatte sich verflüchtigt. Da er sich seit der Frühen Neuzeit als virtueller Ort erwies, wird sich die Erinnerung auch nicht, wie in so vielen anderen in diesem Band erörterten Fällen, in veränderter Form, sei es aus touristischen, lokalpatriotischen oder erinnerungspolitischen Gründen, wiederbeleben lassen: Der Ort stellte sich ja als Nicht-Ort heraus. Doch auch als phantastisch-exotischen Märchenort findet man ihn gern wieder, und in Kenntnis der komplexen Vorgeschichte wird man sich seiner mitunter doch in anderer Weise als eines bloßen Märchenortes erinnern ...

Endnoten

1 Maurice HALBWACHS, Das kollektive Gedächtnis, Stuttgart 1967, S. 35.
2 Zum Konzept des kulturellen Gedächtnisses und zur »Lieu de mémoire«-Forschung vgl. etwa Aleida ASSMANN, Dietrich HARTH (Hg.), Mnemosyne. Formen und Funktionen der kulturellen Erinnerung, Frankfurt a.M. 1991; Jan ASSMANN, Das kulturelle Gedächtnis. Schrift, Erinnerung und politische Identität in frühen Hochkulturen, München 1992; Aleida ASSMANN, Erinnerungsräume. Formen und Wandlungen des kulturellen Gedächtnisses, München 1999; vgl. dazu: Wolfgang E. J. WEBER, Das »kulturelle Gedächtnis«. Bemerkungen zur Wahrnehmung und Aneignung einer kulturhistorischen Konzeption, in: Wolfgang HASBERG: Erinnern – Gedenken – Historisches Lernen. Symposium zum 65. Geburtstag von Karl Filser, München 2003 (Schriften der Philosophischen Fakultät der Universität Augsburg, 69), S. 15–37; Aleida ASSMANN, Erinnerungsräume. Formen und Wandlungen des kulturellen Gedächtnisses, München 2010; Pierre NORA, Les lieux de mémoire. Paris 1984–1992. dt.: Erinnerungsorte Frankreichs, München 2005; Pierre NORA, Das Abenteuer der Lieux de mémoire, in: Etienne FRANÇOIS, Hannes SIEGRIST, Jakob VOGEL (Hg.), Nation und Emotion. Deutschland und Frankreich im Vergleich – 19. und 20. Jahrhundert, Göttingen 1995 (Kritische Studien zur Geschichtswissenschaft, 110), S. 83–92; Etienne FRANÇOIS (Hg.), Lieux de mémoire. Erinnerungsorte. D'un modèle; français à un projet allemand, Berlin 1996; Pierre NORA, Zwischen Geschichte und Gedächtnis, Berlin 1990; Etienne FRANÇOIS, Hagen SCHULZE (Hg.), Deutsche Erinnerungsorte. Bd. 1–3, München ²2001–2003; zur regionalen Erinnerungskultur vgl.: Rolf KIESSLING, Dietmar SCHIERSNER (Hg.), Erinnerungsorte in Oberschwaben. Regionale Identität im kulturellen Gedächtnis, Konstanz 2009.
3 Bernd SCHNEIDMÜLLER, Europäische Erinnerungsorte im Mittelalter, in: Jahrbuch für Europäische Geschichte 3 (2002), S. 39–58.
4 Johannes FRIED, Olaf RADER, Die Welt des Mittelalters. Erinnerungsorte eines Jahrtausends, München 2011.
5 Pim DEN BOER, Heinz DUCHARDT, Georg KREIS u. a. (Hg.), Europäische Erinnerungsorte. Bd. 1, Mythen und Grundbegriffe des europäischen Selbstverständnisses, Bd. 2, Das Haus Europa, Bd. 3, Europa und die Welt, München 2012.
6 Sandra TRIEPKE, Geschichtskultur und Erinnerungskultur, in: Gerhard FRITZ (Hg.), Fachwissenschaft Geschichte. Ein Studienbuch für Studierende der Grund-, Haupt- und Realschule (Einführung in das Geschichtsstudium an Pädagogischen Hochschulen, 1), Stuttgart 2011, S. 19–28 (mit weiterführender Literatur).
7 Vgl. ASSMANN, Erinnerungsräume (wie Anm. 2), S. 130–142.

8 NORA, Das Abenteuer der Lieux de mémoire (wie Anm. 2), S. 90f.
9 So KIESSLING, SCHIERSNER, Erinnerungsorte in Oberschwaben (wie Anm. 2). S. 13.
10 Aleida ASSMANN, Im Zwischenraum zwischen Geschichte und Gedächtnis. Bemerkungen zu Pierre Noras »Lieux de mémoire«, in: FRANÇOIS, Lieux de mémoire (wie Anm. 2), S. 21f.
11 Bernd SCHNEIDMÜLLER, Europäische Erinnerungsorte im Mittelalter, in: Jahrbuch für Europäische Geschichte 3 (2002), S. 39–58, hier S. 39.
12 FRANÇOIS, SCHULZE (Hg.), Deutsche Erinnerungsorte, Bd. 1 (wie Anm. 2), S. 18.
13 ASSMANN, Erinnerungsräume (wie Anm. 2), S. 11.
14 »Geschichtsfelsen[s] Nationalsozialismus«, vgl. Etienne FRANÇOIS, Hagen SCHULZE, Deutsche Erinnerungsorte. Eine Auswahl, München 2005, S. 10f.
15 Vgl. Harald WELZER, Das kommunikative Gedächtnis. Eine Theorie der Erinnerung, München 2002; Christoph CORNELISSEN, Was heißt Erinnerungskultur? Begriff – Methoden – Perspektiven, in: Geschichte in Wissenschaft und Unterricht 54 (2003), S. 548–563; Aleida ASSMANN, Der lange Schatten der Vergangenheit. Erinnerungskultur und Geschichtspolitik, Bonn 2007 (Schriftenreihe 633, hg. v. d. Bundeszentrale für politische Bildung).
16 Jörn RÜSEN, Was ist Geschichtskultur? Überlegungen zu einer neuen Art, über Geschichte nachzudenken, in: Klaus FUSSMANN, Heinrich GRÜTTER, Jörn RÜSEN (Hg.), Historische Faszination. Geschichtskultur heute, Köln u. a. 1994, S. 3–26; vgl. auch: Wolfgang HARDTWIG, Geschichtskultur und Wissenschaft, München 1990; Jörn RÜSEN, Geschichtskultur, in: GWU 46 (1995), S. 513–521; DERS., Auf dem Weg zu einer Pragmatik der Geschichtskultur, in: Ulrich BAUMGÄRTNER, Waltraut SCHREIBER (Hg.), Geschichts-Erzählung und Geschichtskultur – zwei geschichtsdidaktische Leitbegriffe in der Diskussion, München 2001, S. 81–97; DERS., Was ist Geschichtskultur? Überlegungen zu einer neuen Art, über Geschichte nachzudenken, in: DERS., Historische Orientierung – Über die Arbeit des Geschichtsbewusstseins, sich in der Zeit zurechtzufinden, Schwalbach i.Ts ^{2}2008; Vadim OSWALT, Hans-Jürgen PANDEL (Hg.), Geschichtskultur – die Anwesenheit von Vergangenheit in der Gegenwart, Schwalbach i.Ts. ^{2}2009.
17 Edgar WOLFRUM, Geschichtspolitik in der Bundesrepublik Deutschland. Der Weg zur bundesrepublikanischen Erinnerung 1948–1990, Darmstadt 1999.
18 Norbert FREI, Vergangenheitspolitik. Die Anfänge der Bundesrepublik und die NS-Vergangenheit, München 1996.
19 Peter REICHEL, Politik mit der Erinnerung. Gedächtnisorte im Streit um die nationalsozialistische Vergangenheit, München u. a. 1995.
20 Bernd SCHÖNEMANN, Die Geschichtskultur als Erlebnisgesellschaft, in: sowie 30 (2001), S. 135–141.
21 Vgl. die Kontroverse zwischen Bernd SCHÖNEMANN und Hans-Ulrich PANDEL: Bernd SCHÖNEMANN, Geschichtskultur als Wiederholungsstruktur? in: Geschichte, Politik und ihre Didaktik 34 (2006), S. 182–191; DERS., Geschichtsdidaktik und Geschichtskultur, in: DERS., Bernd MÜTTER,

Uwe UFFELMANN (Hg.), Geschichtskultur. Theorie – Empirie – Pragmatik, Weingarten 2000 (Schriften zur Geschichtsdidaktik, 11), S. 26–58; Hans-Jürgen PANDEL, Geschichtskultur, in: Hans-Jürgen PANDEL, Ulrich MAYER, Gerhard SCHNEIDER u. a. (Hg.), Wörterbuch Geschichtsdidaktik, Schwalbach i.Ts. 2006.

22 Vgl. Marko DEMANTOWSKY, Geschichtskultur und Erinnerungskultur – zwei Konzeptionen des einen Gegenstandes. Historischer Hintergrund und exemplarischer Vergleich, in: Geschichte, Politik und ihre Didaktik 33 (2005), S. 11–20.

23 Vgl. etwa Doris BACHMANN-MEDICK, Spatial Turn, in: Doris BACHMANN-MEDICK, Cultural Turns. Neuorientierungen in den Kulturwissenschaften (2006), Reinbek ³2009, S. 284–328; Riccardo BAVAJ, Was bringt der »Spatial Turn« der Regionalgeschichte? Ein Beitrag zur Methodendiskussion, in: Westfälische Forschungen 56 (2006), S. 457–484; Jörg DÖRING, Tristan THIELMANN u. a. (Hg.), Spatial Turn. Das Raumparadigma in den Kultur- und Sozialwissenschaften, Bielefeld 2008.

24 Allen voran Frankreich, das »sich als ein klares, weitgehend geschlossenes, rundum zustimmungsfähiges Bild« darstellt, vgl. FRANÇOIS, SCHULZE, Deutsche Erinnerungsorte – Auswahl (wie Anm. 14), S. 10; vgl. NORA, Les Lieux de mémoire (wie Anm. 2).

25 Kirstin BUCHINGER, Claire GANTET, Jakob VOGEL (Hg.), Europäische Erinnerungsräume, Frankfurt a.M, New York 2009, S. 10.

26 Vgl. FRANÇOIS, SCHULZE, Deutsche Erinnerungsorte (wie Anm. 2).

27 DEN BOER, DUCHARDT, KREIS, Europäische Erinnerungsorte (wie Anm. 5).

28 Vgl. BUCHINGER, GANTET, VOGEL, Europäische Erinnerungsräume (wie Anm. 25), S. 14.

29 Vgl. Marcel ERNST, Deutsche Auswärtige Kultur- und Bildungspolitik für den Mittelmeerraum als Kultur- und Wissensraum. Analysen und Denkanstöße aus der Sicht der Kulturwissenschaften, Stuttgart 2011, S. 5; Fernand BRAUDEL, La Méditerranée (et le monde méditerranéen à l'epoque de Philippe II), Paris 1949 (Habilitationsschrift von 1947), dt.: Das Mittelmeer und die mediterrane Welt in der Epoche Philipps II., Frankfurt a.M. 1990; Georges DUBY, Das Erbe, in: Fernand BRAUDEL, Georges DUBY, Maurice AYMARD (Hg.), Die Welt des Mittelmeeres, Frankfurt a.M. 2006, S. 171–189.

30 Bernd THUM, Ein »euro-mediterraner Raum« vom Niger bis zum Nordkap, von Dublin bis Damaskus? in: Bernd THUM (Hg.), An der Zeitenwende – Europa, das Mittelmeer und die arabische Welt. Stuttgart 2012, S. 7–9

31 Berthold SEEWALD, Was wir dem Mittelmeer außer Schulden verdanken, in: Welt online, 26.11.2010, http://www.welt.de/kultur/history/article11216965/Was-wir-dem-Mittelmeer-ausser-Schulden-verdanken.html (21.05.2012).

32 Vgl. Ursula LEWALD, Karl Lamprecht und die rheinische Geschichtsforschung, in: Rheinische Vierteljahresblätter 21 (1965), S. 297–304, hier S. 303f.

33 Hermann AUBIN, Aufgaben und Wege der geschichtlichen Landeskunde, in: Rheinische Neujahrsblätter IV (1925), S. 28–45.

34 Josef WIMMER, Historische Landeskunde, Innsbruck 1885, S. 10.

35 Karl LECHNER, Sinn und Aufgaben geschichtlicher Landeskunde, in: Mitteilungen des Instituts für Österreichische Geschichtsforschung, Bd. LVIII, 1950, S. 159-184; wieder abgedruckt in: Pankratz FRIED (Hg.), Probleme und Methoden der Landesgeschichte, Darmstadt 1978, S. 82-116, hier S. 82.
36 Ibid., S. 89f.
37 Ibid., S. 92.
38 Ludwig PREY, In Grenzen unbegrenzt. Möglichkeiten und Wege der geschichtlichen Landeskunde an der Universität Mainz 1961, Mainz 1961, S. 3-17; wieder abgedruckt in: FRIED, Probleme und Methoden der Landesgeschichte (wie Anm. 35), S. 280-304.
39 Ibid., S. 290f.
40 Ibid., S. 293.
41 Karl-Georg FABER, Was ist eine Geschichtslandschaft? in: FRIED, Probleme und Methoden der Landesgeschichte (wie Anm. 35), S. 390-424.
42 Ibid., S. 390f.
43 Ibid., S. 397.
44 Ibid., S. 398.
45 Ibid., S. 399.
46 Otto BRUNNER, Land und Herrschaft, Wien [4]1959, S. 183-190.
47 FABER, Was ist eine Geschichtslandschaft? (wie Anm. 41), S. 400.
48 Ibid., S. 401.
49 Ibid., S. 403.
50 Ibid., S. 405f.
51 Ernst SCHUBERT, Der rätselhafte Begriff »Land« im späten Mittelalter und in der frühen Neuzeit, in: Soltauer Schriften. Schriftenreihe der Freudenthal-Gesellschaft 4 (1995), S. 23-31, hier S. 27.
52 Ibid., S. 26.
53 FABER, Was ist eine Geschichtslandschaft? (wie Anm. 41), S. 406f.
54 Ibid., S. 407.
55 Vgl. Norbert WENNING, Migration in Deutschland: ein Überblick, Münster, New York 1996.
56 Michel FOUCHER, Fragments d'Europe. Atlas de l'Europe médiane et orientale, Paris 1993; zit. nach: Uta WEINBRENNER, Europas Grenzen. Anregungen zu ihrer Darstellung in Schulbüchern für Geographie, in: Internationale Schulbuchforschung 18 (1996), S. 65-79, hier S. 67.
57 Edgar MORIN, Europa Denken, Frankfurt a.M., New York 1991, S. 29-34.
58 Hans-Dietrich SCHULZ, Land - Volk - Staat. Der geographische Anteil an der Erfindung der Nation, in: GWU 1 (2000), S. 4-16.
59 Ibid., S. 27.
60 FABER, Was ist eine Geschichtslandschaft? (wie Anm. 41), S. 397.
61 Vgl. PLATON, Sämtliche Werke, Bd. 2, Berlin 1940, S. 475f.
62 Niklas LUHMANN, Soziologische Aufklärung 3. Soziales System, Gesellschaft, Organisation, Opladen 1981, S. 25f.
63 ASSMANN, Erinnerungsräume (wie Anm. 2), S. 13.
64 Ibid., S. 13.

65 Vgl. NORA, Les lieux de mémoire (wie Anm. 2).
66 FRANÇOIS, SCHULZE, Deutsche Erinnerungsorte – Auswahl (wie Anm. 14), S. 7.
67 Vgl. HALBWACHS, Das kollektive Gedächtnis (wie Anm. 1), S. 36.
68 FRANÇOIS, SCHULZE, Deutsche Erinnerungsorte – Auswahl (wie Anm. 14), S. 7.
69 Vgl. URL http://www.ourcornwall.co.uk/tintagel (21.05.2012).
70 Harald SCHMID, Erinnerungskultur und Regionalgeschichte, München 2009, S. 11.
71 HALBWACHS, Das kollektive Gedächtnis (wie Anm. 1), S. 142.
72 Vgl. Christian SCHNEIDER in diesem Band, S. 133: »Ideale Vorstellungen und enttäuschte Erwartungen, Hoffnungen und Ängste, Träume und Illusionen suchen sich Erzählkerne, an die sie sich anlagern.«
73 Christian SCHNEIDER in diesem Band ibid.
74 »In seinem Dialog Phaidros hatte er [Platon] ja nicht nur die Schrift kritisiert, sondern sich auch über die neue sophistische Technik lustig gemacht, die dazu verhelfen sollte, Geschriebenes im Wortlaut zu memorieren.«, ASSMANN, Erinnerungsräume (wie Anm. 2), S. 11f., vgl. auch PLATON, Sämtliche Werke (wie Anm. 61), S. 450 und 475f.
75 ASSMANN, Erinnerungsräume (wie Anm. 2), S. 11.
76 Ibid., S. 12.
77 FRANÇOIS, SCHULZE, Deutsche Erinnerungsorte Bd. 1–3 (wie Anm. 2).
78 FRANÇOIS, SCHULZE, Deutsche Erinnerungsorte – Auswahl (wie Anm. 14), S. 10.
79 »Die späte Geburt der deutschen Nation als bewußte politische Einheit hat verhindert, daß die vielen deutschen Geschichten in eine Geschichte zusammenwuchsen.« (Ibid., S. 11).
80 Ibid., S. 11.
81 Frank MEIER in diesem Band (Saint-Denis und Speyer – ewige Kirchen oder gebrochene Tradition? S. 71–90.)
82 Ibid.
83 Vgl. HORST FUHRMANN, Die Päpste. Von Petrus zu Johannes Paul II., München 1998, S. 142.
84 Vgl. Antonio MENNITI IPPOLITO, Art. Viterbo, in: Lexikon des Mittelalters VIII, München ³2003, Sp. 1771–1772.
85 Vgl. URL http://en.db-city.com/Italy/Lazio/Frosinone/Anagni, 30.04.2012.
86 Peter MORAW, Von offener Verfassung zu gestalteter Verdichtung. Das Reich im späten Mittelalter 1250–1490, Berlin 1985 (Propyläen Geschichte Deutschlands, 3), S. 130.
87 Vgl. FUHRMANN, Päpste (wie Anm. 83), S. 145f.
88 Heinrich Raspe bis Richard Cornwall (1245/1251–1272).
89 Rudolf von Habsburg bis Heinrich VIII. von Luxemburg (1273–1313).
90 Vgl. MORAW, Von offener Verfassung, S. 204 (wie Anm. 86).
91 Vgl. ELKE GOEZ, Papsttum und Kaisertum im Mittelalter, Darmstadt 2009, S. 95f.

92 Vgl. FUHRMANN, Päpste (wie Anm. 83), S. 148.
93 Vgl. Alberto MELLONI, Das Konklave. Die Papstwahl in Geschichte und Gegenwart, Freiburg u. a. 2002, S. 47.
94 MELLONI, Konklave (wie Anm. 93), S. 48.
95 Vgl. FUHRMANN, Päpste (wie Anm. 83), S. 149f.
96 Vgl. Walter ULLMANN, Kurze Geschichte des Papsttums im Mittelalter, Berlin 1978, S. 262.
97 Vgl. FUHRMANN, Päpste (wie Anm. 83), S. 150.
98 Centro di Anagni dell'Istituto di Storia e di Arte del Lazio Meridionale.
99 Vgl. URL http://www.comune.anagni.fr.it/home, 05.05.2012.
100 Vgl. Dante ALIGHIERI, Göttliche Komödie, übers. von Carl STECKFUSS, Leipzig 1876, 19. Gesang, 52.
101 Vgl. Hermann SCHREIBER, Geschichte der Päpste, Düsseldorf 1985, S. 149.
102 Vgl. FUHRMANN, Päpste (wie Anm. 83), S. 151.
103 Vgl. POMPONIUS MELA, De chorographia II, 68, http://www.thelatinlibrary.com/pomponius2.html, 27.04.2012.
104 Vgl. Jacques VERGER, Art. Avignon, in: Lexikon des Mittelalters, I, München ³2003, Sp. 1301-1304, Sp. 1301.
105 SCHREIBER, Geschichte der Päpste (wie Anm. 101), S. 147.
106 Vgl. GOEZ, Papsttum und Kaisertum (wie Anm. 91), S. 96.
107 Vgl. Gary RADKE, Form and Function in Thirteenth-Century Papal Palaces, in: Jean GUILLAUME (Bearb.), Architecture et vie sociale. L'organisation intérieure des grandes demeures à la fin du Moyen Âge et à la Renaissance. Actes du colloque tenu à Tours du 6 au 10 juin 1988, Paris 1994 (De architectura 6), S. 11-24, S. 16.
108 Vgl. Peter DINZELBACHER, Die Templer. Ein geheimnisumwitterter Orden?, Freiburg u. a. 2002; Andreas BECK, Der Untergang der Templer. Der größte Justizmord des Mittelalters, Freiburg u. a. ²2011, Malcom BARBER, The Trial of the Templars, Cambridge ²1993; Roger SÈVE, Anne-Marie CHAGNY-SÈVE, Le Procès des Templiers d'Auvergne, Paris 1986 und viele weitere, besonders in französischer Sprache.
109 Vgl. Karl HAUSBERGER, Die Päpste in Avignon, in: Martin GRESCHAT (Hg.), Das Papsttum I. Von den Anfängen bis zu den Päpsten in Avignon, Stuttgart u. a. 1985 (Gestalten der Kirchengeschichte, 11), S. 358-274, S. 262.
110 Vgl. Gottfried KERSCHER, Architektur als Repräsentation. Spätmittelalterliche Palastbaukunst zwischen Pracht und zeremoniellen Voraussetzungen Avignon – Mallorca – Kirchenstaat, Tübingen, Berlin 2000, S. 62.
111 Vgl. KERSCHER, Architektur (wie Anm. 110), S. 64.
112 Ibid., S. 84f.
113 Ibid., S. 85.
114 Vgl. dazu u. a. Stefan WEISS, Die Versorgung des päpstlichen Hofes in Avignon mit Lebensmitteln (1316-1378), Studien zur Sozial- und Wirtschaftsgeschichte eines mittelalterlichen Hofes, Berlin 2002.
115 Vgl. KERSCHER, Architektur (wie Anm. 110), S. 99.
116 Ibid., S. 183.

117 Ibid., S. 152–162.
118 Vgl. Gottfried SEEBASS, Geschichte des Christentums III. Spätmittelalter – Reformation – Konfessionalisierung, Stuttgart 2006, S.23 und FUHRMANN, Päpste (wie Anm. 83), S. 153.
119 Vgl. Alois UHOL, Die Päpste und die Frauen, Düsseldorf, Zürich 2005, S. 87–95.
120 Vgl. FUHRMANN, Päpste (wie Anm. 83), S. 154.
121 Vgl. KERSCHER, Architektur (wie Anm. 110), S. 488.
122 Ibid., S. 165.
123 Ibid., S. 166.
124 Der Text wurde von Christine Beyer, M. A., Laura Strysch und Juliet Ziegenbein vor der Drucklegung noch einmal durchgesehen; dafür sei ihnen herzlich gedankt – Matthias Becher.
125 Vgl. R.-H. BAUTIER, Art. Aniane, in: Lexikon des Mittelalters, I, München ³2003, Sp. 643–644.
126 Vgl. http://architecture.relig.free.fr/cluny.htm, 27.02.2012.
127 Vgl. Arnold ANGENENDT, Kloster und Klosterverband zwischen Benedikt von Nursia und Benedikt von Aniane, in: Hagen KELLER, Franz NEISKE (Hg.), Vom Kloster zum Klosterverband. Das Werkzeug der Schriftlichkeit, München 1997 (Münsterische Mittelalterschriften, 74), S. 7–35, S. 7–8.
128 Vgl. Basilius STEIDELE, Die Regel St. Benedikts. Eingeleitet, übersetzt und aus dem alten Mönchtum erklärt, Beuron 1952, S. 8.
129 Vgl. Heinrich HOLZE, Erfahrungen und Theologie im frühen Mönchtum. Untersuchungen zu einer Theologie des monastischen Lebens bei den ägyptischen Mönchsvätern, Johannes Cassian und Benedikt von Nursia, Göttingen 1992 (Forschungen zur Kirchen- und Dogmengeschichte 48), S. 33.
130 Vgl. Gregorius I, Der heilige Benedikt – Buch II der Dialoge, lateinisch/deutsch, hg. i. A. der Salzburger Äbtekonferenz, St. Ottilien 1995, S. 137. Im Folgenden zitiert als Dialogi II,8,10–11.
131 Dies ist ein neuzeitlicher Begriff, der im Mittelalter gebräuchliche Ausdruck »fratres qui secundum regulam beati Benedicti vivant« (vgl. »Benediktiner Orden«, in: Isnard W. FRANK, Lexikon des Mönchtums und der Orden, Stuttgart 2005, S. 75–78, S. 76) trifft die Bedeutung besser, ist aber sehr sperrig und dem Lesefluss nicht zuträglich.
132 Aus praktischen Gründen wird in diesem Artikel von einer Person oder Personengruppe ausgegangen, die sich unter dem Titel »der heilige Benedikt« subsummieren lässt: der oder die geistlichen Führer der Gemeinschaft von Montecassino. Auch wenn sich die historische Forschung (insbesondere Johannes Fried) weder der Existenz einer Person Benedikt noch deren Autorenschaft für die Regula Benedicti sicher ist, und auch die einzige Quelle für das Leben Benedikts neben der Regel, die Dialogi Gregors des Großen, in ihrer Autorenschaft/Entstehungszeit mehrfach angezweifelt worden sind, so ist doch der Name Benedikt unlösbar mit der Regula und dem Ort Montecassino verknüpft. Im Zusammenhang mit dem Thema »Erinnerungsorte« ist zudem die reale Existenz der Person Benedikts von untergeordneter Bedeutung, da die

Erinnerungstradition im Zusammenhang mit dem Ort unwidersprochen existiert. Vgl. u. a. Johannes FRIED, Der Schleier der Erinnerung, München 2004, S. 344–357.
133 Vgl. Dialogi II (wie Anm. 130), 1,1.
134 Vgl. Dialogi II (wie Anm. 130), 2,3.
135 Vgl. Dialogi II (wie Anm. 130), 3,4.
136 Vgl. Dialogi II (wie Anm. 130), 8,1.
137 U. a. die sog. Magisterregel und die Pachomiusregel.
138 Vgl. FRIED, Erinnerung (wie Anm. 132), S. 350 – 351.
139 Vgl. FRIED, Erinnerung (wie Anm. 132), S. 353.
140 Die Regeln sind ausgesprochen vielfältig, sowohl im Umfang als auch in ihren Schwerpunkten. Die einen enthalten mehr organisatorische Bestimmungen, die anderen zielen bewusst auf die Beschreibung des geistigen Lebens ab. Die ersten drei Regelverfasser, Pachomius, Basilius und Augustinus formulieren unabhängig voneinander, die meisten übrigen lassen mehr oder weniger starke Abhängigkeiten erkennen. Einen neuen Impuls, der einen großen Einfluss auf die Benediktsregel hatte, setzte der im ersten Viertel des 6. Jh. in Rom schreibende Magister. Seine Regel bildet die Grundlage der RB, sowohl in der Organisation des Alltags als auch in der Spiritualität. Vgl. Arnold ANGENENDT, Das Frühmittelalter. Die Abendländische Christenheit von 400–900, Stuttgart ³2001, S. 104–105.
141 Vgl. Gudrun GLEBA, Klöster und Orden im Mittelalter, Darmstadt ²2006, S. 25.
142 Vgl. Arnold ANGENENDT, Geschichte der Religiosität im Frühmittelalter, Darmstadt 1997, S. 331–332.
143 Vgl. Josef SEMMLER, »Volatilia« zu den benediktinischen Consuetudines des 9. Jahrhunderts, in: Studien und Mitteilungen zur Geschichte des Benediktinerordens und seiner Zweige, Nr. 16, 1958, S. 163–176.
144 Vgl. Basilius STEIDELE (Hg.), Die Benediktusregel. Lateinisch – Deutsch, Beuron 1975, im Folgenden zitiert als: RB, RB 2, 11.
145 Entscheidungsfähigkeit in jeder Situation, eine Mischung aus Fingerspitzengefühl, Empathie und gesundem Menschenverstand.
146 Vgl. Vgl. Basilius STEIDELE (Hg.), Die Benediktusregel. Lateinisch – Deutsch, Beuron 1975, im Folgenden zitiert als: RB, 34, 1.
147 Vgl. RB (wie Anm. 146), 34, 3–5.
148 Vgl. RB (wie Anm. 146), 28, 2–8.
149 Vgl. RB (wie Anm. 146), 3.
150 Vgl. RB (wie Anm. 146), 55.
151 Vgl. RB (wie Anm. 146), 39.
152 Vgl. RB (wie Anm. 146), 40.
153 Vgl. Mariano DELL'OMO, Art. Montecassino, in: Lexikon des Mittelalters, VI, München ³2003, Sp. 785–790, Sp. 786.
154 Vgl. ANGENENDT, Frühmittelalter (wie Anm. 142), S. 105.
155 So z. B. Abt Sturmi von Fulda (747/748), Luitger von Münster (784/785–787) und Adalhard von Corbie (nach 770). Karlmann, der Onkel Karls des Großen, trat 747 in das Kloster ein.

156 Vgl. DELL'OMO, Montecassino (wie Anm. 153), Sp. 786.
157 Vgl. HERIBERT BLOCH, Monte Cassino in the Middle Ages I, Rom 1986, S. 3.
158 Vgl. Josef SEMMLER, Die Beschlüsse des Aachener Konzils im Jahre 816, in: Zeitschrift für Kirchengeschichte 74 (1963), S. 15–82, S. 68–71.
159 Ibid., S. 22.
160 Vgl. SEMMLER, Volatilia (wie Anm. 143), S. 163.
161 Josef SEMMLER, Reichsidee und kirchliche Gesetzgebung, in: Zeitschrift für Kirchengeschichte 71 (1960), S. 37–65, S. 40.
162 MONUMENTA GERMANIAE HISTORICA, Scriptores rerum Merovingicarum (SRM) 15/1, Hannover 1887, S. 198–220.
163 Josef SEMMLER, Karl der Große und das fränkische Mönchtum, in: Helmut BEUMANN (Hg.), Karl der Große. Lebenswerk und Nachleben, Bd. 2, Düsseldorf 1965, S. 255–289, S. 260; SEMMLER plädiert für den späteren Zeitpunkt; Johannes KÖHLER, Mönche als Gelehrte und Beamte? Ein Versuch zum Reformwerk Benedikts von Aniane (750–821), in: Rudolf W. KECK, Erhard WIERSING, Klaus WITTSTADT (Hg.), Literaten, Kleriker, Gelehrte, Zur Geschichte der Gebildeten im Vormodernen Europa, Köln 1996, S. 133–144, S. 137; KÖHLER plädiert für den früheren Zeitpunkt.
164 Vgl. SEMMLER, Fränkisches Mönchstum (wie Anm. 163), S. 260.
165 Vgl. KÖHLER, Mönche als Gelehrte (wie Anm. 163), S. 137.
166 Vgl. SEMMLER, Fränkisches Mönchstum (wie Anm. 163), S. 260.
167 REGESTA IMPERII KAROLINGER 751-918 (924), hg. v. Engelbert Mühlbacher, Johann Lechner, Innsbruck 1908 (RI I1) n. 300.
168 »das Irrige berichtigen, das Überflüssige beschneiden, das Richtige erzwingen«, ANGENENDT, Frühmittelalter (wie Anm. 142), S. 318.
169 Ibid, S. 318f.
170 RI I1 (wie Anm. 167), n. 300.
171 RI I1 (wie Anm. 167), n. 300.
172 RI I1 (wie Anm. 167), n. 301.
173 RI I1 (wie Anm. 167), n 381.
174 Vgl. SEMMLER: Fränkisches Mönchstum (wie Anm. 163), S. 264 und RI I1 (wie Anm. 167), n. 381.
175 Vgl. SEMMLER, Fränkisches Mönchstum (wie Anm. 163), S. 264.
176 Vgl. Sigurd ABEL, Bernhard SIMSON, Jahrbücher des fränkischen Reiches unter Karl dem Großen, Band 2, 798–814, Leipzig 1883, S. 275–277.
177 Vgl. RI I1 (wie Anm. 167), n. 390a.
178 Vgl. SEMMLER, Fränkisches Mönchstum (wie Anm. 163), S. 267.
179 Ibid, S.267.
180 SEMMLER, Reichsidee (wie Anm. 161), S. 43.
181 Vgl. z. B. Bernhard SIMSON: Jahrbücher des Fränkischen Reiches unter Ludwig dem Frommen, Band 1, 814–830, Neudruck der ersten Auflage von 1874, Berlin 1969, S. 83.
182 Vgl. Josef SEMMLER, Heinrich BACHT, Art. Benedikt von Aniane, in: Lexikon des Mittelalters, I, München ³2003, Sp. 1864–1867.

183 Vgl. MONUMENTA GERMANIAE HISTORICA (MGH), Leges III 2, Hannover 1906, 308/456.
184 Vgl. SEMMLER, Reichsidee (wie Anm. 161), S. 44.
185 Vgl. RI I1 (wie Anm. 167), n. 651.
186 Vgl. SIMSON: Ludwig der Fromme (wie Anm. 181), S. 84–86.
187 Veröffentlichung in: Kassius HALLINGER, Kapitular vom 23. August 816, Corpus Consuetudinum Monasticarum, Band 1.
188 Vgl. SEMMLER: Aachener Konzil, S. 16–21 (wie Anm. 158) und SEMMLER, Reichsidee, S. 42–46 (wie Anm. 161), mit Auflistung aller verfügbaren Quellentexte.
189 Vgl. ANGENENDT, Frühmittelalter (wie Anm. 142), S. 366.
190 Vgl. SEMMLER, BRACHT, Art. Benedikt von Aniane (wie Anm. 182), Sp. 1865.
191 Vgl. RB (wie Anm. 146), 39, 11.
192 Vgl. SEMMLER, Volatilia (wie Anm. 143), S. 163.
193 Ibid., S. 164.
194 Ibid.
195 Vgl. DERS., Aachener Konzil (wie Anm. 158), S. 52.
196 Vgl. DERS., Volatilia (wie Anm. 143), S. 165.
197 Vgl. Neithard BULST, Art. Cluny, Cluniazenser. A. Geschichte des Klosters und der Cluniazenser in Frankreich, in: Lexikon des Mittelalters II, München ³2003, Sp. 2172–2177, Sp. 2172.
198 Eigenkirche oder Eigenkloster bedeutete, dass ein Gotteshaus oder Kloster dem Eigentum desjenigen unterlag, auf dessen Grund es gebaut wurde. Dies schloss alle vermögensrechtlichen Beziehungen ein, die geistliche Leitungsgewalt, die Nutzung des gesamten zur Kirche bzw. zum Kloster gehörenden Gutes und alle Formen privatrechtlichen Verkehrs. Die Geistlichen oder Mönche standen in einem wirtschaftlichen und rechtlichen Abhängigkeitsverhältnis zu ihrem Grundherren. Vgl. Rudolf SCHIEFFER, Art. Eigenkirche, -nwesen, in: Lexikon des Mittelalters, III, München 2003, Sp. 1705–1707.
199 Vgl. GLEBA, Klöster und Orden (wie Anm. 141), S. 70–71.
200 Vgl. BULST, Art. Cluny (wie Anm. 197), Sp. 2172–2173.
201 U. a. von Gregor VII., Urban II. und Paschalis II.
202 Vgl. GLEBA, Klöster und Orden (wie Anm. 141), S. 73.
203 Bspw. der Briefwechsel zwischen Bernhard von Claîrvaux und Petrus Venerabilis, die Constitutiones etc.
204 Vgl. ANGENENDT, Kloster und Klosterverband (wie Anm. 127), S. 35.
205 Kassius HALLINGER, Gorze – Kluny. Studien zu den monastischen Lebensformen und Gegensätzen im Hochmittelalter, 2 Bände, ND Graz ²1971 (Studia Anselmania 22–25), S. 758.
206 Vgl. GLEBA, Klöster und Orden (wie Anm. 141), S. 72.
207 Ibid., S. 73.
208 Ibid., S. 71.
209 Vgl. http://www.welt.de/kultur/history/article9508802/Lange-stand-hier-die-groesste-Kirche-des-Abendlandes.html, 16.04.2012.

210 Vgl. http://www.nzz.ch/nachrichten/kultur/aktuell/ cluny_leuchtet_1.7731838.html, 16.04.2012.
211 Vgl. http://www.orden-online.de/wissen/m/montecassino, 18.04.2012.
212 Hier ist insbesondere Polen zu nennen.
213 Vgl. http://www.zenit.org/article-17881?l=german, 18.04.2012.
214 Vgl. Mensura – Mass, Zahl, Zahlensymbolik im Mittelalter, hrsg. von Albert ZIMMERMANN, Berlin, New York 1984, Bd. 2, S. 474 (Miscellanea Mediaevalia 16/2).
215 Vgl. Günther BINDING, Der mittelalterliche Baubetrieb in zeitgenössischen Abbildungen, Darmstadt 2001, S. 9.
216 Ibid.
217 Ibid., S. 10.
218 Zit. nach ibid., S. 9.
219 Suger VON SAINT-DENIS, De administratione, Satz 224, zit. nach: Günther BINDING, Als die Kathedralen in den Himmel wuchsen, Darmstadt 2006, S. 13.
220 Ibid., S. 13.
221 Zur Architekturgeschichte vgl. etwa: Jan VAN DER MEULEN, Andreas SPEER, Die Fränkische Königsabtei Saint-Denis: Ostanlage und Kultgeschichte, Darmstadt 1988; Émile MÂLE, Die Gotik. Die französische Kathedrale als Gesamtkunstwerk. Darmstadt 1994; Christoph MARKSCHIES, Gibt es eine »Theologie der gotischen Kathedrale«?: nochmals: Suger von Saint-Denis und Sankt Dionys vom Areopag (Abhandlungen der Heidelberger Akademie der Wissenschaften, Philosophisch-Historische Klasse 1) Heidelberg 1995; Günther BINDING u. a. (Hrsg.), Abt Suger von Saint-Denis: Ausgewählte Schriften: Ordinatio, De consecratione, De administratione, Darmstadt 2000; Günther BINDING, Was ist Gotik? Eine Analyse der gotischen Kirchen in Frankreich, England und Deutschland 1140–1350, Darmstadt 2000; Andreas SPEER, Abt Sugers Schriften zur fränkischen Königsabtei Saint-Denis, in: Andreas SPEER, Günther BINDING (Hrsg.), Abt Suger von Saint-Denis. Ausgewählte Schriften: Ordinatio, De consecratione, De administratione, Darmstadt 2000; Diverse Autoren in: Dossiers d'Archéologie Nr. 261, März 2001: Saint-Denis la basilique et le trésor, Dijon 2001; Ruth WESSEL, Die Sainte-Chapelle in Frankreich: Genese, Funktion und Wandel eines neuen Raumtyps, Düsseldorf 2003; Dethard VON WINTERFELD, Gedanken zu Sugers Bau in Saint-Denis, in: Ute ENGEL, Kai KAPPEL, Annette MEIER (Hrsg.), Dethard VON WINTERFELD, Meisterwerke mittelalterlicher Architektur: Beiträge und Biographie eines Bauforschers. Festgabe für Dethard von Winterfeld zum 65. Geburtstag, Regensburg 2003; Günther BINDING, Als die Kathedralen in den Himmel wuchsen, Darmstadt 2006; Gudrun GERSMAN, Saint-Denis und der Totenkult der Restauration. Von der Rückeroberung eines königlichen Erinnerungsortes, in: Eva DEWES, Sandra DUHEM (Hrsg.): Kulturelles Gedächtnis und interkulturelle Rezeption im europäischen Kontext, Berlin, München 2006, S. 139–158.
222 Vgl. http://www.heiligenlexikon.de/BiographienD/Dionysius_von_Paris.html (05.02.2013).

223 Abt Suger über den Neubau der Abteikirche in St. Denis, in: Ernst GALL, Die gotische Baukunst in Frankreich und Deutschland, Teil 1, Die Vorstufen in Nordfrankreich von der Mitte des 11. bis gegen Ende des 12. Jahrhunderts, Braunschweig ²1955, S. 99–113, hier: S. 99; vgl. auch: SPEER, BINDING (Hrsg.), Abt Suger von Saint-Denis. Ausgewählte Schriften: Ordinatio, De consecratione, De administratione (wie Anm. 221).
224 GALL, Die gotische Baukunst in Frankreich und Deutschland (wie Anm. 223), S. 107.
225 Ibid., S. 100.
226 Ibid.
227 Suger VON SAINT-DENIS, De administratione, Satz 173, zit. nach: Günther BINDING, Susanne LINSCHEID-BURDICH, Planen und Bauen im frühen und hohen Mittelalter nach den Schriftquellen bis 1250, Darmstadt 2002, S. 44.
228 Günther BINDING, Susanne LINSCHEID-BURDICH, Planen und Bauen im frühen und hohen Mittelalter nach den Schriftquellen bis 1250, Darmstadt 2002, S. 47.
229 GALL, Die gotische Baukunst in Frankreich und Deutschland (wie Anm. 223), S. 102f.
230 Ibid., S. 103.
231 Ibid.
232 Ibid., S. 103f.
233 Ibid., S. 107.
234 Suger VON SAINT-DENIS, De administratione, Satz 179–181 (wie Anm. 227), S. 45.
235 Suger VON SAINT-DENIS, De administratione, Satz 174 (wie Anm. 227), S. 13.
236 Suger VON SAINT-DENIS, De consecratione, Satz 54–56 (wie Anm. 221), S. 58.
237 GALL, Die gotische Baukunst in Frankreich und Deutschland (wie Anm. 223), S. 107, S. 108f.
238 Ibid., S. 110.
239 Ibid.
240 Ibid.
241 GALL, Die gotische Baukunst in Frankreich und Deutschland (wie Anm. 223), S. 111.
242 Dethard VON WINTERFELD, Romantik am Rhein, Stuttgart 2001, S. 6; zur Baugeschichte vgl.: Kulturdenkmäler in Rheinland-Pfalz, Bd. 1, Stadt Speyer, Düsseldorf 1985; Julius H. SCHRÖDER, Deutsche Baukunst, Augsburg 1990.
243 Stefan WEINFURTER, Herrschaftslegitimation und Königsautorität im Wandel. Die Salier und ihr Dom zu Speyer, in: DERS., Helmuth KLUGER (Hrsg.), Die Salier und das Reich, Bd. 1: Salier, Adel und Reichsverfassung, Sigmaringen 1991, S. 55–96.
244 Ibid., S. 95.
245 Ibid., S. 57.
246 Ludwig Anton DOLL, Überlegungen zur Grundsteinlegung und zu den Weihen des Speyerer Domes, in: Archiv für mittelrheinische Kirchengeschichte 24 (1972), S. 9–25.

247 Erwin REIDINGER, 1027: Gründung des Speyerer Doms. Orientierung, Achsknick, Erzengel Michael, in: Archiv für mittelrheinische Kirchengeschichte. Bd. 63 (2011), Speyer 2011, S. 9-37, S. 37.
248 WEINFURTER, Herrschaftslegitimation und Königsautorität im Wandel (wie Anm. 243), S. 58f.
249 MGH D K II, 4; zit. nach: WEINFURTER, Herrschaftslegitimation und Königsautorität im Wandel (wie Anm. 243), S. 59.
250 WEINFURTER, Herrschaftslegitimation und Königsautorität im Wandel (wie Anm. 243), S. 59.
251 Ibid., S. 68.
252 Vita Bennonis (II) episcopi Osnabrugensis (auctore Norberto abbate Iburg.?), ed., HENRICUS BRESSLAU, MGH SS 30, Teil 2, S. 871-892, hier 873, cap. 4. Übersetzung nach: Lebensbeschreibungen einiger Bischöfe des 10.-12. Jahrhunderts, übersetzt von Hatto KALLFELZ, Darmstadt 1973 (Ausgewählte Quellen zur deutschen Geschichte des Mittelalters, 22), S. 379, zit. nach: WEINFURTER, Herrschaftslegitimation und Königsautorität im Wandel (wie Anm. 243), S. 69.
253 WALTHER VON SPEYER, Vita Christophori, ed. Karl STRECKER, MGH Poeta latini 5, München ²1978, S. 10-79, hier 12, zit. nach: WEINFURTER, Herrschaftslegitimation und Königsautorität im Wandel (wie Anm. 243), S. 69.
254 zur Baugeschichte vgl.: Kulturdenkmäler in Rheinland-Pfalz, Bd. 1, Stadt Speyer (wie Anm. 242); SCHRÖDER, Deutsche Baukunst (wie Anm. 242).
255 WEINFURTER, Herrschaftslegitimation und Königsautorität im Wandel (wie Anm. 243), S. 59.
256 Vgl. Otto Gerhard OEXLE, Die Gegenwart der Toten, in: Herman BRAET, Werner VERBEKE (Hg.), Death in the Middle Ages, Leuven 1983, S. 19-77; Helmut BEUMANN, Zur Entwicklung transpersonaler Staatsvorstellungen, in: Das Königtum. Seine geistigen und rechtlichen Grundlagen, 1956, ND Sigmaringen 1973 (Vorträge und Forschungen, 3), S. 185-224.
257 Vgl. Wipo: Taten Kaiser Konrads II., in: Werner Trillmich, Rudolf Buchner (Hg.): Quellen des 9. und 11. Jahrhunderts zur Geschichte der Hamburgischen Kirche und des Reiches. (FSGA 11), Darmstadt 1961, S. 505-613; Hansmartin SCHWARZMAIER: Von Speyer nach Rom. Wegstationen und Lebensspuren der Salier. Sigmaringen 1991.
258 MGH D K II.129 (1028 Aug. 23), zit. nach: WEINFURTER, Herrschaftslegitimation und Königsautorität im Wandel (wie Anm. 243), S. 73.
259 Annales Altahensis, ed. E. VON OEFELE, MGH SS rer. Germ. [4], Hannover ²1891, S. 38, zit. nach. WEINFURTER, Herrschaftslegitimation und Königsautorität im Wandel (wie Anm. 243), S. 73.
260 Ibid., S. 73.
261 Percy Ernst SCHRAMM, Florentine MÜTHERICH, Die deutschen Kaiser und Könige in Bildern ihrer Zeit 751-1190, Neuauflage München 1983, S. 232f., Nr. 157, zit. nach: WEINFURTER, Herrschaftslegitimation und Königsautorität im Wandel (wie Anm. 243), S. 74.

262 WEINFURTER, Herrschaftslegitimation und Königsautorität im Wandel (wie Anm. 243), S. 74.
263 WIPO, Gesta Chuonradi II. imperatoris, in: Die Werke Wipos, hg. von Harry BRESSLAU, MGH SS rer. Germ. [61], Tetralogus, Vers 121f., S. 79, zit. nach: WEINFURTER, Herrschaftslegitimation und Königsautorität im Wandel (wie Anm. 243), S. 84.
264 WEINFURTER, Herrschaftslegitimation und Königsautorität im Wandel (wie Anm. 243), S. 85.
265 NORBERT, Vita Bennonis II episcopi Osnabrigensis, zit. nach: Günther BINDING, Der früh- und hochmittelalterliche Bauherr als sapiens architectus, Darmstadt ^{2}1998, S. 95.
266 Ludwig STAMER (Hg.), 900 Jahre Speyerer Dom, Festschrift zum Jahrestag der Domweihe 1061-1961, Speyer 1961, S. 175-187, hier 177-179.
267 WEINFURTER, Herrschaftslegitimation und Königsautorität im Wandel (wie Anm. 243), S. 88f.
268 Ibid., S. 91f.
269 NORBERT, Vita Bennonis II episcopi Osnabrigensis, zit. nach: Günther BINDING, Der früh- und hochmittelalterliche Bauherr als sapiens architectus, Darmstadt ^{2}1999, S. 99.
270 Ibid., S. 92.
271 Zu Baugeschichte vgl. Kulturdenkmäler in Rheinland-Pfalz, Bd. 1, Stadt Speyer (wie Anm. 242); SCHRÖDER, Deutsche Baukunst (wie Anm. 242); BINDING, Als die Kathedralen in den Himmel wuchsen (wie Anm. 219), S. 70f.
272 Hans Erich KUBACH, Deutsche Dome des Mittelalters, Königstein im Taunus 1984, S. 15.
273 Vgl. Walter HAAS, Bauhandwerk und Bauvorgänge am Dom zu Speyer. Beobachtungen während der Restaurierung, 1957-1964, Braunschweig 1969.
274 WEINFURTER, Herrschaftslegitimation und Königsautorität im Wandel (wie Anm. 243), S. 94f.
275 Ibid., S. 55f.
276 Hans WIBEL, Die ältesten deutschen Stadtprivilegien, insbesondere das Diplom Heinrichs V. für Speyer, in: AUF 6 (1918), S. 261f.; auch in: Alfred HILGARD (Hg.), Urkunden zur Geschichte der Stadt Speyer, Straßburg 1885, Nr. 14; zit. nach: WEINFURTER, Herrschaftslegitimation und Königsautorität im Wandel (wie Anm. 243), S. 56.
277 Vgl. Wolfgang GIESE, Zur Bautätigkeit von Bischöfen und Äbten des 10. bis 12. Jahrhunderts, in: DA 38 (1982), S. 388-438.
278 Vgl. Stefan WEINFURTER, Die Geschichte der Eichstätter Bischöfe des Anonymus Haserensis. Edition - Übersetzung - Kommentar (Eichstätter Studien NF 24), Regensburg 1987, S. 57; zit. nach: WEINFURTER, Herrschaftslegitimation und Königsautorität im Wandel (wie Anm. 243), S. 77.
279 Vita Bennonis (II) episcopi Osnabrugensis (auctore Norberto abbate Iburg.), hg. v. Henricus BRESSLAU, MGH SS 30, Teil 2, S. 871-892, hier cap. 8, S. 876. Übersetzung nach: Lebensbeschreibungen einiger Bischöfe des 10.-12. Jahrhunderts, übersetzt von Hatto KALLFELZ, Darmstadt 1973

(Ausgewählte Quellen zur deutschen Geschichte des Mittelalters, 22), S. 386f., zit. nach WEINFURTER, Herrschaftslegitimation und Königsautorität im Wandel (wie Anm. 243), S. 79.
280 LAMPERT VON HERSFELD, Annalen, ed. Oswald HOLDER-EGGER, MGH SS rer. Germ. [38], 1894, ad. a. 1075, S. 227; zit. nach: WEINFURTER, Herrschaftslegitimation und Königsautorität im Wandel (wie Anm. 243), S. 80.
281 Vgl.: Ludwig Anton DOLL, Zur Frühgeschichte der Stadt Speyer. Eine topographische Untersuchung zum Prozess der Stadtwerdung Speyers vom 10. bis zum 13. Jahrhundert, in: Mitteilungen des Historischen Vereins der Pfalz 52 (1954), S. 33–200.
282 Zur Baugeschichte vgl. Kulturdenkmäler in Rheinland-Pfalz, Bd. 1, Stadt Speyer (wie Anm. 242); SCHRÖDER, Deutsche Baukunst (wie Anm. 242).
283 Vgl. die Biographie: Heinrich Hübsch, sein Leben und seine Werke, Separatabdr. aus den histor.-pol. Blättern 53, München, 1864, S. 34 ff.
284 Jacob BAUMANN, Die Öffnung der Kaisergräber im Dom zu Speyer im Sommer 1900, Speyer ³1999 S. 6.
285 Ibid., S. 8–12.
286 Ibid., S. 12f.
287 Ibid., S. 13.
288 Ibid., S. 14.
289 Ibid., S. 14f.
290 Ibid., S. 17f.
291 Ibid., S. 25f.
292 Ibid., S. 26.
293 Ibid., S. 51.
294 Vgl. URL http://www.dom-speyer.de/daten/domspeyer/seiten/stiftungwir.html, 25.06.2013.
295 Dietrich CONRAD, Kirchenbau im Mittelalter. Bauplanung und Bauausführung, Leipzig 1990, S. 37.
296 Ibid., S. 38.
297 Vgl. die Auffassung von Wilhelm PINDER von 1910, in: Hans Erich KUBACH, Deutsche Dome des Mittelalters, Königstein im Taunus 1984, S. 3; zum Baubetrieb vgl.: Günther BINDING, Baubetrieb im Mittelalter, Darmstadt 1993.
298 Zur Frage der Aktualität und Kontinuität des Mittelalters und der Bedeutung der Kirchengrenzen vgl. Frank MEIER, Zur Aktualität des europäischen Mittelalters für einen global orientierten Geschichtsunterricht, in: Susanne POPP, Johanna FORSTER (Hg.), Curriculum Weltgeschichte. Interdisziplinäre Zugänge zu einem global orientierten Geschichtsunterricht, Schwalbach i.Ts. 2003, S. 252–269; Frank MEIER, Das Reich und Polen im Mittelalter. Defizite und Möglichkeiten der Kartographiedidaktik, in: Robert MAIER (Hg.), Zwischen Zählebigkeit und Zerrinnen. Nationalgeschichtliche Betrachtung als Quintessenz des Geschichtsunterrichts in Ostmitteleuropa, Hannover 2003 (Studien zur internationalen Schulbuchforschung; Schriftenreihe des Georg-Eckert-Instituts, 112), S. 247–261.

299 Zit. nach: Heinrich HEINE, Sämtliche Schriften, Bd. 4, hg. von Klaus BRIEGLEB, München 2005, S. 419.
300 Vgl. Wolfgang HASBERG, Nach Canossa sollen wir gehen? Zur Wandlung einer sprachlichen Wendung, in: Wolfgang HASBERG, Hermann-Josef SCHEIDGEN (Hg.), Canossa: Aspekte einer Wende, Regensburg 2012, S. 15–38.
301 Vgl. Wilhelm VON GIESEBRECHT, Geschichte der deutschen Kaiserzeit, Bd. 3, Das Kaiserthum im Kampfe mit dem Papsttum, Leipzig ^{5}1890, ^{1}1867, S. 403f.
302 Vgl. Paul BADDEL, Pilgerfahrt. Sarkozys Gang nach Canossa bei Papst Benedikt, in: Welt-Online, 8.10.2010, URL http://www.welt.de/politik/ausland/article10161896/Sarkozys-Gang-nach-Canossa-bei-Papst-Benedikt.html, 21.07.11.
303 Vgl. Stefan WEINFURTER, Canossa – Sieg der Moral? Mit dem legendären Gang Heinrichs IV. begann die Entzauberung der Welt, URL http://www.uni-heidelberg.de/presse/ruca/ruca07-1/canossa.html, 21.07.11.
304 Christoph STIEGEMANN (Hg.), Canossa 1077 – Erschütterung der Welt: Geschichte, Kunst und Kultur am Aufgang der Romanik, Ausstellung im Museum in der Kaiserpfalz, im Erzbischöflichen Diözesanmuseum und in der Städtischen Galerie am Abdinghof zu Paderborn vom 21. Juli – 5. November 2006, Katalog in zwei Teilbänden zur Ausstellung in Paderborn, München 2006.
305 Vgl. Johannes FRIED, Mythos Canossa. Wir sollten die Legende vergessen, in: Frankfurter Allgemeine, FAZ NET, 2011, http://www.faz.net/-00m39e, 21.07.11.
306 Vgl. die Quellenübersicht bei: Wolfgang HASBERG, Nach Canossa sollen wir gehen?, in: HASBERG, SCHEIDGEN (Hg.), Canossa: Aspekte einer Wende (wie Anm. 300), S. 15–38, S. 30; vgl. die Bewertung der Geschichtsschreiber bei: Johannes FRIED, Canossa. Entlarvung einer Legende. Eine Streitschrift, Berlin 2012, S. 73–81; zu der durch FRIED auf Grund der Neubewertung der Quellen veränderten Chronologie der Ereignisse um Canossa vgl. HASBERG, Nach Canossa sollen wir gehen?, in: HASBERG, SCHEIDGEN (Hg.), Canossa: Aspekte einer Wende (wie Anm. 300), S. 15–38, S. 23.
307 Vgl. Rudolf SCHIEFFER, Worms, Rom und Canossa (1076/77) in zeitgenössischer Wahrnehmung, in: Historische Zeitschrift 229 (2011), S. 593–612, S. 604.
308 Ibid., S. 612.
309 Vgl. zur Einführung: Wolfgang HASBERG, Hermann-Josef SCHEIDGEN (Hg.), Canossa: Aspekte einer Wende, Regensburg 2012; Johannes FRIED, Canossa. Entlarvung einer Legende. Eine Streitschrift, Berlin 2012; Rudolf SCHIEFFER, Papst Gregor VII.: Kirchenreform und Investiturstreit, München 2010; Wilfried HARTMANN, Der Investiturstreit, München 2007 (Enzyklopädie deutscher Geschichte 21); Stefan WEINFURTER, Canossa. Die Entzauberung der Welt, München 2007, Johannes LAUDAGE (Hg.), Der Investiturstreit. Quellen und Materialien, Köln, Weimar, Wien ^{2}2006; Werner GOETZ, Kirchenreform und Investiturstreit 910–1122, Stuttgart, Berlin, Köln 2000.
310 Vgl. Gerd TELLENBACH, Die westliche Kirche vom 10. bis zum frühen 12. Jahrhundert, Göttingen 1988, S. 258ff.; zur Sakralität des Königtums vgl. ferner: Franz-Reiner ERKENS, Herrschersakralität im Mittelalter. Von

den Anfängen bis zum Investiturstreit, Stuttgart 2006; Josef FLECKENSTEIN, Rex canonicus. Über Entstehung und Bedeutung des mittelalterlichen Königskanonikates, in: Peter CLASSEN, Peter SCHEIBERT (Hg.), Festschrift Percy Ernst Schramm: zu seinem 70. Geburtstag von Schülern und Freunden zugeeignet, Bd. 1, Wiesbaden 1964, S. 51-71.

311 Vgl. Hans Hubert ANTON, Die Synode von Sutri, ihr zeitgeschichtlicher Kontext und Nachklang. Neue Forschungen zu einer lange diskutierten Schrift, in: Zeitschrift der Savigny-Stiftung für Rechtsgeschichte. Kanonistische Abteilung 83 (1997), S. 576-584; Pius ENGELBERT, Heinrich III. und die Synoden von Sutri und Rom im Dezember 1046, in: Römische Quartalschrift für christliche Altertumskunde und Kirchengeschichte/Supplementband 94 (1999), S. 228-266; Tilman STRUVE, Sutri, Synode von 1046, in: Lexikon des Mittelalters. Bd. 8, 2003, Sp. 335-336; Mathias HERWEG, Die Synode von Sutri. Transkription und Übersetzung zu Dokument 3 und 4 2008, (Deutsche Geschichte in Dokumenten), Johannes Voss, Die Synode von Sutri. Heinrich III. auf dem Weg zur Reform, München 2009, URL http://ebooks.ciando.com/book/index.cfm/bok_id/60483, 08.07.11.

312 Vgl. Ciro NISPI-LANDI, Storia dell'Antichissima città di Sutri, Roma 1887; G. GAMURRINI, Sutri. Scoperte avvenute pei restauri nella Cattedrale, in: Notizie degli Scavi di Antichità 1891; B. M. APOLLONY GHETTI, Notizie su tre antiche chiese in quel di Sutri, in: Rivista di Archeologia Cristiana 62 (1986); P. CHIRICOZZI, Le chiese delle Diocesi di Sutri e Nepi nella Tuscia meridionale, Grotte di Castro 1990.

313 Erich CASPAR (Hg.), Das Register Gregors VII., 1. Buch I–IV., Berlin ²1955, (Monumenta Germaniae Historica. Epistolae 4, Epistolae selectae 2, 1), S. 201-208.

314 Vgl. Gerd TELLENBACH, Gregorianische Reform, in: Karl SCHMID (Hg.), Reich und Kirche im Investiturstreit. Vorträge beim Wiss. Kolloquium aus Anlass des 80. Geburtstags von Gerd Tellenbach, Sigmaringen 1985, S. 99-114.

315 Gregors Register ed. CASPAR VII, 10, S. 263ff., in: Wolfgang LAUTERMANN, Manfred SCHLENKE (Hg.), Geschichte in Quellen, Bd. 2: Mittelalter (Reich und Kirche), München ⁴1996, Nr. 270, S. 292-294.

316 Vgl. Josef FLECKENSTEIN, Hofkapelle und Reichsepiskopat unter Heinrich IV., in: DERS. (Hg.), Investiturstreit und Reichsverfassung, Sigmaringen 1973, S. 117-140.

317 Vgl. Gerd ALTHOFF, Vom Konflikt zur Krise: Praktiken der Führung und Beilegung von Konflikten in der spätsalischen Zeit, in: Bernd SCHNEIDMÜLLER, Stefan WEINFURTER (Hg.), Salisches Kaisertum und neues Europa. Die Zeit Heinrichs IV. und Heinrichs V., Darmstadt 2007, S. 27-45, S. 39.

318 Episcoporum epistola Gregorio VII. missa; MGH Const. I, Nr. 58, S. 106ff., in: LAUTERMANN, SCHLENKE (Hrsg.), Geschichte in Quellen (wie Anm. 315), Nr. 272, S. 294-296.

319 Die Briefe Heinrichs IV., Nr. 11, S. 62ff., in: ibid., Nr. 274, S. 296f.

320 Die Briefe Heinrichs IV, Nr. 10, S. 60, in: ibid., Nr. 275, S. 297.

321 Die Briefe Heinrichs IV., Nr. 12, S. 64ff., in: ibid., Nr. 276, S. 298f.

322 Vgl. SCHIEFFER, Worms, Rom und Canossa (wie Anm. 307), S. 596–598.
323 Vgl. Eckhard MÜLLER-MERTENS, Reich und Hauptorte der Salier: Probleme und Fragen, in: Die Salier und das Reich, Bd. 1, Salier, Adel und Reichsverfassung, hg. v. Stefan Weinfurter, Sigmaringen 1991, S. 139–158, hier: S. 140.
324 Gregors Register ed. CASPAR III., Nr. 10a, S. 268ff., in: LAUTERMANN, SCHLENKE (Hg.), Geschichte in Quellen (wie Anm. 315), Nr. 277, S. 299f.
325 Vgl. Josef FLECKENSTEIN, Hofkapelle und Reichsepiskopat unter Heinrich IV. (wie Anm. 316), S. 117–140.
326 Reg. V. 12. Mansi XX 208; vgl. auch das Rundschreiben vom 29. August »Postquam fraternitati« bei Hugo von Flavigny MM. SS. VIII. 442.
327 Reg. IV. 3., S. 210.
328 Reg. IV, 3; zit. nach: FRIED, Canossa. Entlarvung einer Legende (wie Anm. 306), S. 112.
329 Reg. IV. 7., S. 214.
330 Lampert von Hersfeld, 1076, in: LAUTERMANN, SCHLENKE (Hg.), Geschichte in Quellen (wie Anm. 315), Nr. 281, S. 304f.; Lamperti monachi Hersfeldensis opera, hg. von Oswald HOLDER-EGGER, MGH SS rer. Germ. [38], 1894, Lamperti Annales a. 1077, S. 290-295; vgl. Arnold SCHÄFER, Der Fürstentag zu Tribur im Jahre 1076, in: Historische Zeitschrift, Bd. 8, H. 1, 1862, S. 11–149.
331 Vgl. FRIED, Canossa. Entlarvung einer Legende (wie Anm. 306), S. 31.
332 Ibid., S. 31.
333 MGH Const. I, Nr. 64, S. 113f., Nr. 65, S. 114, in: LAUTERMANN, SCHLENKE (Hg.), Geschichte in Quellen (wie Anm. 315), ibid., Nr. 282, S. 305f., Nr. 283, S. 306.
334 Vgl. Matthias BECHER, Johannes FRIED: Canossa, in: Sehepunkte. Rezensionsjournal für die Geschichtswissenschaften, URL http://www.sehepunkte.de/2013/01/21869.html, 30.01.2013.
335 Lampert von Hersfeld 1076/1077, in: LAUTERMANN, SCHLENKE (Hg.), Geschichte in Quellen (wie Anm. 315) Nr. 284, S. 306–313; Lamperti Annales a. 1077 (wie Anm. 330), S. 290-295.
336 Bonizo MGH Lib. de lite 1, S. 610,6–7.
337 Vgl. FRIED, Canossa. Entlarvung einer Legende (wie Anm. 306), S. 66.
338 Ibid., S. 70.
339 Lampert von Hersfeld 1076/1077, in: LAUTERMANN, SCHLENKE (Hg.), Geschichte in Quellen (wie Anm. 315), Nr. 284, S. 306–313; Lamperti Annales a. 1077 (wie Anm. 330), S. 290-295.
340 Vgl. FRIED, Canossa. Entlarvung einer Legende (wie Anm. 306), S. 74.
341 Gregors Register ed. CASPAR VII., Nr. 12, S. 311ff., in: LAUTERMANN, SCHLENKE (Hg.), Geschichte in Quellen (wie Anm. 315), Nr. 285, S. 313f.
342 Vgl. FRIED, Canossa. Entlarvung einer Legende (wie Anm. 306), S. 75.
343 Gregors Register ed. CASPAR VII., Nr. 12a, S. 314f., in: LAUTERMANN, SCHLENKE (Hg.), Geschichte in Quellen (wie Anm. 315), Nr. 286, S. 314f.
344 Vgl. FRIED, Canossa. Entlarvung einer Legende (wie Anm. 306), S. 75.
345 Ibid., S. 48–55.

346 Vgl. Rudolf SCHIEFFER, Papst Gregor VII. Kirchenreform und Investiturstreit, München 2010.
347 Vgl. FRIED, Canossa. Entlarvung einer Legende (wie Anm. 306), S. 31.
348 Ibid., S. 32.
349 Vgl. Johannes FRIED, Der Schleier der Erinnerung. Grundzüge einer historischen Memorik, München 2004.
350 Vgl. FRIED, Canossa. Entlarvung einer Legende (wie Anm. 306), S. 31.
351 Ibid., S. 75.
352 Ibid., S. 76.
353 Ibid., S. 77–80.
354 Ibid., S. 81.
355 Ibid., S. 34f.
356 Ibid., S. 37f.
357 Vgl. Anton L. MAYER-PFANNHOLZ, Die Wende von Canossa: eine Studie zum Sacrum Imperium, in: Hochland: Monatsschrift, (1932/33), H. 11, S. 385–404.
358 Vgl. FRIED, Canossa. Entlarvung einer Legende (wie Anm. 306), S. 57.
359 Vgl. Stefan WEINFURTER, Canossa. Die Entzauberung der Welt, München 2006; DERS., Canossa als Chiffre. Von den Möglichkeiten historischen Deutens, in: HASBERG, SCHEIDGEN (Hg.), Canossa: Aspekte einer Wende (wie Anm. 300), S. 124–140, Johannes FRIED, Der Pakt von Canossa. Schritte zur Wirklichkeit durch Erinnerungsanalyse, in: Wilfried HARTMANN, Klaus HERBERS (Hg.), Die Faszination der Papstgeschichte. Neue Zugänge zum frühen und hohen Mittelalter, Köln, Weimar, Wien 2008, S. 133ff. (Forschungen zur Kaiser- und Papstgeschichte des Mittelalters. Beihefte zu Johann Friedrich BÖHMER, Regesta Imperii, Bd. 28); Gerd ALTHOFF, Kein Gang nach Canossa?, in: Damals 5 (2009), S. 59–61.
360 Vgl. Gerd ALTHOFF, Spielregeln der Politik im Mittelalter. Kommunikation in Frieden und Fehde, Darmstadt 1997; Gerd ALTHOFF, Die Macht der Rituale. Symbolik und Herrschaft im Mittelalter, Darmstadt 2003.
361 Vgl. WEINFURTER, Canossa als Chiffre (wie Anm. 359), S. 130.
362 Ibid, S. 133.
363 Ibid., S. 134.
364 Vgl. Claudia ZAY, Johannes Fried: Canossa, in: Sehepunkte. Rezensionsjournal für die Geschichtswissenschaften, URL http://www.sehepunkte.de/2013/01/21982.html (01.07.2013).
365 Vgl. Matthias BECHER, Johannes Fried: Canossa, in: Sehepunkte. Rezensionsjournal für die Geschichtswissenschaften, URL http://www.sehepunkte.de/2013/01/21982.html (01.07.2013).
366 Vgl. Hans-Werner GOETZ, Johannes FRIED: Canossa, in: Sehepunkte. Rezensionsjournal für die Geschichtswissenschaften, URL http://www.sehepunkte.de/2013/01/21869.html, 30.01.2013.
367 Vgl. Ludger KÖRNTGEN, Johannes FRIED: Canossa, in: Sehepunkte. Rezensionsjournal für die Geschichtswissenschaften, URL http://www.sehepunkte.de/2013/01/21982.html (01.07.2013).

368 Vgl. Rudolf VIERHAUS, Rankes Begriff der historischen Objektivität, in: Reinhardt KOSELLECK / Wolfgang J. MOMMSEN / Jörn RÜSEN (Hg.), Objektivität und Parteilichkeit in der Geschichtswissenschaft, München 1977, S. 63–76 (Beiträge zur Historik, Bd. 1).
369 Vgl. Johann Gustav DROYSEN, Historik, zwischen 1857 und 1884: Rekonstruktion der ersten vollständigen Fassung der Vorlesungen (1857) und Grundriss der Historik in der ersten handschriftlichen (1857/1858) und in der letzten gedruckten Fassung (1882), Textausgabe von Peter LEYH, Stuttgart 1977.
370 FRIED, Canossa. Entlarvung einer Legende (wie Anm. 306), S. 57.
371 Aulo ENGLER, Canossa. Die große Täuschung, Ulm 1988, S. 25f.
372 Ibid., S. 26.
373 Vgl. Harald ZIMMERMANN, Der Canossagang von 1077. Wirkungen und Wirklichkeit, Wiesbaden 1975 (Akademie der Wissenschaften und der Literatur Mainz, Abh. der Geistes- und Sozialwissenschaftlichen Klasse 1975,5).
374 Vgl. HASBERG, Nach Canossa sollen wir gehen? (wie Anm. 300), S. 27.
375 Vgl. Christian SCHNEIDER in diesem Band, S. 124–139.
376 Odilo ENGELS, Die Staufer, Stuttgart ^{7}1998 (Urban Taschenbücher, 154), S. 12.
377 Franz-Josef SCHMALE (Hg.), Bischof Otto von Freising und Rahewin. Die Taten Friedrichs oder richtiger Cronica, übers. v. Adolf SCHMIDT, Darmstadt 1965 (Ausgewählte Quellen zur deutschen Geschichte des Mittelalters, 17), lib. I, 8.
378 Vgl. Hubertus SEIBERT, Die frühen Staufer. Forschungsstand und offene Fragen, in: DERS., Jürgen DENDORFER (Hg.), Grafen, Herzöge, Könige. Der Aufstieg der frühen Staufer und das Reich (1079–1152), Ostfildern 2005 (Mittelalter-Forschungen, 18), S. 1–39, hier S. 33f.
379 Vgl. Regesta Imperii V 1,2 hg. v. Julius FICKER 1882, Nr. 5530.
380 Hans-Martin MAURER, Der Hohenstaufen. Geschichte der Stammburg eines Kaiserhauses, Stuttgart, Aalen 1977, S. 27.
381 SEIBERT, Die frühen Staufer (wie Anm. 378), S. 13.
382 Klaus HERBERS, Helmut NEUHAUS, Das Heilige Römische Reich. Schauplätze einer tausendjährigen Geschichte (843–1806), Köln 2005, S. 94–121.
383 Vgl. MAURER, Hohenstaufen (wie Anm. 380), S. 70.
384 Vgl. ibid., S. 133.
385 Bruno MEIER, Ein Königshaus aus der Schweiz. Die Habsburger, der Aargau und die Eidgenossenschaft im Mittelalter, Baden ^{3}2010, S. 14.
386 Vgl. Michael STETTLER, Emil MAURER, Die Kunstdenkmäler des Kantons Aargau, Bd. 2, Die Bezirke Lenzburg und Brugg, Basel 1953 (Kunstdenkmäler der Schweiz), S. 344.
387 Heinz-Dieter HEIMANN, Die Habsburger. Dynastie und Kaiserreiche, München ^{4}2009 (Beck'sche Reihe), S. 21.
388 Vgl. MEIER, Königshaus (wie Anm. 385), S. 51.
389 Karl VOCELKA, Die Familien Habsburg und Habsburg-Lothringen. Politik, Kultur, Mentalität, Wien u. a. 2010, S. 19, vgl. dazu auch S. 159.
390 Vgl. Lothar HÖBELT, Die Habsburger. Aufstieg und Glanz einer europäischen Dynastie, Stuttgart 2009, S. 24.

391 Vgl. MEIER, Königshaus (wie Anm. 385), S. 167–174.
392 Stadtarchiv Bern (RM 325 S. 313, 395) zitiert nach STETTLER, MAURER, Kunstdenkmäler (wie Anm. 386), S. 345.
393 David HERRLIBERGER, Neue und vollständige Topographie der Eydgnoßchaft, Zürich 1754, 1. Teil, S. 25.
394 Vgl. diese und die weiteren Angaben zur Baugeschichte GESELLSCHAFT FÜR SCHWEIZERISCHE KUNSTGESCHICHTE (Hg.), Kunstführer durch die Schweiz Bd. 1, Zürich 2005, S. 82.
395 HÖBELT, Die Habsburger (wie Anm. 390), S. 5.
396 Thomas BRUNE, Bodo BAUMARK, Wege der Popularisierung, in: Die Zeit der Staufer. Geschichte – Kunst – Kultur. Katalog der Ausstellung, Bd. III, Aufsätze, Stuttgart 1977, S. 327–335, hier S. 328.
397 Justinius KERNER, Werke, hg. mit Einl. und Anm. v. Raimund PISSIN, 6 Teile in 2 Bd., Bd. 1, Hildesheim, New York, 1974, S. 180.
398 Vgl. Friedemann SCHMOLL, Was uns der kahle Berg zu denken gibt... Hohenstaufenverehrung und nationaler Denkmalkult im 19. Jahrhundert, in: Hohenstaufen. Helfenstein. Historisches Jahrbuch für den Kreis Göppingen 13 (2003), S. 135–156, hier S. 135.
399 Zitiert nach MAURER, Hohenstaufen (wie Anm. 380), S. 167.
400 SCHMOLL, Hohenstaufenverehrung (wie Anm. 398), S. 135f.
401 Johann Gottfried PAHL, National-Chronik der Teutschen 28. September 1803, S. 301.
402 Zu Gründungsmitgliedern des Vereins gehören ausschließlich hochangesehene Männer des kulturellen, wissenschaftlichen oder politischen Lebens in Stuttgart; Bürger aus der Umgebung des Hohenstaufen, etwa aus Göppingen oder Schwäbisch Gmünd, gehörten dem Verein nicht an. Vgl. dazu Hans-Martin MAURER, Der Hohenstaufenverein (1833–1870), in: Zeitschrift für Württembergische Landesgeschichte 61 (2002), S. 305–321, hier S. 307.
403 Vgl. Ulrich MÜLLER, Der Hohenstaufen, in: DERS., Werner WUNDERLICH (Hg.), Burgen Länder Orte, Konstanz 2008 (Mittelalter Mythen, 5), S. 317–332, hier S. 328 sowie BRUNE, BAUMARK, Wege der Popularisierung (wie Anm. 396), S. 330. Abbildungen des geplanten Nationaldenkmals 1870/71 in SCHMOLL, Hohenstaufenverehrung (wie Anm. 398), S. 141–144.
404 »Zwei Namen aus der Göppinger Stadttopographie erscheinen besonders oft in den Presseberichten der NS-Zeit: der Schillerplatz und der Hohenstaufen. Ist der Schillerplatz mehr der Ort der Appelle und Aufmärsche, der Ausgangspunkt von Aktionen [...], so dient der Hohenstaufen mit seinem historischen Ambiente und seinen bescheidenen, so doch suggestiven baulichen Überresten der »NS-Feier« sowie der Einprägung, Deutung und Verinnerlichung der »NS-Weltanschauung«.« Konrad PLIENINGER, ›Reich‹ und ›Scholle‹. Friedrich Barbarossa und der Hohenstaufen im Geschichtsverständnis des Dritten Reichs, in: Göppingen unterm Hakenkreuz. Begleitbuch zur gleichnamigen Ausstellung im Städtischen Museum Göppingen im »Storchen« vom 29.9.–13.11.1994, Göppingen 1998, S. 148–155, hier S. 153.

405 Ibid., S. 154.
406 Vgl. zu Bemühungen der Stadt Göppingen, Hohenstaufen als Denkmal wieder populärer zu präsentieren MÜLLER, Hohenstaufen (wie Anm. 403), S. 328f.
407 Vgl. Manfred AKERMANN, Burgen und Pfalzen der Staufer. Ein Ausflugsführer, Stuttgart 2010, S. 84.
408 STETTLER, MAURER, Kunstdenkmäler (wie Anm. 386), S. 349.
409 Oswald HOLDER-EGGER, Italienische Prophetien des 13. Jahrhunderts. I., in: Neues Archiv der Gesellschaft für Ältere Deutsche Geschichtskunde 15 (1890), S. 141–178, hier S. 168: »Oculos eius morte claudet abscondita supervivetque; sonabit et in populis: ›Vivit, non vivit‹, uno ex pullis pullisque pullorum superstite.«
410 Ernst H. KANTOROWICZ, Kaiser Friedrich der Zweite, Stuttgart 1998, S. 528.
411 Der erste Beleg für solche Erwartungen an Friedrich in der Weissagungsliteratur findet sich in der »Epistola de correctione ecclesiae« eines sonst nicht weiter bekannten Dominikaners namens Arnold. Arnold verfasste sein Schreiben zwischen 1243 und 1250; vgl. Eduard WINKELMANN (Hg.), Fratris Arnoldi De correctione ecclesiae epistola, Berlin 1865, S. 9–19.
412 Giuseppe SCALIA (Hg.), Salimbene de Adam, Cronica, Bd. 2: a 1250–1287, Turnhout 1999 (Corpus Christianorum, Continuatio Mediaevalis, CXXV A), S. 531.
413 Vgl. Ludwig WEILAND (Hg.), Sächsische Weltchronik, Hannover 1877 (MGH Deutsche Chroniken, 2), S. 258, 285.
414 Vgl. Jansen ENIKEL, Werke, hg. v. Philipp STRAUCH, Hannover, Leipzig 1900 (MGH Deutsche Chroniken, 3), S. 574, V. 28945–28956.
415 Vgl. Tilman STRUVE, Art. Friedenskaiser, in: Lexikon des Mittelalters, 4, 1989, Sp. 921–923. Wie die »Sibylla Eritrea« geht auch die »Sibylla Tiburtina« auf ein (spät-)antikes griechisches Vorbild zurück.
416 Zur Geschichte von Kyffhäuser und Kyffhäuserburg siehe Hans EBERHARDT, Die Kyffhäuserburgen in Geschichte und Sage, in: Blätter für deutsche Landesgeschichte 96 (1960), S. 66–103; Albrecht TIMM, Der Kyffhäuser im deutschen Geschichtsbild, Göttingen 1961 (Historisch-politische Hefte der Ranke-Gesellschaft, 3); Karlheinz BLASCHKE, Art. Kyffhäuser, in: Lexikon des Mittelalters, 5, 1991, Sp. 1596; Horst MÜLLER, Der Kyffhäuser, Leipzig ²2002.
417 Zitiert nach Alexander THON, Bernhard MEYER, Trifels, in: Jürgen KEDDIGKEIT, Ulrich BURKHART, Rolf ÜBEL (Hg.), Pfälzisches Burgenlexikon, Bd. 4.2, Kaiserslautern 2007 (Beiträge zur pfälzischen Geschichte, 12.4.2), S. 110.
418 Zur Burg- und Baugeschichte des Trifels siehe ibid.; Alois GERLICH, Art. Trifels, in: Lexikon des Mittelalters, 8, 1997, Sp. 1004; Bernhard MEYER, Burg Trifels. Die mittelalterliche Baugeschichte, Kaiserslautern 2001 (Pfälzisches Burgenlexikon, Sonderbd. 1).
419 Zitiert nach Hans-Jürgen KOTZUR, Forschungen zum Leben und Werk des Architekten August von Voit, Bd. 2: Katalog der Bauten Voits in der Pfalz, Diss. (masch.) Universität Heidelberg 1978, S. 12; zur Baugeschichte des Trifels im 19. Jahrhundert siehe ibid., S. 11–14, sowie Winfried NERDINGER (Hg.), Romantik und Restauration. Architektur in Bayern zur Zeit Ludwigs I.

1825–1848, München 1987 (Ausstellungskataloge der Architektursammlung der Technischen Universität München und des Münchner Stadtmuseums, 6), S. 205.

420 So der Architekt Rudolf Gottgetreu in einem seinem Lehrer Voit gewidmeten Nachruf: Rudolf GOTTGETREU, Nachruf an Oberbaurath von Voit, in: Zeitschrift des Bayerischen Architekten- und Ingenieur-Vereins 3 (1871), S. 6–10, hier S. 8.

421 Ebhardt musste sich gezwungenermaßen mit einer Buchpublikation seiner Vorschläge begnügen: Bodo EBHARDT, Burg Trifels. Untersuchungen zur Baugeschichte, Marksburg ob Braubach 1938.

422 Zitiert nach Benjamin BURKHARDT, Der Trifels und die nationalsozialistische Erinnerungskultur: Architektur als Medium des kollektiven Gedächtnisses, in: Astrid ERLL, Ansgar NÜNNING (Hg.), Medien des kollektiven Gedächtnisses. Konstruktivität – Historizität – Kulturspezifität, Berlin u. a. 2004 (Media and cultural memory, 1), S. 237–254, hier S. 250.

423 Vgl. Hannes MÖHRING, Der Weltkaiser der Endzeit. Entstehung, Wandel und Wirkung einer tausendjährigen Weissagung, Stuttgart 2000 (Mittelalter-Forschungen, 3), S. 221f.

424 Zu einem solchen Verständnis der Zeit des Interregnums siehe die Deutungen in Martin KAUFHOLD, Deutsches Interregnum und europäische Politik. Konfliktlösungen und Entscheidungsstrukturen 1230–1280, Hannover 2000 (Schriften der Monumenta Germaniae Historica, 49).

425 Der bekannteste von ihnen war Dietrich Holzschuh, auch Tile Kolup geheißen, der Rudolf von Habsburg persönlich zum Eingreifen zwang, bevor er am 7. Juli 1285 in Wetzlar als Ketzer verbrannt wurde; vgl. Tilman STRUVE, Die falschen Friedriche und die Friedenssehnsucht des Volkes im späten Mittelalter, in: Fälschungen im Mittelalter, Tl. 1: Kongreßdaten und Festvorträge, Literatur und Fälschung, Hannover 1988 (Schriften der Monumenta Germaniae Historica, 33), S. 317–337.

426 Vgl. MÖHRING, Weltkaiser (wie Anm. 423), S. 229f.

427 Belege bei Jacob GRIMM, Deutsche Mythologie, Bd. 2, Berlin ^{4}1876, S. 794–803.

428 Siehe dazu MÖHRING, Weltkaiser (wie Anm. 423), S. 223f.

429 Das Gedicht bei Jacob GRIMM, Gedichte des Mittelalters auf König Friedrich I. den Staufer und aus seiner sowie der nächstfolgenden Zeit, in: DERS., Kleinere Schriften, Bd. 3: Abhandlungen zur Litteratur und Grammatik, Berlin 1866, S. 1–102, hier S. 90.

430 Johann ROTHE, Düringische Chronik, hg. v. Rochus VON LILIENCRON, Jena 1859 (Thüringische Geschichtsquellen, 3), S. 426.

431 Zitiert nach Helmut SEEBACH (Hg.), Annweiler und der Trifels in der Literatur. Eine pfälzische Stadt und eine Burg im Spiegel von Sage und Dichtung, Annweiler-Queichhambach 1987, S. 106f.

432 Vgl. MÖHRING, Weltkaiser (wie Anm. 423), S. 227.

433 Franz PFEIFFER, Volksbüchlein vom Kaiser Friedrich, in: Zeitschrift für deutsches Alterthum 5 (1845), S. 250–268, hier S. 253, 267.

434 Vgl. Deutsche Sagen, hg. v. den Brüdern GRIMM, 2 Bde. in einem Bd., nach dem Text der dritten Auflage von 1891, mit der Vorrede der Brüder Grimm zur ersten Auflage von 1816 und 1818 und mit einer Vorbemerkung von Herman GRIMM, Darmstadt 1959, Nr. 28 (S. 52), Nr. 296 (S. 284f.); vgl. dazu GRIMM, Deutsche Mythologie (wie Anm. 427), S. 798.
435 GRIMM, Gedichte des Mittelalters (wie Anm. 429), S. 91.
436 ROTHE, Düringische Chronik (wie Anm. 430), S. 426.
437 PFEIFFER, Volksbüchlein (wie Anm. 433), S. 267.
438 GRIMM, Deutsche Sagen (wie Anm. 434), Nr. 23 (S. 49f.).
439 Vgl. etwa Scheffels »Trifels«-Gedicht: Scheffels Werke, Bd. 1, hg. v. Friedrich PANZER, Leipzig, Wien 1922 (Meyers Klassiker-Ausgaben), S. 105–108.
440 Friedrich RÜCKERT, Gedichte, hg. v. Walter SCHMITZ, Stuttgart 2005 (Universal-Bibliothek, 3672), S. 63f.
441 So schreibt Hartmut BOOCKMANN, Ghibellinen oder Welfen, Italien- oder Ostpolitik. Wünsche des deutschen 19. Jahrhunderts und das Mittelalter, in: Reinhard ELZE, Perangelo SCHIERA (Hg.), Italia e Germania. Immagini, modelli, miti fra due popoli nell'Ottocento: il Medioevo, Bologna 1988 (Annali dell'Istituto Storico Italo-Germanico in Trento, Contributi 1), S. 134: »Es gibt wohl kein Gedicht in der deutschen Literatur, von dem so beträchtliche außerliterarische Wirkungen ausgegangen sind«.
442 Heinrich HEINE, Deutschland. Ein Wintermärchen, hg. von Werner BELLMANN, Stuttgart 2001 (Universal-Bibliothek, 2253), S. 47 (Caput XVI, V. 93–96).
443 Otto ABEL und Ludwig WEILAND (Hg), Casus monasterii Petrishusensis, Hannover 1868 (Monumenta Germaniae Historica, Scriptores, 20), S. 646.
444 Bernhard SCHMEIDLER (Hg.), Magistri Adam Bremensis Gesta Hammaburgensis ecclesiae pontificum, Hannover 1917 (Monumenta Germaniae Historica, Scriptores rerum Germanicarum in usum scholarum, [2]), S. 171.
445 Josef FLECKENSTEIN, Die Hofkapelle der deutschen Könige 2: Die Hofkapelle im Rahmen der ottonisch-salischen Reichskirche, Stuttgart 1966 (Schriften der MGH 16, 2), S. 57; zur Rolle Goslars S. 282ff.
446 Oswald HOLDER-EGGER (Hg.), Lamperti Monachi Hersfeldensis Opera, Hannover und Leipzig 1894 (Monumenta Germaniae Historica, Scriptores rerum Germanicarum in usum scholarum, [38]), Annalen ad annum 1056; deutsche Übersetzung bei Wolfgang Dietrich FRITZ (Hg.), Lampert von Hersfeld, Annalen, Darmstadt 1957 (Ausgewählte Quellen zur deutschen Geschichte des Mittelalters. Freiherr vom Stein-Gedächtnisausgabe, 13), S. 58.
447 ... in servitutem redigere HOLDER-EGGER, Lampert von Hersfeld (wie Anm. 446), Annales ad annum 1073.
448 HOLDER-EGGER, Lampert von Hersfeld (wie Anm. 446), S. 82–83; Übersetzung FRITZ, Lampert von Hersfeld (wie Anm. 446), S. 74f.
449 Ibid., S. 106.
450 Ibid., S. 130.
451 Ibid., S. 222.
452 Ibid., S. 228.

453 Peter ACHT (Hg.), Mainzer Urkundenbuch, Bd. 2, Die Urkunden seit dem Tode Erzbischof Adalberts I. (1137) bis zum Tode Erzbischof Konrads (1200), Darmstadt 1971 (Arbeiten der Hessischen Kommission Darmstadt, Mainzer Urkundenbuch 2), Nr. 531: »medietas etiam castri Gelnhusen cum medietate omnium attinentium domino imperatori infeodata fuit«.

454 Heinrich APPELT (Hg.), Die Urkunden Friedrichs I. 1168–1180, Hannover 1985 (Monumenta Germaniae Historica, Diplomata 10, Die Urkunden Friedrichs I., Teil 3), Nr. 571. Etwas ausführlicher beschrieben im deutlich später angelegten Kopialbuch der Stadt Gelnhausen, dem so genannten »Roten Buch«, angelegt 1435–1444 (verloren), Abschriften von B. Hundeshagen in Kassel, Murhardsche- und Landesbibliothek, Ms. hass. 253 und 255, nach Anton FUHS, Gelnhausen. Städtebauliche Untersuchung, Marburg 1960 (Veröffentlichungen der Historischen Kommission für Hessen und Waldeck 25), S. 16: »Kaiser Friedrich I., als er den Flecken Gelnhausen freyen wollte, und zu der Zeit viel Leute um die Capelle Godebrechtshus auf der Landscheide baulich wohnten, ließ der Kaiser die dringen und ihnen gebieten, daß sie herab bei einander mußten bauen. Da ließ auch derselbe Kaiser einen Ritter mit Namen Herr Goswin von Ortenberg, der in der vorgeschrieben Bulle von 1170 benannt ist, einen Kreis bereiten; der bereit von des Kaisers wegen der Städte Terminey mit Namen: das Floß der Kintziche abhin und dem Tal die Emmersbach ufhin; durch den Wald; durch das Dorf Hegetz herabe und die Kinziche abhin; und die Weide zwischen der Kinzich und der Lachen, genannt die alte Kinzich, gehört auch in das Gebiet. Und also wart der Stadt Terminey, Wald und Weyd von dem Kaiser geben den Leuden, die in dem Thale und Stadt zu Gelnhausen baueten, ihnen und ihren Kindern, Erben und Nachkommen«.

455 Zu den Quellen vgl. Johann Friedrich BÖHMER (Hg.), Die Regesten des Kaiserreichs unter Friedrich I. 1152 (1122) –1190, Wien u. a. 2001 (Regesta Imperii IV, 2. Abt., 3. Lief.), Nr. 2538–2544; Bernhard DIESTELKAMP und Ekkehart ROTTER (Bearb.), Urkundenregesten zur Tätigkeit des deutschen Königs- und Hofgerichts bis 1451, Bd. 1: Die Zeit von Konrad I. bis Heinrich VI. 911–1197, Köln 1988 (Quellen und Forschungen zur höchsten Gerichtsbarkeit im Alten Reich, Sonderreihe), Nr. 449/450.

456 Ferdinand GÜTERBOCK, Die Gelnhäuser Urkunde und der Prozeß Heinrichs des Löwen, Hildesheim und Leipzig 1920 (Quellen und Darstellungen zur Geschichte Niedersachsens, 32); aktueller bei Joachim EHLERS, Die Gelnhäuser Urkunde in der deutschen Verfassungsgeschichte, in: Gelnhäuser Geschichtsblätter 1980/81, S. 19–32; Stefan WEINFURTER, Erzbischof Philipp von Köln und der Sturz Heinrichs des Löwen, in: Hanna VOLLRATH und Stefan WEINFURTER, Köln. Stadt und Bistum in Kirche und Reich des Mittelalters. Festschrift für Odilo Engels zum 65. Geburtstag, Köln 1993 (Kölner Historische Abhandlungen 39), S. 455–481.

457 Heinrich REIMER (Bearb.), Urkundenbuch zur Geschichte der Herren von Hanau und der ehemaligen Provinz Hanau, Bd. 1, 767–1300, Leipzig 1891 (Hes-

sisches Urkundenbuch. Abt. 2, Publikationen aus den königlich-preußischen Staatsarchiven, Nr. 114).

458 Walter NIESS, Burg Gelnhausen mit der Kaiserpfalz in nachstaufischer Zeit 1250–1900, in: Gelnhäuser Geschichtsblätter 1990/91, S. 17–102, hier S. 74f., Johann Friedrich ROCK, in: Allgemeine Deutsche Biographie 28 (1889), S. 735–737; Jürgen ACKERMANN, Die Vertreibung der Rockischen Brüdergemeinde aus der Burg Gelnhausen, in: Büdinger Geschichtsblätter 15 (1995–1996), S. 221–227.

459 Max von SCHENKENDORF, Gedichte, Stuttgart 1813, S. 63: »Das Bild in Gelnhausen«.

460 Johann Wolfgang VON GOETHE: Briefe 1814, S. 374. Digitale Bibliothek Bd. 10: GOETHE: Briefe, Tagebücher, Gespräche, S. 12415 (vgl. Goethe-WA-IV, Bd. 25, S. 2f.). Übrigens besuchte Goethe auch Goslar, dort interessierten ihn allerdings nur die Erzgruben im Rammelsberg (Brief, 1784, an Charlotte von Stein: »Nous retournerons d'ici a Goslar pour voir les mines, de la nous monterons peut etre le Brocken pour descendre de l'autre coté par un detour vers Halberstadt«, vgl. Johann Wolfgang VON GOETHE: Briefe 1784, S. 198. Digitale Bibliothek Bd. 10: GOETHE: Briefe, Tagebücher, Gespräche, S. 3141 (vgl. Goethe-WA-IV, Bd. 6, S. 351).

461 Bernhard HUNDESHAGEN, Kaiser Friedrichs I. Barbarossa Palast in der Burg zu Gelnhausen. Eine Urkunde vom Adel der von Hohenstaufen und der Kunstbildung ihrer Zeit. Mainz ^{2}1819, S. 42 u. 81.

462 Gelnhäuser Tagblatt vom 3.4.2013 Lokales: Freilichtspiele in der Barbarossaburg – Heimat unterm Hakenkreuz, Teil 18: Nazi-Kultur.

463 Vgl. die Zusammenstellung der unterschiedlichen Stadtdefinitionen bei: Eberhard ISENMANN, Die deutsche Stadt im Spätmittelalter: 1250–1500. Stadtgestalt, Recht, Stadtregiment, Kirche, Gesellschaft, Wirtschaft, Stuttgart 1988, S. 20–23.

464 Vgl. Andreas KLEINEBERG, Christian MARX, Eberhard KNOBLOCH, Dieter LELGEMANN, Germania und die Insel Thule. Die Entschlüsselung von Ptolemaios' »Atlas der Oikumene«, Darmstadt 2010, S. 90.

465 Vgl. Norbert HASLER (Hg.), Im Schutze mächtiger Mauern. Spätrömische Kastelle im Bodenseeraum. Frauenfeld 2005.

466 Vgl. Helmut MAURER, Stadterweiterung und Vorstadtbildung im mittelalterlichen Konstanz. Zum Problem der Einbeziehung ländlicher Siedlungen in den Bereich einer mittelalterlichen Stadt, in: Stadterweiterung und Vorstadt, hg. von Erich MASCHKE und Jürgen SYDOW (Veröffentlichung der Kommission für geschichtliche Landeskunde Baden-Württemberg, B 51), Stuttgart 1969, S. 21–38, S. 22.

467 Ibid., S. 22f.

468 Ibid., S. 23–25; vgl. auch: Helmut MAURER, Die Bischofsstadt Konstanz in staufischer Zeit, in: Südwestdeutsche Städte im Zeitalter der Staufer, hg. von Erich MASCHKE und Jürgen SYDOW, Sigmaringen 1980, S. 69–94.

469 Vgl. Konrad BEYERLE, Die Konstanzer Grundeigentumsurkunden der Jahre 1152–1371, in: Grundeigentumsverhältnisse und Bürgerrecht im mittelalterlichen Konstanz, Bd. 2, Heidelberg 1902, Nr. 26 (1252 Juni 18).
470 Ibid., Nr. 80 (1282 o. T.).
471 Vgl. Frank MEIER, Konstanzer Stadterweiterungen im Mittelalter. Grundstücksbezogene Untersuchungen zur Erschließungsgeschichte und Sozialtopographie einzelner Quartiere, Konstanz 1990; zur archäologischen Bestandsaufnahme vgl. Marianne DUMITRACHE, Konstanz (Archäologischer Stadtkataster Baden-Württemberg), hrsg. vom Landesdenkmalamt Baden-Württemberg in Verbindung mit der Stadt Konstanz, Stuttgart 2000.
472 Vgl. Konrad BEYERLE, Grundherrschaft und Hoheitsrechte des Bischofs von Konstanz in Arbon, Teil 1, in: Schriften des Vereins für Geschichte des Bodensees und seiner Umgebung 31 (1902), S. 31–116; Teil 2, in: Ibid. 34 (1905), S. 25–148, zit. nach: Teil 1, S. 31f. Beyerle bezeichnet das Arboner Stadtrechtsweistum als ein wichtiges »Rechtsdenkmal« zur Geschichte des Ursprungs der Bodenseestädte; vgl. MEIER, Konstanzer Stadterweiterungen (wie Anm. 471), S. 77–81.
473 Vgl. BEYERLE, Die Konstanzer Grundeigentumsurkunden (wie Anm. 469), Nr. 7 (1217 o. T.); MEIER, Konstanzer Stadterweiterungen (wie Anm. 471), S. 89–98.
474 Vgl. BEYERLE, Die Konstanzer Grundeigentumsurkunden (wie Anm. 469), Nr. 73 (1278 Juni 2); MEIER, Konstanzer Stadterweiterungen (wie Anm. 471), S. 89–98.
475 Vgl. BEYERLE, Die Konstanzer Grundeigentumsurkunden (wie Anm. 469), Nr. 10 (1225 o. T.); MEIER, Konstanzer Stadterweiterungen (wie Anm. 471), S. 98–103.
476 Vgl. MEIER, Konstanzer Stadterweiterungen (wie Anm. 471), S. 107.
477 Vgl. Helmut MAURER, Konstanz als ottonischer Bischofssitz, Göttingen 1973, S. 47f.
478 Ibid., S. 48.
479 Vgl. Wilhelm ALTMANN/Ernst BERNHEIM, Ausgewählte Urkunden zur Erläuterung der Verfassungsgeschichte Deutschlands im Mittelalter, o. O. [2]1895, S. 349f., deutsche Übersetzung: Bernhard HEIL, Die deutsche Stadt im Mittelalter (Teubners Quellensammlung für den Geschichtsunterricht: 2, 38), Leipzig, Berlin 1930, S. 11f.
480 Vgl. Dieter STARKE, Herrschaft und Genossenschaft im Mittelalter, Stuttgart 1971, S. 86f.
481 Vgl. Heinrich MITTEIS, Über den Rechtsgrund des Satzes »Stadtluft macht frei«, in: Erika KUNZ (Hg.), Festschrift Edmund E. Stengel zum 70. Geburtstag am 24. Dezember 1949 dargebracht von Freunden, Fachgenossen und Schülern, Münster u. a. 1952, S. 342–358, auch in: Carl HAASE (Hg.), Die Stadt des Mittelalters, Bd. 2: Recht und Verwaltung (Wege der Forschung 244), Darmstadt [2]1976, S. 182–202.
482 Vgl. Armin WOLF, Goldene Bulle von 1356, in: Lexikon des Mittelalters (LexMA), Bd. 4, München, Zürich 1989, Sp. 1542–1543.

483 Vgl. ALTMANN, BERNHEIM, Ausgewählte Urkunden zur Erläuterung der Verfassungsgeschichte Deutschlands im Mittelalter (wie Anm. 479).
484 RI IV,2,1 n. 369, in: Regesta Imperii Online, URL http://www.regesta-imperii.de/id/1155-11-27_1_0_4_2_1_371_369, 11. 02. 2013.
485 Vgl. Hermann SCHMID, Das Unteruhldinger Markt- und Schifffahrtsrecht (1178–1872), in: Schriften des Vereins für Geschichte des Bodensees und seiner Umgebung 105 (1987), S. 39–54, S. 41.
486 Vgl. MEIER, Konstanzer Stadterweiterungen (wie Anm. 471), S. 92.
487 Vgl. Fritz C. MOSER, Das Straßen- und Schifffahrtswesen der Nordostschweiz im Mittelalter, hrsg. von dem historischen Verein des Kantons Thurgau, Frauenfeld 1930, S. 53.
488 Vgl. Franz BAIER, Die Rathäuser der Stadt, in: Unser Konstanz, o. J., StA Konstanz, Aa 15, S. 74–78.
489 Vgl. BEYERLE, Die Konstanzer Grundeigentumsurkunden (wie Anm. 469), Nr. 120 (1301 Sept. 12).
490 Vgl. Heinz KIMMIG, Peter RÜSTER, Das Konstanzer Kaufhaus (Konstanzer Geschichts- und Rechtsquellen 6), Sigmaringen 1954; Gerhard NAGEL, Das mittelalterliche Kaufhaus und seine Stellung in der Stadt. Eine baugeschichtliche Untersuchung an südwestdeutschen Beispielen, Berlin 1971.
491 Vgl. Helmut MAURER, Konstanz im Mittelalter. I. Von den Anfängen bis zum Konstanzer Konzil (Geschichte der Stadt Konstanz Bd. 1), Konstanz 1989, S. 225–235
492 Vgl. Hans Rudolf KURZ, Schweizerschlachten, Bern ²1977, S.165–171; Bruno MEYER, Der Thurgau im Schwabenkrieg von 1499, in: Thurgauische Beiträge zur vaterländischen Geschichte, Bd. 134 (1979), S. 5–219, insbes. S. 45–63.
493 Vgl. Wolfgang DOBRAS, Konstanz zur Zeit der Reformation, in: Martin BURKHARDT/Wolfgang DOBRAS/Wolfgang ZIMMERMANN, Konstanz in der frühen Neuzeit. Reformation – Verlust der Reichsfreiheit – Österreichische Zeit (Geschichte der Stadt Konstanz Bd.3), Konstanz 1991, S.11–146.
494 Vgl. KURZ, Schweizerschlachten (wie Anm. 492), S. 165–171; MEYER, Der Thurgau im Schwabenkrieg 1499 (wie Anm. 492), S. 45–63.
495 Vgl. Karl Heinz BURMEISTER, Der Bodensee im 16. Jahrhundert. Montfort, Vierteljahreszeitschrift für Geschichte und Gegenwart Vorarlbergs. Jahrgang 2005, Heft 3, S. 243.
496 Vgl. Das Lied vom Schneekind, in: Otto FEGER, Konstanz im Spiegel der Zeiten, Konstanz 1952, S. 20f.
497 Vgl. Klaus SCHELLE, Die Große Oberschwäbische Handelsgesellschaft, Biberach 2000, S. 9; vgl auch Wilhelm HEYD, Die grosse Ravensburger Gesellschaft, Stuttgart 1890; Aloys SCHULTE, Geschichte der grossen Ravensburger Handelsgesellschaft, 3 Bde., Stuttgart u. a. 1923 (Deutsche Handelsakten des Mittelalters und der Neuzeit 3), Nachdruck: Wiesbaden 1964; Paul REHME, Das rechtliche Wesen der großen Ravensburger Handelsgesellschaft, in: Zeitschrift der Savigny-Stiftung für Rechtsgeschichte – Germanistische

Abteilung 47 (1927), S. 486-566; Werner A. WIDMANN: Die Bodenseehanse. Aus der Geschichte der grossen Ravensburger Handelsgesellschaft. Bayerische Vereinsbank (Bavaria antiqua 30), München 1988; Maria STRASSER-LATTNER: Der Handel über die Bündner Pässe zwischen Oberdeutschland und Oberitalien im späten Mittelalter, Magisterarbeit, Universität Konstanz 2004.
498 Vgl. HEYD, Die grosse Ravensburger Gesellschaft (wie Anm. 497), S. 43-45; SCHELLE, Die Große Oberschwäbische Handelsgesellschaft (wie Anm. 497), S. 74-81.
499 Vgl. Hektor AMMANN, Die wirtschaftliche Bedeutung der Schweiz im Mittelalter, in: Aloys SCHULTE, Historische Aufsätze. Aloys Schulte zum 70. Geburtstag, Düsseldorf 1927 (Nachdruck 1993), S. 112-132, S. 117.
500 Vgl. URL http://www.museum-humpis-quartier.de, 16.08.12.
501 Vgl. KIMMIG, RÜSTER, Das Konstanzer Kaufhaus (wie Anm. 490); NAGEL, Das mittelalterliche Kaufhaus und seine Stellung in der Stadt (wie Anm. 490), S. 130, 135, 137.
502 Eine Zusammenstellung der grundlegenden älteren Literatur in: Walther LAMMERS (Hg.), Die Eingliederung der Sachsen in das Frankenreich, Darmstadt 1970 (Wege der Forschung 185); vgl. weiter Torsten CAPELLE, Die Sachsen des frühen Mittelalters, Stuttgart 1998; Matthias SPRINGER, Die Sachsen, Stuttgart 2004.
503 Vgl. Matthias BECHER, *Non enim habent regem idem Antiqui Saxones* .... Verfassung und Ethnogenese in Sachsen während des 8. Jahrhunderts, in: Hans-Jürgen HÄSSLER (Hg.), Sachsen und Franken in Westfalen. Zur Komplexität der ethnischen Deutung und Abgrenzung zweier frühmittelalterlicher Stämme, Oldenburg 1999 (Studien zur Sachsenforschung 12), S. 1-31; vgl. auch Matthias SPRINGER, Sachsen, (wie Anm. 502); Ian WOOD, Beyond satraps and ostriches: political and social structures of the Saxons in the early Carolingian period, in: Dennis GREEN, Frank SIEGMUND (Hg.), The continental Saxons from the migration period to the tenth century: an ethnographic perspective, Woodbridge 2003 (Studies in historical archaeoethnology 6), S. 271-297.
504 Nach wie vor sehr nützlich Walther LAMMERS (Hg.), Entstehung und Verfassung des Sachsenstammes, Darmstadt 1967 (Wege der Forschung 50).
505 GREGOR VON TOURS, Libri historiarum decem, IV 14, hg. v. Bruno KRUSCH, Wilhelm LEVISON, Hannover 1951 (MGH SS rer Merov 1, 1), S. 145-147; zur Einordnung des Geschehens vgl. SPRINGER, Sachsen, (wie Anm. 502), S. 97-99.
506 Chronicarum qui dicuntur Fredegarii scholastici cum continuationibus, IV, 74, hg. v. Bruno KRUSCH, in: MGH SS rer Merov II, Hannover 1888, S. 1-193, S. 158.
507 BEDA VENERABILIS, Historia ecclesiastica gentis Anglorum V, 11, hg. v. Bertram COLGRAVE, Roger A. B. MYNORS, Oxford 1969; übers. v. Günther SPITZBART, Darmstadt 1982 (Texte zur Forschung, 34).
508 Annales regni Francorum inde ab a. 741 usque ad a. 829, qui dicuntur Annales Laurissenses maiores et Einhardi a. 743, hg. v. Friedrich KURZE, Hannover

1895 (MGH SS rer Germ [6]), S. 4; Fredegar (wie Anm. 506), Continuatio, 27, S. 180f.
509 Fredegar (wie Anm. 506), Continuatio 35, S. 182.
510 Reinhard WENSKUS, Sachsen – Angelsachsen – Thüringer, in: Walther LAMMERS (Hg.), Entstehung und Verfassung des Sachsenstammes (wie Anm. 504), S. 483–545.
511 BEDA, Historia (wie Anm. 507), V, 10, S. 480 u. 482.
512 Zum Folgenden vgl. BECHER, Non enim habent (wie Anm. 503), S. 10f.
513 Vita Lebuini antiqua, 4, hg. v. Adolf HOFMEISTER, in: MGH SS 30, 2, Leipzig 1934, S. 789–795, S. 793.
514 Martin LINTZEL, Karl der Große und Widukind, in: DERS., Ausgewählte Schriften, Bd. 1, Berlin 1961, S. 202.
515 Vgl. vor allem Matthias SPRINGER, Was Lebuins Lebensbeschreibung über die Verfassung Sachsens wirklich sagt, oder warum man sich mit einzelnen Wörtern beschäftigen muß, in: Hans-Jürgen HÄSSLER (Hg.), Sachsen und Franken in Westfalen (wie Anm. 503), S. 223–239.
516 Altfrid, Vita sancti Liudgeri I, hg. v. Wilhelm DIEKAMP, Münster 1881 (Geschichtsquellen des Bistums Münster 4).
517 Heinz LÖWE, Entstehungszeit und Quellenwert der Vita Lebuini, in: Deutsches Archiv zur Erforschung des Mittelalters 21 (1965), S. 345–370.
518 Hierzu und zum Folgenden SPRINGER, Sachsen, (wie Anm. 502), S. 135–150; DERS., Marklo und kein Ende, in: Matthias BECHER, Stefanie DICK (Hg.), Völker, Reiche und Namen im frühen Mittelalter, München 2010 (MittelalterStudien 22), S. 297–324; vgl. Walter KRONSHAGE, Die Entstehung der Vita Lebuini, in: Niedersächsisches Jahrbuch für Landesgeschichte 36 (1964), S. 1–27.
519 Zur Funktion der Historiographie bei der Verarbeitung der sächsischen Unterwerfung durch die Franken vgl. Helmut BEUMANN, Die Hagiographie »bewältigt« Unterwerfung und Christianisierung der Sachsen durch Karl den Großen, in: Christianizzazione ed organizzazione ecclesiastica delle campagne nell'alto medioevo: espansione e resistenze, Spoleto 1982 (Settimane di studio del centro italiano di studi sull'alto medioevo 28), S. 129–163, ND in: Helmut BEUMANN, Jürgen PETERSOHN, Roderich SCHMIDT (Hg.), Ausgewählte Aufsätze aus den Jahren 1966–1986. Festgabe zu seinem 75. Geburtstag, Sigmaringen 1987, S. 289–323.
520 Hierzu und zum Folgenden vgl. Joseph PRINZ, Marklo, in: Westfalen 58 (1980), S. 3–23.
521 Vgl. Matthias BECHER, Art. Marklohe/Marklo, in: Reallexikon der Germanischen Altertumskunde 19, Berlin, New York ²2001, S. 289f.
522 Ludwig August Theodor HOLSCHER, Beschreibung des vormaligen Bistums Minden, in: Westfalen 34, 2 (1876), S. 1–168, S. 140.
523 Vgl. PRINZ, Marklo (wie Anm. 520), S. 9 Anm. 39.
524 PRINZ, Marklo (wie Anm. 520), S. 11ff.

525 Rainer PAPE, Marklo und die Heeresfurt in den Sachsenkriegen, in: Herforder Jahrbuch 24 (1988), S. 121–135; Conrad FÖRSTE, Wo lag das alte Marklo?, in: Lippische Mitteilungen aus Geschichte und Landeskunde 64 (1995), S. 9–39.
526 EINHARD, Vita Karoli magni, c. 7, hg. v. Oswald HOLDER-EGGER, Hannover ⁶1911 (MGH SS rer Germ [25]), S. 9.
527 Zu den Einzelheiten vgl. etwa Angelika LAMPEN, Sachsenkrieg, in: Christoph STIEGEMANN, Matthias WEMHOFF (Hg.), 799. Kunst und Kultur der Karolingerzeit. Karl der Große und Papst Leo III. in Paderborn, Mainz 1999, S. 264–272; Matthias BECHER, Karl der Große, München ⁵2007, S. 56–74; Dieter HÄGERMANN, Karl der Große, Berlin ²2000, S. 200–230; Wilfried HARTMANN, Karl der Große, Stuttgart 2010, S. 98–106.
528 Vgl. Hans-Dietrich KAHL, Karl der Große und die Sachsen. Stufe und Motive einer historischen »Eskalation«, in: Herbert LUDAT, Rainer Christoph SCHWINGES (Hg.), Politik, Gesellschaft, Geschichtsschreibung. Giessener Festgabe für František Graus zum 60. Geburtstag, Köln, Wien 1982 (Beihefte zum Archiv für Kulturgeschichte 18), S. 49–130.
529 Annales regni Francorum a. 782 (wie Anm. 508), S. 62.
530 Zum Folgenden vgl. vor allem Max KERNER, Karl der Große. Entschleierung eines Mythos, Köln, Weimar, Wien 2000, S. 211–217.
531 Vgl. Wolfgang BRAUNFELS, Karl der Große. Ein Baumeister Europas, Bonn 1965, S. 20f.; Wolfgang BRAUNFELS, Karl der Große in Selbstzeugnissen und Bilddokumenten, Reinbek bei Hamburg 1972 (Rowohlts Monographien), S. 40f.; Kurt KLOOCKE, Joseph Bédiers Theorie über den Ursprung der Chanson de geste und die daran anschließende Diskussion zwischen 1908 und 1968, Göppingen 1972 (Göppinger Akademische Beiträge, 33/34), S. 302–306.
532 Vgl. Rita LEJEUNE, Jacques STIENNON, Die Rolandssage in der mittelalterlichen Kunst, Bd. 1, Brüssel 1966, S. 9f.; Marianne OTT-MEIMBERG, Karl, Roland, Guillaume, in: Volker MERTENS, Ulrich MÜLLER (Hgg.), Epische Stoffe des Mittelalters, Stuttgart 1984 (Kröners Taschenausgabe, 483), S. 81–110, hier S. 8; Roland, in: Willem P. GERRITSEN, Anthony G. VAN MELLE, A Dictionary of Medieval Heroes. Characters in Medieval Narrative Traditions and Their Afterlife in Literature, Theatre and the Visual Arts, Woodbridge 1998, S. 232–238.
533 Vgl. LEJEUNE, STIENNON, Rolandssage (wie Anm. 532), S. 9.
534 Es handelt sich um Einhards »Vita Karoli Magni«, entstanden um 830. Siehe auch Anm. 539.
535 Vgl. BRAUNFELS, Selbstzeugnisse (wie Anm. 531), S. 42; KLOOCKE, Ursprung der Chanson de geste (wie Anm. 531), S. 17–21; OTT-MEIMBERG, Roland, Guillaume (wie Anm. 532), S. 82; Michael HEINTZE, Einleitung, in: Wilhelmsepen. Le Couronnement de Louis, Le Charroi de Nîmes, La Prise d'Orange, München 1993 (Klassische Texte des romanischen Mittelalters in zweisprachigen Ausgaben, 22), S. 1–116, hier S. 3f.; Beate SCHMOLKE-HASSELMANN, Einleitung, in: Chanson de Guillaume, München 1983 (Klassische Texte des romanischen Mittelalters in zweisprachigen Ausgaben, 20), S. 7–19, hier S. 7f.;

Guillaume d'Orange, in: Willem P. GERRITSEN, Anthony G. VAN MELLE, A Dictionnary of Medieval Heroes. Characters in Medieval Narrative Traditions and Their Afterlife in Literature, Theatre and the Visual Arts, Woodbridge 1998, S. 132-136.

536 In die »Fränkischen Reichsannalen«, die »Annales regni Francorum«, findet sie beispielsweise keinen Eingang.
537 EINHARD, Vita Karoli Magni. Das Leben Karls des Großen. Lateinisch / Deutsch, Übersetzung, Anmerkungen und Nachwort von Evelyn SCHERABON FIRCHOW, Stuttgart 1981 (RUB, 1996), S. 23.
538 Ibid, S. 23 und 25.
539 Vgl. ibid, S. 23 und S. 73, Anm. 31. Allerdings ist der Name Hruodlandus nicht in allen Handschriften bezeugt. Vgl. dazu Paul AEBISCHER, Roland. Mythe ou personnage historique? In: Revue belge de philologie et d'histoire 43-3 (1965), S. 849-901.
540 EINHARD, Vita Karoli Magni (wie Anm. 537), S. 23.
541 Vgl. Mathias HERWEG, Ronceval und Montauban. Literarische Muster von Niederlagen und ihre Erinnerungsfunktion in deutschsprachigen Romanen des 15./16. Jahrhunderts, in: Horst CARL u. a. (Hg.), Kriegsniederlagen. Erfahrungen und Erinnerungen, Berlin 2004, S. 27-39, hier S. 31. Vgl. auch Edith FEISTNER, Michael NEECKE, Vom ›Überlesen‹ der Niederlage. Das Rolandslied und seine Rezeption im Deutschen Orden, in: Horst CARL, u. a. (Hg.), Kriegsniederlagen. Erfahrungen und Erinnerungen, Berlin 2004, S. 15-26.
542 Vgl. z. B. HERWEG, Ronceval (wie Anm. 541), S. 32.
543 Dámaso ALONSO, La primitiva épica francesca a la luz de una »Nota Emilianense«, in: Revista de filología española 37 (1953), S. 1-94; KLOOCKE, Chanson de geste (wie Anm. 531), S. 67f. und S. 378f.; Philippe SERINGE, Pour une relecture de la »Nota Emilianense«, in: La chanson de geste et le mythe carolingien. Mélanges René LOUIS, Bd. 1, Saint-Père-sous-Vézelay 1982, S. 389-415.
544 Cesare SEGRE (Hg.), La chanson de Roland, aus dem Italienischen übersetzt von Madeleine TYSSENS, Genf 2003; Das Altfranzösische Rolandslied. Zweisprachig, übersetzt und kommentiert von Wolf STEINSIECK, Nachwort von Egbert KAISER, Stuttgart 2008.
545 Jakobus der Ältere gehört zu den Aposteln Jesu. Im Jahr 44 n.Chr. starb er in Jerusalem unter Herodes Agrippa den Märtyrertod. Vgl. Apostelgeschichte 12,1-2.
546 Vgl. Kurt BENESCH, Die vier Wege nach Santiago de Compostela. Geschichte eines Schicksalswegs, Freiburg im Breisgau 2009, S. 11f.; Klaus HERBERS, Jakobsweg. Geschichte und Kultur einer Pilgerfahrt, München 2006, S. 10-20.
547 Vgl. BENESCH, Vier Wege (wie Anm. 546), S. 91, 98-104; Bettina MARTEN, Der spanische Jakobsweg. Ein Kunst- und Kulturführer, Stuttgart 2011 (RUB, 18792).
548 Vgl. LEJEUNE, STIENNON, Rolandssage (wie Anm. 532), S. 19-25.
549 Karl-Ernst GEITH, Carolus Magnus. Studien zur Darstellung Karls des Großen in der deutschen Literatur des 12. und 13. Jahrhunderts, Bern, München 1977,

S. 26f.; Klaus HERBERS (Hg.), Jakobus und Karl der Große. Von Einhards Karlsvita zum Pseudo-Turpin, Tübingen 2003 (Jakobus-Studien, 14).
550 Vgl. LEJEUNE, STIENNON, Rolandssage (wie Anm. 532), S. 296 und S. 66.
551 Vgl. Klaus HERBERS, Nachwort, in: Der Jakobsweg. Ein Pilgerführer aus dem 12. Jahrhundert. Übersetzt und kommentiert von DEMS., Stuttgart 2008 (RUB, 18580), S. 150–204, hier S. 160.
552 Der Jakobsweg. Ein Pilgerführer aus dem 12. Jahrhundert, übersetzt und kommentiert von Klaus HERBERS, Stuttgart 2008 (RUB, 18580), S. 53.
553 Vgl. ibid, S. 67f.
554 Vgl. Joachim BUMKE, Wolfram von Eschenbach, [8]2004 Stuttgart, Weimar, S. 376f.; Victor SAXER, Le culte et la légende hagiographique de Saint Guillaume de Gellone, in: La chanson de geste et le mythe carolingien. Mélanges René LOUIS, Bd. 2, Saint-Père-sous-Vézelay 1982, S. 565–589; SCHMOLKE-HASSELMANN, Chanson de Guillaume (wie Anm. 535), S. 7–9.
555 Vgl. SAXER, La légende hagiographique (wie Anm. 554), S. 567; BUMKE, Wolfram (wie Anm. 554), S. 376f.
556 Vgl. HERBERS, Pilgerführer (wie Anm. 552), S. 86f.
557 Hier sind beide Sagenkreise miteinander verknüpft.
558 Vgl. OTT-MEIMBERG, Roland, Guillaume (wie Anm. 532), S. 92–94; SCHMOLKE-HASSELMANN, Chanson de Guillaume (wie Anm. 535), S. 9–14.
559 Ein erheblicher Anteil an der Ausformung der epischen Wilhelmsgestalt wird auch Wilhelm I. dem Befreier zugesprochen, der von 961–992 Graf der Provence war und der sich ebenso wie Wilhelm von Toulouse als Sarazenenkämpfer hervorgetan hat, indem er beispielsweise 983 die Araber aus Fraxinet vertrieb. In den Wilhelmsdichtungen befreit Wilhelm die Städte Orange und Nîmes von den Heiden, was jeglicher historischer Grundlage entbehrt. Aufgrund der räumlichen Nähe von Wilhelms Eroberungen zu dem Gebiet, in dem der historische Wilhelm I. militärische Erfolge gegen die Heiden aufzuweisen hatte, geht man davon aus, dass auch diese historische Gestalt in die Sagengestalt des Wilhelm eingegangen ist. Vgl. HEINTZE, Wilhelmsepen (wie Anm. 535), S. 7f.
560 Vgl. Joachim BUMKE, Höfische Kultur. Literatur und Gesellschaft im hohen Mittelalter, [10]München 2002, S. 399–415.
561 Vgl. OTT-MEIMBERG, Roland, Guillaume (wie Anm. 532), S. 87.
562 HERWEG, Ronceval (wie Anm. 541), S. 33.
563 Vgl. BENESCH, Vier Wege (wie Anm. 546), S. 13-15; HERBERS, Jakobsweg (wie Anm. 546), S. 7–9.
564 Erst kürzlich hat Charles Bowlus versucht, den tatsächlichen Ort der sogenannten Lechfeldschlacht zu rekonstruieren. Er kommt zu dem Schluss, dass sie nicht in der Lechebene, sondern am Rand des Rauhen Forstes stattgefunden haben muss. Charles R. BOWLUS, Die Schlacht auf dem Lechfeld, Ostfildern 2012, S. 144–193, insbesondere 186f.
565 Matthias SPRINGER, 955 als Zeitenwende – Otto I. und die Lechfeldschlacht. In: Matthias PUHLE (Hg.), Otto der Große, Magdeburg und Europa. Katalog-Handbuch in zwei Bänden. Mainz 2001, Bd. 1, S. 199–208, S. 201.

566 GERARDUS AUGUSTANUS, Vita Sancti Uodalrici, Cap. I, 12. Nach: GERHARD VON AUGSBURG, Vita Sancti Uodalrici. Die älteste Lebensbeschreibung des heiligen Ulrich, Einleitung, kritische Edition und Übersetzung besorgt von Walter BERSCHIN und Angelika HÄSE, Heidelberg 1993 (Editiones Heidelbergenses 24), S. 192–193.

567 *De famoso triumpho, quem rex de Ungariis obtinuit.* WIDUKIND VON CORVEY, Res gestae Saxonicae III 44 (capitula). Nach: WIDUKIND VON CORVEY, Res gestae Saxonicae / Die Sachsengeschichte. Übersetzt und herausgegeben von Ekkehart ROTTER und Bernd SCHNEIDMÜLLER, Stuttgart 2006, S. 160–161.

568 *in confiniis Augustanae Urbis,* ibid., III 44, S. 194–195.

569 Ibid., S. 196–197.

570 Ibid., S. 198–199.

571 Ibid.

572 Ibid., S. 200–201.

573 Ibid., S. 202–203.

574 Es bleibt allerdings zu bemerken, dass die Kriegshandlungen den Großteil seiner »Sachsengeschichte« einnehmen, vgl. dazu SPRINGER, 955 als Zeitenwende (wie Anm. 565), S. 199.

575 WIDUKIND, Sachsengeschichte (wie Anm. 567), I 1, S. 22–23.

576 Lorenz WEINRICH, Tradition und Individualität in den Quellen zur Lechfeldschlacht 955, in: DA 27 (1971), S. 291–313, S. 300. Siehe auch Hagen KELLER, *Machabaeorum pugnae.* Zum Stellenwert eines biblischen Vorbilds in Widukinds Deutung der ottonischen Königsherrschaft, in: Hagen KELLER, Nikolaus STAUBACH (Hg.), Iconologia Sacra. Mythos, Bildkunst und Dichtung in der Religions- und Sozialgeschichte Alteuropas, Berlin, New York 1994 (Arbeiten zur Frühmittelalterforschung 23), S. 417–437.

577 KELLER, *Machabaeorum pugnae* (wie Anm. 576), S. 428.

578 *episcopus super cavallum suum sedens stola indutus, non clippeo, aut lorica, aut galea munitus.* Vita S. Uodalrici (wie Anm. 566), Cap. I, 12, S. 194f.

579 Dort heißt es: *non clipeo protectus aut galea, hostium cuneos penetrabo securus.* Zitiert nach: Georg KREUZER, Die Vita sancti Oudalrici episcopi Augustani des Augsburger Dompropstes Gerhard. Eine literarkritische Untersuchung, in: Manfred WEITLAUFF (Hg.), Bischof Ulrich von Augsburg 890–973. Seine Zeit, sein Leben, seine Verehrung, Festschrift aus Anlaß des tausendjährigen Jubiläums seiner Kanonisation im Jahre 993, Weißenhorn 1993 (Jahrbuch des Vereins für Augsburger Bistumsgeschichte, 26/27), S. 175.

580 *in campum quem lehcfeld vulgo dicunt.* Vita S. Uodalrici (wie Anm. 566), I 3, S. 108f.

581 Ibid., I 3, S. 110f.

582 Andreas KUSTERNIG, Erzählende Quellen des Mittelalters. Die Problematik mittelalterlicher Historiographie am Beispiel der Schlacht bei Dürnkrut und Jedenspeigen 1278, Graz 1982; Andreas KUSTERNIG, Probleme um die Kämpfe zwischen Rudolf und Ottokar und die Schlacht bei Dürnkrut und Jedenspeigen am 26. August 1278, in: Jahrbuch für Landeskunde in Niederösterreich 50/51 (1984/85), S. 26–52; Andreas KUSTERNIG, Die Schlacht bei Dürnkrut

und Jedenspeigen am 26. August 1278. in: Marie BLÁHOVÁ, Ivan HLAVÁČEK (Hg.), Böhmisch-österreichische Beziehungen im 13. Jahrhundert. Prag 1998, S. 185–216.

583 Die *Continuatio Vindobonensis*, nach KUSTERNIG, Erzählende Quellen (wie Anm. 582), S. 78–79.

584 Heinz DOPSCH, Karl BRUNNER, Maximilian WELTIN (Hg.), Die Länder und das Reich. Der Ostalpenraum im Hochmittelalter, in: Heinz DOPSCH, Karl BRUNNER, Maximilian WELTIN (Hg.), Österreichische Geschichte, Bd. 3, Wien 1999, S. 478.

585 Wikipedia-Artikel zu »Marchfeld«, http://de.wikipedia.org/w/index.php?title=Marchfeld&oldid=98219304, 16.01.12.

586 Die *Continuatio Vindobonensis*, nach KUSTERNIG, Erzählende Quellen (wie Anm. 582), S. 78–79.

587 Die *Annales sancti Rudberti Salisburgensis*, nach ibid., S. 58–59.

588 Die *Steirische Reimchronik des Otacher oûz der Geul*, nach ibid., S. 136.

589 Ibid., S. 137.

590 Das *Chronicon Colmariense*, nach ibid., S. 117.

591 Die *Annales sancti Rudberti Salisburgensis*, nach ibid., S. 61.

592 Ibid., S. 8.

593 Einen Überblick liefert der Appendix I bei Charles R. BOWLUS, The Battle of Lechfeld and its aftermath August 955. The end of the age of migrations in the Latin West, Aldershot 2006.

594 Hektor Mülichs Abschrift der Meisterlin-Chronik, mit eigener Fortsetzung bis 1456. Abschrift und Illustrationen von Hektor Mülich. Staats- und Stadtbibliothek Augsburg, Codex Halder 1, f. 88a. / Georg Mülichs Meisterlin-Abschrift. Schreiber Georg MÜLICH, Illustrator unbekannt. Württembergische Landesbibliothek Stuttgart, Codex HBV 52, f. 70b.

595 Obwohl die Mülichs sich der *Chronografia Augustana* des Augsburger Benediktinermönchs Siegmund Meisterlin als Vorlage bedienten, welche das Motiv der *crux victorialis* in die Ulrichslegende einführt. Vgl. Sibylle APPUHN-RADTKE, Das Thesenblatt im Hochbarock. Studien zu einer graphischen Gattung am Beispiel der Werke Bartholomäus KILIANS, Weißenhorn 1988, S. 250. Dagegen Wolfgang AUGUSTYN, Das Ulrichskreuz und die Ulrichskreuze, in: WEITLAUFF (Hg.), Bischof Ulrich von Augsburg (wie Anm. 579), S. 267–315, S. 293f.: »Seit wann die Verleihung des Kreuzes zum Inhalt der Legende gehört, ist trotz der Untersuchungen zum Wandel der Vita Oudalrici und zur Entstehung der Legende – bisher nicht erforscht«.

596 Thomas BALLK, Der heilige Ulrich in der spätmittelalterlichen Kunst, in: WEITLAUFF (Hg.), Bischof Ulrich von Augsburg (wie Anm. 579), S. 483–520, S. 520: »Die für spätere Ulrichsdarstellungen bedeutsame Veränderung trat 1494 ein, als Abt Johann von Giltingen dem Goldschmied Nicolaus Seld die Gestaltung des neuen Gehäuses für das Ulrichskreuz übertrug. [...] Das Bild vom hl. Ulrich als ›Retter des christlichen Abendlandes‹, der als Reichsfürst politisch verantwortungsvoll handelnd Hilfe aus dem Jenseits erhält, zeigt wohl weniger seine gewandelte Verehrung beim einfachen Volk

als vielmehr sein unter zeitgeschichtlichen Gesichtspunkten aktualisierte Vorbild-Funktion bei Adel und Klerus auf. Norbert LIEB hat 1973 bei seinem Vortrag in der Katholischen Akademie Augsburg dieses neue Ulrichsbild der Aristokratie so zusammengefaßt: ›Aus dem das Kaisertum als Bischof mittragenden Ulrich des Heinrichs Sakramentars ist 500 Jahre später ein *miles christianus* im Sinn Kaiser Maximilians geworden‹«.

597 AUGUSTYN, Ulrichskreuz und die Ulrichskreuze (wie Anm. 595), S. 275, siehe auch S. 276, Anm. 23.
598 »Die Berittenen des christlichen Heeres tragen fast alle den schweren Reiterharnisch und als Helm die in der zweiten Hälfte des 15. Jahrhunderts übliche Schaller mit geschobenem Bart«, AUGUSTYN, Ulrichskreuz und die Ulrichskreuze (wie Anm. 595), S. 275.
599 Vgl. Karl KOSEL, Ulrichskirchen und Ulrichsdarstellungen im Bistum Regensburg, in: WEITLAUFF (Hg.), Bischof Ulrich von Augsburg (wie Anm. 579), S. 549–670; vgl. auch APPUHN-RADTKE, Thesenblatt im Hochbarock (wie Anm. 595), S. 529.
600 APPUHN-RADTKE, Thesenblatt im Hochbarock (wie Anm. 595), S. 249–250, S. 250.
601 Ibid., S. 249.
602 Mechthild MÜLLER, Bischof Ulrich von Augsburg in der Kunst des Barocks, in: WEITLAUFF (Hg.), Bischof Ulrich von Augsburg (wie Anm. 579), S. 521–548, S. 529.
603 Ibid., S. 530.
604 Ibid.
605 Ulrich HUBERT, Helmut BACHMAIER, König Ottokars Glück und Ende, in: Heinz Ludwig ARNOLD, Kindlers Literatur Lexikon, Stuttgart, Weimar ³2009. Zitiert nach Kindlers Literatur Lexikon Online: http://www.kll-online.de, 16.01.2012.
606 Vgl. Sabine FASTERT, Die Entdeckung des Mittelalters. Geschichtsrezeption in der nazarenischen Malerei des frühen 19. Jahrhunderts, München, Berlin 2000 (Kunstwissenschaftliche Studien 86), S. 69.
607 Franz GRILLPARZER, König Ottokars Glück und Ende. Akt III, V. 1665–1703.
608 Ibid., Akt V, V. 2716–2730.
609 Ibid., V. 2957–2967.
610 FASTERT, Entdeckung des Mittelalters (wie Anm. 606), S. 84.
611 Ibid., S. 76.
612 Detaillierte Bildbeschreibung und Abbildung in FASTERT, Entdeckung des Mittelalters (wie Anm. 606), S. 84–86.
613 Hans DELBRÜCK, Geschichte der Kriegskunst im Rahmen der politischen Geschichte. Bd. 3: Das Mittelalter, Berlin 1907, S. 112.
614 »Von 1855 bis zum Jahre 1929 erschienen 28 Publikationen […] in denen die Lechfeldschlacht als Hauptthema oder als Teilaspekt behandelt wird. […] So erschienen von 1855 bis 1900 nur sechs Arbeiten, von 1900 bis zum Jahre 1918 immerhin 20 Veröffentlichungen und von 1918 bis 1929 lediglich zwei Arbeiten«, Maximilian Georg KELLNER, Die Lechfeldschlacht, in: Márta FATA

(Hg.), Das Ungarnbild der deutschen Historiographie, Stuttgart 2004, S. 289–299, S. 296.
615 Friedrich HEER, Der Glaube des Adolf Hitler, Anatomie einer politischen Religiosität, München 1968, S. 386–387.
616 Heinrich VON BRENTANO, Innere und äußere Einheit Europas bringt Frieden. Ansprache des Bundesministers des Auswärtigen, Dr. Heinrich von Brentano, bei der Schlußkundgebung im Stadion am Nachmittag, in: Leopold SCHWARZ, Max HOHENESTER (Bearb.), Crux Victorialis. Ein Erinnerungsbuch an die St.-Ulrichs-Festwoche und die Tage abendländischen Bekenntnisses vom 2. bis 11. Juli 1955 in Augsburg, Augsburg 1955 (?), S. 303–306, S. 303.
617 »Wir haben allen Anlaß, uns, wie damals der hl. Ulrich, der Größe der Gefahr bewußt zu werden und wie er das Notwendige zu tun, um die Gefahr abzuwenden. Er kann uns dabei in allem Wesentlichen das Vorbild sein, und über die geschichtliche Erinnerung hinaus liegt das geradezu Aktuelle dieser Festwoche darin, daß wir, indem wir uns auf die Vergangenheit besinnen, für die Gegenwart entscheidende Lehren finden«, ibid., S. 304.
618 Ibid.
619 Der SPIEGEL, http://www.spiegel.de/spiegel/print/d-31970943.html, 16.01.12, vgl. auch Matthias PAPE, Lechfeldschlacht und NATO-Beitritt. Das Augsburger »Ulrichsjahr« 1955 als Ausdruck der christlich-abendländischen Europaidee in der Ära Adenauer, in: Zeitschrift des Historischen Vereins für Schwaben 94 (2001), S. 269 – 308, S. 302f.
620 http://www.zdf.de/Die-Deutschen/Otto-und-das-Reich-5234440.html (01.08.2013).
621 »Sieben Aufgebote deutscher Stämme. 12 000 Krieger aus Bayern aus Franken und Schwaben aus Lothringen und Böhmen sind dem Hilferuf ihres Königs gefolgt. Otto setzt alles auf eine Karte. Er sucht die Entscheidungsschlacht. Gegen König Otto sind die Ungarn noch nie in die Schlacht gezogen. Dennoch sind sie ihres Sieges sicher. [...] In der Abwehr des Gegners sind sich die deutschen Stämme einig: Es geht auf Leben und Tod«, ibid.
622 Artikel in *Die Welt*: http://www.welt.de/kultur/history/article948139/Lechfeld_Geburt_der_deutschen_Nation.html, 16.01.2012.
623 WEINRICH, Tradition und Individualität (wie Anm. 576), S. 296.
624 Ich bleibe bei der seit dem 19. Jahrhundert üblichen Bezeichnung »Deutscher Bauernkrieg« oder «Bauernkrieg«, obwohl die Forschung sie mit Recht längst in Frage gestellt und durch Bezeichnungen wie »Frühbürgerliche Revolution« (marxistische Geschichtsschreibung, DDR) und »Aufstand des gemeinen Mannes« oder »Revolution des gemeinen Mannes« (P. BLICKLE) zu ersetzen versucht hat. Jedoch konnte sich keine dieser Bezeichnungen richtig durchsetzten. Im folgenden Beitrag wird deshalb i.d.R. auch die Bez. »Bauern« für die «Aufständischen« benutzt, obwohl der Anteil auch städtischer Unter- und Mittelschichten am Bauernkrieg, v.a. außerhalb Oberschwabens, unbestreitbar/unbestritten ist.
625 Vgl. einerseits den Appell der Bundesversammlung vom 12.04., gegen die Aufrührer zusammenzuhalten (HStA Stuttgart H 53 Bü 167), und anderseits ihr

Rundschreiben vom »Montag nach Letari«, das auf einer schiedlichen Lösung beharrte (HStA Stuttgart H 53 Bü 167).

626 Die Bestallung des Truchsessen zum »Obersten Feldhauptmann« war – bei 400 Gulden Besoldung und 200 gerüsteten Pferden zu 10 Gulden Monatssold – bereits am 07.05.1523 erfolgt: Archiv Wolfegg: Wolfegg U 01274.

627 Die lebendige spätmittelalterliche Wallfahrt wird auch unterstrichen durch den damals entstehenden Brauch des Blutritts, einer überregionalen Reitprozession am Freitag nach Christi Himmelfahrt, vgl. Hans Ulrich RUDOLF, Die Geschichte des Blutritts im Überblick, in: 900 Jahre Heilig-Blut-Verehrung in Weingarten 1094–1994, hg. von Norbert KRUSE u. Hans Ulrich RUDOLF, Sigmaringen 1994, S. 704f.

628 Vgl. die ausführliche monographische Darstellung der Entstehung des Weingartener Vertrags mit Quellenbelegen, in: Hans Ulrich RUDOLF, Ende und Ausgang – Der Weingartener Vertrag und seine Folgen, in: Elmar KUHN (Hg.), Der Bauernkrieg in Oberschwaben, Tübingen 2000, S. 199–232; Faksimile der Druckfassung des Vertrags S. Adolf WAAS, Die Bauern im Kampf um Gerechtigkeit 1300–1525, München 1964, Einlage nach S. 192.

629 Peter BLICKLE, Die Revolution von 1525, München, Wien 1975, S. 25–27.

630 Dazu Günther FRANZ, Der deutsche Bauernkrieg, Darmstadt ^{12}1984, S. 295.

631 In diesem Sinne Claudia ULBRICH, Oberschwaben und Württemberg, in: BUSZELLO, BLICKLE, ENDRES (Hg.), Der deutsche Bauernkrieg, Paderborn 1984, S. 122.

632 Schreiben d. Truchsessen an die Bundesstände vom 17.04.1525 (HStA Stuttgart H 54 Bü 12/7) und vom 20.04.1525 (HStA Stuttgart: H 54 Bü 12/9); vgl. den Bericht des SCHREIBERS, in: Franz Ludwig BAUMANN, Quellen zur Geschichte des Bauernkriegs in Oberschwaben, Tübingen 1876 [Repr. Hildesheim 1975].

633 Original m. Siegeln: StA Augsburg, Urkunden, sowie Bündel von Abschriften, Kurzfassungen und Zusammenfassungen: HStA Stuttgart, H 54 Bü 12,8, Bü 47,14 sowie H 53 Bü 71.

634 Drucke: Augsburg: Silvan Othmar 1525 und [Luther-Ausgabe] Wittenberg: (ohne Drucker) 1525.

635 Diese Vermutung erhärtet eine Anzahl von Akten im HStA Stuttgart H 54 B 8.

636 Vgl. den Überblick über die Geschichte der Bauernkriegshistoriographie von Friedrich WINTERHAGER, Bauernkriegsforschung, Darmstadt 1981 (Erträge der Forschung 157).

637 Luthers Vor- und Nachwort, in: Flugschriften des Bauernkrieges, hg. v. Klaus KACZEROWSKY, Hamburg 1970, S. 55–62 (Texte deutscher Literatur 1500–1800 33).

638 Wilhelm ZIMMERMANN, Allgemeine Geschichte des großen Bauernkrieges, Teil 2, Stuttgart 1842, S. 731.

639 Friedrich ENGELS, Der deutsche Bauernkrieg, Berlin/O 1972, S. 107f.; durchaus ähnlich noch Bernd MOELLER, Deutschland im Zeitalter der Reformation, in: Deutsche Geschichte, hg. von Bernd MOELLER, Martin HECKEL, Rudolf VIERHAUS u. a., Bd. 2, Göttingen 1985, S. 76.

640 FRANZ (wie Anm. 630), S. 294–300.
641 Ibid. S. 133f.
642 BLICKLE, Revolution (wie Anm. 629).
643 Vgl. Helmut GABEL, Winfried SCHULZE, Folgen und Wirkungen, in: BUSZELLO, BLICKLE, ENDRES (wie Anm. 631), S. 347–349.
644 BLICKLE, Revolution (wie Anm. 629), S. 231.
645 In diesem Sinne schon Friedrich LÜTGE, Geschichte der deutschen Agrarverfassung vom frühen Mittelalter bis zum 19. Jahrhundert, Stuttgart 1963, S. 100–134.
646 Früh Otto SCHIFF, Die deutschen Bauernaufstände von 1525 bis 1789, in: HZ 130 (1924), S. 189–209, und in mehreren Arbeiten von Winfried SCHULZE.
647 Vgl. u. a. Peter BLICKLE, André HOLENSTEIN (Hg.), Agrarverfassungsverträge. Eine Dokumentation zum Wandel in den Beziehungen zwischen Herrschaften und Bauern am Ende des Mittelalters, Stuttgart 1996.
648 BLICKLE, Revolution (wie Anm. 629), S. 230. Vertragstext bei Alfred WEITNAUER, Die Bauern des Stifts Kempten 1525/26, Kempten 1949 (Alte Allgäuer Geschlechter 25).
649 FRANZ, Bauernkrieg (wie Anm. 630), S. 296.
650 Leider wurde eine Dissertation von Elke PALLOKS (vgl. DIES., Blutiger Krieger und besonnener Politiker: vor 500 Jahren kam in Waldsee Georg III. Truchseß von Waldburg, der »Bauernjörg«, zur Welt, in: SZ. Ausg. Ravensb. vom 25.01.1988), die ein neues Bild des Truchsessen zeichnen wollte, nie fertiggestellt.
651 Herrschaften Eberhardzell, Essendorf, Schwarzach, Schweinhausen, Waldburg, Waldsee, Winterstetten, Wolfegg und Zeil. Aus Raumgründen wird hier auf eine Aufzählung der Archivalien verzichtet.
652 Schon Joseph VOCHEZER, Geschichte des fürstlichen Hauses Waldburg in Schwaben, Bd. II, Kempten 1900, S. 630–634, hatte das Fakt der Leibeigenschafts- und Dienstverträge zum Ruhme des Truchsessen erwähnt. Neuerlich hat sie dann BLICKLE, Revolution (wie Anm. 629), S. 227–229, als Gegenbeispiele gegen das völlige Scheitern des sog. Bauernkriegs von 1525 erwähnt. – Eine monographische Behandlung steht aus.
653 Erneuerungen z. B. 1536, 1587, 1602, 1622 und 1725. Dabei wurden im Laufe der Zeit immer mehr Dienstverpflichtungen in »Surrogatgelder« umgewandelt. Als ungemessene Frondienste blieben nur noch die Baufronen im Falle eines Schlossbrands in Wolfegg. Im Übrigen richteten sich die Dienste nach der Hofgröße und konnten in Geld abgegolten werden. Bei der Aufhebung der Leibeigenschaft und der Abfindung der ehemaligen Leibherren in den Jahren 1829/1836 werden die Verträge von 1622 erwähnt.
654 BLICKLE, Revolution (wie Anm. 629), S. 224–240.
655 Für den lateinischen Text vgl. Friedrich ZARNCKE, Der Priester Johannes, Bd. 1, Leipzig 1879 (Abhandlungen der philologisch-historischen Classe der Königl. Sächsischen Akademie der Wissenschaften, 7, 8), S. 83–108. Zarnckes Ausgabe wird hier zugrunde gelegt; Nachweise der einzelnen Artikel des Briefes erfolgen im Fließtext (in runde Klammern eingeschlossen).

Die Ausgabe stützt sich auf Fassungen des Briefes, die bis zum Ende des 12. Jahrhunderts entstanden sind. Für weitere Fassungen, die von Zarncke nicht ediert wurden, vgl. Bettina WAGNER, Die »Epistola presbiteri Johannis« lateinisch und deutsch. Überlieferung, Textgeschichte, Rezeption und Übertragung im Mittelalter. Mit bisher unedierten Texten, Tübingen 2000 (MTU 115). Anna-Dorothee VON DEN BRINCKEN, Presbyter Johannes, Dominus Dominantium – ein Wunsch-Weltbild des 12. Jahrhunderts, in: Legner, ANTON (Hg.), Ornamenta Ecclesiae. Kunst und Künstler der Romanik. Katalog zur Ausstellung des Schnütgen-Museums. Bd. 1, Köln 1985, S. 83–97 und Ulrich KNEFELKAMP, Die Suche nach dem Reich des Priesterkönigs Johannes. Dargestellt anhand von Reiseberichten und anderen ethnographischen Quellen des 12. bis 17. Jahrhunderts, Gelsenkirchen 1986, bieten Übersetzungen des Briefes; zitiert wird im Folgenden aus der Übersetzung von VON DEN BRINCKEN.

656 Die Forschung hat verschiedene historische Figuren identifiziert, an die der imaginierte Priesterkönig anschließen könnte; keine dieser Referenzen wird jedoch allgemein akzeptiert. Vgl. KNEFELKAMP, Suche (wie Anm. 655), S. 47–49.

657 Bei Ausritten des Hofes wird Jesu Christi angesichts eines mitgeführten Holzkreuzes gedacht (48), und der Herrscher besucht – wie sein gesamtes Volk – alljährlich das Grab des Propheten Daniel (53).

658 Zur Kritik der These OLSCHKIS, dass es sich beim Reich des Priesterkönigs um eine »Theokratie« handele (vgl. Leonardo OLSCHKI, Der Brief des Presbyters Johannes, in: Historische Zeitschrift 144 (1931), H. 1, S. 1–14, hier S. 9), vgl. VON DEN BRINCKEN, Wunsch-Weltbild (wie Anm. 655), S. 96.

659 Dass der Brief Gemeinschaften unterschiedlichen Glaubens nennt, ist als Hinweis auf die Toleranz des Herrschers verstanden worden. Vgl. OLSCHKI, Brief (wie Anm. 658), S. 9. Ausdrücklich erwähnt wird diese Tugend allerdings nicht.

660 »In tribus Indiis dominatur magnificentia nostra, et transit terra nostra ab ulteriore India, in qua corpus sancti Thomae apostoli requiescit, per desertum et progreditur ad solis ortum, et redit per declivum in Babilonem desertam iuxta turrim Babel«. Zur Lokalisierung Indiens im Mittelalter vgl. auch Rudolf SIMEK, Erde und Kosmos im Mittelalter. Das Weltbild vor Kolumbus, München 1992, S. 80.

661 Vgl. VON DEN BRINCKEN, Wunsch-Weltbild (wie Anm. 655), S. 92.

662 Vgl. Anna-Dorothee VON DEN BRINCKEN, Mappa mundi und Chronographia. Studien zur imago mundi des abendländischen Mittelalters, in: Deutsches Archiv 24 (1968), S. 118–186, hier S. 122.

663 Vgl. Elisabeth SCHMID, Priester Johann oder die Aneignung des Fremden, in: Dietmar PESCHEL (Hg.), Germanistik in Erlangen. Hundert Jahre nach der Gründung des Deutschen Seminars, Erlangen 1983, S. 75–93, hier S. 83.

664 Vgl. die im Brief geäußerte Absicht, Jerusalem zu besuchen und die Gegner des christlichen Glaubens zu bekämpfen (11); vgl. auch OLSCHKI, Brief (wie Anm. 658), S. 2.

665 Vgl. VON DEN BRINCKEN, Wunsch-Weltbild (wie Anm. 655), S. 92f. Landverluste der europäischen Mächte im Nahen Osten zeigen sich bereits in den 1130er Jahren sowie um 1150 (vgl. Jacques LEGOFF, Das Hochmittelalter, Frankfurt a.M. 1996 (Fischer Weltgeschichte 11), S. 132ff.). Deutlicher als für das 12. Jahrhundert lässt sich die Verwendung des Priesterkönigs in der Kreuzzugspropaganda des 13. Jahrhunderts nachweisen (vgl. KNEFELKAMP, Suche (wie Anm. 655), S. 58–69). In diesem Zeitraum allerdings gelten statt der Muslime die Mongolen als der gemeinsame Gegner des christlichen Westens und des Priesterkönigs; in verschiedenen Reiseberichten – zum Beispiel im Bericht Wilhelms von Rubruk – wird der Priesterkönig allerdings auch in große Nähe zu den Mongolen gerückt (vgl. KNEFELKAMP, Suche (wie Anm. 655), S. 59–67).

666 »Terra nostra melle fluit lacte habundat.«

667 »Nullus pauper est inter nos [...] Homines nostri habundant in omnibus diviciis.«

668 »omnium in se specierum saporem retinens«

669 Vgl. Gen. 2, 4ff.; sowie SCHMID, Priester (wie Anm. 663), S. 83. In der Schöpfungsgeschichte hat statt eines Brunnens der Baum des Lebens Jugend spendende Kraft (Gen. 2,9; 3,22).

670 Zur Situierung des Paradieses vgl. etwa Aurelius Augustinus, Über den Wortlaut der Genesis. De Genesi ad litteram libri duodecim, Bd. 2, übers. v. Carl Johann PERL, Paderborn 1964, Buch VIII, 4,8 und 7,13f., S. 48f. und 53ff.; sowie daran anschließend Thomas von Aquin, Summa theologica, hg. v. P. Heinrich Maria CHRISTMANN O. P., München und Heidelberg 1941, 102,1, S. 173–178.

671 Vgl. Augustinus, De Genesi (wie Anm. 670), Buch VIII, insbes. 1,4, S. 43f.

672 Vgl. Ursula FRÜHE, Das Paradies ein Garten – der Garten ein Paradies. Studien zur Literatur des Mittelalters unter Berücksichtigung der bildenden Kunst und Architektur, Frankfurt a.M. 2002, S. 75–86.

673 Damit führt der Brief des Priesterkönigs nicht nur wunderbare Phänomene im Sinne von Gegenständen und Ereignissen auf, die natürlichen Prozessen und Erscheinungsweisen zuwider laufen, sondern auch solche, die als außerordentlich im weiteren Sinne gelten können. Zu diesem vergleichsweise offenen Begriff des Wunderbaren gehören auch die so genannten Wunder des Orients: »die außerordentlichen Reichtümer, die sagenhaften Herrschaften und die monströsen [›]Rassen[‹]« (Jutta EMING, Funktionswandel des Wunderbaren. Studien zum Bel Inconnu, zum Wigalois und zum Wigoleis vom Rade, Trier 1999, S. 27–37, hier S. 31).

674 »[M]erulae albae, cicades mutae, grifones, [...] cenocephali, gigantes quorum altitudo est quadraginta cubitorum, monoculi cyclopes et avis, quae vocatur fenix«. In einem berühmten Aufsatz hat WITTKOWER die antiken Ursprünge dieser in Indien situierten Lebewesen dargestellt und auf Parallelen in indischen Erzählungen hingewiesen (Rudolf WITTKOWER, Marvels of the East. A Study in the History of Monsters, in: Journal of the Warburg and Courtauld Institutes 5 (1942), S. 159–197, passim; zu letzterem Aspekt vgl. S. 164f.).

675 »[H]omines agrestes, homines cornuti, fauni, satiri et mulieres eiusdem generis, pigmei«
676 Vgl. VON DEN BRINCKEN, Wunsch-Weltbild (wie Anm. 655), S. 92; KNEFELKAMP, Suche (wie Anm. 655), S. 35–47.
677 Der Alexanderroman des Archipresbyters Leo, untersucht und hg. v. Friedrich PFISTER, Heidelberg 1913.
678 Vgl. Mathias HERWEG, Wege zur Verbindlichkeit. Studien zum deutschen Roman um 1300, Wiesbaden 2010, S. 197. Zu Elementen der »geglaubten Realität« insbesondere im zeitgenössischen Artus-Roman vgl. auch Peter JOHANEK, Weltbild und Literatur. Fiktive Geographie um 1300, in: Peter MORAW (Hg.), Das geographische Weltbild um 1300. Politik im Spannungsfeld von Wissen, Mythos und Fiktion, Berlin 1989, S. 97–108, hier S. 101f. Zur Nähe von historiographischen und literarischen Texten vgl. Jan-Dirk MÜLLER, Literarische und andere Spiele. Zum Fiktionalitätsproblem in vormoderner Literatur, in: Poetica 36 (2004), S. 281–311, S. 292–295.
679 Vgl. OLSCHKI, Brief (wie Anm. 658), S. 5; István BEJCZY, La lettre du Prêtre Jean, une utopie médiévale, Paris 2001, S. 25ff.
680 »Nullum vicium apud nos regnat.«
681 »Inter nos nullus mentitur, nec aliquis potest mentiri. Et si quis ibi mentiri coeperit, statim moritur i. quasi mortuus inter nos reputatur, nec eius mentio fit apud nos i. nec honorem ulterius apud nos consequitur«.
682 »Omnes sequimur veritatem et diligimus nos invicem. Adulter non est inter nos.«
683 Vgl. Gert MELVILLE, Herrschertum und Residenzen in Grenzräumen mittelalterlicher Wirklichkeit, in: Hans PATZE, Werner PARAVICINI (Hg.), Fürstliche Residenzen im spätmittelalterlichen Europa, Sigmaringen 1991, S. 9–73, hier S. 18f.
684 »Haec mensa est de pretioso smaragdo, quam sustinent duae columpnae de ametisto. Huius lapidis virtus neminem sedentem ad mensam permittit inebriari«
685 »Lectus noster est de saphiro propter virtutem castitatis«
686 »Memorare novissima tua et in aeternum non peccabis«. Für den Hinweis auf die Didaxe in diesem Satz vgl. OLSCHKI, Brief (wie Anm. 658), S. 10.
687 Vgl. auch die Erwähnung der *humilitas* in Art. 98.
688 Vgl. SCHMID, Priester (wie Anm. 663), S. 82.
689 Die Nähe des Briefes zu den Fürstenspiegeln hat KNEFELKAMP (DERS., Suche (wie Anm. 655), S. 50f.) betont.
690 Zur Einführung des Begriffs durch Thomas Morus und zum Wandel, den der Begriff seitdem durchgemacht hat, vgl. Lucian HÖLSCHER, Art. Utopie, in: Otto BRUNNER, Werner CONZE, Reinhart KOSELLECK (Hg.), Geschichtliche Grundbegriffe, Bd. 7, S. 733–788.
691 Für die Auseinandersetzung mit der Frage nach Utopien ›vor‹ der Frühen Neuzeit haben die Untersuchungen von DOREN und SEIBT Wegmarken gesetzt; vgl. Alfred DOREN, Wunschräume und Wunschzeiten, in: Vorträge der Bibliothek Warburg 1924/25, S. 158–205; Ferdinand SEIBT, Utopica. Modelle totaler

Sozialplanung, Düsseldorf 1972 (München ²2001). Einen Überblick über die Forschung zu Anderswelten des Mittelalters bietet Heiko HARTMANN, Utopias / Utopian Thought, in: Albrecht CLASSEN (Hg.), Handbook of medieval Studies, Bd. 2, Berlin, New York 2010, S. 1400–1408.

692 Eine frühe Deutung des Priesterkönigreichs als Utopie hat OLSCHKI (Brief [wie Anm. 658]) bereits 1931 vorgelegt. In jüngerer Zeit hat BEJCZY diese These ausdrücklich wieder aufgegriffen (Utopie médiévale [wie Anm. 679]).

693 Vgl. VON DEN BRINCKEN, Wunsch-Weltbild (wie Anm. 655), S. 94f.; Marina MÜNKLER, Erfahrung des Fremden. Die Beschreibung Ostasiens in den Augenzeugenberichten des 13. und 14. Jahrhunderts, Berlin 2000, S. 192; Marina MÜNKLER, Alterität und Interkulturalität. Ältere deutsche Literatur, in: Claudia BENTHIEN, Hans Rudolf VELTEN (Hg.), Germanistik als Kulturwissenschaft. Eine Einführung in neue Theoriekonzepte, Reinbek bei Hamburg 2002, S. 323–344, hier S. 336.

694 So erwähnt der Absender zu Beginn des Briefes, dass er die Armen seines Reiches schütze und mit Almosen unterstütze: »Devotus sum christianus, et ubique pauperes christianos, quos clementiae nostrae regit imperium, defendimus et elemosinis nostris sustentamus« (10); vgl. auch VON DEN BRINCKEN, Wunsch-Weltbild (wie Anm. 655), S. 95. Außerdem deuten die Ausführungen zur Kontrolle des Handels mit Edelsteinen durch den Herrscher darauf hin, dass es Privatbesitz gibt (39); vgl. auch BEJCZY, Utopie médiévale (wie Anm. 679), S. 58.

695 Vgl. Thomas MORE, Utopia, New Haven, London ²1993 (The Complete Works of St. Thomas More, Bd. 4, hg. v. Edward SURTZ, S. J., Jack H. HEXTER), S. 100; Thomas MORUS, Utopia, übers. v. Gerhard RITTER, Stuttgart 2005, S. 51.

696 »Nullus pauper est inter nos. Fur nec praedo invenitur apud nos, nec adulator habet ibi locum neque avaricia. Nulla divisio est apud nos. Homines nostri habundant in omnibus diviciis«, (45f.).

697 Vgl. MORE, Utopia, Surtz/Hexter-Ausg. (wie Anm. 695), S. 240, 28–244, 13; MORUS, Utopia, Ritter-Übers. (wie Anm. 695), S. 145–147.

698 Otto Gerhard OEXLE, Art. Utopie, in: Robert-Henri BAUTIER (Hg.), Lexikon des Mittelalters, Bd. 8, München 1997, Sp. 1345–1349, hier Sp. 1346.

699 Vgl. Wolfgang BRAUNGART, Die Kunst der Utopie. Vom Späthumanismus zur frühen Aufklärung, Stuttgart 1989, S. 10–12; Wilhelm KAMLAH, Utopie, Eschatologie, Geschichtsteleologie. Kritische Untersuchungen zum Ursprung und zum futurischen Denken der Neuzeit, Mannheim, Wien, Zürich 1969, S. 18. Für mittelalterliche literarische Texte hat Eming den Mechanismus der Verknüpfung wunderbarer Elemente zu Anderswelten analog beschrieben (vgl. EMING, Funktionswandel [Anm. 673], S. 7).

700 Zum Beispiel das Zeremoniell für die Ausritte des Herrschers (47f.), seinen Umgang mit Frauen (64), die generelle Abwesenheit von Lüge (51) und Zwietracht (46) sowie die Pfeffer-Ernte (24–26).

701 NIPPERDEY spricht vom Spannungsverhältnis zwischen Potentialität und Irrealität (vgl. Thomas NIPPERDEY, Die Funktion der Utopie im politischen Den-

ken der Neuzeit, in: Archiv für Kulturgeschichte 44 (1962), H. 3, S. 357-378, S. 360 und 363).
702 VON DEN BRINCKEN spricht von einer »schlechte[n] Gliederung und gedankliche[n] Sprünge[n]« (VON DEN BRINCKEN, Wunsch-Weltbild (Anm. 655), S. 92).
703 Vgl. MÜLLER, Spiele (wie Anm. 678), S. 286f., 303.
704 Vgl. HERWEG, Wege (wie Anm. 678), S. 201-203.
705 Vgl. Clemens LUGOWSKIS Ausführungen am Beispiel von Jörg Wickrams Roman *Galmy*: Die Form der Individualität im Roman, Frankfurt a.M. ²1994, S. 57-59.
706 Im Verfahren des Presbyter-Briefes, Gegenstände unverbunden – nicht einmal durch narrative Folge oder thematische Ordnung – aneinander zu reihen, sieht Christoph GERHARDT (*Daz werc von salamander* bei Wolfram von Eschenbach und im Brief des Priesters Johannes, in: Hans-Walter STORK (Hg.), Ars et ecclesia. Fs für Franz J. Ronig zum 60. Geb., Trier 1989, S. 135-160, S. 149f.) das enzyklopädische Prinzip der Summe realisiert.
707 BEJCZY hat beobachtet, dass der Brief des Priesterkönigs sich schon insofern von der enzyklopädischen Literatur unterscheide, als das Reich in dieser Literatur entweder überhaupt nicht beschrieben werde oder nur sehr beiläufig als kleines Reich in Asien Erwähnung finde; die zeitgenössischen Weltkarten bestätigten diese Einschätzung (vgl. Utopie médiévale [wie Anm. 679], S. 29ff.). Über die Beobachtung von Quantität und Ausdehnung der Beschreibung hinaus sind weitere Analysen der Darstellungsformen notwendig.
708 Auf die Möglichkeit, Fiktionalität pragmatisch zu bestimmen, weist HERWEG (DERS., Wege [wie Anm. 678], S. 202) hin; vgl. auch MÜLLER, Spiele (wie Anm. 678), S. 288; ein ausführliches Analysemodell für die Bestimmung des Wahrheitsgehalts eines Textes entwickelt Joachim KNAPE, Fiktionalität und Faktizität als Erkenntnisproblem bei spätmittelalterlichen Reisetexten, in: Holger KRAPP, Thomas WÄGENBAUR (Hg.), Künstliche Paradiese – Virtuelle Realitäten. Künstliche Räume in Literatur-, Sozial- und Naturwissenschaften, München 1997, S. 47-62.
709 Vgl. MÜLLER, Spiele (wie Anm. 678), S. 292-295.
710 Vgl. OTTO VON FREISING, Chronica sive Historia de duabus civitatibus, hg. v. Walther LAMMERS, übers. v. Adolf SCHMIDT, Berlin 1960, Buch VII, 33, S. 556ff.
711 OTTO VON FREISING, Chronica (wie Anm. 710), Buch VII, 33, S. 556f.: »Narrabat etiam, quod ante multos annos Iohannes quidam, qui ultra Persidem et Armeniam in extremo oriente habitans rex et sacerdos cum gente sua Christianus est, sed Nestorianus, Persarum et Medorum reges fratres, Samiardos dictos, bello petierit atque Ebactani, cuius supra mentio habita est, sedem regni eorum expugnaverit. [...] Post hanc victoriam [...] predictum Iohannem ad auxilium Hierosolimitanae ecclesiae procinctum movisse [...]«.
712 Für den Text der päpstlichen Antwort vgl. ZARNCKE, Priester Johannes, Bd. 1 (wie Anm. 655), S. 115-118.

713 Neben dem oben genannten Wunsch nach einem militärischen Partner im Zeitalter der Kreuzzüge deutet sich hier ein weiterer historisch-politischer Kontext an, in dem der Brief des Priesterkönigs und das Antwortschreiben Alexanders III. stehen: Der Suprematiestreit zwischen Kaiser und Papst in der zweiten Hälfte des 12. Jahrhunderts (vgl. MÜNKLER, Erfahrung [wie Anm. 693], S. 191f.; Karl JORDAN, Investiturstreit und frühe Stauferzeit. 1056-1197, München ⁵1979 (Gebhardt. Handbuch der deutschen Geschichte 4), S. 131ff.).

714 Zu den französischen und italienischen Übersetzungen vgl. die Ausgaben von Martin GOSMAN (Hg.), La lettre du Prêtre Jean, Groningen 1982; Gioia ZAGANELLI (Hg.), La lettera del Prete Gianni, Parma 1990.

715 Vgl. KNEFELKAMP, Suche (wie Anm. 655), S. 61-67.

716 Vgl. MÜNKLER, Erfahrung (wie Anm. 693), S. 193-198. Anna-Dorothee VON DEN BRINCKEN (Die »Nationes Christianorum Orientalium« im Verständnis der lateinischen Historiographie, Köln, Wien 1973, S. 393-398.) beschreibt, dass im frühen 13. Jahrhundert zwischen Priesterkönigreich und Mongolenreich zunächst unterschieden werden muss.

717 Vgl. KNEFELKAMP, Suche (wie Anm. 655), S. 61-68; MÜNKLER, Erfahrung (wie Anm. 693), S. 193-201.

718 Vgl. MÜNKLER, Erfahrung (wie Anm. 693), S. 194f. Für den Wortlaut des Textes vgl. GIOVANNI DI PIAN DI CARPINE, Storia dei Mongoli, hg. v. Ernesto MENESTÒ, Spoleto 1989, Kap. V, Abschn. 12, S. 258f.; für die deutsche Übersetzung vgl. JOHANNES VON PLANO CARPINI, Kunde von den Mongolen, übers. v. Felicitas SCHMIEDER, Sigmaringen 1997, S. 65f.

719 MELVILLE spricht von einer »Entmythologisierung« des Johannes durch Wilhelm von Rubruk (MELVILLE, Herrschertum [wie Anm. 683], S. 34). In der ersten Hälfte des 14. Jahrhunderts geht es auch Odorico de Pordenone in seinem Bericht darum, den sagenhaften Geschichten über den Priesterkönig kritisch zu begegnen und sie zu korrigieren (vgl. MÜNKLER, Erfahrung [wie Anm. 693], S. 201-203; vgl. auch KNEFELKAMP, Suche [wie Anm. 655], S. 70).

720 Vgl. MÜNKLER, Erfahrung (wie Anm. 693), S. 195-198. Zum Nestorianismus vgl. VON DEN BRINCKEN, Nationes (wie Anm. 716), S. 287-327.

721 MÜNKLER, Erfahrung (wie Anm. 693), S. 196, Fn. 151. »Mortuo Coirchan elevavit se ille nestorinus in Regem et vocabant eum nestoriani Regem Johannem, et plus dicebant de ipso in decuplo quam veritas esset. Ita enim faciunt nestoriani venientes de partibus illis, de nichilo faciunt magnos rumores. [...] Sic ergo exivit magna fama de illo Rege Iohanne. Et ego transivi per pascua eius, nullus aliquid sciebat de eo, nisi nestoriani pauci«, (Itinerarium Wilhelmi de Rubruc, in: Sinica Franciscana 1 (1929), hg. v. P. Anastasius VAN DEN WYNGAERT O.F.M., S. 164-332, hier S. 206f.)

722 Vgl. MÜNKLER, Erfahrung (wie Anm. 693), S. 198-201. Nicht nur Marco Polo, sondern auch verschiedene andere Reisende des 13. Jahrhunderts berichten von der Niederlage des Priesterkönigs gegen die Mongolen (vgl. VON DEN BRINCKEN, Nationes (wie Anm. 716), S. 398f.).

723 Vgl. MÜNKLER, Erfahrung (wie Anm. 693), S. 199; im Anschluss an ZARNCKE, Priester Johannes, Bd. 2 (wie Anm. 655), S. 108f.
724 Vgl. Albrechts Jüngerer Titurel. Bd. III/2, hg. v. Kurt NYHOLM, Berlin 1992, V. 6129-6278.
725 Deutlicher noch als WAGNER (Epistola [wie Anm. 655], S. 565-570) betont Julia ZIMMERMANN (Im Zwielicht von Fiktion und Wirklichkeit. Zur Rezeption des Presbyterbriefs in Albrechts »Jüngeren Titurel«, in: Johannes KELLER, Florian KRAGL (Hg.), Mythos – Sage – Erzählung. Gedenkschrift für Alfred Ebenbauer, Göttingen 2009, S. 547-566, hier S. 553) die Veränderungen, die Albrecht trotz großer Nähe zum Presbyter-Brief vornimmt. Zur Tilgung exotischer Tiere und Völker vgl. ZIMMERMANN, Im Zwielicht (wie Anm. 725), S. 555; WAGNER, Epistola (wie Anm. 655), S. 566.
726 iz ist hie krone tragende ein kunic, daz elliu oren nie gehorten [von dem kaum jemand je gehört hat] / im niht gelich [gleichen] an richeit also riche [ebenso oder ähnlich reiche Herrscher]. / swie rich du bist mit grale [durch den Gral], daz ist ein niht und niender im geliche / An leuten und un lande, an gold und an gesteine. / in himel der bekande ist er [ist er bekannt] wol von sinen tugenden reine. / sin richeit, sine wird ich hie benenne / ein teil, niht wan [nicht einmal] die grösten, da bi du dich und mich an wirde erkenne. / Sin gewalt sit [ist] wit und verre [fern] benennt werdicliche [herrlich] / die zwei teil aller terre [Erdteile], und dar uber [außerdem] zwei und sibenzic riche [Reiche] / was ich ein [keines (der genannten Länder) war] im gar zu dienst uf gebende [diente ihm gegen Gaben, sondern] / vrilich [freiwillig] und unbetwungen [ohne Zwang], niwan [nur dadurch] daz er so reiniclich [ohne Makel] ist lebende. / Priester Johan namende ist man den werden richen / durch werdicheit [hohes Ansehen] unschamende, als ich dir sag her nach bescheidenlichen / kristenlichem orden zeiner veste [als beständiger Halt], / wan [denn] erst [er ist] ein kristen reine und tût ouch Krist zelobe niht wan [als] daz beste.
Albrechts Jüngerer Titurel (wie Anm. 724), V. 6139, 2-6142.
727 Vgl. ZIMMERMANN, Im Zwielicht (wie Anm. 725), S. 563-565; WAGNER, Epistola (wie Anm. 655), S. 566.
728 Eine ausführliche Rekonstruktion der rezipierten Schriften bei KNEFELKAMP, Suche (wie Anm. 655), S. 35-47.
729 Vgl. MORE, Utopia, Surtz/Hexter-Ausg. (wie Anm. 695), S. 50, 3-52, 18; MORUS, Utopia, Ritter-Übers. (wie Anm. 695), S. 17-19.
730 MELVILLE führt dies auf fehlende Möglichkeiten zurück, entsprechende Informationen zu überprüfen; er pointiert die historische Konstellation wie folgt: Schilderungen des Priesterkönigreichs hätten Akzeptanz gefunden, »weil sein angeblicher Herrschaftsraum [...] zwar lokalisierbar war im Erdkreis, aber autoptisch nicht dergestalt einlösbar, daß die eigene Erfahrung der Wirklichkeit eine Korrektur des Fiktionalen erbracht, bzw. einem Fortschreiben von Erfundenem, das gleichzeitig den Anspruch auf Wahrheit erhob, Einhalt geboten hätte«, MELVILLE, Herrschertum (wie Anm. 683), S. 30; vgl. dazu auch Friederike HASSAUER, Volkssprachliche Reiseliteratur. Faszination des Reisens und räumlicher ordo, in: Hans-Ulrich GUMBRECHT,

Ursula LINK-HEER, Peter-Michael SPANGENBERG (Hg.), Grundriß der romanischen Literaturen des Mittelalters IX: La littérature historiographique des origines à 1500. Bd. 1, Heidelberg 1986, S. 259–283, hier S. 267.

731 Vgl. KNEFELKAMP, Suche (wie Anm. 655), S. 74–85, S. 107–135; VON DEN BRINCKEN, Nationes (wie Anm. 716), S. 404ff.; Wilhelm BAUM, Die Verwandlungen des Mythos vom Reich des Priesterkönigs Johannes. Rom, Byzanz und die Christen des Orients im Mittelalter, Klagenfurt 1999, S. 217–302.

732 Vgl. BAUM, Verwandlungen (wie Anm. 731), S. 273; KNEFELKAMP, Suche (wie Anm. 655), S. 107f., S. 120.

733 Vgl. BAUM, Verwandlungen (wie Anm. 731), S. 302.

734 Umberto ECO, Le royaume du Prêtre Jean, in: Alliage 45/46 (2000), URL: http://revel.unice.fr/alliage/index.html?id=3842 (01.07.2013)

735 Vgl. neben der grundlegenden Studie von ZARNCKE aus den Jahren 1879 und 1883 beispielsweise Gustav OPPERT, Der Presbyter Johannes in Sage und Geschichte. Ein Beitrag zur Völker- und Kirchengeschichte und zur Heldendichtung des Mittelalters, Berlin 1864; Ivar HALLBERG, L'Extrême Orient dans la littérature et la cartographie de l'occident des 13e, 14e et 15e siècles, Göteborg 1906, S. 281–285; Constantin MARINESCU, Le Prêtre Jean. Son pays. Explication de son nom, in: Academie Roumaine. Bulletin de la section historique 10 (1923), S. 73–112; E. Denison ROSS, Prester John and the empire of Ethiopia, in: Arthur Perceval NEWTON (Hg.), Travel and travellers in the Middle Ages. The history of civilisation, London 1926, S. 174–194 u. a.

736 Vgl. Umberto ECO, Baudolino, München 2008, S. 167ff.

737 Vgl. ECO, Baudolino (wie Anm. 736), S. 439ff.

738 Vgl. ECO, Baudolino (wie Anm. 736), S. 542ff.

739 Vgl. ECO, Baudolino (wie Anm. 736), S. 629ff.

740 Vgl. den Magnetberg im Beitrag von Mathias HERWEG in diesem Band, S. 274–283.

741 Vgl. Brigitte BURRICHTER, Wahrheit und Fiktion. Der Status der Fiktionalität in der Artusliteratur des 12. Jahrhunderts, München 1996.

742 Vgl. den Beitrag von Tilo RENZ in diesem Band, S. 239–256.

743 Über die Beziehung von Magie und Wissenschaft im Mittelalter bietet folgender Band weiterführende Informationen: Helmut BIRKHAN, Magie im Mittelalter, München 2010.

744 HERWEG in diesem Band, S. 276.

745 Eine umfangreiche Zusammenstellung liefert: Wolfang ACHNITZ, Deutschsprachige Artusdichtung des Mittelalters. Eine Einführung, Berlin u. a. 2012.

746 Einer von drei Themenkreisen neben der *matière de France* (oder *de Gaule*) (rund um Karl den Großen) und der *matière de Rome* (Trojastoff), die erstmals um 1200 vom französischen Spielmann Jean (Jehan) Bodel von Arras unterschieden wurden; Richard TRACHSLER, »Matière de Bretagne«, in: Lexikon des Mittelalters, 10 Bde., Stuttgart 1977–1999, Bd. 6 (1993), Sp. 395.

747 Einführend hierzu: Mireille SCHNYDER, Der Wald in der höfischen Literatur. Raum des Mythos und des Erzählens, in: Das Mittelalter 13, 2, 2008, S. 122–135.
748 »Nahezu den ganzen langen Tag ritt ich so dahin, bis ich aus dem Wald herauskam, und das war in Broceliande.«; aus: CHRESTIEN DE TROYES, Yvain. Übersetzt und eingeleitet von Ilse Nolting-Hauff, München 1962, vv. 186–189.
749 Hervorzuheben ist vor allem der Aufsatz »Lévi-Strauss in Brocéliande: Skizze zur Analyse eines höfischen Romans« bei Jacques LE GOFF, Phantasie und Realität des Mittelalters, Stuttgart 1990, S. 171–200, hier S. 187.
750 »Da steigt ihm plötzlich ein so gewaltiger Wirbel ins Hirn, daß er den Verstand verliert, da reißt er seine Kleider in Fetzen und flieht querfeldein [...]«; aus: CHRESTIEN DE TROYES, Yvain. Übersetzt und eingeleitet von Ilse Nolting-Hauff, München 1962, vv. 2804–2808. Yvains Flucht in den Wald kann ganz im Sinne der Lebensweise von Waldklauseneinsiedlern als »Geste der Buße für eine Schuld, die sie in der Welt auf sich geladen haben« verstanden werden, wenngleich Yvain seinen »Bußgang« wenig geordnet antritt (SCHNYDER, Der Wald in der höfischen Literatur (wie Anm. 747), S. 128).
751 LE GOFF, Phantasie und Realität (wie Anm. 749), S. 189.
752 Heinz-Dieter Heimann weist darauf hin, »dass der wilde Wald in den Urkunden des alltäglichen Lebens nicht als ein bedrohlicher oder dem Menschen feindlicher Raum verzeichnet wird [...]«; zit. in: Mireille SCHNYDER, Der Wald in der höfischen Literatur. Raum des Mythos und des Erzählens, in: Das Mittelalter 13, 2, 2008, S. 122–135 nach Heinz-Dieter HEIMANN, Der Wald in der städtischen Kulturentfaltung und Landschaftswahrnehmung. Zur Problematik des kulturellen Naturverhältnisses als Teil einer Umwelt- und Gesellschaftsgeschichte des Mittelalters und der frühen Neuzeit, in: Albert ZIMMERMANN, Andreas SPEER (Hg.), Mensch und Natur im Mittelalter, Bd. 2., Berlin u. a. 1992, S. 866–881.
753 »Der bis ins Hochmittelalter Europa bedeckende Urwald war die Wohnstätte nur von Drachen, bösen Geistern (Toten) und zum Tode verurteilten Outlaws.«; aus: Peter DINZELBACHER (Hg.), Europäische Mentalitätsgeschichte, Stuttgart 1993, S. 606.
754 SCHNYDER, Der Wald in der höfischen Literatur (wie Anm. 747), S. 129.
755 Umfasst bei Johann Heinrich Alsteds »Encyclopaedia« all jene Wissensbereiche, die sich nicht der enzyklopädischen Systematik zuordnen ließen; Ulrich Johannes SCHNEIDER, Bücher als Wissensmaschinen, in: Ulrich Johannes SCHNEIDER (Hg.), Seine Welt wissen. Enzyklopädien in der Frühen Neuzeit, Darmstadt 2006, S. 11.
756 Vgl. den Beitrag von Simon Maria HASSEMER in diesem Band.
757 LE GOFF, Phantasie und Realität (wie Anm. 749), S. 190.
758 Gervais DE LA RUE, Recherches sur les ouvrages des bardes de la Bretagne armoricaine dans le Moyen Âge, Caen 1817.
759 www.broceliande-tourisme.info; www.tourisme-broceliande.com [zuletzt abgerufen am 22. 02. 2013]

760 Eine Zusammenstellung der Legendenvielfalt um den Wald von Brocéliande liefert Claudine GLOT, Marie TANNEUX, Contes et légendes de Brocéliande, Rennes 2002 oder auch Claudine GLOT, Hochburgen von Brocéliande, Rennes 1996.
761 Z. B. Nina POLNIKOFF, Cédrine LOUISE, Tous les chemins mènent à Merlin. Parcours de transformation en Pays de Brocéliande, Paimpont 2008.
762 André-Yves BOURGÈS, Le dossier hagio-historiographique des Rohan (1479): de Conan à Arthur et de saint Mériadec à saint Judicaël, 2009.
763 Marcel CALVEZ, Les lieux comme mémoire des représentations collectives, In: Stéphane LAURENS, Nicolas ROUSSIAU (Hg.), La mémoire sociale. Identité et representations sociales, Rennes 2002, S. 213-221.
764 Jean Côme Damien POIGNAND, Antiquités historiques et monumentales à visiter de Montfort à Corseul par Dinan, Rennes 1820.
765 Eine umfangreiche Übersicht liefert u. a. Geoffrey ASHE, König Arthur. Die Entdeckung Avalons, Düsseldorf .u. a. 1986.
766 Neil WRIGHT, The Historia Regum Britannie of Geoffrey of Monmouth. Bern, Burgerbibliothek, MS. 568, Bd. 1, Cambridge 1984; Julia C. CRICK, The Historia Regum Britannie of Geoffrey of Monmouth. Dissemination and Reception in the Later Middle Ages, Bd. 4, Cambridge 1991.
767 Hierzu: James P. CARLEY (Hg.), Glastonbury Abbey and the Arthurian tradition, Cambridge 2001 sowie Stephan ALBRECHT, Die Inszenierung der Vergangenheit im Mittelalter. Die Klöster von Glastonbury und Saint-Denis, München u. a. 2003.
768 Eine umfangreiche Zusammenstellung historischer und legendenhafter Informationen bietet: John L. FLOOD, Glastonbury und Avalon oder: König Artus: tot oder lebendig?, in: Ulrich MÜLLER, Werner WUNDERLICH (Hg.), Mittelalter-Mythen, Bd. 5: Burgen, Länder, Orte, Konstanz 2008, S. 259-274.
769 Vgl. die Differenzierung bzw. den fließenden Übergang von Historizität, Fiktionalität und Fiktivität mittelalterlicher Texte in Mathias HERWEG, Wege zur Verbindlichkeit. Studien zum deutschen Roman um 1300, Wiesbaden 2010, hier: S. 188-210.
770 Eine Zusammenstellung einiger Legenden um Glastonbury: Reginald F. TREHARNE, The Glastonbury legends: Joseph of Arimathea, The Holy Grail and King Arthur, Reprint, London 1969.
771 FLOOD, Glastonbury und Avalon (wie Anm. 768), S. 261, zit. nach Theodor MOMMSEN (Hg.), Vita Gildae auctore Caradoco Lancarbanensi, in: Monumenta Germaniae Historica, Auctores Antiquissimi 13, Chronica Minora 3, Berlin 1898. S. 107-110: »Ynisgutrin nominata fuit antiquitus Glastonia et adhuc nominatur a Britannis indigenis; ynis in Britannico sermone insula Latine; gutrin vero vitrea«; »In alten Zeiten wurde Glastonbury Yinsgutrin genannt, und es wird immer noch von den einheimischen Briten [d. h. den Kelten] so genannt; ›ynis‹ in der britischen Sprache heißt auf Latein ›insula‹ [›Insel‹], und ›gutrin‹ heißt ›vitrea‹ [›aus Glas‹]«.
772 GEOFFREY OF MONMOUTH, Vita Merlini. Das Leben des Zauberers Merlin, hg. v. Inge VIELHAUER, Amsterdam 1964.

773 »Die erste unter ihnen weiss am meisten von der Heilkunst, dazu übertrifft sie ihre Schwestern an Schönheit der Gestalt. Morgan ist ihr Name; sie hat die wirksamen Eigenschaften der Kräuter und Pflanzen studiert, so dass sie den siechen Leib zu heilen versteht. Sie kennt auch die Kunst, ihre Gestalt zu vertauschen, und, ein neuer Dädalus, mit ihren Flügeln die Luft zu durchschneiden […] Man sagt, sie habe ihre Schwestern: Moronoe, Mazoe, Gliten, Glitonea, Gliton, Tyronoe, Thitis, und die andere, durch ihr Saitenspiel bekannte Thitis, in der Mathematik unterrichtet.«; GEOFFREY OF MONMOUTH, Vita Merlini (wie Anm. 772), S. 69–70 (vv. 920–928).

774 Vgl. den Beitrag von Christian SCHNEIDER in diesem Band, S. 124–139.

775 Lutz RÖHRICH, Sage und Märchen. Erzählforschung heute, Freiburg u. a. 1976, S. 111.

776 Wobei die Überlieferungen der Inschrift voneinander abweichen und Giraldus Cambrensis (ca. 1146–1223) zu berichten wusste, dass die Inschrift auch von Arthurs Frau Guinevere zeugte »HIC IACET SEPVLTVS INCLITVS REX ARTHVRVS CUM WENNEVEREIA UXORE SUA SECUNDA IN INSVLA AVALLONIA«; FLOOD, Glastonbury und Avalon (wie Anm. 768), S. 265.

777 James B. PHIPPS, Hawthorns and Medlars, Portland 2003, S. 15.

778 Bearbeitet in der Dissertation von Isabel LAACK, Religion und Musik in Glastonbury. Eine Fallstudie zu gegenwärtigen Formen religiöser Identitätsdiskurse, Göttingen 2011.

779 »And if it be true, that Arthur was kill'd here; the same shore gave him his first breath and depriv'd him of his last. For, upon the neighbouring shore, stands Tindagium (the birthplace of the great Arthur,) part of it as it were on a little tongue thrust out, and part upon an Island formerly joyn'd to the main-land by a bridge. They now call it Tindagel; tho' nothing is left, but the splendid ruins of an ancient stately castle, [which Leland saith hath been a marvellous strong and notable fortress, made by the nature of the place in a manner impregnable; especially, the Dungeon on a high terrible Rock environed with the Sea, with a draw-bridge from the residue of the Castle to it.] Of this a modern Poet writes thus: Est locus Abrini sinuoso littore ponti / Rupe situs media, refluus quem circuit æstus; / Fulminat hic latè turrito vertice castrum, / Nomine Tindagium veteres dixere Corini. / On a steep rock within a winding bay / A castle stands surrounded by the sea, / Whose frequent thunder shakes the trembling hill, / Tindage of old 'twas call'd, now Tindagel.«; William CAMDEN, Britannia or a Chorographical Description of Great Britain and Ireland, Together with the Adjacent Islands. Übers. V. Edmund Gibson, London 1722; hier: Descriptio Angliae et Walliae, Cornwall, Abs. 19; ebooks.adelaide.edu.au/c/camden/william/britannia-gibson-1722/part34.html; auch: www.philological.bham.ac.uk/cambrit/ [zuletzt abgerufen am 22. 02. 2013]

780 Geoffrey ASHE, »Tintagel«, in: Norris J. LACY (Hg.), The New Arthurian Encyclopedia, New York u. a. 1996, S. 452–454.

781 Ein dem britischen Department for Culture, Media and Sport unterstehendes Staatsorgan, das sich gemäß des National Heritage Acts von 1983 um die Er-

haltung und Pflege archäologischer und historischer Stätten Großbritanniens kümmert. Vgl. auch: Colleen E. BATEY, Tintagel Castle, English Heritage Guidebook, Holborn 2010.
782 Rachel C. BARROWMAN, Colleen E. BATEY, Christopher D. MORRIS, Excavations at Tintagel Castle, Cornwall, 1990–1999, London 2007, S. 199.
783 Hierzu vor allem: Stefan ZIMMER, Die keltischen Wurzeln der Artussage, Heidelberg 2006.
784 Hierzu mehr in: Joerg O. FICHTE, Der englischsprachige ›Artusroman‹ des 19. und 20. Jahrhunderts als Utopie und Dystopie, in: Matthias DÄUMER, Cora DIETL, Friedrich WOLFZETTEL, Artushof und Artusliteratur, Berlin u. a. 2010, S. 355–371.
785 Heinz OHFF, Artus. Eine Biographie, München 1993, S. 58.
786 Vorbereitet durch die »Canterbury Tales« Ende des 14. Jh. von Geoffrey Chaucer (ca. 1343–1400), der wie Thomas Malory aus den Midlands stammte und in deren in den Städten vorherrschenden Dialekt sehr viele Menschen erreichte. Siehe hierzu: OHFF, Artus (wie Anm. 785), S. 62.
787 Auch im Tanz und in der Musik wurde der Burg Tintagel schon gedacht: Das Balettstück »Picnic at Tintagel« (1952) von Arnold Bax (Musik) und Frederick Ashton (Choreografie) spielt rund um die Burg in Vergangenheit und Gegenwart.
788 »Tourists visit West Cornwall to see the Land's End and its fine coast scenery, and express themselves disappointed that none of the country people in that district know anything of King Arthur. They forget that Uther's heir was washed up to Merlin's feet by a wave at the base of ›Tintagel Castle by the Cornish sea,‹ which is in the eastern part of the county.«; aus: Margaret Ann COURTNEY, Cornish feasts and folk-lore, Penzance 1890, S. 57.
789 Auch wenn Malory Camelot mit Winchester identifiziert wissen möchte.
790 Umfangreich zusammengetragen in: LACY, The New Arthurian Encyclopedia (wie Anm. 780).
791 Zum Thema vgl. orientierend Norbert OHLER, Reisen im Mittelalter, München 1986; eine Typologie (spät-) mittelalterlicher Reisen bei Werner PARAVICINI, Von der Heidenfahrt zur Kavalierstour. Über Motive und Formen adligen Reisens im späten Mittelalter, in: Horst BRUNNER, Norbert Richard WOLF (Hg.), Wissensliteratur im Mittelalter und in der Frühen Neuzeit. Bedingungen, Typen, Publikum, Sprache, Wiesbaden 1993, S. 91–130. Zu Umgangsweisen mit dem ›Erreisten‹ Michael HARBSMEIER, Reisebeschreibungen als mentalitätsgeschichtliche Quellen. Überlegungen zu einer historisch-anthropologischen Untersuchung frühneuzeitlicher deutscher Reisebeschreibungen. In: Antoni MACZAK, Hans Jürgen TEUTEBERG (Hg.), Reiseberichte als Quellen europäischer Kulturgeschichte. Aufgaben und Möglichkeiten der historischen Reiseforschung, Wolfenbüttel 1982, S. 1–31.
792 Vgl. Jean DELUMEAU, Angst im Abendland. Die Gechichte kollektiver Ängste im Europa des 14. bis 18. Jahrhunderts. Deutsch von Monika HUEBNER u. a., Reinbek 1985, hier S. 49–63.

773 »Die erste unter ihnen weiss am meisten von der Heilkunst, dazu übertrifft sie ihre Schwestern an Schönheit der Gestalt. Morgan ist ihr Name; sie hat die wirksamen Eigenschaften der Kräuter und Pflanzen studiert, so dass sie den siechen Leib zu heilen versteht. Sie kennt auch die Kunst, ihre Gestalt zu vertauschen, und, ein neuer Dädalus, mit ihren Flügeln die Luft zu durchschneiden [...] Man sagt, sie habe ihre Schwestern: Moronoe, Mazoe, Gliten, Glitonea, Gliton, Tyronoe, Thitis, und die andere, durch ihr Saitenspiel bekannte Thitis, in der Mathematik unterrichtet.«; GEOFFREY OF MONMOUTH, Vita Merlini (wie Anm. 772), S. 69–70 (vv. 920–928).
774 Vgl. den Beitrag von Christian SCHNEIDER in diesem Band, S. 124–139.
775 Lutz RÖHRICH, Sage und Märchen. Erzählforschung heute, Freiburg u. a. 1976, S. 111.
776 Wobei die Überlieferungen der Inschrift voneinander abweichen und Giraldus Cambrensis (ca. 1146–1223) zu berichten wusste, dass die Inschrift auch von Arthurs Frau Guinevere zeugte »HIC IACET SEPVLTVS INCLITVS REX ARTHVRVS CUM WENNEVEREIA UXORE SUA SECUNDA IN INSVLA AVALLONIA«; FLOOD, Glastonbury und Avalon (wie Anm. 768), S. 265.
777 James B. PHIPPS, Hawthorns and Medlars, Portland 2003, S. 15.
778 Bearbeitet in der Dissertation von Isabel LAACK, Religion und Musik in Glastonbury. Eine Fallstudie zu gegenwärtigen Formen religiöser Identitätsdiskurse, Göttingen 2011.
779 »And if it be true, that Arthur was kill'd here; the same shore gave him his first breath and depriv'd him of his last. For, upon the neighbouring shore, stands Tindagium (the birthplace of the great Arthur,) part of it as it were on a little tongue thrust out, and part upon an Island formerly joyn'd to the main-land by a bridge. They now call it Tindagel; tho' nothing is left, but the splendid ruins of an ancient stately castle, [which Leland saith hath been a marvellous strong and notable fortress, made by the nature of the place in a manner impregnable; especially, the Dungeon on a high terrible Rock environed with the Sea, with a draw-bridge from the residue of the Castle to it.] Of this a modern Poet writes thus: Est locus Abrini sinuoso littore ponti / Rupe situs media, refluus quem circuit æstus; / Fulminat hic latè turrito vertice castrum, / Nomine Tindagium veteres dixere Corini. / On a steep rock within a winding bay / A castle stands surrounded by the sea, / Whose frequent thunder shakes the trembling hill, / Tindage of old 'twas call'd, now Tindagel.«; William CAMDEN, Britannia or a Chorographical Description of Great Britain and Ireland, Together with the Adjacent Islands. Übers. V. Edmund Gibson, London 1722; hier: Descriptio Angliae et Walliae, Cornwall, Abs. 19; ebooks.adelaide.edu.au/c/camden/william/britannia-gibson-1722/part34.html; auch: www.philological.bham.ac.uk/cambrit/ [zuletzt abgerufen am 22. 02. 2013].
780 Geoffrey ASHE, »Tintagel«, in: Norris J. LACY (Hg.), The New Arthurian Encyclopedia, New York u. a. 1996, S. 452–454.
781 Ein dem britischen Department for Culture, Media and Sport unterstehendes Staatsorgan, das sich gemäß des National Heritage Acts von 1983 um die Er-

haltung und Pflege archäologischer und historischer Stätten Großbritanniens kümmert. Vgl. auch: Colleen E. BATEY, Tintagel Castle, English Heritage Guidebook, Holborn 2010.
782 Rachel C. BARROWMAN, Colleen E. BATEY, Christopher D. MORRIS, Excavations at Tintagel Castle, Cornwall, 1990–1999, London 2007, S. 199.
783 Hierzu vor allem: Stefan ZIMMER, Die keltischen Wurzeln der Artussage, Heidelberg 2006.
784 Hierzu mehr in: Joerg O. FICHTE, Der englischsprachige ›Artusroman‹ des 19. und 20. Jahrhunderts als Utopie und Dystopie, in: Matthias DÄUMER, Cora DIETL, Friedrich WOLFZETTEL, Artushof und Artusliteratur, Berlin u. a. 2010, S. 355–371.
785 Heinz OHFF, Artus. Eine Biographie, München 1993, S. 58.
786 Vorbereitet durch die »Canterbury Tales« Ende des 14. Jh. von Geoffrey Chaucer (ca. 1343–1400), der wie Thomas Malory aus den Midlands stammte und in deren in den Städten vorherrschenden Dialekt sehr viele Menschen erreichte. Siehe hierzu: OHFF, Artus (wie Anm.785), S. 62.
787 Auch im Tanz und in der Musik wurde der Burg Tintagel schon gedacht: Das Balettstück »Picnic at Tintagel« (1952) von Arnold Bax (Musik) und Frederick Ashton (Choreografie) spielt rund um die Burg in Vergangenheit und Gegenwart.
788 »Tourists visit West Cornwall to see the Land's End and its fine coast scenery, and express themselves disappointed that none of the country people in that district know anything of King Arthur. They forget that Uther's heir was washed up to Merlin's feet by a wave at the base of ›Tintagel Castle by the Cornish sea,‹ which is in the eastern part of the county.«; aus: Margaret Ann COURTNEY, Cornish feasts and folk-lore, Penzance 1890, S. 57.
789 Auch wenn Malory Camelot mit Winchester identifiziert wissen möchte.
790 Umfangreich zusammengetragen in: LACY, The New Arthurian Encyclopedia (wie Anm. 780).
791 Zum Thema vgl. orientierend Norbert OHLER, Reisen im Mittelalter, München 1986; eine Typologie (spät-) mittelalterlicher Reisen bei Werner PARAVICINI, Von der Heidenfahrt zur Kavalierstour. Über Motive und Formen adligen Reisens im späten Mittelalter, in: Horst BRUNNER, Norbert Richard WOLF (Hg.), Wissensliteratur im Mittelalter und in der Frühen Neuzeit. Bedingungen, Typen, Publikum, Sprache, Wiesbaden 1993, S. 91–130. Zu Umgangsweisen mit dem ›Erreisten‹ Michael HARBSMEIER, Reisebeschreibungen als mentalitätsgeschichtliche Quellen. Überlegungen zu einer historisch-anthropologischen Untersuchung frühneuzeitlicher deutscher Reisebeschreibungen. In: Antoni MACZAK, Hans Jürgen TEUTEBERG (Hg.), Reiseberichte als Quellen europäischer Kulturgeschichte. Aufgaben und Möglichkeiten der historischen Reiseforschung, Wolfenbüttel 1982, S. 1–31.
792 Vgl. Jean DELUMEAU, Angst im Abendland. Die Gechichte kollektiver Ängste im Europa des 14. bis 18. Jahrhunderts. Deutsch von Monika HUEBNER u. a., Reinbek 1985, hier S. 49–63.

793 Vgl. exemplarisch für das Spätmittelalter Randall HERZ u. a. (Hg.), Fünf Palästina-Pilgerberichte aus dem 15. Jahrhundert. Mit einem Beitrag von Nicky ZWIJNENBURG-TÖNNIES, Wiesbaden 1998.
794 Zum mittelalterlichen Bild Virgils und zur Virgilsage vgl. Manfred KERN, Alfred EBENBAUER (Hg.), Lexikon der antiken Gestalten in den deutschen Texten des Mittelalters, Berlin 2003, S. 662–669; Franz-Josef WORSTBROCK, in: ²VL 10 (1999), Sp. 274–279. Die deutschsprachigen Texte zur Magnetbergfahrt stellte Johannes SIEBERT zusammen: Virgils Fahrt zum Agetstein, in: PBB 74 (1952), S. 193–225.
795 Zum Folgenden grundlegend der Beitrag von Claude LECOUTEUX, Die Sage vom Magnetberg, in: Fabula 25 (1984), S. 35–65, hier 48–57; er bietet einen konzisen Überblick zur Motivtradition und zu den mittelalterlichen Ausformungen des Topos. In weiterem Kontext auch DERS., Les monstres dans la litterature allemande du moyen âge. Contribution à l'étude du merveilleux médiéval. 3 Bde., Göppingen 1982.
796 Mitunter überraschende Einblicke in die lange Dauer der Rezeption exotischer Wundervölker und -orte in Kunst und gelehrtem Wissen bis in die Neuzeit vermittelt Rudolf WITTKOWER, Die Wunder des Ostens. Ein Beitrag zur Geschichte der Ungeheuer, in: DERS., Allegorie und der Wandel der Symbole in Antike und Renaissance, Köln 1984, S. 87–150, hier S. 120–149. Auch der sonst so quellenkritische Humanismus und die scheinbar empirischen Berichte der Entdecker erweisen sich vielfach als Multiplikatoren solcherart »erlesenen« Traditionsguts, das bis in die Antike zurückreicht.
797 »Die Geschichte des dritten Bettelmönches«, Netzedition in der Übersetzung von Felix Paul GREVE: http://www.zeno.org/Literatur/M/Anonym/Erz%C3%A4hlungen/Erz%C3%A4hlungen+aus+1001+Nacht+(Auswahl) [30.01.09].
798 Zit. nach LECOUTEUX, Die Sage (wie Anm. 795), S. 39.
799 »…ein großes, mächtiges Gebirge, das stets das Eisen über die Meeresströmung an sich zieht«, Gustav EHRISMANN (Hg.), Rudolfs von Ems Weltchronik. Aus der Wernigeroder Handschrift, ND Dublin/Zürich 1967, hier Vers 1835–1838.
800 Zum Zusammenhang beider Texte vgl. Hartmut BECKERS, Brandan und Herzog Ernst. Eine Untersuchung ihres Verhältnisses anhand der Motivparallelen, in: Leuvense Bijdragen 59 (1970), S. 41–55.
801 »Helden, ich muss Euch vom Wesen und der Gewalt des Felsens unterrichten. Welches Schiff ihm auf dreißig Meilen nur naht, das zieht er binnen kurzem vollständig zu sich heran – das ist zweifellos wahr. Niemand darf die eisernen Nägel in Richtung des Berges steuern, denn er zieht sie unweigerlich an. Dort, wo wir die Schiffe vor dem dunklen Berghorizont sehen, dort werden auch wir alle umkommen oder verhungern; das ist unabweislich, denn allen ist es bisher so ergangen, die je dorthin kamen«. Textausgabe: Bernhard SOWINSKI (Hg.), Herzog Ernst. Ein mittelalterliches Abenteuerbuch. In der mhd. Fassung B nach der Ausgabe von Karl BARTSCH mit den Bruchstücken der Fassung A, Stuttgart ³2003. Alle Übersetzungen stammen vom Verfasser; sie sind bewusst relativ frei gehalten.

802 Textausgabe: Karl BARTSCH (Hg.), Reinfrid von Braunschweig, Stuttgart/Tübingen 1871; zur Magnetbergsequenz in dem Roman vgl. eingehender Mathias HERWEG, Wege zur Verbindlichkeit. Studien zum deutschen Roman um 1300, Wiesbaden 2010, S. 302–322.

803 Zur zugrundeliegenden Werkkonzeption vgl. in der Textedition: Helmut BRALL-TUCHEL, Folker REICHERT (Hg.), Rom, Jerusalem, Santiago. Das Pilgertagebuch des Ritters Arnold von Harff (1496–1498), Köln/Weimar/Wien 2008, S. 18f.

804 BRALL-TUCHEL/REICHERT (wie Anm. 803), S. 161.